AF545606

Bibliografische Information der Deutschen Bibliothek
Die Deutsche Bibliothek verzeichnet diese Publikation in der Deutschen Nationalbibliografie; detaillierte bibliografische Daten sind im Internet über http://dnb.ddb.de abrufbar.

Michael Meyen
Das Erbe sind wir.
Warum die DDR-Journalistik zu früh beerdigt wurde.
Meine Geschichte
Köln: Halem, 2020

ISBN (Print) 978-3-86962-570-6
ISBN (PDF) 978-3-86962-571-3
ISBN (ePub) 978-3-86962-576-8

Den Herbert von Halem Verlag erreichen Sie auch im Internet unter http://www.halem-verlag.de
E-Mail: info@halem-verlag.de

SATZ: Herbert von Halem Verlag
LEKTORAT: Julian Pitten
DRUCK: docupoint GmbH, Magdeburg
UMSCHLAGFOTO: Armin Kühne; @ Universitätsarchiv Leipzig
GESTALTUNG: Bruno Dias, Porto (Portugal)

Michael Meyen

Das Erbe sind wir

Warum die DDR-Journalistik zu früh beerdigt wurde. Meine Geschichte

HERBERT VON HALEM VERLAG

Für alle, die mir ihre Geschichte geschenkt haben.

Für Antje, meinen Bruder Andreas und meine Eltern Christa und Hans-Peter, ohne die es diese Geschichte nicht geben würde.

Für Juliane, Ferdinand und Josefine, die hoffentlich die Chance bekommen, ihre eigene Geschichte zu schreiben.

MICHAEL MEYEN, Prof. Dr., Jahrgang 1967, studierte an der Sektion Journalistik und hat dann in Leipzig alle akademischen Stationen durchlaufen: Diplom (1992), Promotion (1995), Habilitation (2001). Parallel arbeitete er als Journalist (MDR info, *Leipziger Volkszeitung*, *Freie Presse*). Seit 2002 ist Meyen Professor am Institut für Kommunikationswissenschaft und Medienforschung der LMU München. Seine Forschungsschwerpunkte sind Medienrealitäten, Kommunikations- und Fachgeschichte sowie Journalismus.

INHALT

1. WAS NACH REDAKTIONSSCHLUSS PASSIERT IST

Ein Buch, das den Untertitel *Meine Geschichte* trägt, kann den Angriff nicht auslassen, der Ende Mai 2020 auf Twitter begann und nach einem tendenziösen Bericht in der *Süddeutschen Zeitung* unter anderem dazu führte, dass ich meine Position als Co-Sprecher des bayerischen Forschungsverbundes »Zukunft der Demokratie« aufgegeben und meinen Blog *Medienrealität* eingestellt habe.[1]

Auf den ersten Blick hat dieser Angriff nichts mit diesem Buch zu tun. Ich schreibe hier über die Journalistenausbildung in der DDR – über ein Thema, das ich in die Fachgeschichte der Kommunikationswissenschaft einbette und als Beispiel sehe für den Umgang mit dem Erbe der DDR. Um das zuzuspitzen: Dieses Erbe wird ignoriert. Zu diesem Erbe gehören die Erfahrungen des Scheiterns, die Debatten, die dem Scheitern im langen 89er Herbst folgten, und die Ideen, die dort produziert wurden. Egal ob an runden Tischen, auf Vollversammlungen oder in den vielen kleinen Foren, die diese Zeit für alle unvergesslich machen: Es ging um die Fragen, die uns immer noch beschäftigen. Wie wollen wir zusammenleben? Wie schaffen wir es, dass alle mitsprechen können, wenn es um ihr eigenes Leben geht?[2] Wie schaffen wir es vor allem, dass auch unsere Urenkel noch darüber streiten können? Was heute die Welt bedroht, in der sich viele gemütlich eingerichtet haben, stand schon vor 30 Jahren auf der Tagesordnung.

Die Antworten von damals sind verschluckt worden von einer Vereinigungsmaschine, die nur einen kleinen Teil der Ostdeutschen brauchte, um genauso weitermachen zu können wie vorher – die Opposition und die Reste der bürgerlichen Milieus, denen Uwe Tellkamp in seinem Roman *Der Turm* ein Denkmal gesetzt hat.[3] Man muss nur diesen Roman lesen, um zu verstehen, warum Ärzten, Künstlern, Ingenieuren, Kirchenleuten der Übergang von einer staatlichen Werteordnung in die andere längst nicht so schwer fiel wie den Kommunisten oder den vielen Aufsteigern, die die DDR getragen haben[4] und denen ich mich schon deshalb verbunden fühle, weil ich wahrscheinlich einer von ihnen geworden wäre.

Das Erbe sind wir: Dieser Titel meint nicht nur Menschen wie mich, sondern auch das, was wir einbringen können. Dieses Buch erzählt eine Geschichte, die ich selbst erlebt habe. Mit der Leipziger Sektion Journalistik ist ein Paradigma entsorgt worden, das Forschung und Berufspraxis verbunden hat und heute helfen könnte, die Redaktionen aus der Umklammerung der Politik zu befreien oder von den Zwängen einer kommerziellen Medienlogik, für die Aufmerksamkeit alles ist und alles andere nichts. Das ist kein Plädoyer für eine Rückkehr zur DDR oder gar zu den ideologischen Prämissen, die die Parteipresse genauso unglaubwürdig gemacht haben wie die TV-Nachrichtensendung *Aktuelle Kamera*.[5] Der Journalismus war damals kein Journalismus, sondern politische PR.[6]

Gerade die Gängelung durch die SED hat allerdings, das hoffe ich in diesem Buch zu zeigen, ein Journalismusideal gefüttert, das »Öffentlichkeit als gesellschaftlichen Auftrag« sieht.[7] In Kurzform: erst das Handwerk, dann die Haltung. Alle Perspektiven und Interessen zu Wort kommen lassen, ohne die (Ab-)Wertung gleich mitzuliefern. Dieser journalistische Auftrag lässt sich leicht mit einem Demokratieverständnis verbinden, das alle als Freie und Gleiche anerkennt und den öffentlichen Debattenraum braucht, um den Frieden nach innen und nach außen zu sichern. Auch hier wieder in Kurzform: Öffentlichkeit ist der Ort, an dem Pluralität und Heterogenität in Einklang gebracht werden können. Öffentlichkeit ist das »Herzstück« der Demokratie, weil wir hier zu »argumentativen Anstrengungen« gezwungen sind, um unsere subjektiven Interessen zu objektivieren.[8]

Wer wie ich unter Zeitungen gelitten hat, die die Lesbarkeit und die Gunst ihres Publikums auf dem Altar der Interessen ihrer Besitzer geopfert haben, hat das Schlagwort ›publizistische Vielfalt‹ als Versprechen verstanden.[9] Ich war nicht dabei, als Armin Kühne am 16. Oktober 1989 das Cover-Foto geschossen hat, wie vermutlich die meisten nicht, die mit mir studiert haben. »Pressefreiheit« und Sektion Journalistik: Das passt auch aus historischer Distanz nicht zusammen. Zwei Tage nach dieser Leipziger Montagsdemo ist neben Erich Honecker auch Joachim Herrmann zurückgetreten, sein Adlatus für Agitation und Propaganda. Fortan, so habe ich das damals gesehen, fortan wird es möglich sein, über all die unterschiedlichen Meinungen und Interessen zu diskutieren, die es in einer Gesellschaft gibt. Man wird sich nicht immer einigen können, natürlich nicht, sich aber selbst ein Bild machen können, weil die entsprechenden Informationen und die wichtigsten Interpretationen für jeden zur Verfügung stehen.

Mein Blog *Medienrealität* war diesem Ideal verpflichtet. Ich habe den öffentlichen Debattenraum dort mit den Mitteln der Wissenschaft seziert und all das kritisiert, was die Erfüllung des Auftrags Öffentlichkeit gefährdet. Ich will mir nicht anmaßen, hier einen schärferen Blick zu haben als andere, da es in diesem Buch aber um das ›Erbe‹ geht (ein positiv besetzter Begriff), das Menschen wie ich einzubringen haben, möchte ich hier wenigstens einen Punkt setzen und dafür den Sozialkonstruktivismus bemühen.

Jeder Mensch wird in eine »institutionelle Ordnung« hineingeboren, die uns »Wissen« über die »Wirklichkeit« liefert (über Phänomene, die ohne unser Wollen da sind). In dieser »institutionellen Ordnung«, die durch eine »symbolische Sinnwelt« legitimiert wird (etwa: Katholizismus, Marxismus, Neoliberalismus), leben wir normalerweise »ganz naiv« vor uns hin – solange jedenfalls, wie der Alltag funktioniert und bis »eine Gesellschaft auf eine andere stößt, die eine ganz andere Geschichte hat«.[10] Vermutlich muss ich gar nicht mehr ausformulieren, worauf diese Argumentation hinausläuft. In den späten 1980ern hat der Alltag in Leipzig nicht mehr funktioniert. Es hat gestunken, die Läden waren leer, die Menschen sind weggelaufen – und in der Realität der Medien war der Sozialismus trotzdem auf der Siegerstraße.

Die ›institutionelle Ordnung‹ der Gegenwart und die ›symbolische Sinnwelt‹, die sie legitimiert, waren für mich nicht einfach da. Ich kann verstehen, dass es Menschen gibt, die keinen Grund haben, beides in Frage zu stellen. Ich muss dafür nur durch München gehen. So viel Reichtum und so viele braungebrannte Gesichter. Gerade mit Blick auf die existenziellen Fragen, die wir in den nächsten Jahren beantworten müssen, sollten diese Menschen aber auch verstehen, welche Vorteile es hat, ›institutionelle Ordnung‹ und ›symbolische Sinnwelt‹ stets einem Wirklichkeitstest zu unterziehen. Das ist das, was Menschen wie ich zu bieten haben. Das ist das ›Erbe‹, auf das der Buchtitel anspielt. Und dafür steht der Ruf nach »Pressefreiheit«, der für den flüchtigen Blick weit weg vom Thema DDR-Journalistik zu sein scheint.

Anmerkungen

1 Vgl. Michael Meyen: Kontroverse um »Medienrealität«. In: Michael Meyen (Hrsg.): *Medienrealität 2020*. https://medienblog.hypotheses.org/9621 (5. Juni 2020)

2 Vgl. Stephan Lessenich: *Grenzen der Demokratie. Teilhabe als Verteilungsproblem*. Stuttgart: Philipp Reclam 2019, S. 18

3 Uwe Tellkamp: *Der Turm. Geschichte aus einem versunkenen Land. Roman*. Frankfurt/M.: Suhrkamp 2008

4 Vgl. Lutz Niethammer: Erfahrungen und Strukturen: Prolegomena zu einer Geschichte der Gesellschaft der DDR. In: Hartmut Kaelble, Jürgen Kocka, Hartmut Zwahr (Hrsg.): *Sozialgeschichte der DDR*. Stuttgart: Klett-Cotta 1994, S. 95-115

5 Vgl. Franziska Kuschel: *Schwarzhörer, Schwarzseher und heimliche Leser. Die DDR und die Westmedien*. Göttingen: Wallstein 2016, Michael Meyen: *Denver Clan und Neues Deutschland. Mediennutzung in der DDR*. Berlin: Ch. Links 2003

6 Vgl. Anke Fiedler: *Medienlenkung in der DDR*. Köln: Böhlau 2014

7 Horst Pöttker (Hrsg.): *Öffentlichkeit als gesellschaftlicher Auftrag. Klassiker der Sozialwissenschaft über Journalismus und Medien*. Konstanz: UVK 2001

8 Rainer Mausfeld: *Warum schweigen die Lämmer? Wie Elitendemokratie und Neoliberalismus unsere Gesellschaft und unsere Lebensgrundlagen zerstören*. Frankfurt/M.: Westend 2018, S. 192

9 Vgl. Günther Rager, Bernd Weber: Publizistische Vielfalt zwischen Markt und Politik. Eine Einführung. In: Günther Rager, Bernd Weber (Hrsg.): *Publizistische Vielfalt zwischen Markt und Politik. Mehr Medien – mehr Inhalte?* Düsseldorf: Econ 1992, S. 7-26

10 Peter L. Berger, Thomas Luckmann: *Die gesellschaftliche Konstruktion der Wirklichkeit*. Frankfurt/M.: Fischer Taschenbuch 2016, S. 112

2. WARUM DAS FASS NOCH EINMAL AUFGEMACHT WERDEN MUSS

Dieses Buch erzählt eine deutsche Geschichte, die zwar in der DDR spielt und schon vorher angefangen hat, aber noch lange nicht vorbei ist. Auf den ersten Blick hat diese Geschichte nichts zu tun mit den Dingen, die uns gerade auf den Nägeln brennen. Es geht nicht um Klima, Natur oder Pandemien und auch nicht um die großen Fragen von Krieg und Frieden oder von Arm und Reich. Warum, so ließe sich das zuspitzen, beschäftige ich mich mit der Ausbildung von Journalisten, wenn die Zukunft der Menschheit auf dem Spiel steht? Und warum steige ich dafür gewissermaßen in die Gruft und schreibe nicht über die Medienrealität der Gegenwart?

Ich bin »Exil-Ostdeutscher«. So hat Yana Milev, 1964 in Leipzig geboren, Menschen genannt, die in der DDR aufgewachsen und dann in ein »fremdes Land« gekommen sind, ohne ihre »Heimat« zu verlassen.[1] Mein Gepäck habe ich bei der Ankunft versteckt. Ich musste dieses Gepäck verstecken, weil all das, was mich vorher ausgemacht hat, im größeren Deutschland verpönt war. Ich konnte nichts vom Widerstand berichten oder vom Überleben in einer Nische. Am 9. Oktober 1989 war ich in Leipzig, aber nicht in der Nikolaikirche, sondern in einer Parteiversammlung an der Sektion Journalistik. Und als ich mit Hammer und Zirkel im Ährenkranz demonstriert habe, riefen die meisten schon »Wir sind ein Volk«.

Die Mehrheit hat nicht immer Recht und der Sieger schon gar nicht. Im Dezember 1990 hat die sächsische Regierung beschlossen, meinen Studiengang zu schließen – angetrieben vom Trommelfeuer der Leitmedien und später bestätigt durch Publikationen, die alles in Bausch und Bogen verworfen haben, was an der Sektion Journalistik in Leipzig gemacht worden war. Die Folgen konnte ich an mir selbst beobachten. ›Exil-Ostdeutsche‹ wie ich haben versucht, die besseren Westdeutschen zu werden, und dabei auch all das tief in uns vergraben, was den hegemonialen Diskurs hätte aufbrechen können. Dieser Mechanismus scheint mir universell zu sein und wäre schon für sich genommen Grund genug gewesen, dieses Buch zu schreiben. Wer Erfahrungen oder Ideen hat, die der dominanten Deutung widersprechen, muss entweder schweigen, um die eigene Reputation nicht zu gefährden, oder in Arenen ausweichen, die der Stimme von vornherein jede Wucht nehmen.

In diesem Buch geht es um mehr. Die kleine Sektion Journalistik steht hier pars pro toto für einen Vorgang, den Yana Milev »Kulturkatastrophe«[2] nennt. Was diese Soziologin aus der Vogelperspektive und mit einem Vokabular macht, das keinen Raum für Zweifel lässt (›Regime Change‹, ›Schockstrategien‹, ›Landnahme‹, ›struktureller Kolonialismus‹, ›neoliberale Annexion‹), schaue ich mir aus der Nähe und mit dem Blick des Insiders an, der die DDR nicht nur mit der Bundesrepublik oder mit den USA vergleichen kann, sondern auch weiß, wie es ab 1991 weitergegangen ist in seinem Feld. Was ich dabei sehe, erlaubt zu verstehen, warum der deutsche Osten auch 30 Jahre später anders ist als der Rest des Landes.

Punkt 1: Es gibt keine Sektion Journalistik mehr. Nichts, nada, niente. Inhalte weg, Personen weg, alles weg. Entsorgt auf dem Müllhaufen der Geschichte. Etwas weniger polemisch: Die westdeutsche Fachgemeinschaft hat 1991 einen neuen Standort bekommen und in Leipzig etwas ausprobiert, was woanders nicht so leicht gegangen wäre. Mit der Tradition des Standorts oder gar mit den Menschen dort hatte das alles nichts zu tun. Motto: ein bisschen Fußvolk übernehmen (in der Verwaltung, im akademischen Mittelbau), das Sagen aber haben wir. Mehr noch: Wir schreiben künftig auch eure Geschichte und die gemeinsame Geschichte sowieso. Karl Friedrich Reimers, der als Gründungsdekan aus

München nach Leipzig kam, hat sich noch Ende 2019 bitter beklagt, als er einmal *nicht* auf einem einschlägigen Podium sitzen und sein Wunderwerk beweihräuchern durfte.

Punkt 2: Wer von 1990 spricht, muss von den Menschen sprechen und davon, was politische Entscheidungen aus Wünschen und Träumen machen. Der Lebensweg der Älteren war von einem Tag auf den anderen zu Ende. Übergang in das bezahlte Nichtstun, mit Mitte 50, wenn sich langsam die Souveränität einstellt, die jede akademische Ausbildung braucht. Die etwas Jüngeren wie Jürgen Schlimper, Wolfgang Tiedke oder Wulf Skaun, drei meiner Helden aus Studententagen, gerade auf dem Sprung in Richtung Professur, sind ins Nichts gefallen. Ökonomisch ist dieser Satz falsch, weil das reiche Deutschland jedem irgendwo ein Auskommen bietet. Intellektuell aber, und darum geht es hier, hat dieses Land all das Potenzial verschenkt, das in der DDR gewachsen war und das heute schon deshalb wichtig wäre, weil es den Umgang mit gesellschaftlichen Krisen einschließt und das Wissen, dass sich die Verhältnisse selbst dann verändern lassen, wenn sie in Stein gemeißelt scheinen.

Das führt direkt zu Punkt 3: Mit der Sektion Journalistik ist ein Paradigma entsorgt worden, das Forschung und Berufspraxis verbunden hat. Anders formuliert: Wer heute fragt, wie man die Redaktionen aus der Umklammerung der Politik befreien kann oder von den Zwängen einer kommerziellen Medienlogik, für die Aufmerksamkeit alles ist und alles andere nichts, der findet hier eine mögliche Antwort. Das klingt zunächst befremdlich. Das ›rote Kloster‹ in Leipzig, der Prototyp einer Schule für Parteijournalisten, als Lösung für die Medienkrise der Gegenwart? Ich werde den Spieß umdrehen und zeigen, wie die Gängelung durch die Herrschenden ein Journalismusideal füttern konnte, bei dem ›umfassende demokratische Öffentlichkeit‹ im Zentrum steht. Handwerk statt Haltung.

So gesehen, schreibe ich doch über die Medienrealität der Gegenwart. Ich lasse Menschen sprechen, die marginalisiert worden sind oder sich freiwillig zurückgehalten haben, weil sie in der DDR zur Elite gehört haben oder in diesem Land etwas werden wollten. Wir brauchen die Geschichten dieser Menschen. Wir brauchen die vielen Ideen, die in den anderthalb Jahren des langen 89er Herbstes reifen konnten, als die alten Fesseln abgestreift waren und die neuen nur eine Ahnung am Horizont. Ohne diese Geschichten und ohne diese Ideen können wir nicht verstehen, warum es im Osten immer noch gärt und wie wir die Probleme angehen müssen, die das deutsch-deutsche Klein-Klein schon jetzt in den Hintergrund rücken lassen.

Anmerkungen

1 Yana Milev: *Das Treuhand-Trauma. Die Spätfolgen der Übernahme*. Berlin: Das Neue Berlin 2020, S. 246f., vgl. Yana Milev: *Entkoppelte Gesellschaft – Ostdeutschland seit 1989/90*. Drei Bände. Berlin: Peter Lang 2019/20

2 Milev: *Treuhand-Trauma*, S. 8, 36, 49, 69, 91, 117, 252

3. WIE ICH GESCHICHTE SCHREIBEN WILL

Eigentlich sollte dieses Buch *Rückkehr nach Leipzig* heißen. Ich wollte schon im Titel einen Anspruch signalisieren, der weit über die Journalistik hinausgeht, und mich deshalb an Didier Eribon anlehnen.[1] Der Bestseller *Rückkehr nach Reims* erklärt, was viele nicht nur in Frankreich unerklärlich finden: Wie konnte es passieren, dass die extreme Rechte in diesem Land heute ausgerechnet von denen gewählt wird, die auf den ersten Blick nichts zu verlieren haben als ihre Ketten und deshalb früher, in den 1960ern und vielleicht sogar noch in den 1980ern, gewissermaßen mit einem roten Parteibuch zur Welt kamen? Als wenn diese Frage nicht schon außerordentlich genug wäre, widmet sich ihr ein Autor, der Ungewöhnliches erlebt hat. Homosexualität in der Provinz, der Bruch mit dem Vater und mit der Familie, Freundschaften mit Bourdieu und Foucault. Das ist der Stoff, der soziologische Analysen auf die große Theaterbühne bringt.[2]

Wer 2020 *Rückkehr nach Leipzig* auf einen Buchdeckel schreibt, sagt: Ich werde den Osten Deutschlands erklären. Ich werde erzählen, warum die Menschen dort ›drüben‹ unzufrieden sind. Warum sie all das nicht zu genießen scheinen, was die Einheit ihnen beschert hat, Autobahnen, hübsche Fassaden, Kreuzfahrten in die weite Welt, und stattdessen so wählen, dass die großen Medienhäuser in München, Hamburg, Frankfurt immer wieder Reporter ausschwärmen lassen müssen. Und:

Ich werde das alles mit einer persönlichen Geschichte verbinden, die so unerhört ist und so spannend, dass sie ein ganzes Buch trägt.

Ich habe gemerkt: Dieser Titel ist zu groß. Es geht um die DDR, das schon. Es geht auch um das, was aus diesem Land geworden ist und aus den Menschen, die dort gelebt und gearbeitet haben. Es geht aber nicht um alle, sondern nur um die, die ich am besten kenne: Journalistinnen und Journalisten und ihre Ausbilder an den Universitäten. Ich bin 1988 zum Studium nach Leipzig gegangen, um Heinz Florian Oertel zu beerben oder Chefredakteur zu werden. So ganz genau weiß man das nicht, wenn man 21 ist und seine Jugend auf der Insel Rügen verbracht hat. Vor allem wusste ich damals nicht, dass der Weg auf den Kommentatorensessel bei einem Fußball-Länderspiel unendlich viel weiter ist, wenn man sein Volontariat bei der *Ostsee-Zeitung* macht und nicht beim Fernsehen, vielleicht sogar mit dem großen Oertel als Mentor. Dass Leipzig dann in die Geschichtsbücher eingehen würde, konnte ohnehin niemand wissen.

Heute bin ich Professor für Kommunikationswissenschaft an der Universität München. Das heißt: ein kleines Licht, verglichen jedenfalls mit Didier Eribon und all jenen, die sonst glauben, ihre Lebensgeschichte in ein Buch gießen zu müssen. Die Kommunikationswissenschaft ist in diesem Land so unbedeutend, dass man den meisten erst einmal erklären muss, was wir da machen. Nein: Wir interessieren uns nicht für Gespräche wie das, was wir gerade führen, und auch nicht für das, was zwischen dir und deiner Chefin gerade läuft. Wir untersuchen Medien. Massenmedien. Öffentliche Kommunikation. Bei uns studieren auch Menschen, die in den Journalismus wollen, sie lernen dabei aber nicht, wie man einen Artikel schreibt oder einen Film dreht, sondern wie man solche Medienprodukte analysiert und ihren Wirkungen auf die Spur kommt.

Die öffentliche Resonanz auf unsere Forschung geht gegen Null. Wenn irgendetwas schief läuft mit den Medien, werden eher Soziologen gefragt, Philosophen oder Politiker. Welterklärung verkauft sich besser als eine Sozialwissenschaft, die jeden ihrer Befunde mit einem ›Wenn und Aber‹ versehen muss und schon deshalb nicht dazu neigt, irgendeinen Alarmismus zu bedienen. Vermutlich war diese Bedeutungslosigkeit mein Glück. Ich kann mir immer noch schwer vorstellen, dass man mit meiner Kaderakte in diesem Deutschland einen Posten bekommt, der außerhalb der kleinen akademischen Disziplin, die ich vertrete, für wichtig gehalten wird. Dafür war ich aller Jugend zum Trotz schon zu tief drin in einer DDR, die im hegemonialen Diskurs als Diktatur konstruiert wird. Die Stasi und die Mauer. Bautzen und Torgau. »Wenn ich DDR höre, dann denke ich an Schmerz«, sagte Jan, ein Schüler aus Bayern, damals 16 Jahre alt und ohne jeden Kontakt in den Osten, als wir ihn 2012 in einer Studie zum kollektiven Gedächtnis befragt haben. »Diese Unterdrückung. Die Leute wurden da mehr oder weniger eingepfercht. In so ein großräumiges KZ. Jeder musste immer genau angeben, was er tut.«[3]

In diesem Lager (um in Jans Bild zu bleiben) war ich dazu ausersehen, für gute Laune zu sorgen. Ist doch schön hier. Was nicht schön ist, wird schon noch. Habt Geduld. Im Zweifel ist der Kapitalismus schuld. Egal ob bei der Presse in Rostock oder beim Fernsehen in Berlin-Adlershof: In der DDR wurde man nur dann Journalist, wenn einem dieser Staat und seine Idee vom Sozialismus irgendwie gefielen. Ich habe mich immer amüsiert, wenn meine Studenten in München akribisch aufzählen wollten, was sich die SED alles ausgedacht hatte, um den Spielraum in den Redaktionen zu begrenzen. Agitationskommission, Abteilung Agitation, Donnerstags-Argu, Presseamt. Die Nachrichtenagentur ADN. Die Staatssicherheit. Und über allem der General-Chefredakteur, eine Rolle, die Erich Honecker viel mehr geliebt und gelebt hat als Walter Ulbricht.[4] Das gab es, keine Frage. Nur: Wie überall steht und fällt auch in den Medien alles mit der Personalauswahl. Die *Ostsee-Zeitung* hätte nie und nimmer einen unsicheren Kantonisten eingestellt. Es war dort Mitte der 1980er-Jahre schon schwer, ein Volontariat zu bekommen, wenn man nicht versprechen wollte, gleich nach seinem 18. Geburtstag Kandidat der führenden Partei zu werden.

Ein SED-Mitglied an der Universität München. Ein kommunistischer Agitator. Ich werde später berichten, wie Ulrich Hörlein darauf reagiert hat, lange Ministerialdirigent im bayerischen Wissenschaftsministerium und dort 2002 für meine Berufung zuständig. So aufregend das für mich und meine Familie auch war (meine Frau bekam in dieser Zeit eine Gesichtslähmung, die man noch sehen kann, wenn man ganz genau hinschaut): Eigentlich ist das alles nichts, was man vor einem größeren Publikum ausbreiten sollte. Aus meinen Studien zur Medienlogik weiß ich, dass es dafür Prominenz braucht, Konflikte mit Spitzenleuten oder irgendetwas, das es so noch nicht gegeben hat.[5] So vermessen kann niemand sein, der jeden Tag aus einer 60-Quadratmeter-Wohnung in Haidhausen in ein kleines Universitätsinstitut am Rande des Englischen Gartens spaziert und dort Mühe hat, drei Retweets zu bekommen und den Vorlesungssaal bis zum Ende des Semesters wenigstens nicht ganz leer zu spielen.

WER WARUM DDR-GESCHICHTE SCHREIBT

Ich schreibe dieses Buch, weil es sonst niemand tut. Fast bin ich geneigt zu sagen: niemand tun kann. Wer Geschichte schreiben darf, bestimmt der Staat. Es braucht dafür eine Position im Wissenschaftsbetrieb (an einer Universität oder in einem Forschungsinstitut, in einem Museum oder in einer Behörde, die die Akten hütet). Natürlich kann sich jeder daheim an den Computer setzen und vorher vielleicht sogar in die Archive fahren, wenn sein Partner das denn toleriert und das Konto ein Auskommen sichert. Ohne eine Position im akademischen Feld aber bleibt das Selbstbefriedigung. Mehr noch: Es braucht eine Position am Machtpol dieses Feldes, um gehört (rezensiert, zitiert) zu werden. In der Wissenschaft ist Reputation alles und jedes Urteil über die Qualität von Forschung in diesem Licht zu lesen. Der Matthäus-Effekt[6]: »Denn wer da hat, dem wird gegeben, dass er die Fülle habe. Wer aber nicht hat, dem wird auch das genommen, was er hat«.

Den Bürgerinnen und Bürgern der DDR ist ihre Geschichte genommen worden – zumindest all denen, die sich nicht wiederfinden in einem Narrativ, das vom Diskurs ›individuelle Freiheit‹ bestimmt wird und so ganz automatisch alles abwertet, was diese Freiheit einschränkt.[7] Ein Staat, der sich offen einmischt in die Erziehung der Kinder, der den Feierabend in den Betrieben mitgestalten will und das Leben in Wohngemeinschaften und der zum Beispiel auch entscheidet, wie viele Menschen Journalistik studieren dürfen, und als Gegenleistung für den

Studienplatz erwartet, dass jeder Absolvent die ersten drei Jahre nach dem Abschluss dort arbeitet, wo man ihn hinstellt.

Für meine Freundin und mich war das eine sehr konkrete Drohkulisse. Was tun, wenn der eine zurück an die Ostsee geschickt wird und der andere nach Karl-Marx-Stadt oder gar nach Hainichen? Wo würde unsere Tochter bleiben, die gerade ihren ersten Geburtstag gefeiert hatte, als wir nach Leipzig kamen? Wir haben uns deshalb im Frühsommer 1989 einen Termin beim Standesamt besorgt (für den 1. September 1990, kurz vor Beginn des dritten Studienjahres, in dem die Kommission entscheiden sollte und das dann hoffentlich zum Wohl des frisch vermählten Paares tun würde), und ich habe schon im zweiten Semester begonnen, auf eine Promotion hinzuarbeiten, um vielleicht als Forschungsstudent in Leipzig bleiben zu können und damit in der Nähe aller Lokalredaktionen der *Freien Presse*. Beides hat uns dann tatsächlich geholfen, allerdings ganz anders als gedacht. Die Wohnung, die wir im Herbst 1989 in Flöha bekommen hatten, stand im Frühjahr 1990 plötzlich unter Privilegienverdacht. Zweieinhalb Zimmer in einem Plattenbau, der inzwischen abgerissen worden ist und in dem man damals den Nachbarn beim Pullern lauschen konnte. Keine große Sache. Schwiegervater war aber im Ehrenamt Vorsitzender der Arbeiterwohnungsbaugenossenschaft ›1. Mai‹ und wie alle Funktionäre plötzlich suspekt. Sollte er nicht doch der eigenen Tochter an allen Regeln vorbei etwas zugeschanzt haben, was nur Verheirateten zustand? Ein Glück, dass wir den Trausaal im Schloss Augustusburg schon lange reserviert hatten. Und nochmal Glück, weil aus der Dissertation eine Laufbahn in der Wissenschaft wurde und damit ein Lebensunterhalt für die Familie.

Zurück zum Thema: Strukturen wie das System aus Delegierung und Absolventenlenkung, das die SED im Mediensystem der DDR etabliert hatte, schränken das eigene Handeln ein. Immer und überall.[8] Ich konnte nicht einfach an die Universität gehen und mich für Journalistik einschreiben, und mir wäre ganz sicher nicht in den Sinn gekommen, nach Abgabe der Diplomarbeit mal eben beim Fernsehen anzurufen und mich dort als Nachfolger von Heinz Florian Oertel zu bewerben. Genauso wenig komme ich heute aber auf die Idee, das zu verurteilen, was damals war. Ohne Strukturen kann man nicht handeln. Ich wusste, wie man in der DDR Journalist wird. Am besten schon in der Schule ein paar Beiträge schreiben für die örtliche Presse, vielleicht einen der Lehrgänge für Volkskorrespondenten besuchen, sich womöglich für einen längeren Wehrdienst verpflichten, wenn man ein Mann war (als Loyalitätsbeweis), auf jeden Fall ein Volontariat durchlaufen, von dort hoffentlich zur Aufnahmeprüfung für das Studium delegiert werden und schließlich mit einem Diplom in der Tasche die Welt verbessern. Warum nicht. Wie bei jeder Struktur war auch der Weg in den DDR-Journalismus längst nicht immer so geradlinig, wie ich ihn gerade skizziert habe. Es ging zum Beispiel auch ohne längeren Wehrdienst, und wenn Mama und Papa Beziehungen hatten, dann hat die Zeitung die Tochter aus gutem Hause auch ohne Textproben und Test genommen. Dazu später mehr.

Worauf es mir an dieser Stelle ankommt: Solche Geschichten aus dem Alltag werden nicht erzählt – zumindest nicht in den Leitmedien, die das DDR-Bild bestimmen, und auch nicht in den Schulbüchern oder in den Museen, die der Staat finanziert. Es gibt dort keine DDR ohne Stacheldraht, ohne bärbeißige Funktionäre und ohne Spitzel, obwohl der Geheimdienst längst nicht omnipräsent und den allermeisten Menschen vor dem Herbst 1989 eigentlich egal war.[9] Was seitdem in der Öffentlichkeit über die DDR erzählt wird, dient vor allem dazu, das politische System der Bundesrepublik zu legitimieren. Dieser Staat lässt sich das etwas kosten und fährt dabei Geschütze auf, vor denen jeder Einzelforscher nur kapitulieren kann.

Unser ›Wissen‹ über die DDR ist Ergebnis einer Geschichtspolitik, bei der es auch um den Zugang zu Fördertöpfen und Steuergeldern ging und geht, um Eitelkeiten, um persönliche Macht. »Delegitimierung der DDR«: Das sei der »Sonderauftrag« für Joachim Gauck gewesen, schreibt Daniela Dahn, einst Journalistik-Studentin in Leipzig, in ihrer »Abrechnung« mit der »Einheit«. Dieser »Sonderauftrag« erlaubte Gauck, eine Behörde aufzubauen, die zeitweise 3.000 (!) Mitarbeiter hatte und jedes Jahr immer noch rund 100 Millionen Euro kostet.[10] Das ist mehr Geld, als die Universität Bamberg in ihrem Etat hat, und erklärt, wie das entstehen konnte, was Wolfgang Wippermann »Diktatur des Verdachts« nennt.[11] Folgt man diesem westdeutschen Historiker, Jahrgang 1945, dann wurde die ›Dämonisierung‹ des anderen deutschen Staates nicht nur von den Hütern der Stasiunterlagen vorangetrieben, sondern zum Beispiel auch vom Forschungsverbund SED-Staat an der Freien Universität Berlin unter der Leitung von Klaus Schroeder oder von Hubertus Knabe, der 1992 eine Stelle bei der Gauck-Behörde bekam, dann von 2000 bis 2018 Direktor der Gedenkstätte Berlin-Hohenschönhausen war und bei Wippermann als »Großinquisitor« firmiert.[12]

Um nicht falsch verstanden zu werden: Die DDR-Forschung ist weit mehr als Gauck, Schroeder, Knabe. Das war schon vor 1989 so und ist danach noch viel besser geworden, weil es jetzt Akten gab, meist keine Sperrfristen und jede Menge Neugier selbst bei denen, die unter dem Dach von Gauck-Birthler-Jahn arbeiten durften. Um nur ein Beispiel herauszugreifen, das ich besonders gut kenne: Es gibt zum Thema Medien ein Buch von Rolf Geserick, geschrieben in den 1980ern nur mit dem Material, das damals im Westen öffentlich zugänglich war – und trotzdem erstaunlich nah dran an dem, was Anke Fiedler, geboren 1981 in Stuttgart, ein Vierteljahrhundert später aus den Tiefen des Bundesarchivs zutage fördern konnte.[13] Nur: Geschichtspolitik wird nicht mit Dissertationen gemacht, sondern von Institutionen, die Medienstars an ihrer Spitze haben und schon wegen ihrer Ressourcen in der Lage sind, die Klaviatur einer medialisierten Gesellschaft zu bedienen.

Geschichtspolitik wird auch im Parlament gemacht, und das nicht nur über den Haushalt. Der Bundestag hat 1992 und 1995 zwei Enquete-Kommissionen eingesetzt, beide mit dem Schlagwort ›SED-Diktatur‹ im Titel (erst zur »Aufarbeitung von Geschichte und Folgen« und dann zur »Überwindung der Folgen im Prozess der deutschen Einheit«). Vorsitzender war jeweils Rainer Eppelmann, einer der Köpfe der Opposition in der DDR und dann für die CDU im Parlament. Die Hinterlassenschaft der beiden Kommissionen ist online. 32 Bücher, im Volltext durchsuchbar. Viele Videos, Bilder, schier endlose Experten- und Zeitzeugenlisten. Wie gesagt: Selbst mit einem Lehrstuhl für Zeitgeschichte hat man jeden Kampf um Definitionsmacht verloren, bevor er überhaupt beginnen kann. Die Politik hat das erledigt, was sonst Sache der Geschichtswissenschaft ist,[14] und sie hat auch die normale Reihenfolge einfach umgedreht. Erst das Ergebnis, dann die Forschung. SED-Diktatur. Punkt. Wie wichtig das für die damals gerade Herrschenden war, zeigt ein Blick auf die vier Enquete-Kommissionen, die der Bundestag seit 2010 eingesetzt hat. Dort ging bzw. geht es um Nachhaltigkeit, um künstliche Intelligenz sowie (gleich zweimal) um die Digitalisierung und damit, wenn man so will, um die Menschheitsfragen der Gegenwart.

Die akademische Journalistenausbildung kommt in dem Enquete-Konvolut aus den 1990ern nicht wirklich gut weg. Andreas G. Graf, ein Historiker aus der DDR, der 1990 im Alter von 38 Jahren an der Humboldt-Universität zum Thema Anarchismus promovierte, beschreibt dort die Anforderungen an Volontäre beim Fernsehen als »ideologisches Vorreinigungsset unter direkter Aufsicht«. Im Klartext: Journalist wurde man in der DDR nur, wenn man parierte und, so suggeriert es der Text in den nächsten Zeilen, wenn man bereit war, jederzeit in das Ministerium für Staatssicherheit zu wechseln, falls man nicht ohnehin schon von dort bezahlt wurde. »Es gab in der DDR mithin eine Art umgekehrtes Berufsverbot, nämlich ein Berufsgebot. Die Jugend wurde nach Wunschbildern teilweise sehr alter Menschen vorsortiert, und zwar von Menschen, die ohne Lernprozesse immer älter wurden«.[15]

Durch die Brille eines Anarchisten, der in der DDR erst spät zu akademischen Weihen kam und sich zumindest wissenschaftlich sonst kaum mit Medien und Öffentlichkeit beschäftigt hat, mag das so ausgesehen haben. Andreas G. Graf ist tot. Ich mag ihm nichts Schlechtes hinterherrufen. Gunter Holzweißig, Autor des zweiten Enquete-Textes zum Thema, wusste schon immer, was vom Journalismus in der DDR zu halten ist. »Ein uniformer, grobschlächtig-undifferenzierter Mechanismus«.[16] Bei anderen müsste man dazuschreiben, dass das Zitat von 2011 ist. Nicht so bei Gunter Holzweißig. Er hat nach 1990 einfach das gleiche geschrieben wie vorher am Gesamtdeutschen Institut, damals noch ohne Akten und ohne Zeitzeugen.[17] Der DDR-Deuter Holzweißig saß nach dem Verlust seiner Lebensaufgabe zwar im Bundesarchiv (direkt an der Quelle!), aber wozu lange suchen, wenn man sich selbst zitieren kann und einem die Geschichte Recht gegeben hatte? Die Sektion Journalistik an der Karl-Marx-Universität Leipzig hat in Holzweißigs Enquete-Bericht auf der ganzen Linie versagt. »Rotlichtbestrahlung« und »fachspezifische Vorbereitung« (was immer sich dahinter verbergen mag). *That's it.* Jedenfalls kein Beitrag, der irgendwelchen höheren Ansprüchen an den Journalismus dienlich gewesen wäre. Selbst die »Medienhistoriker an der Sektion Journalistik«, die mich früh mit der Aussicht auf einen Doktortitel geködert hatten, werden von Holzweißig mit einem Federstrich erledigt (»Erfüllungsgehilfen der Partei«).[18]

Wahrscheinlich muss ich gar nicht mehr ausformulieren, worauf diese Argumentation hinausläuft. Wie Geschichte geschrieben wird, hängt davon ab, wer sie schreibt. DDR-Geschichte wird von Westdeutschen geschrieben, die oft eine besondere Beziehung zum Gegenstand haben (Gunter Holzweißig etwa wurde 1939 in Aue geboren), von Ostdeutschen, die von der SED behindert wurden oder wenigstens nicht so in das alte System verstrickt waren, dass sie von der gesamtdeutschen Geschichtsmaschine ganz zwangsläufig ausgespuckt werden mussten, sowie von Nachgeborenen und Zugereisten. Die DDR-Eliten fehlen in dieser Aufzählung – und auch Menschen wie ich, die heute in der DDR Spitzenpositionen haben würden, wenn dieser Staat nicht implodiert wäre. Wahrscheinlich wäre ich kein zweiter Oertel geworden. Ich weiß inzwischen, dass damals viele Jungs so sein wollten wie dieser Reporter, der Goldmedaillen zu Gänsehauterlebnissen machen konnte und dabei jedes Parteichinesisch vermied.[19] Aber Chefredakteur, vielleicht sogar in Berlin, oder Journalistik-Professor in Leipzig: Das hätte ich mir schon zugetraut.

Ich erzähle in diesem Buch, was aus denen geworden ist, die mit mir geträumt haben von einer Laufbahn in den DDR-Medien und dann irgendwann aufgewacht sind in einem kommerziellen Zeitungsverlag oder in einer öffentlich-rechtlichen Rundfunkanstalt. Ich erzähle, wie das entstanden ist, was wir damals in Leipzig lernen sollten, was davon bis heute trägt und was aus unseren Dozenten geworden ist. Ich erzähle das oft nicht selbst, sondern lasse die sprechen, die sonst nicht zu Wort kommen jenseits der Runden von Gleichgesinnten, die immer kleiner werden.

Ich will hier nicht zu viel vorwegnehmen, aber wenigstens zwei Dinge andeuten, die ich beim Zuhören gelernt habe. Geschichtspolitik und hegemonialer DDR-Diskurs wuchern in das Private und Persönliche hinein. Und: Medienmenschen, die die DDR erlebt haben, fremdeln mit manchem, was in den Redaktionen heute passiert. Ihr Credo: Öffentlichkeit herstellen. Offen für alle, auch für alle Themen.[20] Ohne es immer selbst zu wissen, sind meine Kommilitonen von einst so ein lebendes Plädoyer für eine akademische Journalistenausbildung, die sich nicht am Modell ›Fachstudium plus Volontariat‹ orientiert, das kommerziell ausgerichtete Verlage in der alten Bundesrepublik propagiert und letztlich zur Norm gemacht haben, sondern Handwerk und Selbstreflexion ins Zentrum rückt. Der Gesellschaft, so könnte man das zuspitzen, wäre sehr geholfen, wenn sie ihre Medienhäuser in jeder Hinsicht öffnen und dabei der Journalistin von morgen erlauben würde, zunächst fern vom Berufsalltag verstehen zu lernen, was sie bald tun wird. Ich könnte hinzufügen: wie früher in Leipzig, weiß aber, dass ich dafür erst noch erklären muss, was genau ich damit meine. Zu stark sind die Bilder von Rotlichtbestrahlung und vorsortierten Studenten. Deshalb zunächst nur das: Im Kleinen zeigt sich am Beispiel Journalistenausbildung und Journalismus, dass die großen Krisen der Gegenwart mit der Geschichtspolitik verknüpft sind. Ein Land, das eine große Gruppe von Menschen mehr oder weniger ausschließt oder in die zweite Reihe verbannt und die Erfahrungen dieser Menschen ignoriert oder abwertet, schwächt sich selbst.

WIE ICH EINE GESCHICHTE SCHREIBE, DIE ICH EIGENTLICH RUHEN LASSEN SOLLTE

Der Mensch ist ein Geschichtentier. Wir sind neugierig, wie andere leben, wie sie sich verhalten, was sie denken. Wir brauchen das, weil wir wissen müssen, wo wir selbst stehen und wie das einzuordnen ist, was wir machen und gemacht haben. Das geht nur, wenn wir uns mit anderen vergleichen – am besten mit denen, die uns nah sind, weil sie aus dem gleichen Milieu oder aus der gleichen Zeit stammen, weil sie mit ähnlichen Voraussetzungen angefangen haben. Ich schreibe dieses Buch deshalb zuallererst für mich. Wissenschaft als Suche nach sich selbst. Auf Englisch gibt es dafür ein Wortspiel: ›research‹ als ›me-search‹.[21]

Ich kann das hier so offen schreiben, weil ich Neutralität und Objektivität für Fiktionen halte. Wissenschaft wird von Menschen gemacht.

Meine Geschichte: Dieser Untertitel ist keine Koketterie und keineswegs nur als Hinweis auf die autobiografischen Anteile zu lesen, die diesen Text tragen. Wie jede andere Geschichte ist auch diese Geschichte der akademischen Journalistenausbildung in der DDR kein ›Abbild‹ irgendeiner Realität. Das beginnt schon mit dem Thema (ich hätte auch über die Erfindung der Kommunikationswissenschaft schreiben können, was ich so eher nebenbei tun muss) und mit meiner Beziehung zu diesem Thema (dazu gleich mehr) und hört nicht auf bei den Gesprächen, die ich für dieses Buch geführt habe. Woran sich Menschen erinnern (wollen), hängt davon ab, wer sie fragt und wann sie gefragt werden. Davon hängt schon ab, ob sie überhaupt reden wollen.

Meine Geschichte: Das schließt ›meine‹ Zeitzeugen ein und ›meinen‹ Blick auf das, was ich in den Archiven gefunden habe. Ich habe mit den Menschen gesprochen, mit denen ich als Student am meisten zu tun hatte, oder die in irgendeiner Form herausragen und so Einblicke versprachen, die ich selbst nicht haben konnte – als Dozenten, als gewählte Studentenvertreter oder durch ihre Karriere. Manche habe ich nach knapp drei Jahrzehnten zum ersten Mal wiedergesehen und manche jetzt überhaupt erst richtig kennengelernt. Trotzdem waren das nie Gespräche zwischen Fremden. Jeder wusste, dass er dem anderen nicht wirklich etwas vormachen kann. Ich war trotzdem erstaunt, was ich alles vergessen habe. Maradona in Leipzig, Ende Oktober 1988, Lok gegen Neapel, und zwei von uns, die eine Verabredung mit ihm hatten.[22] Unglaublich, aber einfach nicht mehr präsent. Vielleicht hat mich das auch deshalb so berührt, weil der rastlose Reporter, der das offenbar geschafft hatte, nicht mehr am Leben ist.

Was ich eigentlich sagen wollte: Wie ich das interpretiere und gewichte, was man mir erzählt und was in den Dokumenten steht, hängt davon ab, wer ich bin, was in meinem Leben bisher passiert ist und wie ich mir meine Zukunft ausmale.[23] Bin ich ein Mann oder eine Frau, farbig oder weiß, alt oder jung, Katholik oder Marxist, ein Neuling im Metier oder viele Jahre dran am Thema? ›Wissen‹ ist nicht ohne den Menschen zu haben, der es produziert, und entspricht deshalb niemals genau dem, wovon es berichtet. Das heißt aber noch lange nicht, dass es eigentlich egal ist, welche Version der Geschichte man zur Hand nimmt. Historische Forschung steht und fällt erstens mit ihren Quellen. Jeder kann sehen, worauf ich mich stütze, und überprüfen, ob ich absichtlich Informationen unterschlage oder Gegenpositionen ausblende. Und zweitens sollte historische Forschung offenlegen, von wem sie stammt und welche Interessen sie verfolgt.

Der Untertitel *Meine Geschichte* ist so auch ein Lösungsvorschlag für das Problem, dass es weder ›Wissen an sich‹ gibt noch einen Schiedsrichter, der zweifelsfrei feststellen kann, wer denn nun Recht hat. Auch die quantitative empirische Sozialforschung kennt keine Methode und kein Messinstrument, die unabhängig von theoretischen Vorannahmen sind. Der autobiografische Zugang macht aus dieser Not eine Tugend. Er macht aus dieser Geschichte einen Stoff, der selbst die fesseln könnte, die mit dem Thema überhaupt nichts am Hut haben, und erfüllt zugleich die Anforderungen, die der Wissenssoziologe Karl Mannheim an wissenschaftliche ›Objektivität‹ gestellt hat. Um verallgemeinern zu können und die »Strukturdifferenz« zu verstehen, so Mannheim in einer Sprache, die ihr Alter verrät, brauche man eine »Formel der Umrechenbarkeit«.[24] Zeitgemäßer formuliert: Ich muss wissen, warum der eine den Gegenstand so darstellt und der andere anders.[25] Eine Autobiografie erlaubt hier das Maximum an Transparenz.

Hinabtauchen dürfen in das eigene Leben: Ich weiß, dass es ein Privileg ist, für das bezahlt zu werden, was auch die umtreibt, die Streife laufen müssen, um ihre Wohnung nicht zu verlieren, die dafür kellnern, Müll abholen, Kranke trösten. Aus diesem Privileg erwächst eine Verantwortung. Ich habe Zugang zur großen Arena (wenn auch nur über die Hinterbühne Kommunikationswissenschaft) und die Ressourcen, um so ein Buch zu schreiben. Es wäre fatal, wenn ich das nicht tun würde, zumal ich weiß, dass zumindest die darauf warten, die mir ihre Geschichten geschenkt haben, Fotos und was sonst noch übriggeblieben war von ihrem akademischen Leben in der DDR. »Durch dich leben wir weiter, Michael«, sagte Wulf Skaun Ende November 2019 bei einer Veranstaltung im Zeitgeschichtlichen Forum in Leipzig, die im zweiten Kapitel ausführlich gewürdigt wird. Uns verbinden zwei prägende Erfahrungen: eine Umfrage zur Mediennutzung der Leipziger im Mai 1990, mit der der Hochschullehrer Skaun damals Neuland betrat, und das Ringen um ein lebensgeschichtliches Interview, das seit 2015 online ist.[26] Auch wenn Wulf (wir sind seit dem Kampf um diesen Text per Du) und seine Kolleginnen und Kollegen nie und nimmer mit allem einverstanden sind, was ich über sie und ihre Arbeit schreibe: Ich weiß, dass sie diese Mühe trotzdem schätzen.

Heinz Pürer, ein Professorenkollege aus Österreich, der schon kurz nach besagter Umfrage als einer der ersten zu uns nach Leipzig in den Hörsaal kam und den ich dann viel später in München wiedergetroffen habe, hat dagegen vehement davon abgeraten, dieses Buch zu schreiben. »Nein, Michael, da bist du viel zu nah dran«. Ich höre Pürer förmlich sprechen, mit diesem Dialekt, der jeden Österreicher erst einmal sympathisch macht, und sehe, dass er Recht hat. In diesem Buch geht es um das symbolische Kapital meiner Diplomurkunde. Jeder Absolvent trägt an der Reputation seiner Universität und seiner Disziplin, so oder so. Wenn wir an der Deutschen Journalistenschule in München die Bewerber prüfen, werfen sich die Chefredakteure und Edelfedern zur Begrüßung Zahlen an den Kopf. 14, 17, 29K, 36. Das ist jeweils die Nummer der Lehrredaktion, die man selbst durchlaufen hat und die offenbar ein Leben lang an einem kleben bleibt, weil sie selbst auf *Wikipedia* auftaucht. Das ›K‹ steht dabei für Kompaktklasse, ein Format, das schneller zum Ziel führt und deshalb noch begehrter ist. Jede dieser Zahlen sagt: Ich bin einer von euch. Wir sind die Guten. Ich bin auch Diplomjournalist, aber aus Leipzig. Dieses ›aber‹ kann ich in den Augen der anderen sehen.

Was mir Heinz Pürer sagen wollte: Was immer du zu diesem Thema aufschreibst, man wird es dir nicht abnehmen. Du bist Partei. Man wird dir vorwerfen, dass du nur dich selbst aufwerten willst. Ja, lieber Heinz: Das will ich. Das will jeder, der ein Buch schreibt. Juan Moreno wollte alles festhalten, was zum ›System Relotius‹ zu sagen ist, und sich damit zugleich einen Schutzwall bauen aus »absoluter Transparenz«.[27] Ganz so dramatisch ist die Lage für einen bayerischen Beamten wie mich hoffentlich nicht, aber ich ziele natürlich auf das, was in der Öffentlichkeit so herumschwirrt an Urteilen über meine Ausbilder und meine Kommilitonen. Auf das Verdikt von Gunter Holzweißig. Auf das Etikett ›rotes Kloster‹, das Brigitte Klump, von 1954 bis 1958 in Leipzig Studentin und dann in den Westen gegangen, der Fakultät für Journalistik in den 1970er-Jahren in einem Roman anheftete und das der Verlag dann in der Neuauflage 1991 mit dem Untertitel *Kaderschmiede der Stasi* an den Zeitgeist angepasst hat.[28] Ich will schauen, was sich hinter diesem Etikett verbirgt, und dabei denen eine Stimme geben, die sich nicht trauen, gegen den Diktaturdiskurs anzuschreiben, oder das objektiv nicht (mehr) können.

Das ist ja das Verrückte: So ein Diskurs reproduziert sich selbst. Er bestimmt, welchen Wert eine Biografie hat, und taxiert damit auch das Gewicht von jedem, der sich in die öffentliche Arena wagt. Der Matthäus-Effekt funktioniert auch hier. Wer in den Diskurs ›passt‹, wird lauter und bekommt ein großes Publikum (etwa Wolf Biermann, der sogar im Bundestag gesungen hat und auch sonst stets gefragt wird, wenn es um die DDR geht), und wer von dem abweicht, was einmal als ›gut‹ und ›richtig‹ definiert worden ist, der schweigt. Selbst die, die es gegen jede Regel doch geschafft haben, behalten ihre Erfahrungen lieber für sich. Man muss dabei gar nicht an Andrej Holm, Jahrgang 1970, denken, der in Berlin nicht Staatssekretär sein durfte, weil er als junger Mann ein paar Monate für die Stasi gearbeitet hat, oder an Holger Friedrich, vier Jahre älter als Holm, der in eine ganz ähnliche Debatte geriet, nachdem er und seine Frau Silke im Herbst 2019 die *Berliner Zeitung* gekauft hatten. Für dieses Buch habe ich mit Bernd Okun gesprochen, für die Leipziger Journalistik-Studenten in der zweiten Hälfte der 1980er-Jahre ein Idol, weil er in seinen Vorlesungen das ansprach, was jeder dachte, aber in keiner Zeitung fand. Okun, inzwischen 75 und als Coach so erfolgreich, dass er einen Tesla fährt und sich feine Büroräume am Thomaskirchhof leisten kann, in Leipzig eine erste Adresse, sagte, er sehe »nicht so gern schriftlich« (vor allem nicht im Internet), dass er 1984 von der Sektion Philosophie an die Sektion Marxismus-Leninismus gewechselt ist. Wenn das heute jemand lese, würde er denken, »ich war ein Ideologe und ein Oberidiot«.[29] Der hegemoniale DDR-Diskurs schüchtert heute selbst die ein, die früher mutig waren, weil die Fallhöhe in einer kapitalistischen Gesellschaft viel größer ist.

Eine Ausnahme ist Daniela Dahn. Das »persönliche Panorama zur Lage der Nation und zum Stand des Internationalen«, das diese Schriftstellerin 2019 vor aller Augen entfaltet hat, ist für mich einerseits ein Vorbild und andererseits auch nicht. In Kurzform: ja zur Diagnose, nein zur Methode. Es mag schon richtig sein, liebe Daniela Dahn, »dass ein verzerrtes Geschichtsbild schwerlich durch ausgewogene Gesamtdarstellungen zu erschüttern ist«, dass »das hundertmal Verschwiegene« auf »Kenntnisnahme« wartet und dass der »westliche Diskurs den fremden Blick nicht nur aushalten, sondern als Bereicherung begreifen sollte«. Die »Gegeneinseitigkeit« aber, die man einer Sachbuchautorin möglicherweise durchgehen lässt (zumal wenn sie statt »akademischer Systematik« einen »Gedankenstrom« ankündigt),[30] kann sich der professionelle Historiker nicht erlauben. Ich greife stattdessen nach den Sternen und verspreche eine DDR-Geschichte, die über den Tellerrand hinausschaut – in die Bundesrepublik, in die USA. Vielleicht ist das ein Schritt zu jener »gesamtdeutschen Geschichtsschreibung«, die Jochen-Martin Gutsch, ein Ostdeutscher beim *Spiegel*, Jahrgang 1971, auch 30 Jahre nach dem Mauerfall noch vermisst hat.[31] Möglich wird so ein großer Wurf (oder zumindest: seine Ankündigung) durch ein Thema, das klein genug ist, um sich darin wirklich auszukennen.

WAS DAS ALLES MIT DEM HIER UND JETZT ZU TUN HAT

In diesem Buch möchte ich berichten, wie man noch Ende der 1980er-Jahre auf die Idee kommen konnte, die DDR eher stärken zu wollen als sie bei Nacht und Nebel zu verlassen. Zu dieser Geschichte gehört all das, was davor und danach passiert ist. Dafür hatte ich schon einen schönen Untertitel, der den Ruf *Rückkehr nach Leipzig* wunderbar ergänzt hätte: *Journalistik, Abriss, Medienkrise*. Die Sprengkraft, die in diesem Dreiklang steckt, speist sich aus der Glaubenslehre, die im Moment die westlichen Gesellschaften dominiert:

- Journalistik, zumal in ihrer sozialistischen Variante: War es nicht ein Irrweg der Geschichte, die künftigen Propheten der herrschenden Ideologie an die Universität zu schicken und ihnen dort vor allem Handwerk beizubringen? Ist das, was dort Wissenschaft genannt wurde, etwa nicht zurecht eingestampft worden, mitsamt seinen Vertreterinnen und Vertretern? Es mag ja okay sein, dass die Reste im Archiv vor sich hin schimmeln und die Veteranen weiter ihre Treffen haben, aber ist es tatsächlich nötig, dieses Fass noch einmal aufzumachen?

- Abriss: Das führt hinein in den Streit um die Begriffe, der überall da besonders heftig tobt, wo die Interessen der Lebenden tangiert werden. Revolution. Wende. Wiedervereinigung. Umbruch. Neuaufbau. Wiebke Müller, die mit mir in Leipzig studiert hat und heute in Dresden für die *Bild*-Zeitung arbeitet, erinnert sich an die Unsicherheit, die das Wort ›Abwicklung‹ einst bei ihr auslöste: »Wir haben uns gefragt, was das eigentlich heißt. Werden wir jetzt dichtgemacht?« Die Beruhigungspille wurde offenbar direkt im Hörsaal verabreicht (noch so eine Sache, an die ich mich überhaupt nicht mehr erinnere): »Da kam eine Westdeutsche, hat tatsächlich eine Garnrolle aus der Tasche geholt und gesagt: Wir wickeln jetzt den Faden ab, aber die Rolle bleibt. Und dann kommt ein neuer Faden. Neue Leute, neue Inhalte«.[32] Das Wort ›Abriss‹ weckt andere Assoziationen. Es trifft das, was passiert ist, viel besser, auch wenn das die Leute mit der Garnrolle bis heute heftig bestreiten. Ich hätte auch ›Landnahme‹ sagen können wie Hans Poerschke, einer meiner Professoren von früher,[33] aber zwischen ›Journalistik‹ und ›Medienkrise‹ klingt so ein Wort mit drei Silben einfach nicht gut.
- Medienkrise: Wenn ich meinen Kolleginnen und Kollegen in der Medienforschung glaube, dann gibt es diese Krise gar nicht. Die Presse, vielleicht. Kaum noch Anzeigen und der Abonnentenstamm so alt, dass sich jede Zukunftsplanung fast von selbst verbietet. Noch weniger Anzeigen durch Corona und so noch weniger Zukunft. Aber sonst? Alles nur Gerede. Die herrschende Lehrmeinung sagt: Das Vertrauen in die Medien wächst wieder leicht oder stagniert auf hohem Niveau. Wenn das auf der Straße oder im Netz anders aussieht, dann liegt das an einer Gesellschaft, die sich polarisiert und eher dorthin schaut, wo es besonders laut ist. Und die Qualität der Berichterstattung? Alles gut, im Prinzip jedenfalls. Ein »relativ breites Meinungsspektrum«, eine »pluralistische und professionelle journalistische Medienlandschaft«.[34]

Ich sage, gestützt nicht nur auf die vielen Gespräche, die ich für dieses Buch geführt habe: So ganz stimmt das leider nicht. Auch hier muss ich gar nicht zu hoch greifen und zum Beispiel auf die doppelten Standards verweisen oder auf die politischen Loyalitäten der Alpha-Journalisten, die Berichte über Freunde und Verbündete anders aussehen lassen als die über Konkurrenten und Gegner und vieles von dem aus der Öffentlichkeit verbannen, was wir eigentlich diskutieren müssten.[35] Ich kann beim Thema bleiben. Das Bild, das Presse und Fernsehen seit 1990 von der DDR zeichnen, hat wenig mit dem zu tun, was sich die Zeitzeugen über die Vergangenheit erzählen – vor allem, wenn sie damals im Osten Deutschlands gelebt haben.[36] Die herrschende Geschichtspolitik hat es geschafft, die kritischen Geister in den Redaktionen entweder einzulullen oder ihnen die wichtigsten Publikationsplätze zu verbauen, und so sicher nicht nur mich zum Journalismuskritiker gemacht.

Natürlich: Jeder Staat (in Anlehnung an Gramsci hier verstanden als »Kristallisation der Machtverhältnisse und als umkämpftes Terrain«[37]) hat ein Interesse, das zu kontrollieren, was über ihn in der Öffentlichkeit gesagt wird.[38] Das gilt erst recht, wenn es um die nationale Identität geht und um die Legitimation des politischen Systems. Egal ob im *Ersten*, in der FAZ, im *Spiegel* oder in der *Süddeutsche Zeitung*: Die DDR, die wir dort sehen, spiegelt nicht die ›Realität‹, sondern die Definitionsmachtverhältnisse. Wer hat es geschafft, seine Sicht der Dinge in der Öffentlichkeit durchzusetzen? Dass dabei mit ungleichen Waffen gekämpft wird, muss ich hier nicht wiederholen.

Die DDR der Massenmedien ist trotzdem für uns alle ganz real. Diese DDR (anders als zum Beispiel die DDR der digitalen Nostalgiegruppen) kann niemand ignorieren – selbst der nicht, der sich an etwas anderes erinnern will und vielleicht sogar alle Geschichtsberichte meidet, um sich nicht mehr ärgern zu müssen. Medien definieren, was ist. Sie ordnen die Welt. Sie liefern Kategorien, mit denen wir die Welt beschreiben können (etwa: ›Diktatur‹ oder ›totalitär‹), und sorgen so dafür, dass ihre Realitätskonstruktionen Alltagshandeln und Weltanschauungen bestimmen.[39] Medienrealität ist eine Realität erster Ordnung, wie die Mauern eines Hauses, durch die wir nicht einfach hindurchmarschieren können. Die symbolische Gewalt, die von der Medienrealität ausgeht, erklärt, warum bei jeder Kritik am Journalismus auch dann das große Ganze auf dem Spiel steht, wenn es nur um die kleine DDR geht, und warum Wissenschaftlerinnen und Wissenschaftler, die ganz gut leben in einem bestimmten politischen System, gar nicht so selten auf der Seite der Verteidiger zu finden sind, obwohl ihr Ethos eigentlich etwas anderes erwarten lassen sollte.

Die Begriffe ›Gewalt‹ und ›Verteidiger‹ sind mir nicht zufällig unterlaufen. Ich gehe mit Chantal Mouffe, einer belgischen Politikwissenschaftlerin, davon aus, »dass Gesellschaften stets gespalten sind« und »durch hegemoniale Praktiken diskursiv konstruiert werden«.[40] Die Geschichtspolitik, die ein bestimmtes Bild der DDR durchgesetzt hat, ist eine solche ›hegemoniale Praxis‹. Sie hilft, eine Ordnung zu stützen, die das Privateigentum vergöttert und einen Kult um das Individuum entfacht, obwohl weite Teile der Bevölkerung gar nicht die Möglichkeit haben, das auszuleben, was in ihnen steckt. Ich will nicht zu tief in die Theorie einsteigen, aber wenigstens darauf hinweisen, dass Hegemonie hier mit Antonio Gramsci als eine Form der Herrschaft verstanden wird, die neben Zwang (Polizei, Gesetze, Gerichte) auch auf Konsens setzt. Die gerade »führende Gruppe« muss »die Zustimmung der Beherrschten zu ihrem Projekt gewinnen« und von »konkurrierenden gegnerischen Gruppen« zumindest akzeptiert werden. Die Konstruktion der DDR als Diktatur hat geholfen, eine »gemeinsame Perspektive« zu finden, die zum Beispiel Enteignungen und alle sonst denkbaren ›Zwangs‹-Maßnahmen zum Wohle des Kollektivs im Moment utopisch wirken lassen.[41]

In diesem Kampf um Definitionsmacht sind Sozialwissenschaftler nicht Beobachter, sondern Teilnehmer.[42] Wer Ideen produziert, will mitmischen. Die Öffentlichkeit (oder: »die Politik«), sagt Geoffroy de Lagasnerie, ein französischer Soziologe, »ist immer schon da«, wenn wir anfangen zu forschen – in den Gegenständen, in den Untersuchungsdesigns, in unseren Interpretationen. Es gibt die DDR des hegemonialen Diskurses, und es gibt das, was ich erlebt und längst hundertfach neu geordnet und umgedeutet habe. Durch die Brille von Geoffroy de Lagasnerie ist das kein Problem. Der »Raum des Wissens« und die Politik sind für ihn ein einziger Raum – und in diesem Raum wird gekämpft. De Lagasnerie hat auch keine Scheu, Front und Gegner zu benennen. Sein Axiom: »Die Welt ist ungerecht, die Welt ist schlecht, sie ist durchzogen von Systemen der Herrschaft, der Ausbeutung, der Macht und Gewalt, die es aufzuhalten, infrage zu stellen und zu überwinden gilt«.

Ich könnte das als Programm für dieses Buch so stehen lassen, zumal ›Wahrheit‹ für Geoffroy de Lagasnerie ein »oppositioneller Begriff« ist und »objektiv« alles, was zeigt, wie und warum eine Praxis oder eine Institution »falsch« ist (»wie sie uns schlecht behandelt, wie sie lügt und auf irrationalen Überzeugungen und Praxen beruht«).[43] Die Zeiten rufen aber eher nach den ganz großen Themen und nicht nach der kleinen DDR, schon gar nicht nach dem Winzling Journalistenausbildung. Matthias Krauß, 1960 in Hennigsdorf geboren, Absolvent der Leipziger Sektion Journalistik und heute in Potsdam, hat nach einem »dreißigjährigen Privatkrieg« gegen die »Aufarbeitungsindustrie« einen »Waffenstillstand« angekündigt. Schluss mit dem Kampf gegen den »einseitigen Mainstream«. Zum einen sei alles gesagt, und zum anderen würden »möglicherweise in Kürze Dinge eintreten«, die die Debatte um die deutsch-deutsche Vergangenheit »völlig überwalzen und gegenstandslos machen werden«.[44]

Auch wenn hier kurz vor Corona ein Prophet zu schreiben scheint: Konkreter wird Matthias Krauß nicht, vielleicht ein Erbe aus den wenigen Jahren, die er für die Parteipresse gearbeitet hat. Andeutungen genügten damals. Im November 2019 haben Uwe Krüger und ich in Leipzig ein Seminar zu einem Text von Jem Bendell angeboten. *Deep Adaptation: A Map for Navigating Climate Tragedy*.[45] Bendell bietet dort einen neuen Blick auf das, was er »Klimatragödie« nennt. Sein Ausgangspunkt: Es ist zu spät. Der Zusammenbruch unvermeidlich, die Katastrophe wahrscheinlich, das Aussterben nicht auszuschließen. Unser Seminar in Leipzig war großartig, weil dieser Blick jeden zwingt, existenzielle Fragen zu stellen. Was will ich im Leben? Würde ich das selbst dann noch wollen, wenn ich wüsste, dass alles vergeblich ist? Jem Bendell liefert darauf keine fertige Antwort, wie sollte er. Er referiert aber Literatur zur Resilienz (verkürzt: zum Umgang mit Schicksalsschlägen[46]), zum Verzicht (Dinge loslassen, die man lange geliebt hat und für selbstverständlich hielt) sowie zur Erneuerung (längst verschüttete Einstellungen und Ansätze wiederentdecken) und macht daraus eine Agenda der Anpassung an das, was er für unvermeidlich hält, und damit einen Silberstreif an einem düsteren Horizont.

Mir hat Jem Bendell geholfen. Ich schreibe hier über eine eher kleine Menschheitsfrage (Journalismus und Journalistenausbildung), fordere aber trotzdem das heraus, was wir für selbstverständlich halten (etwa: zentrale Kommunikationskanäle in Familienbesitz), und grabe nach Erfahrungen, die die Sieger der Geschichte auf den Müllhaufen geworfen haben. *Journalistik, Abriss, Medienkrise*: In meiner Argumentation gehören diese drei Schlagworte zusammen. Der Kahlschlag in der akademischen Journalistenausbildung in Deutschland beginnt mit dem Abriss des ›roten Klosters‹, und der Vertrauensverlust der Medien, den wir heute beobachten, hat auch damit zu tun, dass der hegemoniale DDR-Diskurs ostdeutsche Journalisten in aller Regel in Nischen verbannt und sich so lange Zeit selbst verstärkt hat.

WIE DAS DDR-GEDÄCHTNIS GERADE NEU VERMESSEN WIRD

In meiner Rezension hatte ich vermutet, dass das Buch von Matthias Krauß die eigene Blase (*Märkische Allgemeine, Leipziger Volkszeitung, Junge Welt, Neues Deutschland*) nur deshalb verlassen konnte, weil die Süddeutsche Zeitung auch einen Dresdner beschäftigt (Cornelius Pollmer, Jahrgang 1984).[47] Diese Rezension ist im April 2019 geschrieben worden – und damit (um nur zwei Beispiele herauszugreifen für die These, die gleich folgt) vor dem Film *Traumfabrik* und der schon zitierten *Spiegel*-Sonderausgabe zu 30 Jahren Mauerfall. Es sieht im Moment so, als ob auf dem ›Kampfplatz der Erinnerungen‹ eine neue Schlacht begonnen hat. Der Historiker Martin Sabrow, 1954 in Kiel geboren und seit anderthalb Jahrzehnten einer der beiden Direktoren des Leibniz-Zentrums für Zeithistorische Forschung in Potsdam, hat 2008 drei Typen des DDR-Gedächtnisses unterschieden:

- *Diktaturgedächtnis* (der »Unterdrückungscharakter der SED-Herrschaft und ihre mutige Überwindung in der friedlich gebliebenen Revolution von 1989/90«): Stasi, Unrechtsstaat, Parteiherrschaft, Eiserner Vorhang, Mauerschützen, Doping (im Sport), »Verbrechen, Verrat und Versagen«, »Leid, Opfer und Widerstand«, kommunistischer Terror (von den sowjetischen Lagern in der Besatzungszeit über Schauprozesse und Militäraktionen in ganz Osteuropa bis zu den Gefängnissen und Methoden des DDR-Geheimdienstes), Missachtung von Menschenrechten und politischer Freiheit, Zwangsadoptionen, Zensur und Medienlenkung, Bürgerrechtler, Demonstrationen und Runde Tische;

- *Arrangementgedächtnis* (Verknüpfung von »Machtsphäre und Lebenswelt«): Freude und Leid im Alltag, Stolz auf das Erreichte (persönlich und im Betrieb, aber auch in der Gesellschaft insgesamt, gerade mit Blick auf die Bedingungen im Kalten Krieg), Zwang zur Anpassung und Ohnmacht des »kleinen Mannes«;
- *Fortschrittsgedächtnis* (Festhalten an der »Idee einer legitimen Alternative zur kapitalistischen Gesellschaftsordnung«): »moralische und politische Gleichrangigkeit der beiden deutschen Staaten«, kommunistische Ideale wie die Brechung des Bildungsmonopols der besitzenden Klassen, die Gleichstellung der Geschlechter, Arbeit und Wohlstand für alle, Nahrung und bezahlbaren Wohnraum sowie eine Welt, in der der Mensch sich und seine Arbeitskraft nicht verkaufen muss, keinen materiellen Reichtum begehrt und keine Kriege führt.[48]

Als ich 2013 meine (so dachte ich damals) letzte Studie zum Thema DDR fertig hatte, ging es mir ein bisschen wie Matthias Krauß. Genug jetzt. Egal ob Schulbücher, Museen oder Leitmedien: Es dominierte Typ 1, seit 1990, Tendenz eher steigend. Typ 2 gab es noch, immerhin. Typ 3 dagegen schien langsam auszusterben.[49] Und dann kam die AfD.

Im Film *Traumfabrik*, produziert unter anderem von Tom Zickler, drei Jahre älter als ich und ab 1988 Student an der Hochschule für Film und Fernsehen in Babelsberg, ist die DDR ein Land, in dem die Menschen zusammenhalten. In dem man sich hilft, in dem man Spaß hat (sogar mit den Russen), in dem Aufstieg von ganz unten Normalität ist und in dem man zwar um die Kontrolleure und Beobachter weiß, sich aber im Alltag nicht groß um sie schert. Jeder wird gebraucht (sogar ein farbenblinder Kameramann), jede trägt etwas bei (hier vor allem die Sekretärin und die Maskenbildnerin). Und: Familie ist wichtig. Wichtiger jedenfalls als Karriere und Partei. Ohne seinen Bruder wäre der Held ein Nichts.

Einmal regnet es in diesem Film. Einmal wird die DDR trist und grau. Das ist die DDR, wie sie die Nachgeborenen kennen. Zwei Polizisten springen aus dem Auto und prügeln mit Schlagstöcken um sich, ohne wirklich einen Grund zu haben, nicht einmal in der Logik einer

Überwachungsgesellschaft. Man kann Schwierigkeiten haben mit dieser Szene. Man kann sie aber auch als groteske Überzeichnung dessen lesen, was die Geschichtspolitik uns sonst so erzählt über die DDR. Milou, die Angebetete des Helden, ist dabei und fährt am Ende doch nicht zurück nach Frankreich, in eine Welt, in der sie von einer launischen Chefin abhängt und von einem cholerischen Mann.

Freiheit Ost vs. Freiheit West: Das ist hier die Frage. Tanzen und feiern auf den Straßen von Paris, ja. Aber zu welchem Preis? Der Preis, der in der DDR zu zahlen ist, wird in der *Traumfabrik* ausgesprochen und bebildert. Eingemauert sein im eigenen Land. Stacheldraht und Maschinenpistolen an der Grenze. Das Diamant-Fahrrad als größter Luxus (dies erst im Abspann, genau wie ein Zeitungscover, das die Ausreise des Traumpaars meldet). Und trotzdem. Milous Augen werden riesig sein und strahlen, wenn sie in diesen Osten zurückläuft. Man kennt dieses Bild. Aber nur für die andere Laufrichtung.

Man kennt auch den selbstherrlichen Funktionär (hier: Heiner Lauterbach), immer mit Lakai, zu allen Schandtaten bereit. In der Realität war es komplizierter, und in der *Traumfabrik* ist es das auch. Der Film zeigt, wie man das Kompetenzgerangel zwischen SED und Staat ausnutzen konnte für das, was man wollte. So mächtig dieser Heiner Lauterbach als Defa-Boss auch sein mag, irgendwo sitzt jemand, der noch mächtiger ist und der vor allem Angst hat, in der Westpresse negativ aufzufallen. Was hier wie ein ›Märchen‹ erzählt wird (das Filmprojekt, um das es geht, wird über die *Bild*-Zeitung publik gemacht und ist genau deshalb nicht zu stoppen), hat einen realen Hintergrund.[50]

Die *Traumfabrik* war ein Flop (knapp 122.000 Zuschauer und damit nur Platz 121 der deutschen Kinocharts 2019, aber immerhin in der Vorauswahl für den Deutschen Filmpreis 2020) und führt zunächst weg von der AfD, die weniger auf den DDR-Diskurs an sich zielt, sondern eher auf die Gewichtung. Der Ausverkauf der Wirtschaft. Die Zweifel und die Unsicherheiten der 1990er.[51] Das »Erfolgsnarrativ«,[52] wieder und wieder heruntergeleiert und immer unglaubwürdiger, je weiter die Ereignisse von 1989 und 1990 zurücklagen. Martin Sabrow meint inzwischen, dass die »staatlich gestützte Erzählung vom alles überstrahlenden Fluchtpunkt Freiheit« eigentlich bereits 2014 gekippt sei.

25 Jahre Mauerfall. Ein Lichterfest, in der Berliner Luft Tausende Heliumballons und auf dem Boden Hunderttausende Menschen. »Höhepunkt« und »Wendepunkt« in einem, sagt Sabrow und verweist auf die beiden »Erfahrungswelten«, die verdrängt werden mussten, damit die »Revolutionserzählung« dominieren konnte. Das »Treuhand-Trauma«, erstens. Und zweitens: Die »Vorkämpfer des Umbruchs 1989« wollten die DDR nicht abschaffen, sondern erneuern.[53]

Das will die AfD sicher nicht, aber wie jede Verschiebung in der politischen Landschaft erschüttert auch der Erfolg dieser Partei die Forschungslandschaft und beschert den Historikern so ein wenig Geld. Das Bundesministerium für Bildung und Forschung hat 2018 gleich 14 (!) Forschungsverbünde bewilligt, mit einer Laufzeit von jeweils vier Jahren. Die Pressemitteilung zum Start zitiert im Untertitel einen belanglosen Satz von Anja Karliczek, der Ministerin (»Wer seine Vergangenheit kennt, kann Zukunft gestalten«), und setzt in der Überschrift ein Ziel, das nach all den Jahren fast grotesk anmutet: »Wissenslücken über die DDR schließen«.[54] Ich will nicht lästern: Als Sprecher des Verbundes »Das mediale Erbe der DDR« habe ich von diesem Füllhorn profitiert und dieses Buch auch mit Hilfe der entsprechenden Ressourcen schreiben können.

Wem das noch nicht genügt als Beleg für die These, dass eine neue Runde im Kampf um die DDR begonnen hat, der greife zum *Spiegel*, zum Heft *Ziemlich beste Deutsche*, erschienen im Herbst 2019. ›Sagen, was ist‹ – ein Motto, das trotz Relotius auch dann stimmt, wenn man nicht daran glaubt, dass Journalismus eins zu eins abbilden kann, was ›da draußen‹ passiert.[55] *Der Spiegel* spiegelt die Definitionsmachtverhältnisse. Wenn dort Deutsche aus Ost und West ihre Geschichten erzählen, ungeschminkt und ohne Rücksicht auf das Diktaturgedächtnis, dann ist das gerade angesagt.

Alexander Osang, Jahrgang 1962 und heute vermutlich der erfolgreichste Absolvent der Sektion Journalistik, erzählt in diesem Heft, wie er im Sommer 1990 fünf Wochen »durch Amerika fuhr«, auf Kosten der United States Information Agency. »Später sagte mir jemand, die Agentur werde von der CIA betrieben. Ich glaube, ich wäre auch gefahren, wenn ich das gewusst hätte«. Eine »Politschulung« (oder: »die Erziehung des Ostmenschen«), die »nie wieder« aufgehört habe. Osang hat damals bei der *Berliner Zeitung* gearbeitet und dort in den 1990ern die wirtschaftliche Kehrseite der neuen Welt erlebt. Westdeutsche, die »so lange mit der Maus gespielt« haben, bis sie keine Lust mehr hatten und die Maus erst recht nicht. »Chefredakteure kamen und gingen. Neue Investoren, neue Besitzer, die Zeitungskrise, Umzug, Syndikation, Content-Management«. Osang ist dann zum *Spiegel* gewechselt. Stefan Aust habe beim Einstellungsgespräch nur wissen wollen, ob er »denn überhaupt Englisch« könne. Heute weiß Osang, dass die Vergangenheit nicht aufhört. Nie. Und er wettert gegen das Gerede von der ›Lebensleistung‹, die wer auch immer endlich ›anerkennen‹ soll: »Ich möchte nicht pausenlos bewertet werden. Ich möchte nicht vom *Spiegel* erklärt haben, wie der Ossi so ist. Aber es geht nie darum, dass der Westler sich ändern muss. Der Osten soll aus der Gesellschaft rauswachsen wie eine Dauerwelle«. Das wird er nicht. Aber der Diskurs über ihn kann sich ändern, wenn Menschen wie Alexander Osang sprechen. Als mir das klar war, habe ich den Titel des Buches geändert.

Anmerkungen

1 Didier Eribon: *Rückkehr nach Reims*. Berlin: Suhrkamp 2016

2 *Rückkehr nach Reims* wurde zum Beispiel 2017 in der Schaubühne Berlin aufgeführt (Regie: Thomas Ostermeier) und 2019 am Schauspiel Köln (Regie: Thomas Jonigk)

3 Michael Meyen: *»Wir haben freier gelebt«. Die DDR im kollektiven Gedächtnis der Deutschen*. Bielefeld: transcript 2013, S. 178

4 Vgl. Anke Fiedler: *Medienlenkung in der DDR*. Köln: Böhlau 2014

5 Vgl. Michael Meyen: *Breaking News: Die Welt im Ausnahmezustand. Wie uns die Medien regieren*. Frankfurt/M.: Westend 2018

6 Robert K. Merton: The Matthew Effect in Science. In: *Science* Vol. 159 (1968), Nr. 3810, S. 56-63

7 Vgl. Meyen, *Freier gelebt*

8 Vielleicht am prägnantesten ausgearbeitet ist dieser Gedanke bei Anthony Giddens: *Die Konstitution der Gesellschaft. Grundzüge einer Theorie der Strukturierung. Mit einer Einführung von Hans Joas*. Frankfurt/M.: Campus 1995

9 Vgl. Ilko-Sascha Kowalczuk: *Stasi konkret. Überwachung und Repression in der DDR*. München: C.H. Beck 2013, Daniela Dahn: *Der Schnee von gestern ist die Sintflut von heute. Die Einheit – eine Abrechnung*. Hamburg: Rowohlt Taschenbuch Verlag 2019, S. 96

10 Dahn: *Schnee von gestern*, S. 93

11 Wolfgang Wippermann: *Dämonisierung durch Vergleich:* DDR *und Drittes Reich*. Berlin: Rotbuch 2009, S. 90

12 Ebd., S. 105

13 Vgl. Rolf Geserick: *40 Jahre Presse, Rundfunk und Kommunikationspolitik in der* DDR. München: Minerva 1989, Fiedler: *Medienlenkung*

14 Vgl. Wippermann: *Dämonisierung*, S. 80f.

15 Andreas G. Graf: Öffentlichkeit und Gegenöffentlichkeit in der geschlossenen Gesellschaft der DDR. Eine Annäherung. In: Deutscher Bundestag (Hrsg.): *Materialien der Enquete-Kommission »Überwindung der Folgen der* SED*-Diktatur im Prozess der deutschen Einheit«* (13. Wahlperiode des Deutschen Bundestages). Band IV/2. Bildung, Wissenschaft, Kultur. Baden-Baden: Nomos 1999, S. 1689-1744, hier 1704

16 Gunter Holzweißig: Jeder Affe konnte eingreifen. Journalismus in der DDR. In: *Horch und Guck* 2/2011, S. 78f., hier 79

17 Vgl. Michael Meyen: Rezension zu Gunter Holzweißig: Die schärfste Waffe der Partei. Eine Mediengeschichte der DDR. – Köln, Weimar, Wien: Böhlau 2002. In: *Publizistik* 47. Jg. (2002), S. 488f.

18 Gunter Holzweißig: Die Presse als Herrschaftsinstrument der SED. In: Deutscher Bundestag (Hrsg.): *Materialien der Enquete-Kommission »Aufarbeitung von Geschichte und Folgen der* SED*-Diktatur in Deutschland«* (12. Wahlperiode des Deutschen Bundestages), Band II/3. Baden-Baden: Nomos 1995, S. 1689-1722, hier 1715, 1722

19 Michael Meyen, Anke Fiedler: *Die Grenze im Kopf. Journalisten in der* DDR. Berlin: Panama Verlag 2011, S. 354

20 Vgl. Horst Pöttker (Hrsg.): *Öffentlichkeit als gesellschaftlicher Auftrag. Klassiker der Sozialwissenschaft über Journalismus und Medien*. Konstanz: UVK 2001, S. 26

21 Vgl. Tricia M. Kress: *Critical Praxis Research. Breathing New Life into Research Methods for Teachers*. Dordrecht: Springer 2011, S. 219-231

22 Interview mit Jörg Simon, 6. November 2019

23 Ausführlich hierzu: Karl Mannheims Theorie von der Seinsgebundenheit des Wissens. Vgl. Karl Mannheim: Wissenssoziologie. In: *Ideologie und Utopia*. Frankfurt/M.: Klostermann 1931, S. 227-267; Michael Meyen, Maria Löblich, Senta Pfaff-Rüdiger, Claudia Riesmeyer: *Qualitative Forschung in der Kommunikationswissenschaft. Eine praxisorientierte Einführung*. 2. Auflage. Wiesbaden: Springer VS 2019, S. 26f.

24 Mannheim: *Wissenssoziologie*, S. 258

25 Vgl. Bettina Heintz: Wissenschaft im Kontext. Neuere Entwicklungstendenzen der Wissenschaftssoziologie. In: *Kölner Zeitschrift für Soziologie und Sozialpsychologie* 45. Jg. (1993), S. 528-552, hier 532

26 Wulf Skaun: Es gibt keine unpolitische Wissenschaft. In: Michael Meyen, Thomas Wiedemann (Hrsg.): *Biografisches Lexikon der Kommunikationswissenschaft*. Köln: Herbert von Halem 2015. http://blexkom.halemverlag.de/wulf-skaun/ (31. Januar 2020)

27 Juan Moreno: *Tausend Zeilen Lüge. Das System Relotius und der deutsche Journalismus*. Berlin: Rowohlt 2019, S. 26

28 Brigitte Klump: *Das rote Kloster. Eine deutsche Erziehung*. Hamburg: Hoffmann und Campe 1978, Brigitte Klump: *Das rote Kloster. Als Zögling in der Kaderschmiede der Stasi*. Frankfurt/M.: Ullstein 1991

29 Interview mit Bernd Okun am 7. Januar 2020 in Leipzig. – In der Online-Fassung fehlt dieses Zitat: Bernd Okun: Reizt das doch aus, bevor ihr die Flinte ins Korn werft. In: Michael Meyen, Thomas Wiedemann (Hrsg.): *Biografisches Lexikon der Kommunikationswissen-*

schaft. Köln: Herbert von Halem 2020. http://blexkom.halemverlag.de/okun-interview/ (7. Mai 2020)

30 Dahn: *Schnee von gestern*, S. 17, 19f.

31 Jochen-Martin Gutsch: Nachwendejahre. In: *Ziemlich beste Deutsche. Warum es uns so schwerfällt, ein Volk zu werden. 30 Jahre Mauerfall*. Spiegel Spezial vom Oktober/November 2019, S. 43

32 Interview mit Wiebke Müller am 1. November 2019 in Dresden

33 Vgl. Hans Poerschke: Gedanken zur Abwicklung (zum Abriss) der Sektion Journalistik. In: Michael Meyen: *Leipzig nach der Wende: Landnahme, Verwestlichung oder Strukturwandel?* Köln: Herbert von Halem 2020. http://blexkom.halemverlag.de/landnahme/ (7. Mai 2020)

34 Vgl. (zugleich exemplarisch für die Mainstream-Forschung zum Medienvertrauen) Johanna Schindler, Claudia Fortkord, Lone Posthumus, Magdalena Obermaier, Nayla Fawzi, Carsten Reinemann: Woher kommt und wozu führt Medienfeindlichkeit? Zum Zusammenhang von populistischen Einstellungen, Medienfeindlichkeit, negativen Emotionen und Partizipation. In: *Medien & Kommunikationswissenschaft* 66. Jg. (2018), S. 283-301, hier 287

35 Vgl. Uwe Krüger: *Meinungsmacht. Der Einfluss von Eliten auf Leitmedien und Alpha-Journalisten – eine kritische Netzwerkanalyse*. 2. Auflage. Köln: Herbert von Halem 2019, Maren Müller, Volker Bräutigam, Friedhelm Klinkhammer: *Zwischen Feindbild und Wetterbericht. Tagesschau & Co. – Auftrag und Realität*. Köln: PapyRossa 2019

36 Meyen, *Freier gelebt*, S. 225

37 Chantal Mouffe: *Für einen linken Populismus*. Berlin: Suhrkamp 2018, S. 59

38 Vgl. Michael Meyen: Journalists' Autonomy around the Globe: A Typology of 46 Mass Media Systems. In: *Global Media Journal*, German Edition 8. Jg. (2018), Nr. 1

39 Vgl. Nick Couldry: *Media, Society, World. Social Theory and Digital Media Practice*. Cambridge: Polity Press 2012, S. 84-91

40 Mouffe, *Populismus*, S. 20

41 Lia Becker, Mario Candeias, Janek Niggemann, Anne Steckner (Hrsg.): *Gramsci lesen. Einstiege in die Gefängnishefte*. Hamburg: Argument Verlag 2013, S. 19f.

42 Vgl. Uwe Krüger, Michael Meyen: Auf dem Weg in die Postwachstumsgesellschaft. Plädoyer für eine transformative Kommunikationswissenschaft. In: *Publizistik* 63. Jg. (2018), S. 341-357

43 Geoffroy der Lagasnerie: *Denken in einer schlechten Welt*. Berlin: Matthes & Seitz 2018, S. 14, 24f., 55, 102

44 Matthias Krauß: *Die große Freiheit ist es nicht geworden. Was sich für die Ostdeutschen seit der Wende verschlechtert hat*. Berlin: Das Neue Berlin 2019, S. 9-11

45 Jem Bendell: *Deep Adaptation: A Map for Navigating Climate Tragedy*. Ambleside: IFLAS Occasional Paper 2, 27. Juli 2018, http://lifeworth.com/deepadaptation.pdf (2. Juni 2020)

46 Vgl. Andrew Zolli, Ann Marie Healy: *Resilience: Why Things Bounce Back*. New York: Simon & Schuster Paperbacks 2013

47 Vgl. Cornelius Pollmer: Flaute Ost. In: *Süddeutsche Zeitung*, Literatur. Beilage zur Leipziger Buchmesse vom 19. März 2019, Michael Meyen: Wider die »Aufarbeitungsindustrie«. In: Michael Meyen (Hrsg.): *Das mediale Erbe der DDR @LMU 2019*. https://medienerbe.hypotheses.org/213 (3. Februar 2020)

48 Martin Sabrow: Die DDR erinnern. In: Martin Sabrow (Hrsg.): *Erinnerungsorte der DDR*. München: C. H. Beck 2009, S. 11-27, hier 16-20. Vgl. Meyen, *Freier gelebt*, S. 59

49 Vgl. Meyen, *Freier gelebt*

50 Vgl. Fiedler: *Medienlenkung*

51 Vgl. Steffen Mau: *Lütten Klein. Leben in der ostdeutschen Transformationsgesellschaft*. Berlin: Suhrkamp 2019

52 Lorenz Abu Ayyash: Editorial. In: *Das letzte Jahr der DDR. Aus Politik und Zeitgeschichte* 69. Jg. (2019), Nr. 35-37, S. 3

53 Martin Sabrow: *»1989« als Erzählung*. Ebd., S. 25-33, hier 30-32

54 BMBF-Pressemitteilung Nr. 48/2018: https://www.bmbf.de/de/wissenslue cken-ueber-die-ddr-schliessen-6346.html (3. Februar 2020)

55 Vgl. Moreno: *Tausend Zeilen Lüge*

FDJ-Versammlung am Institut für Publizistik und Zeitungswissenschaft, Anfang der 1950er-Jahre. Quelle: Fotoalbum von Ilse Faeskorn

Hörsaalatmosphäre, Anfang der 1950er-Jahre. Quelle: Fotoalbum von Ilse Faeskorn

Hermann Duncker (zweiter von links) zu Gast. Ganz links: Klaus Raddatz, damals Student und später einer der führenden DDR-Journalisten. Quelle: Fotoalbum von Ilse Faeskorn

Arbeiten im Wohnheim in der Leipziger Kurt-Eisner-Straße. Quelle: Fotoalbum von Ilse Faeskorn

Ernteeinsatz, Anfang der 1950er-Jahre. Quelle: Fotoalbum von Ilse Faeskorn

Heinrich Bruhn (links), 1951 bis 1977 Professor in Leipzig, und Georg Förster, in der Abteilung Agitation des ZK der SED zuständig für die Journalistenausbildung. Quelle: Privatarchiv Michael Meyen (Leihgabe von Karl-Heinz Röhr)

Otto B. Roegele (links), Professor in München, und Emil Dusiska, Direktor der Leipziger Sektion Journalistik, auf einer IAMCR-Tagung. Quelle: Privatarchiv Michael Meyen (Leihgabe von Karl-Heinz Röhr)

Journalistikstudenten Mitte der 1970er-Jahre. Quelle: Privatarchiv Michael Meyen (Leihgabe von Sigrid Hoyer)

Sigrid Hoyer lehrt Kreativität und Schöpfertum im Journalismus. Quelle: Privatarchiv Michael Meyen (Leihgabe von Sigrid Hoyer)

Wolfgang Tiedke (links) und Wulf Skaun bei der Verteidigung ihrer Dissertation am 16. Juli 1976. Quelle: Privatarchiv Wulf Skaun

Leipziger Journalistikdozenten, Ende der 1970er-Jahre: Wolfgang Böttger (ganz links), Wolfgang Wittenbecher (daneben, verdeckt), Emil Dusiska (mit dem Rücken zum Fotografen), Karl-Heinz Röhr, vermutlich Armin Hopf (Sächsisches Tageblatt), Peter Hamann, Siegfried Schmidt (mit Brille), Dieter Weihrauch (im dunklen Anzug), Hans Hüttl (hinter der rechten Schulter von Weihrauch), vermutlich Klaus Thielicke. Quelle: Privatarchiv Michael Meyen (Leihgabe von Karl-Heinz Röhr)

Hedwig Voegt, Hermann Budzislawski, Heinrich Bruhn (von links). Quelle: Privatarchiv Michael Meyen (Leihgabe Karl-Heinz Röhr)

Keine Restauration
der „roten Uni".
Keinen Schutz für Stalinisten.

Wir fordern Mitbestimmung dabei,
wer hier lehrt und was gelehrt wird.
Bildungsminister Meyer
verweigert uns dieses Recht.
Wir kennen die Wendehälse der Uni,
so wie Sie die Wendehälse in
Ihren Betrieben und Ämtern kennen.

Deshalb halten wir über
Weihnachten und Silvester
MAHNWACHE
— im Unigebäude —

Protestplakat, Ende 1990. Quelle: Privatarchiv Michael Meyen

Arnulf Kutsch bei einem Vortrag in München (2004). Foto: Christoph Hage

Karl Friedrich Reimers (2003). Foto: Michael Meyen

Werner Michaelis (stehend) mit Wolfgang Wittenbecher (links) und Emil Dusiska im Senatssaal der Universität in der Leipziger Ritterstraße. Quelle: Privatarchiv Werner Michaelis

4. WARUM DIE VERGANGENHEIT NICHT VERGEHT

Ein Podium, in dem alles drin ist – sogar die Ostsee-Zeitung

Heute werde ich entscheiden, dieses Buch zu schreiben. Es ist wieder Herbst in Leipzig, ein Novemberabend, kalt und nass, fast wie damals, vor 30 Jahren. Man kann die Zeit nicht zurückdrehen und vor allem nicht zurückholen, was man damals gedacht und gefühlt hat, selbst wenn der Rahmen dafür so perfekt ist wie heute. Aber den Versuch ist es wert, für mich jedenfalls. Das Netzwerk Kritische Kommunikationswissenschaft hat, wie man so schön sagt, weder Zeit noch Mühe gescheut, um meine Geschichte in einem Raum zu versammeln. Natürlich: Es geht nicht um mich. Der Abend wird Hans Poerschke gehören, um den die Veranstalter bis zum letzten Moment zittern. Die Gesundheit. Poerschke wird 83. Er hört schon lange nicht mehr gut und mag sein Haus in Holzweißig nicht wirklich verlassen. Zur S-Bahn in Bitterfeld sind es fast drei Kilometer. Hans Poerschke hat seine Rede daheim am Computer vorbereitet, aber er traut seinem Körper nicht mehr. Wer weiß, was morgen sein wird.

Heute wird Hans Poerschke noch einmal in Leipzig gebraucht. Wer soll sonst sprechen, wenn es um den »Abriss des roten Klosters« geht, Untertitel: *Wie die Leipziger Journalistenausbildung verwestlicht wurde*. Es gibt niemanden, der Hans Poerschke auf diesem Podium ersetzen kann, auch Karl-Heinz Röhr nicht, anderthalb Jahre älter und trotzdem noch so fit, dass er dienstags zum Englischkurs ins Stadtzentrum fährt und hin und wieder sogar in die Red-Bull-Arena geht. Für das, was da geplant sei, schreibt Röhr eine Woche vorher, sei er »nicht der richtige Partner«.[1]

Röhr, der in diesem Buch noch eine Rolle spielen wird, war wie Poerschke Professor an der Sektion Journalistik. Beide sind fast parallel durch das Leben gegangen, Röhr immer diese anderthalb Schritte voraus auf dem weiten Weg von ganz unten. »Ich stamme aus ganz ärmlichen Verhältnissen«, sagt er. »Ein echter Proletarier«.[2] »Zu Hause gab es nicht einmal einen ordentlichen Stuhl«.[3] Bei Hans Poerschke klingt das ähnlich (»im wörtlichen Sinne aus einfachsten Verhältnissen«[4]), und auch sonst ist das mit der Parallele nicht einfach so dahingesagt. Die Mütter haben genäht, um die Familie durchzubringen, und die Väter waren nicht da, als die Jungs sie gebraucht hätten. Der eine, ein Schlosser im Braunkohlenwerk Borna, nahm sich 1936 das Leben, nachdem er arbeitslos geworden war und auch in Berlin nichts gefunden hatte, und der andere starb in jugoslawischer Gefangenschaft. Röhr wuchs bei einer Tante auf, einer Reinemachefrau in Borna, und Poerschke in einer »Laube in Friedrichsfelde«, ohne »Spielkameraden« und auch sonst so gut wie allein, da Mutter und Stiefvater in Schichten gearbeitet haben.[5] Ohne die DDR, so lässt sich das zusammenfassen, wären Karl-Heinz Röhr und Hans Poerschke höchstwahrscheinlich nie an eine Universität gekommen und schon gar nicht auf eine Professur.

Trotzdem, schreibt Karl-Heinz Röhr. »In den entscheidenden Monaten« sei er ein Stück zu weit weg gewesen, in der Gewerkschaftsleitung der Universität, jenseits von »Lehre und Forschung«. Er habe »die diskriminierende Einladung zur Evaluierung« ausgeschlagen, »freiwillig gekündigt und Herrn Reimers mitgeteilt, dass wir auch eine akademische Ehre haben«. Karl Friedrich Reimers, Neugründer der Kommunikations- und Medienwissenschaft in Leipzig und wie Röhr 1935 geboren, ist an diesem Abend nicht da und doch sehr präsent. Er hat ein Interview mit sich führen lassen und das so breit wie möglich gestreut.[6] Jeder soll wissen, dass der Titel dieser Veranstaltung ein Aberwitz ist und mindestens genauso unmöglich wie ein Podium ohne ihn. Ich werde den Text ein paar Wochen später im Büro in München finden und ihn sofort anrufen, weil Reimers für mich in gewisser Weise das ist, was die DDR für Karl-Heinz Röhr und Hans Poerschke war. Dazu gleich mehr.

Vorher ist noch zu erzählen, wo sich die Wege der beiden Leipziger Professoren getrennt haben. Karl-Heinz Röhr spricht von einem »Knick« in seiner Laufbahn, den niemand sieht, der die DDR nicht kennt. Ende der 1970er-Jahre war das, kurz nach der Habilitation, die damals Promotion B hieß und genau wie heute die Weichen stellte für die Berufung zum Professor. Röhr war ohnehin schon die Nummer 1 im Bereich journalistische Methodik, Emil Dusiska aber, der Sektionsdirektor, suchte jemanden, den er zum Parteisekretär machen konnte. Sein Argument: Du musst »erst Leitungserfahrung sammeln«, Genosse. Vermutlich wäre das auch ohne Argument gegangen. Wer sein Leben an die SED gebunden hatte wie Karl-Heinz Röhr, konnte bei so einem Vorschlag selbst dann nicht nein sagen, wenn er wusste, dass aus dem Direktor nicht die herrschende Klasse sprach, sondern nur der sehr persönliche Wunsch, einen Posten so schnell wie möglich zu besetzen.

Röhr wurde dann doch noch ordentlicher Professor, 1989, kurz vor Toresschluss, der »Knick« aber, das zeigte sich wenig später, hat ihn mehr gekostet als ein Jahrzehnt Funktionärsumleitung. Seine Fahrt war von einem Tag auf den anderen zu Ende, mit Mitte 50, in dem Alter, in dem ich jetzt bin und in dem ich fest damit rechne, dass das ›große Buch‹ noch kommt. Karl-Heinz Röhr ist damals zu den Klinkenputzern gewechselt. Anzeigenakquise, in einer Agentur, die einem seiner Studenten gehörte, und in einem Gebiet, in dem es nur Treuhandfirmen gab und damit so gut wie niemanden, der Geld für Werbung hatte. Er hat das eine Weile versucht und dann nach dem Strohhalm Frühverrentung gegriffen. Wer älter als 55 war, konnte bis Ende 1992 Altersübergangsgeld beantragen, 65 Prozent vom letzten Nettolohn. Ein Massenschicksal. Gut eine Million Fälle standen Anfang 1993 in der Statistik,[7] eine Zahl, die viel größer ist als das, was wir uns normalerweise vorstellen können. Dass es an der Universität keinen Platz mehr für ihn geben würde, habe er »sofort« gewusst, sagt Karl-Heinz Röhr. »Ich war ja mal Parteisekretär. Das war ein Makel. Ich hätte bei der Evaluierung keine Chance gehabt. Die Westkollegen wären erschrocken«.[8]

Hans Poerschke ist schon 1983 ordentlicher Professor geworden, ganz regulär, ein Jahr nach der Promotion B. Heute Abend wird er berichten, dass er »ein Anhänger Lenins« gewesen ist und dabei in Leipzig »als eine Art Papst« galt, »zu Unrecht freilich«.[9] Auch darüber ist gleich noch zu sprechen. »In den entscheidenden Monaten«, in denen Karl-Heinz Röhr schon auf dem Abstellgleis steht, fährt Hans Poerschke ins Rampenlicht. Ein bisschen wird er auch geschoben, von Studenten wie mir, die im Oktober 1990 nur ihm das Vertrauen aussprechen und damit Günter Raue und Klaus Preisigke, seine beiden Kollegen im Direktorium, zum Rücktritt zwingen. Poerschke ist am 21. Dezember 1990 bei Wissenschaftsminister Hans Joachim Meyer in Dresden, um gegen die Abwicklung der Sektion Journalistik zu protestieren, organisiert dann das Lehrprogramm, als der Minister seinen Beschluss zurückzieht, und ist schon deshalb für Karl Friedrich Reimers, den neuen starken Mann aus München, der wichtigste Ansprechpartner.

Reimers wird mir ein paar Wochen später am Telefon von ihren gemeinsamen Spaziergängen durch Leipzig erzählen, von einer Attacke der *Bild*-Zeitung (Tenor: Münchner Professor rettet den roten Poerschke) und davon, wie er bei Minister Meyer und Ministerpräsident Kurt Biedenkopf ein Jahr ›Sabbatical‹ für Hans Poerschke erkämpft hat. Das sei eine Frage des »Anstands« gewesen und eine »Charakterfrage«, sagt Reimers. Poerschke habe Zeit gebraucht, auch in der Bibliothek, »um sich mit seiner Linie entfalten zu können«. Der Ministerpräsident, der in meinem Ohr fast zu einem alten Kumpel von Reimers schrumpft, habe das zwar für »Luxus« gehalten und der Minister für etwas, das er, der Katholik Hans Joachim Meyer, in der Poerschke-DDR nie bekommen hätte, am Ende aber sei ihm, Reimers, dieser Wunsch vom »Imperium« Biedenkopf-Meyer gewährt worden, als »persönliches Entgegenkommen«.[10]

Von Bayern aus gesehen ist das alles ganz einfach, immer noch. Hans Poerschke hat da eine große Chance gehabt, auf dem Silbertablett serviert sozusagen von einem verständnisvollen und einfühlsamen Bruder aus dem Westen, gegen den Widerstand der Machtmenschen, die jetzt das Kommando hatten, und er hat diese Chance nicht genutzt, genau wie Bernd Okun, noch so ein Liebling meiner Studentengeneration. Poerschke wird heute Abend sagen, dass ihm damals »die Gelassenheit« gefehlt habe, »die man braucht, um Abstand zu finden«. Er habe zwar »nie wieder so viel gelesen wie in diesem Jahr«, aber »ich wollte mich nicht einfach auf den Schoß von Onkel Niklas setzen oder von Onkel Jürgen oder von Onkel Karl«. Luhmann, Habermas, Popper. »Die waren ja frisch im Angebot, und die Studenten waren zum guten Teil begeistert. Ich habe gemerkt, dass ich dort keine Erklärung finde, die für mich akzeptabel ist. Damit hatte sich jeder Wunsch erledigt, weiterzumachen als wäre nichts gewesen. Ich habe mich nicht beworben aus gutem Grund«.[11]

Wie Karl-Heinz Röhr hat auch Hans Poerschke das Altersübergangsgeld genommen, fünf Jahre lang. »Heute glaubt keiner mehr, dass es so etwas gegeben hat«, sagt er. »Eine Form der Arbeitslosigkeit, bei der man ordentliches Geld bekam und nicht vermittelt werden musste«.[12] Das Publikum im Zeitgeschichtlichen Forum wird ihm nachher an den Lippen hängen, wenn er erzählt, wie er seitdem mit seinem Lenin gerungen hat. Jeder spürt: Dieser Kampf ist noch nicht vorbei. Hans Poerschke sagt, dass er »zum Untergang der DDR« beigetragen hat, und will deshalb wissen, wie es dazu kommen konnte, selbst wenn es nur ihn allein interessieren sollte und wenn das Grübeln alle vergrault, die er von früher kennt. Wie konnte er zur »Spinne im Netz« werden, zu dem Professor, der in Leipzig »die Theorie des Journalismus« vertreten hat, »das Ideologischste vom Ideologischen«, und dabei auch rechtfertigen konnte, dass die Medien den Menschen nur die Welt zeigten, die die »damals Herrschenden« dort sehen wollten?[13]

Karl-Heinz Röhr hat seinen Frieden auf dem Land gefunden, in einem Häuschen, das er Datsche nennt und das ihn, den gelernten Bergmaschinenmann, noch einmal zum Handwerker werden ließ. Heute wohnt er wieder in Leipzig, nicht weit weg von den beiden Kindern und ihren Familien. Wenn der Computer streikt, kommt ein Enkel. Dass ich das hier erwähne, sagt viel über den deutschen Osten. Meine Tochter arbeitet in Stuttgart und mein Sohn in München. Wie oft sehen sie da ihre Großeltern auf Rügen und in Flöha? Wie oft würde die Omi an der Ostsee etwas von ihrem Enkel hören ohne WhatsApp, wo er ihr das schickt, was er für den *Zündfunk* macht, ein Radiomagazin beim Bayerischen Rundfunk, obwohl er weiß, dass sie so eine Datei ohne ihn nur mit Mühe öffnen kann? Wer alt ist, hat überall auf der Welt »viel Vergangenheit und wenig Zukunft«.[14] In Mecklenburg-Vorpommern und in Sachsen aber wird das eine (die Vergangenheit) noch größer und das andere (die Zukunft) noch kleiner, weil die, die trösten könnten, oft weit weg sind. Im Westen. Da, wo die Arbeit ist.

WAS VOR 30 JAHREN VERLOREN GEGANGEN IST

Wenn man so will, ist Karl-Heinz Röhr heute die ›Spinne im Netz‹. Er hält gleich zwei Veteranenrunden zusammen: die Leipziger Journalisten und die, die mit ihm an der Sektion Journalistik gearbeitet haben. Gastvorträge, die Weihnachtsfeier, Beerdigungen. Einer muss dafür sorgen, dass die anderen Bescheid wissen und dann auch erscheinen, obwohl die Lust, die Wohnung zu verlassen, mit dem Alter nicht größer wird. Karl-Heinz Röhr hat auch an diesem Abend dafür gesorgt, dass viele der Ehemaligen gekommen sind, um Hans Poerschke zu hören. Selbst Sigrid Hoyer ist da, die solche Begegnungen sonst meidet, weil sie den Neid nicht mag, den sie in den Gesichtern einiger Kollegen von früher zu sehen glaubt, und weil sie nicht vergessen hat, was manche gesagt haben, als sie bleiben durfte und andere nicht. »Karl-Heinz zuliebe«, sagt sie, »und auch wegen Hans«.

Sigrid Hoyer hätte heute Abend durchaus vorn sitzen können, neben Michael Haller, einem Professor aus Hamburg, der gut ein Jahrzehnt ihr Chef war, neben Horst Pöttker, den die evangelische Kirche Anfang der 1990er-Jahre für ein paar Jahre nach Leipzig geschickt hat, der dann aber einen Lehrstuhl in Dortmund vorzog, und neben Heike Schüler, im Herbst 1989 immatrikuliert und heute Reporterin der *Abendschau* beim RBB. Eine Frau mehr auf dem Podium, dazu noch jemand, der nicht Professorin war und beide Systeme kennt: Das hätte vielleicht auch die beruhigt, die schon vorher wussten, dass heute Abend nur das herauskommen kann, was immer rauskommt, wenn man die sprechen lässt, die auch sonst das Sagen haben. Westdeutsche, Männer, Professoren.

Sigrid Hoyer war in der Gründungskommission der Leipziger Kommunikations- und Medienwissenschaft, gewählt von den Kolleginnen und Kollegen, und damit sozusagen live dabei, als Karl Friedrich Reimers das Realität werden ließ, was er sich in München zurechtgelegt hatte. Sie hat selbst einen Reformplan ausgearbeitet, sehr früh schon, im Januar 1990, in einer ›Alternativgruppe‹, ohne Professoren, aber mit Uwe Madel und Andreas Rook, die mit mir im Herbst 1988 zum Studium nach Leipzig gekommen waren. Dieses Papier wirkt auch nach 30 Jahren taufrisch. Gleich auf der ersten Seite stehen die Wörter ›Chance‹ und ›Hoffnung‹. Wann, wenn nicht jetzt. »Nach einer neuen, sozial und ökologisch progressiven Lebensweise« suchen, »die weniger extensiv Ressourcen beansprucht und mehr wirklichen Raum für die freie, universelle Entwicklung der Individuen schafft«. Die DDR erneuern (okay, das hat sich inzwischen erledigt) und sich dabei beteiligen an der »globalen Suche nach einer neuen Entwicklungslogik der menschlichen Gesellschaft«.[15]

Die Diagnose könnte ich immer noch unterschreiben, aber die Euphorie von damals ist weg. Man muss in die Archive gehen und in die Details, um zu verstehen, was verloren gegangen ist in einem Prozess, der von Westdeutschen gestaltet wurde, die sich gerade eingerichtet hatten in ihrer Bundesrepublik und sich nicht viel mehr vorstellen konnten als das, was ihnen ohnehin schon ganz gut gefiel. Ein bisschen Kosmetik vielleicht oder, das hat Karl Friedrich Reimers mit der Leipziger Journalistik gemacht, etwas ausprobieren, was ›drüben‹ nicht ging, weil gewachsene Strukturen wehrhaft sind. Die ›Alternativgruppe‹ um Hoyer, Madel, Rook hat größer gedacht. ›Out of the box‹, würde man heute sagen. Ihr Papier fordert eine »umfassende demokratische Öffentlichkeit« und schlägt vor, damit am besten gleich an der Universität anzufangen. Studenten, die ihr Studium selbst organisieren, dabei nur einen minimalen ›Pflichtanteil‹ haben, von Anfang an gleichberechtigt in die Forschung einbezogen werden und in den journalistischen Übungen »druckfähige Manuskripte« produzieren.[16] Bekommen haben wir Bologna. Stunden- und Semesterpläne, Klausuren mit Antwortvorgaben und Kästchen zum Ankreuzen, Hausarbeiten, bei denen die Plagiatssoftware wichtiger ist als die Dozentin. Wenig Selbstbestimmung und viel Schule.

Auch wenn das kurz wegführt von Sigrid Hoyer, Hans Poerschke und dem Leipziger Podium: Christoph Links, in der DDR Journalist und seit Dezember 1989 Verleger, hat gerade einen Schatz ausgegraben – mehr als 30 Gespräche mit ostdeutschen Liedermachern und Kabarettisten, geführt in den frühen 1990ern und jetzt gedruckt. Man sieht dort, dass das, was wir heute diskutieren, schon lange gärt und nur verschüttet war, vielleicht vom Erfolgsrausch, in den sich der Kapitalismus 1989/90 hineingetaumelt hat, vielleicht von dem Stress, den all das den Deutschen beschert hat, auf jeden Fall aber durch das Verstummen der Stimmen, die in diesen frühen Einheitsjahren noch kräftig sind. In den Interviews geht es um den Rechtsruck im Osten und um Neonazis, um Umwelt und Klima, um »die ungeheuer große Ausbeutung« des globalen Südens (bei Gerd Eggers und Udo Magister noch die »dritte Welt«) und um eine Gesellschaft, die auch deshalb auf den Abgrund zurast, weil ihre Logik will, »dass einer etwas für sich auf Kosten der anderen erreicht« (Norbert Bischoff).[17] Alles schon da vor 30 Jahren. Alles als Problem erkannt – von Menschen allerdings, die gerade ihre privilegierte Sprecherposition verloren hatten und in der gesamtdeutschen Öffentlichkeit nie wieder so prominent sein werden wie in der DDR.

Gerhard Gundermann zum Beispiel, Jahrgang 1955, wieder aus der Versenkung geholt von Filmregisseur Andreas Dresen,[18] ahnte schon im April 1990, dass seine »Generation ein wenig übersprungen wird«. In der DDR von den Alten ausgebremst und jetzt ohne Chance gegen die Jungen (Unbelasteten) aus dem Osten und die Etablierten aus dem Westen. Noch ein wenig weiter im O-Ton dieses großen Künstlers: »Ich denke, irgendwann werden wir die bürgerliche Demokratie als Volk durchexerziert haben – als Kurzlehrgang. Es muss ja irgendwie weitergehen, und die Fragen, die die Welt heute stellt, sind nicht mehr alleine mit bürgerlicher Demokratie zu lösen«.[19]

Dresens Film über Gundermann erzählt, welchen Fragen er sich schon bald danach zu stellen hatte. Die Stasi. Überhaupt die DDR. Auch davon sprechen die Interviews in diesem Buch. Vom »Schuldsyndrom« (Stefan Körbel). Vom »Gefühl, sozusagen alles falsch gemacht zu haben. Das wird uns ja auch unentwegt signalisiert, und zwar von den Westdeutschen« (Edgar Harter). Von der Frage, warum man nicht ausgereist sei. Annekathrin Bürger spricht im September 1992 über die »vielen Kollegen«, die genau gewusst hätten, welche Chancen und welchen Film sie im Westen bekommen, wenn sie die DDR verlassen, und die jetzt so tun würden, als seien sie »politisch verfolgt« worden. Sie selbst werde sich deshalb nicht dafür entschuldigen, dass »ich nicht gegangen bin«.[20] Diese Debatten werden die Deutschen jahrelang beschäftigen und gleich auch im Zeitgeschichtlichen Forum in Leipzig wieder hochkochen.

Auf der Strecke geblieben sind neben den meisten Menschen, die in diesem Christoph-Links-Buch sprechen, Potenzial und viele der »tausend möglichen Antworten« (Gundermann[21]), die Wissenschaftler und Künstler der Gesellschaft vorschlagen. Man kann das leicht auf die Leipziger Journalistik übertragen, auf Karl-Heinz Röhr und Hans Poerschke, aber auch auf Sigrid Hoyer, die sich der Evaluation gestellt hat (»vielleicht war es Trotz, ich wollte mich nicht ducken«[22]), die Universität dann kurz verließ, obwohl sie grünes Licht bekam, aber zurückkehrte und noch gut anderthalb Jahrzehnte lehrte, gar nicht so viel anders als vorher in der DDR. Ihr Feld waren die Formen, die mehr sind als das Schwarzbrot, das die Zeitung nährt. Kolumne und Reportage, Essay, Feuilleton. Was sie in ihren Seminaren versucht hat, gleicht der Quadratur des Kreises. In meinen Worten: das kreative Element im Journalismus in eine Systematik pressen und damit so gefügig machen, dass auch der letzte Student nur ein wenig Mühe investieren muss, um als kleiner Kisch zu seinem Lokalblatt zurückzukehren. Viel Konkretes ist bei mir nicht mehr da 30 Jahre nach dem Studium, aber von Sigrid Hoyers Veranstaltungen zur ›Idee‹ habe ich später immer wieder erzählt, angemessen belustigt, damit meine Gesprächspartner mich nicht für verrückt hielten, aber auch mit dem Wissen, wie sehr mir das geholfen hat. Ja, eine ›Idee‹ lässt sich nicht erzwingen. Aber du kannst viel dafür tun, dass der Sprung von der Quantität (Recherche) zur Qualität (Originalität) wahrscheinlicher wird. Lesen vor allem, immer wieder lesen.

In der akademischen Journalistenausbildung gibt es nichts mehr, was an Sigrid Hoyer erinnert. Um eine Theorie oder eine bestimmte Art zu lehren und zu forschen dauerhaft an der Universität zu verankern, braucht man eine Professur. Ohne eine Professur hat man keine Schülerinnen und Schüler, die das in ihre Texte aufnehmen (müssen) und später weitertragen und feiern, was man selbst gedacht hat, und auch keine Ressourcen, die eigenen Gedanken aus dem Seminarraum hinauszutragen. Sigrid Hoyer hatte ihre Dissertation B fertig, als die Mauer fiel.[23] Alles zwischen zwei Buchdeckeln, was sie zur ›Idee‹ im Journalismus zu sagen hatte, gestützt auf »Dutzende Jahres- und Diplomarbeiten«, auf unendlich viele Werkstattgespräche in den Redaktionen und auf das, was sich außerhalb der Journalistik zum Thema finden ließ.[24] Werner Gilde zum Beispiel, Direktor des Instituts für Schweißtechnik (!) in Halle, ein Patentjäger, der wissenschaftliche Durchbrüche für planbar hielt.[25] Hans-Georg und Gerlinde Mehlhorn, zwei Bildungsforscher, die dann Anfang der 1990er-Jahre in Leipzig ein Kreativitätszentrum gegründet haben, das mir und meiner Tochter Juliane viele Nachmittage und Abende versüßt hat. Und vor allem Franz Loeser, Ethik-Professor an der Humboldt-Universität, der Sigrid Hoyer in zwei Punkten bestärkte. Grundlagenforschung muss nicht anwendbar sein. Und: Es ist nicht nur möglich, Kreativität und Schöpfertum auf die Spur zu kommen, sondern mehr als wünschenswert. Eine ›Krönung‹ wissenschaftlicher Arbeit. Sigrid Hoyer hat ihre Dissertation B im August 1989 abgegeben. Das Verfahren wurde am 8. November eröffnet. Am nächsten Tag war nichts mehr wie vorher.

Sigrid Hoyer hat den Brief noch, den Karl-Heinz Röhr im Januar 1990 an das Dekanat schickte, um eine Kollegin zu retten, die auch sein Schützling war. »Er bat darum, mir eine Nacharbeit zu ermöglichen, machte dafür auch Vorschläge und bot mir Rat und Hilfe an. Er versuchte damit, zumindest nicht hinzunehmen, was eigentlich längst unabänderlich schien«, schon jetzt, fast ein Jahr vor dem Abwicklungsbeschluss. Sigrid Hoyer konnte ihre Arbeit nicht umschreiben. Sie wollte das auch nicht. Was sie sich bis heute wünscht: dass man ihr erlaubt hätte, die Arbeit zu verteidigen. Lasst uns doch schauen, ob das einen ›wissenschaftlichen Wert‹ hat, ganz unabhängig von allen politischen Systemen. »In der DDR haben wir Meinungspluralismus eingefordert«, sagt sie heute. »Gilt das nicht auch für die Wissenschaft, habe ich mich damals gefragt«. Günther Wartenberg, ein Theologe, drei Jahre jünger als Sigrid Hoyer, wie sie in den 1960ern in Leipzig Student und ab 1991 Prorektor für Forschung und Lehre, hat da nur mit den Schultern gezuckt. An dieser Universität, eine solche Arbeit?

Man kann es sich leicht machen und sagen: So war das eben damals. Wenn Melanie Malczok, die heute Abend als Moderatorin zwischen Michael Haller und Hans Poerschke, Heike Schüler und Horst Pöttker sitzt, nachher zum ersten Mal ins Publikum schaut, wird der Finger von Reinhard Bohse nach oben schnellen, nicht viel anders als im ersten Nachwendejahrzehnt, in dem Bohse Pressesprecher der Stadt war und allgegenwärtig, wenn es um die Vergangenheit ging. »Eine Sauerei«, wird Bohse heute sagen. Die Stasi. Dieses brutale System, dass die Massen »hinweggefegt« haben. Die Leute, »die wirklich gelitten haben, die in den Knast gekommen sind, denen man die Freiheit geraubt hat. Daran waren die Propagandisten beteiligt, die hier in Leipzig gelernt haben«. Reinhard Bohse weiß den hegemonialen DDR-Diskurs hinter sich. Er war 1989 dabei, als in Leipzig das Neue Forum gegründet wurde, und gehört seitdem zu den Guten. Mein Herz wird wie immer schneller schlagen, wenn ich diese Mauer aus Moral und Selbstgerechtigkeit sehe, an der meine Biografie zerschellt. In den nächsten Tagen, wieder mit Normalpuls, werde ich allen zustimmen, die Bohse loben – vor allem denen, die zu jung sind, um schon erlebt zu haben, wie Ostdeutsche um die Vergangenheit kämpfen. Ja, ohne diesen Beitrag wäre diese Veranstaltung nicht rund gewesen. Ohne diesen Beitrag kann man nicht verstehen, warum Sigrid Hoyer mit ihrer Dissertation B nicht einmal durchfallen durfte.

Über die Evaluierung mag Sigrid Hoyer nicht wirklich sprechen. Zu viele schlechte Erinnerungen, obwohl das für sie gut ausgegangen ist, auf den ersten Blick zumindest. Die Wunden sieht man nicht. Kolleginnen und Kollegen, die hinter dem Rücken tuscheln. Die Gründungskommission, na klar. Da weiß doch jeder, warum sie bleiben darf. Die Ungewissheit, die schon der Papierberg mit sich bringt, der jetzt beweisen soll, dass man überhaupt für den Job geeignet ist, für den man seit zweieinhalb Jahrzehnten bezahlt wird. Publikationen, Mitgliedschaften und Funktionen, Auszeichnungen, Stasi-Erklärung. Auf Karl Friedrich Reimers, den Gründungsdekan aus München, lässt Sigrid Hoyer nicht viel kommen, wie auch all die anderen nicht, die ich nach ihm gefragt habe. Ehrlich, verständnisvoll, zugewandt. Und doch. »Es bleibt eine Geste der Sieger, wenn sich der andere deutsche Staat anmaßt, über uns und unser Leben zu urteilen. Sie entschieden nach ihren Regeln, wer von uns integrierbar ist«. Sigrid Hoyer wurde gefragt, wofür sie die Leibniz-Medaille bekommen hat, keine ganz kleine Ehrung, vergeben von der Akademie der Wissenschaften in Berlin. In der Liste der Preisträger steht Hans Joachim Meyer (2007), der Abwicklungs-Minister, neben Ruth Bahls (1975), meiner Englischlehrerin in Göhren auf Rügen, ›Frollein Bahls‹, eine Kapitänstochter, die wie Sigrid Hoyer ihre Reifeprüfung auf der Hansaschule in Stralsund bestanden hat (1929), dann Europa bereiste, was uns DDR-Kindern Ehrfurcht einflößte, und noch mit Mitte 70 vor der Klasse stand, obwohl sie nicht viel mehr gesehen haben dürfte als die erste Reihe. Es gab sonst an der Schule niemanden, der Englisch unterrichten konnte. Meine Eltern gehen jeden Tag an den Museen vorbei, die Ruth Bahls, Ehrenbürgerin von Göhren, dem Ort hinterlassen hat.[26] Sigrid Hoyer: »Sollte ich mich rechtfertigen, weil ich die Medaille für wissenschaftliche Arbeiten bekommen habe, die nun auf den Prüfstand der Geschichte geraten würden?«

Es ist nicht schwer, von hier in die 1990er-Jahre zu spulen, in ein Institut, das von Professoren regiert wurde, die auf der richtigen Seite der Geschichte geboren wurden. Michael Haller wird nachher auf dem Podium ausdrücklich die »Mitarbeiterinnen und Mitarbeiter« loben, »die wir aus der DDR-Journalistik haben behalten können«, aber zugleich das abwerten, was zum Beispiel Sigrid Hoyer als Wissenschaftlerin geleistet hat. Beide sind längst im Ruhestand, aber so ein Mikrofon verführt dazu, der Welt zu sagen, wie sehr man Recht hatte. Der Journalist »in einem demokratischen Rechtsstaat«: Das sei nun mal ganz anders. »Es hat keinen Sinn, museale Arbeit zu machen«. Haller verwendet diese Formulierung gleich zweimal, damit jeder weiß, wo die DDR-Journalistik hingehört. Ins Museum, vielleicht zu Ruth Bahls nach Göhren auf Rügen, wo man sich anschauen kann, wie die Fischer früher gelebt haben, ohne auf den Gedanken zu kommen, es ihnen heute gleichtun zu wollen. Für alle, die das nicht verstehen wollen, wird Michael Haller erzählen, welchen Journalismus er damals nach Leipzig bringen wollte. »Kritik und Kontrolle. Eine aufgeklärte, ausgeglichene, ausgewogene Berichterstattung. All das, was für uns seit den 1960er-Jahren selbstverständlich geworden war« – »von uns, von meiner Generation über Jahrzehnte erstritten« und jetzt in Geschenkverpackung mit dabei für die Brüder und Schwestern im Osten.

Die Journalistik ist ein kleines Beispiel und vermutlich sogar ein schlechtes, weil die »Institution, die dafür da war, Propaganda zu erzeugen«, immer noch Menschen wie Reinhard Bohse aufregt, die neben der Gnade des richtigen Lebenslaufs viele gute Argumente haben.[27] Man kann aber auch an diesem Beispiel die Konstellation studieren, die die Ostdeutschen degradiert hat und damit den Keim des Zweifels an dem säte, was die Westdeutschen Demokratie nannten. Ich denke dabei natürlich an Hans Poerschke und Karl-Heinz Röhr, die mit einer Geldspritze sediert werden sollten, oder an Wulf Skaun, der vom »Hoffnungsträger« der DDR-Journalistik zum Lokalreporter der *Leipziger Volkszeitung* in Wurzen wurde[28] und heute schon vor dem Zeitgeschichtlichen Forum stand, bevor die Tür aufgeschlossen worden ist, vor allem aber denke ich an Menschen wie Sigrid Hoyer, die da weitermachen durften, wo sie vorher gearbeitet hatten, hier sogar in der akademischen Ausbildung, sich aber trotzdem allenfalls geduldet fühlen konnten. Mit ihrer Dissertation B war Sigrid Hoyer auf dem Weg zur Hochschullehrerin. Das heißt: Seminare, Vorlesungen, Prüfungsthemen anbieten können, ohne jemanden fragen zu müssen. Für ihren neuen Chef kam sie direkt aus dem Museum. Woher soll man das Selbstbewusstsein nehmen, das jeder Widerspruch braucht, wenn die eigenen Konzeptpapiere unbesehen ins Archiv geschickt werden und man selbst in ein Prüfungsverfahren mit ungewissem Ausgang?

Auf dem Podium wird nachher das Wort ›demütigend‹ fallen, ausgesprochen von Heike Schüler, die ein Buch über Erich John geschrieben hat, den Vater der Weltzeituhr auf dem Berliner Alexanderplatz, 1973 Designprofessor an der Kunsthochschule in Berlin-Weißensee und 1982 Gastprofessor in Columbus, Ohio.[29] Heike Schüler sagt, sie habe viel mit Erich John gesprochen, auch über die Evaluierung natürlich.

> »Deshalb weiß ich, wie schmerzhaft es ist, wenn Professoren, die über viele Jahre Studenten unterrichtet haben, sich einer Prüfung stellen müssen. Wenn angezweifelt wird, dass sie die Lehrbefähigung haben. Das ist schon krass. Meine ehemaligen Dozenten tun mir wirklich leid«.

WIE MAN IN DER DDR JOURNALISTIK-DOZENTIN WURDE

Sigrid Hoyer kenne ich inzwischen ein bisschen und weiß, dass sie sich nie auf so ein Podium setzen würde. Selbst in der Publikumsrolle ist Sigrid Hoyer heute »aufgewühlt«, wie sie das nennt, weil wir beide gerade in ihrem Gedächtnis gegraben haben, in einem langen Gespräch, das nun noch autorisiert werden muss und dabei vieles zurückgeholt hat und noch zurückholen wird, was verdrängt war, vergessen war. »Herr Meyen«, sagt sie, »ich bin jetzt doch dankbar. Ich werde endlich damit abschließen können«. Sie hat sich lange dagegen gesträubt, dieses Interview zu führen. Ich werde noch bis Anfang Februar auf das Manuskript warten und es vielleicht überhaupt nur bekommen, weil uns die Herkunft verbindet. Wir sind beide an der Ostsee aufgewachsen, haben bei der gleichen Zeitung angefangen und den Draht nach Norden nie gekappt. Das darf man nicht unterschätzen in einer Stadt wie Leipzig, in der sich die Einheimischen zuerst an der Sprache erkennen.

Sigrid Hoyer ist fünf Jahre jünger als Karl-Heinz Röhr. Geboren 1940 in Demmin, Abitur an der Hansaschule in Stralsund, in der Stadt, kein Scherz, als »Rotes Kloster verrufen«.[30] Sie war gut im Unterricht und mochte die neuen Lehrer, die aus Potsdam direkt von der Hochschule kamen, weil die alten »scharenweise in den Westen« gegangen waren und dem NWDR Stoff für Berichte geliefert hatten. In Deutsch gab es jetzt Brecht. 1957 saß Sigrid in einem der ersten Freundschaftszüge in die Sowjetunion. Das schreibt sich heute so leicht hin, wo die Teenager schon über alle Weltmeere geflogen sind. In der DDR gab es damals Brot und Fleisch auf Marken, genau wie Kartoffeln und Kohlen. Das Leben eines Mädchens wie Sigrid spielte zwischen Barth, wo die Großeltern wohnten, und Stralsund. Auslandsreisen waren im Drehbuch nicht vorgesehen. Als kleines Mädchen war sie mit der Mutter einmal in Bydgoszcz gewesen, wo der Vater mit seiner Einheit stationiert war, und einmal in Bad Neuenahr, wo er dann im Lazarett lag. Als sie 1957 aus der Sowjetunion zurückkam und in Velgast ausstieg, sagt Sigrid Hoyer heute, »dachte ich, ich komme vom Mond«.

Daheim auf Erden hörte der Opa, ein Schumacher, den Rias. Er mochte die DDR nicht, aber seine kleine Enkelin. Zur Einschulung hat er ihr einen Ranzen gemacht, und sie war die einzige, die Lederschuhe trug. Später rief er Sigrid, »wenn im Radio eine Reportage aus dem Ausland lief«. Sowas musst du auch mal machen, Kind. In Stralsund gab es kein Funkhaus. Also Reporterin für die Kreisredaktion der *Ostsee-Zeitung*.

Sigrid Hoyer weiß noch mehr als 60 Jahre später, dass der Lokalredakteur Dieter Lander hieß. »Ihm verdanke ich viele gute Ratschläge«. Sie war dabei, wenn sich die Volkskorrespondenten trafen, und hat einmal sogar über die Ostseerundfahrt berichten dürfen. Egon Adler, Erich Hagen, Täve Schur. Die Helden der neuen Zeit fuhren Fahrrad.

Der Test für das Studium in Leipzig war in Berlin, im Haus der Presse an der Friedrichstraße. Auch hier gibt es einen Erinnerungsfetzen. Bruno Apitz, *Nackt unter Wölfen*. Das Buch ist 1958 erschienen, ein Jahr vor der Abiturprüfung von Sigrid Hoyer, die noch Sigrid Mahlow hieß. Die Geschichte vom Kleinkind, das im KZ Buchenwald überlebt, weil Kommunisten ihr Leben riskieren und es im Zweifel auch opfern, gehört genauso zur DDR wie die Ritter der holprigen Landstraßen um Täve Schur. Vielleicht hat sich Sigrid Mahlow selbst in diesem Lagerkind gesehen. Sie ist in diesem Alter in Demmin oft »halb angezogen ins Bett« gegangen, »an der Tür griffbereit ein kleiner Koffer mit dem Wichtigsten«. Wenn die Sirene losheulte, ging es mit der Mutter in den Luftschutzkeller, direkt »neben den Benzintanks einer Autowerkstatt«. Bei der Oma in Barth gab es Ruhe und »Butterschnitten mit selbstgemachter Blaubeermarmelade«, aber für diesen Genuss waren 70 Kilometer Fußmarsch nötig, über Grimmen und Stralsund, mit Übernachtungen in Scheunen oder bei Verwandten. Es war nicht schwer, *Nackt unter Wölfen* zu loben. »Ich wollte unbedingt Journalistin werden und habe das offensichtlich auch vermittelt«.

Das Aufnahmegespräch in Berlin war das eine, das Braunkohlejahr in Laubusch bei Hoyerswerda das andere. Eine Wohnung zu dritt, dort, wo wenig später Brigitte Reimann aufschlagen und der Ankunfts-Generation ein Denkmal setzen würde.[31] Drei Pressemädels unter Arbeitern. Sigrid Mahlow kam in eine Schlosserbrigade und hat Zahnräder befeilt. Sie träumte davon, auf einem Bagger zu sitzen, aber der Körper war vernünftiger als der Kopf. Erst die Hände, dann die Wirbelsäule. Der Betriebsarzt schickte sie zurück nach Stralsund. Damit Sigrid Mahlow mit denen studieren konnte, die sie in der Braunkohle kennengelernt hatte, ging sie für ein Jahr zur *Volksstimme* nach Karl-Marx-Stadt und arbeitete dort auch kurz in Flöha, wo meine Frau ein Vierteljahrhundert später erst Jugendkorrespondentin war und dann Volontärin. »Ein schönes Jahr«, sagt Sigrid Hoyer heute. »Keine bedrückenden Vorgaben«, weder bei der Recherche noch beim Schreiben.

Die beiden Mitbewohnerinnen aus Hoyerswerda sind dann doch nicht in Leipzig erschienen. Der Weg von der Schulbank an die Universität war im Wortsinn weit. Die Prüfung in Berlin, die Kohle, das Vorpraktikum. Die Redaktionen waren froh, wenn jemand das Handwerk beherrschte, und lockten mit festen Stellen. Der Westen lockte sowieso. Und die Genossen machten es niemandem leicht. Bevor das Studium im Herbst 1961 losging, musste Sigrid Mahlow zum Kartoffeleinsatz, nach Lebien, ein paar Kilometer südöstlich von Wittenberg. Die *Junge Welt*, Zeitung der Freien Deutschen Jugend, hatte gerade die Aktion »Blitz kontra NATO-Sender« gestartet. Losung: »Der Bonner Strauß darf in kein Haus! Alle sehen und hören die Sender des Sozialismus!«[32] Der Spuk war zwar schon nach vier Tagen wieder vorbei, weil sich bei den Verantwortlichen in Berlin die Beschwerden stapelten über FDJ-Brigaden, die Antennen abrissen und Wohnungstüren beschmierten, an der Fakultät für Journalistik in Leipzig aber kam das offenbar nicht sofort an. Die Studenten, die gerade in Lebien Kartoffeln sammelten, sollten mit den Bauern diskutieren. Klassenbewusstsein zeigen, dem Klassenfeind offen ins Auge blicken und ihm klarmachen, dass es mit dem Westfernsehen vorbei ist. Dieser Klassenfeind war allerdings gar nicht so feindlich. Er ließ die Studenten bei seiner Familie wohnen und hat sie »vorzüglich versorgt«, nicht unwichtig in einem Land, in dem es immer noch Kartoffelkarten gab und Butter und Fleisch ad hoc rationiert werden konnten.

»Damals habe ich angefangen, mich zu fragen, ob ich das eigentlich will. So einfach bei Leuten klopfen, nicht einen Anlass abwarten und dann das Gespräch suchen, sondern agitieren. Damit hatte ich Probleme. Ich merkte, das kann ich nicht. Dazu kam die Sache mit der Partei.« Eigentlich war das keine ›Sache‹ für jemanden wie Sigrid Mahlow, die mit dem Freundschaftszug in die Sowjetunion fuhr, schon als Schülerin für die Parteizeitung schrieb und ohne zu zögern ihre Gesundheit einsetzte, wenn die Funktionäre selbst zierliche Mädchen in die Produktion schickten. Sie hatte schon in der elften Klasse einen Antrag gestellt, zum Geburtstag von Friedrich Engels. Warum nicht. Das Nein kam von ganz oben, von Karl Mewis, Bezirksparteichef in Rostock. Liebe junge Genossin in spe, verstehe bitte, dass wir im Moment nur Arbeiterkinder aufnehmen können. Der Vater dieser jungen Genossin verdiente sein Geld zwar als Betonfacharbeiter, aber das zählte nicht, weil in der Kartei »kaufmännischer Angestellter« stand, sein erster Beruf. Das war damals schon albern, hatte aber sehr konkrete Folgen. Weil sie kein Arbeiterkind war (zumindest nicht nach der offiziellen Definition), bekam Sigrid Mahlow zunächst weniger Stipendium und war finanziell erst gerettet, als ihr ein Leistungsstipendium bewilligt wurde.

Zurück nach Lebien, zurück in den großen Saal des Dorfgasthofs, wo sich die Erntehelfer von der Universität zur SED bekennen sollen. Sofort. Sigrid Hoyer erinnert sich an Thomas Nikolaou, Exilkommunist aus Griechenland und Assistent an der Fakultät für Journalistik, nur drei Jahre älter als sie, und sagt, dass dort »viel Vertrauen zerstört worden« sei. Ihre Erklärung, unterzeichnet am 4. Oktober 1961 mit einem roten Kugelschreiber, hat sie immer noch.

> »Aussprachen und Auseinandersetzungen in unserem Kollektiv haben mir geholfen, die gegenwärtige Situation richtig zu verstehen und die entsprechenden Schlussfolgerungen daraus zu ziehen. Deshalb möchte ich mich mit Hilfe eines guten Genossen im Verlauf des ersten Studienjahres auf den Eintritt in die Partei vorbereiten«.

Das Ganze hat sich dann doch ein bisschen gezogen, bis 1965, bis zur letzten Versammlung vor dem Diplom. Dazwischen lagen gute Zeiten und schlechte Zeiten. In unserem Interview nimmt das mehr Platz ein, was genervt hat. Das Zeitungsstudium unter Aufsicht, vor allem nach Parteitagen oder Plenartagungen der SED-Spitze. Die Dokumente durcharbeiten, das Wichtigste unterstreichen, diskutieren. Eine FDJ-Versammlung, noch im Herbst 1961, bei der eine Studentin zur Rede gestellt wurde, die sich ihre Pfennigabsätze bei der Großmutter in Westberlin hatte reparieren lassen. »Sie hatte Blinddarmbeschwerden und krümmte sich vor Schmerzen«. Ein Seminar im Wilhelm-Wolf-Haus in der Tieckstraße, auch im ersten Studienjahr, alle um einen langen Tisch, »jeder konnte jedem in die Augen sehen, eigentlich wunderbar für Diskussionen«. Der Seminarleiter zielte aber auf ein Bekenntnis: Warum wollt ihr Journalisten werden? »Ich glaube, wir haben alle Ähliches geantwortet. Land und Leute kennenlernen, Interviews führen, beobachten, schreiben. Er war fassungslos, weil niemand gesagt hat, er wolle Parteijournalist werden«.

Die Studentin Sigrid Mahlow ist einmal auch selbst in die Schusslinie der Erzieher geraten, sehr öffentlich, im *Forum*, einem Wochenblatt der FDJ, »Zeitung der Studenten und der jungen Intelligenz«. Der Artikel heißt *Experiment mit Sigrid*, eine ganze Seite am 22. März 1962. Das ›Experiment‹: Man hat Sigrid Mahlow in die FDJ-Leitung gewählt und sie, so schreibt es Frank Wimmer, der Vorsitzende, auf diese Weise zum »Vorbild für die gesamte Gruppe« gemacht. Fast noch erhellender ist das, was dieser kleine Funktionär über die Atmosphäre an der Fakultät für Journalistik berichtet. »Zuspätkommen« (vor allem bei den beiden »wöchentlichen Argumentationen«, registriert über eine Strichliste), »Stipendienabzug« für zwei notorische »Bummelanten«, »ewige Schweiger« wie Sigrid Mahlow und Hans-Dieter Hoyer, ihr späterer Ehemann, »Betrug in den Seminaren« (Russischnacherzählungen einfach vom Blatt abgelesen) und, man höre und staune, »ein Freund«, der »sein FDJ-Dokument« verloren hat.[33] Es war selbst dann nicht leicht, bis zum Diplom durchzuhalten, wenn man die DDR mochte und der Westen keine Option war.

Sigrid Hoyer ist sogar an der Fakultät in Leipzig geblieben, als das Studium vorbei war, eine Art persönliches Experiment, das sie heute auch mit der Frauenquote erklärt und mit einem Praktikum in der Wirtschaftsredaktion bei der *Ostsee-Zeitung* in Rostock, wo sie unter einem »dogmatischen Abteilungsleiter« litt und unter den »vielen Vorgaben«. »Dort keimte vielleicht erstmals der Gedanke, es möge mir erspart bleiben, nach dem Studium in so eine Redaktion delegiert zu werden«. So ähnlich wird es auch mir viele Jahre später gehen. Vom ersten Studientag an haben wir überlegt, was die Redakteure denken mögen, die 1990 verkünden werden, dass das Wohnungsbauprogramm erfüllt ist. Jedem eine Wohnung, warm, trocken, sicher: So hatte es der VIII. Parteitag der SED 1971 versprochen. Im Herbst 1988 musste man blind durch Leipzig laufen, um daran noch zu glauben. Warum also nicht länger an der Universität bleiben, zumal die Medienblase im ganzen Land von Glasnost und Perestroika blubberte und schwer vorstellbar schien, dass all die aufgeregten Geister um mich herum alles beim Alten lassen würden, wenn sie erst ausgeschwärmt waren in die Schreibstuben von Wolgast bis Suhl.

Karl-Heinz Röhr, der Sigrid Hoyer bei ihrem Aufstieg zur Dozentur immer ein wenig schubste, wenn sie sich selbst noch nicht bereit fühlte, stützt den Eindruck, dass die Brutstätte für Journalistinnen und Journalisten in Leipzig in gewisser Weise vogelfrei war, wenn es denn so etwas in der DDR überhaupt geben konnte. »Die politische Linie der Partei«, na klar, die hatte jeder »im Kopf«, der dort lehrte. Dekan und Direktor wurden Politiker, nicht herausragende Wissenschaftler. Emil Dusiska, der Röhr als Parteisekretär sehen wollte, hatte im Apparat Karriere gemacht, bevor er mit Anfang 50 zum Akademiker mutierte, ohne Abitur oder sonst einen höheren Abschluss. Es gab in Leipzig Professoren wie Wolfgang Wittenbecher, noch so jemand ohne nennenswerte Publikation, die darauf drängten, »dass zu jedem Seminar Literatur von Marx und Lenin angegeben« wird, was schon deshalb schwierig war, weil sich die beiden Klassiker »nicht zu jeder Frage geäußert« hatten, zur Recherche zum Beispiel nicht oder dazu, »wie man eine Nachricht schreibt«. Karl-Heinz Röhr hat das alles erlebt und war selbst »einer der Privilegierten«, die hin und wieder zum Zentralkomitee der Partei fuhren. »Ich habe nie irgendwelche Anweisungen bekommen«, sagt er. »Die politische Atmosphäre war bei uns besser und freier als in den Redaktionen. Dort gab es viel mehr Druck aus den Bezirksleitungen und aus der Abteilung Agitation. Bei uns schaute kein Mensch außer uns selbst richtig hin, und unsere Studenten waren junge Menschen, die viele Fragen hatten und sich nicht alles gefallen ließen«.[34]

Sigrid Hoyer mag das nicht ganz so stehen lassen. »Karl-Heinz wollte das auch so sehen«, sagt sie. »Ich habe ihn als Familienmenschen erlebt, der uns alle gern an einem großen Tisch versammelte. Ihm war der ehrliche Gedankenaustausch wichtig. Eine offene Gesprächsatmosphäre«.[35] Es ist unklar, ob sich das auf den Parteisekretär Karl-Heinz Röhr bezieht oder auf den Professor für journalistische Methodik. Wahrscheinlich auf beide. Röhr hat überall versucht, sein »Sozialismusbild zu praktizieren«. Miteinander reden, auf die Menschen achten. »Bei mir gab es keine Parteiverfahren oder irgendwelche Strafen. Vorher war das gang und gäbe«.[36] Sigrid Hoyer erinnert sich »an manche ratlose, ja quälende Diskussion«, vor allem kurz vor Schluss. »Dieses ewige Zwischen-den-Zeilen-Lesen«, diese Suche nach dem »kleinsten Ansatz einer Erklärung«. Nach der Wende hat sie gehört, dass »auch in diesem Raum Wanzen hingen«. Die »familiäre Atmosphäre«, die ihr Mentor Karl-Heinz Röhr bis heute beschwört und in seinen Veteranenrunden lebt: Sigrid Hoyer vermutet, dass dieser Wunsch in den 1960er-Jahren wurzelt, in der Idylle der Villa, in der die Fakultät untergebracht war, bevor das Hochhaus am Karl-Marx-Platz gebaut wurde, »ein wenig abgeschirmt vom Rest der Universität«. Ja: Dort gab es diese Strichlisten und übereifrige FDJ-Gruppenleiter, aber sonst war »alles sehr unakademisch«, freimütig, ohne die üblichen Hierarchien. Die Lehrer kaum älter als die Studenten und alle zusammen dabei, eine Journalistikwissenschaft zu erfinden, die Reinhard Bohse, der Mann vom Neuen Forum, heute für einen gar nicht so kleinen Teil des großen Übels hält.

Was hier nicht vergessen werden soll: Sigrid Hoyer ist auch deshalb dabeigeblieben, weil sie als Studentin auf Texte und auf Menschen gestoßen ist, die sie bis heute faszinieren. Willy Walther, der 1963 zur Genreforschung promoviert hat.[37] »Als ich das gelesen hatte, spürte ich: So kann man journalistisches Tun durchschaubar, nach und nach handhabbar und damit auch lehrbar machen. Ein verführerischer Gedanke«. Ende 1962 eine Konferenz zum »Q in der journalistischen Arbeit«, ein Buchstabe, der im DDR-Deutsch für Qualität stand.[38] »Dort wurden Fragen diskutiert, die mich sehr interessierten: Was Sprache alles mit Inhalten machen kann, wie originelle Blickwinkel einen Stoff zum Leuchten bringen und dem Leser Genuss bereiten«. Und ein Aufsatz von Dietrich Schmidt, erschienen 1961 in der *Zeitschrift für Journalistik* und auch noch Ende der 1990er-Jahre in den Seminarplänen von Sigrid Hoyer, obwohl die Überschrift eher Reinhard Bohse weckt (*Journalistische Genres als Gestaltungs- und als Kampfformen*) und der Autor schon auf der ersten Seite keinen Zweifel daran lässt, dass Genres für ihn nicht nur »Ausdrucksformen« sind, sondern auch »Waffen politischer Institutionen«.[39] Wer weiterliest, merkt schnell, dass Dietrich Schmidt trotzdem nicht den Sprachrohr-Journalismus predigt, der die Massen im Herbst 1989 auf die Straße trieb. Sein Credo: Die Wirklichkeit dokumentieren, dabei eng an den Tatsachen bleiben, aktuell sein, verständlich, manchmal sogar sinnlich. Diese Denkschule hat Hans Poerschke geprägt, der heute Abend der Hauptredner sein wird,[40] und Sigrid Hoyer zunächst alles geliefert, was sie für ihre Diplomarbeit brauchte,[41] um sie dann fast ein halbes Jahrhundert in Forschung und Lehre zu begleiten.

WARUM AM ENDE ALLES ANDERS KAM, ALS ES DER GRÜNDUNGSDEKAN WOLLTE

Hans Poerschke war heute zum ersten Mal beim Inder. Ein Student hat ihn mit dem Auto daheim in Holzweißig abgeholt, knapp 50 Kilometer Fahrt, Abendessen inklusive. Für mich hat er einen Stapel Kassetten dabei. »Auf dem Dachboden gefunden«, sagt er. »Wenn ich noch Studenten hätte, würde ich das einem geben und ihn daraus etwas machen lassen«. In der Tat: ein Schatz. Acht Stunden Mitschnitt von einem Workshop Ende Mai 1990, der Medienforscher aus Ost und West zusammenbringt. Poerschke hat damals selbst einen Bericht geschrieben. *Nützliches Kennenlernen und hoffnungsvoller Auftakt. Erstes Leipziger Seminar zur akademischen Journalistenausbildung.*[42]

Dieses erste Seminar war zugleich das letzte, und selbst ohne das Wissen von heute muss man nicht den kompletten Kassettensatz durchhören, um den jüngeren Hans Poerschke als einsamen Rufer in der Wüste zu enttarnen. Ost und West reden aneinander vorbei. Sie müssen aneinander vorbeireden, weil politisch und theoretisch Welten zwischen diesen beiden deutschen Wissenschaftskulturen liegen. Die einen insistieren, dass es ohne ihren Marx nicht gehen wird, und die anderen wissen, was aus denen geworden ist, die genauso dachten. Wir haben den Marxismus »mühsam ausgerottet bei uns«, sagt Günther Rager, Professor für Journalistik an der TU Dortmund, erkennbar ironisch mit Blick auf seine Kolleginnen und Kollegen aus München, Göttingen, Eichstätt. »Sie glauben doch nicht im Ernst, dass wir uns das jetzt über den ›Umweg DDR‹ zurückholen wollen?«[43] Rager wird ein gutes halbes Jahr später mit Hans Poerschke und meinem Kommilitonen Uwe Madel bei Minister Meyer sitzen und ihn überzeugen, das Kapitel ›Medienausbildung in Leipzig‹ nicht zuzuschlagen. Es ist ein kalter Dezembertag kurz vor Weihnachten, viel kälter als heute, mit Schnee und allem, was damals noch zum Winter gehörte. Beate Schneider und Klaus Schönbach aus Hannover haben kurz vorher abgesagt. Der weite Weg, die schlechte Bahnverbindung, das Wetter. Da scheint es »wenig sinnvoll, auf gut Glück und ohne Konzept zu einem kurzen Treffen beim Minister zu erscheinen«.[44] In diesem Moment ist die Leipziger Journalistik mausetot. Seit dem Abwicklungsbeschluss vom 11. Dezember hat es überhaupt nur drei Proteste aus dem Westen gegeben. Zumindest liegt nicht mehr im Universitätsarchiv. Ein Telegramm aus Hannover, auch im Namen von Schneider und Schönbach, ein Schreiben von der IG Medien direkt an Kurt Biedenkopf und eins aus Dortmund, mit der Unterschrift von Rager neben der seiner sieben Professorenkollegen.[45] Wir Studenten sind uns genauso einig wie die Leipziger Dozenten, dass der Gründungsdekan nur Günther Rager heißen kann, wenn er denn schon aus dem Westen kommen muss.

Ich werde später in diesem Buch ausführlich über Ende und Neustart berichten und auch über das Ost-West-Seminar, das Hans Poerschke im Mai 1990 auf Magnettonband festgehalten hat. An dieser Stelle nur so viel: Was in der Bundesrepublik unter den Namen Publizistik- oder Kommunikationswissenschaft gewachsen war, hatte wenig bis gar nichts mit dem zu tun, was Sigrid Hoyer und die meisten anderen umtrieb, mit denen ich als Student in Leipzig zu tun hatte. Auch hier wieder mit meinen Worten: Diese Dozenten wollten aus mir einen guten Journalisten machen. Dazu sollte ich verstehen, welche Aufgabe ein Journalist in der Gesellschaft hat, wie der Alltag in einer Redaktion abläuft, wie ich für das, was ich meinem Publikum sagen will oder sagen soll, die passende Form finde, und wie ich die Botschaft nicht nur fehlerfrei formuliere, sondern möglichst originell. Die Forschung war diesem Ziel untergeordnet. Untersucht wurde alles, was helfen konnte, die Ausbildung effektiver zu machen. In der Bundesrepublik interessiert das niemanden (zumindest keinen Hochschullehrer) – bis heute nicht. In München und Münster, in Mainz und Hannover ging und geht es um die Wirkung von Medien, egal ob man Journalisten interviewt, Artikel vermessen lässt oder Nutzer befragt. Was dort mit viel Aufwand erforscht wird, hat man in der DDR vorausgesetzt. Jeder Revolutionär wusste, dass man Zeitungen braucht und die Rundfunksender besetzen muss. Medien wirken, was sonst.

Es ist kein Zufall, dass Horst Pöttker heute Abend auf dem Podium sitzt, jemand, der von sich selbst sagt, dass er »sowohl Journalist als auch Wissenschaftler« sei, und der sich Mitte der 1990er-Jahre für Dortmund entschied, als ihm in Leipzig ein Lehrstuhl für Journalistik angeboten wurde. Es wird in der Diskussion dann nicht ganz klar, wie genau die Verwandtschaftsbeziehungen zwischen beiden Standorten sind. Wer war zuerst da, wer hat was von wem übernommen? In Dortmund gab es ab 1976 einen Modellversuch und 1980 dann auch ganz offiziell einen Studiengang Journalistik. Von dem Namensvetter in Leipzig haben sich Ulrich Pätzold und Gerd G. Kopper, beide lange dort auf einer Professur, noch 2010 vehement abgegrenzt.[46] Wolfgang R. Langenbucher, der parallel zu den Dortmundern zusammen mit der Deutschen Journalistenschule in München etwas ähnliches gestartet hat und auf den Kassetten vom Mai 1990 zumindest in meinen Ohren der angenehmste Gast aus dem Westen ist, erinnert sich, dass »ein Diplom für Journalisten« in den 1970er-Jahren »eine Absurdität« war. Leipzig, die »rote Kaderschmiede«.[47] Im Zeitgeschichtlichen Forum wird sich nachher Steffen Grimberg melden, 1968 im Ruhrgebiet geboren, 1989 in Dortmund Diplomstudent, 2009 ausgezeichnet mit dem Bert-Donnepp-Preis, dem wichtigsten Preis für Medienpublizistik, und sagen, dass der Dortmunder Studiengang »ja nach dem ›Leipziger Modell‹ aufgezogen war«. Praxis und Wissenschaft sehr eng verzahnen: »Das ging klar aufs Leipziger Konto, was damals keiner wissen durfte«.

Was die Leipziger relativ früh wussten: Drüben war man neidisch auf das, was im Hochhaus am Karl-Marx-Platz möglich war. Elisabeth Noelle-Neumann, Gründerin des Instituts für Demoskopie in Allensbach und eine Art Übermutter der westdeutschen Fachgemeinschaft, war vor allem vom ›Übungssystem‹ begeistert, als sie 1973 oder 1974 für eine Tagung in die Stadt kam (sie war zweimal da und es ist nicht ganz klar, wann sie das gesagt hat) und von Stilistik-Professor Werner Michaelis jeden Tag mit dem Trabant vom Hotel abgeholt wurde. »Sie meinte, so etwas würde sie in Mainz auch gern machen. Ihr würden aber die Lehrkräfte fehlen«. Michaelis wurde zu einem Gegenbesuch in den Westen eingeladen, von Noelle-Neumann »sehr zuvorkommend in ihrer Wohnung empfangen« (»sie hatte Pasteten gebacken«) und 1978 bei einer

Tagung in Warschau von ihr verteidigt, als ihm der Diskussionsleiter aus Polen das Wort abschneiden wollte. Werner Michaelis erinnert sich auch an einen Kollegen aus Münster, der bei ihm »Lehrmaterial abgeholt« hat,[48] und als ich im April 1990 zum ersten Mal in der Dortmunder Institutsbibliothek stand, lagen dort auch die Lehrhefte aus Leipzig.

Werner Michaelis hat es sogar in die Autobiografie von Elisabeth Noelle-Neumann geschafft, allerdings ohne Trabant und ohne Pasteten. Wenn man es genau nimmt: Eigentlich kommt er in diesem Buch von 2006 nur als Echo vor und steht nicht einmal im Personenregister. In der Episode, die Noelle-Neumann dort aus den Tagen der Studentenbewegung schildert, fragt sie »ganz unschuldig in die Runde« ihrer Mainzer Vorlesung, ob denn »der Professor Michaelis« damals schon in Leipzig gewesen sei – und »das halbe Auditorium« ›weiß‹ die Antwort (»Nein, der kam erst später«). Das Wort ›weiß‹ habe ich in Anführungszeichen gesetzt, weil die Geschichte vorne und hinten nicht stimmt, denn Werner Michaelis hat schon 1953 angefangen, künftigen Journalisten Deutsch beizubringen, ein Jahr vor der Gründung der Leipziger Fakultät. Noelle-Neumann geht es aber ohnehin nicht um historische Wahrheit, sondern um eine Pointe, einen Beleg für ihre Dauerfehde mit Marxisten und einen Beweis für ihre porentief reine antikommunistische Gesinnung. Der Name Michaelis muss für die These herhalten, dass die Proteste der Mainzer Studenten gegen Noelle-Neumann, die in einer Institutsbesetzung gipfelten, aus der DDR gesteuert waren, von eingeschleusten Provokateuren. Erkannt hat sie das »kurioserweise immer an ihrem Haarschnitt«. Lange Haare als Markenzeichen der Westlinken und ein kurzer Schnitt, »wenn sie von ihren Besuchen in der DDR zurückkamen«.[49]

Warum ich das hier erzähle? Elisabeth Noelle-Neumann war sehr dagegen, dass es mit der Leipziger Journalistik nach der Abwicklung weitergeht, und sie war, das habe ich erwähnt, nicht irgendwer in diesem wissenschaftlichen Feld. Steffen Grimberg, der Absolvent aus Dortmund, kann im Zeitgeschichtlichen Forum als Zeitzeuge sprechen, weil er im März 1990 nach Leipzig kam, um eine Studienarbeit zu schreiben über den Wandel an der Sektion Journalistik und in den DDR-Medien überhaupt. Er kann sich »erinnern, dass uns der letzte Parteisekretär die Schulungshefte übergab, mit den schönen Worten: Bitte betreiben sie keine Leichenfledderei«. Er weiß auch, dass es bei der Neugründung »tatsächlich auch um Machtfragen« ging und warum Günther Rager, sein Professor daheim im Pott, nie und nimmer als Leipziger Dekan in Frage kam, obwohl Dortmund »der geborene Partner« gewesen sei, »auch für die Evaluation in Leipzig«. Die Wahlen, sagt Steffen Grimberg. Erst die Volkskammer am 18. März und dann der sächsische Landtag am 14. Oktober 1990. Schwarz, ohne Wenn und Aber und damit auch ohne Günther Rager aus dem ›roten Dortmund‹ (Steffen Grimberg sagt die Anführungszeichen in Leipzig sicherheitshalber mit) und aus einem Bundesland mit SPD-Regierung. »Dann kam eben Reimers von der HFF in München«.[50]

An der Hochschule für Fernsehen und Film war die Kommunikationswissenschaft ein Fremdkörper. Dieses Haus ist stolz auf Regisseure, Kameraleute, Produzenten. In solchen Jobs muss man nicht wissen, wie Medienwirkungen untersucht werden. Die Kommunikationswissenschaft ist ein Erbe der Gründungsgeschichte. Otto B. Roegele, im Hauptamt Professor an der LMU München, war von der Landesregierung als erster Präsident der Hochschule auserkoren worden und brauchte irgendeinen Anker, um das nach außen verkaufen zu können. Den HFF-Lehrstuhl für Kommunikationswissenschaft bekam 1975 Karl Friedrich Reimers, der sich vorher als Filmforscher einen Namen gemacht hatte. In München ›passte‹ das, wie der Bayer so schön sagt. Von der ›Mainzer Schule‹ aber, die (Elisabeth Noelle-Neumann sei Dank) den großen Rest der Kommunikationswissenschaft infiltriert hatte, war Karl Friedrich Reimers genauso weit entfernt wie von der Leipziger Journalistik.

Vorn auf dem Podium im Zeitgeschichtlichen Forum wird das, was Steffen Grimberg »Machtfragen« genannt hat, heute nicht viel konkreter. Michael Haller, der letzte Chef von Sigrid Hoyer, spricht von einer »eher neoliberal geprägten Wissenschaftscommunity mit einer ausgeprägten Abwehr gegenüber allem, was aus der ehemaligen DDR kam«, und Horst Pöttker, halb Journalist, halb Wissenschaftler, von einer »konservativen und wenig liberalen Riege«. Beide haben vor 20 Jahren ein kleines Beben ausgelöst in dieser Riege, mit einem Beitrag über die NS-Vergangenheit der Kommunikationswissenschaft, erschienen im *Aviso*, dem Mitteilungsblatt der ›Wissenschaftscommunity‹, Pöttker als

Autor und Haller als Redakteur. Überschrift: *Mitgemacht, weitergemacht, zugemacht*. Eine Attacke gegen Elisabeth Noelle-Neumann, die 1937 mit einem DAAD-Stipendium in die USA fuhr, 1940 in Berlin promovierte und dann für *Das Reich* schrieb, das Wochenblatt von Goebbels.[51] Pöttker im O-Ton von 2001: eine »Schreibtischtäterin« (von mir gegendert, sorry), die »markante Teile der NS-Ideologie« an Zeitungsleser vermittelte, später als Professorin in der Bundesrepublik »eine konsequente Personalpolitik im Sinne ihrer Positionen betrieb« und das »eigene Mitmachen« in »Distanz, ja Widerstand« umdeutete.[52]

Ich habe das selbst erlebt, an einem heißen Frühsommertag 1999 in Allensbach, wo ich Elisabeth Noelle-Neumann, längst über 80, zur Umfrageforschung in den 1950ern interviewen wollte.[53] Bevor wir zur Sache kommen konnten, hat sie sich eine halbe Stunde von Vorwürfen entlastet, die mich, ein Kind der DDR und immer noch nicht vertraut mit den westdeutschen Kämpfen, bis dahin gar erreicht hatten. Selbst im Grab lässt dieses Thema Noelle-Neumann nicht ruhen. Ihre Wahlverwandten haben eine Biografie vom Markt geklagt, die Gobbels, Allensbach und Mainz in einer fulminanten Erzählung zusammenführte, und dabei auch Rezensionen löschen lassen und Jörg Becker, den Autor, persönlich angegriffen – einen Mann, der als »Kommunistenfreund« galt und auch deshalb nie auf eine Professur berufen worden war.[54]

Pöttker und Haller haben viel Prügel einstecken müssen für die Attacke von 2001.[55] Vielleicht verzichten sie deshalb heute Abend darauf, auf dem Podium Ross und Reiter zu nennen. Der Name Noelle-Neumann fällt überhaupt nur einmal, in die Runde geworfen von Manfred Knoche, Medienökonom aus Salzburg, Jahrgang 1941, der sich immer noch sicher ist, dass er Anfang der 1990er-Jahre in Leipzig einen Lehrstuhl verdient gehabt hätte und dafür seine Studienzeit in Mainz ins Feld führt, direkt an der Quelle der Macht. Man muss dazu wissen, dass Knoche an diesem Institut einer der Köpfe der Studentenbewegung war (damals wie heute mit langen Haaren, Selbstbild: »antiautoritärer Idealist«), 1972 an die FU Berlin floh und dort zum Jünger von Karl Marx wurde.[56] Sein Groll gilt nicht nur Noelle-Neumann und ihrer ›Riege‹, sondern auch Karl Friedrich Reimers, dem Gründungsdekan aus München, aus dem Knoche im Zeitgeschichtlichen Forum eine Art Alleinherrscher macht, der in Leipzig nur deshalb keine Professur für Medienökonomie schuf, weil er ganz genau wusste, dass dafür nur einer in Frage gekommen wäre – er, der Marxist Manfred Knoche. »Ein ganz eigenartiger Typ, der mit Publizistik- und Kommunikationswissenschaft überhaupt nichts zu tun hatte. Seine einzige Qualität war, dass er aus Bayern kam und konservativ war, und zwar erzkonservativ«.

Es ist »viel Blödsinn« geredet worden bei dieser Veranstaltung, wird mir Karl Friedrich Reimers ein paar Wochen später am Telefon sagen. Das Video ist da schon auf YouTube, aber ich bin mir nicht sicher, ob Reimers sich damit auskennt. Man kann ihn nach wie vor nur per Brief erreichen oder eben anrufen. Jemand wie Reimers muss sich ohnehin nicht zwei Stunden Amateur-Film antun, bei dem man Sprecher und Kulisse nur mit Mühe erkennt. Wer einen Riesenladen wie das Leipziger Institut für Kommunikations- und Medienwissenschaft aus dem Boden stampft, hat auch ein Vierteljahrhundert später genug loyale Zeugen vor Ort. Reimers geht es auch gar nicht um Manfred Knoche. Wer weiß, ob er davon überhaupt schon gehört hat. Er will über die sprechen, die auf dem Podium saßen, und über den Titel der Veranstaltung. Punkt 1: Man sei »auf den Hauptverantwortlichen« (also auf ihn) nicht zugegangen. Man habe sich nicht getraut. Punkt 2 und vermutlich der Grund für diesen »Skandal«: »Abriss« und »Verwestlichung«. Von wegen. Er persönlich habe die drei Kollegen für die Evaluierung ausgesucht, und zwar »nach Charakter«. Kurt Koszyk, Manfred Rühl, Dieter Roß. »Abwägende Köpfe, die mir am ehesten geeignet schienen, DDR-Leistungen im Gespräch einzuschätzen«. Reimers hätte auch sagen können: niemand aus der ›Mainzer Schule‹ von Elisabeth Noelle-Neumann. Er dreht das aber lieber positiv: Was er sich für Leipzig ausgedacht hatte, Kommunikations- *und* Medienwissenschaft, das habe es im Westen seinerzeit überhaupt nicht gegeben. Von Verwestlichung also keine Spur.[57]

Das stimmt, mein lieber Karl Friedrich Reimers, und stimmt doch nicht. Das klitzekleine Puzzleteil der deutschen Einheit, um das es hier geht, zeigt wie in einem Brennglas, dass selbst beste Absichten wenig auszurichten vermögen gegen gesellschaftliche Strukturen. Uwe Schimank, ein Soziologe, erklärt, warum nirgendwo das herauskommen kann, was ein Einzelner anstrebt. Immer handeln viele gleichzeitig und wollen jeweils etwas anderes. Sie beobachten sich dabei, reden miteinander, senden Signale. Dazu kommt das, was Schimank Erwartungs- und Deutungsstrukturen nennt. Wie sehen wir die Welt, was erwarten andere von uns, was nehmen wir davon wie wahr und was macht das alles mit unseren Plänen, mit unserer Strategie, mit unserer Taktik?[58]

Karl Friedrich Reimers erzählt mir von der Aggressivität, auf die seinerzeit die Entscheidung stieß, die Sektion Journalistik irgendwie weiterleben zu lassen – nicht nur bei den Gefolgsleuten von Elisabeth Noelle-Neumann oder in der *Bild*-Zeitung, die ihn als Retter des ›roten Poerschke‹ verunglimpfte, sondern auch an der Universität Leipzig. Selbst einige Journalistikstudenten hätten gegen ihre alten Professoren gehetzt. Ich könnte hier Bürgerbewegte wie Reinhard Bohse ergänzen und all das ganz folgerichtig nennen, was es heute an diesem Standort gibt – ein großes Institut mit Medienpädagogik und Buchwissenschaft, mit Forschungsmethoden und PR. Man kann dort sogar einen ›Master of Science‹ belegen, der Journalismus heißt, aber der Name ist eine Mogelpackung. Gebacken wird hier ein ganz neuer Typ Medienforscher. Die Zutaten: an der Universität ein Drittel Informatik, ein Drittel Sozialwissenschaft und ein Drittel Praxis sowie ein Volontariat, am besten in der Region. Ich kenne die Kolleginnen und Kollegen, die sich das ausgedacht haben. Der Journalismus ist den meisten von ihnen egal. Sie brauchen Studenten, mit denen sie forschen können, und zwar so, dass man die Befunde in den USA präsentieren kann, wo die Medienforschung fest in der Hand von Menschen ist, die die Naturwissenschaften für das Nonplusultra halten.[59] Messen, zählen, rechnen. Deshalb die Informatik, deshalb viel zu Erhebungsverfahren und Datenanalyse.

Kein Zweifel: Karl Friedrich Reimers hat in Leipzig mit aller Macht versucht, etwas zu schaffen, was er persönlich für innovativ halten musste.[60] Kein Aufguss der ›Mainzer Schule‹, sondern ein ganz neues Haus, in dem alle leben können, die irgendwie zu Medien forschen, und in dem für ein paar Jahre sogar Platz war für Menschen, die etwas machten, was manche Mitbewohner für museumsreif hielten. Andreas Rook, der mit mir 1988 als Student nach Leipzig kam, Anfang 1990 mit Sigrid Hoyer in der »Alternativgruppe« an einem Studienprogramm schrieb und schließlich ›unser‹ Mann in der Gründungskommission wurde, erinnert sich, wie Reimers bei Berufungen an den Stellschrauben gedreht hat. Wenn jemand »aus dem Stall von Noelle-Neumann« kam, dann sei das klar benannt worden. Zugleich habe der Gründungsdekan wieder und wieder darauf gedrängt, nicht die Publikationsliste zum wichtigsten Kriterium zu machen. »Dann haben die DDR-Wissenschaftler keine Chance«.[61]

Wenn sich Karl Friedrich Reimers heute an seine Spaziergänge mit Hans Poerschke erinnert, dann sagt er immer noch »unsere Pläne« zu dem, was beide dabei hin und her gewälzt haben, obwohl er weiß, dass sein Begleiter ihn schon damals stets korrigiert hat. Ihre Pläne, Herr Reimers. Heute Abend im Zeitgeschichtlichen Forum wird Hans Poerschke das Wort ›Landnahme‹ verwenden und es schaffen, Reimers dabei nicht persönlich anzugreifen. Poerschke weiß, dass es keine akademische Disziplin mehr gibt, die das journalistische Arbeiten ins Zentrum rückt und alles daransetzt, das handwerkliche und intellektuelle Rüstzeug besser zu machen, das die Absolventen mitnehmen in den Beruf. Er weiß auch, dass Karl Friedrich Reimers von allen möglichen Gründungsdekanen menschlich der angenehmste war. Man muss dazu nur die Horrorberichte aus anderen Fachbereichen lesen, die Peer Pasternack in seiner Dissertation über die ›demokratische Erneuerung‹ der Universitäten in Leipzig und Berlin gesammelt hat.[62] Ich selbst kann auch einfach in das Original der Dissertation von Karl Jaeger schauen, eingereicht 1921 (kein Schreibfehler) in Leipzig und, so steht es in der Widmung, seit 2013 in meinem Regal in München – von Karl Friedrich Reimers »persönlich weitergegeben an den ersten, früh wohlbestallten Universitätslehrer aus dem Kreis der Leipziger Journalistik-Absolventen 1991ff.«[63] Ohne Reimers würde ich dieses Buch nicht schreiben. Ich bin nicht nur ein loyaler Zeuge, sondern auch dankbar. Mit einem Abstand von 30 Jahren sehe ich trotzdem, dass am Ende Elisabeth Noelle-Neumann gewonnen hat, und ich sehe auch, wie hoch der Preis für diesen Sieg war.

WIE EIN PROLETENKIND ZU EINEM ›HOFFNUNGDTRÄGER‹ DER DDR-JOURNALISTIK WURDE

Wulf Skaun weiß nicht, dass er in diesem Kapitel gleich eine Hauptrolle spielen wird, als wir uns heute Abend vor dem Zeitgeschichtlichen Forum begrüßen. Wahrscheinlich weiß er auch nicht mehr, was er im Mai 1990 zu jenem Ost-West-Seminar beigetragen hat, das mir Hans Poerschke gleich per Kassettenstapel anvertrauen wird. Selbst im Rauschen einer alten Tonbandaufnahme wirkt dieser Auftritt fast euphorisch, voller Vorfreude. Der junge Wulf Skaun begrüßt dort zunächst die, die er aus der Literatur kennt. Heinz Pürer aus München, Wolfgang Langenbucher aus Wien. Großartig, dass solche Menschen jetzt im gleichen Raum sitzen wie er und ihm helfen werden, Theorien abzulehnen und Theorien anzunehmen, kurz: eine eigene Position zu entwickeln. Wulf Skaun kündigt an, fleißig zu lesen, nennt Wulf D. Hund und Horst Holzer, zwei Marxisten, von denen der eine, Holzer, die Universität in München 1980 wegen seiner Mitgliedschaft in der DKP verlassen musste,[64] und endet mit einem Versprechen, das in den Ohren der meisten Gäste wie eine Drohung klingen muss: »Ich werde meinen linken Standpunkt einbringen«.

Nicht einmal ein Jahr später, zum 30. April 1991, hat Wulf Skaun an der Universität einen Aufhebungsvertrag unterschrieben. Es ist nicht so, dass er danach in ein Loch gefallen wäre. Es gab Arbeit bei der *Leipziger Volkszeitung*, zunächst in Leipzig und dann ab Februar 1992 in der Lokalredaktion Wurzen, fast zwei Jahrzehnte lang, bis zur Rente. Es ist auch nicht so, dass Wulf Skaun dort keinen Spaß gehabt hätte. Als wir vor ein paar Jahren über sein Leben gesprochen haben, hat er mir zwei Fotos aus dieser Zeit gegeben. Eins zeigt ihn in den frühen 1990er-Jahren, schlank und dunkelhaarig, auf dem Marktplatz in Wurzen, mit Block und Stift. Ein Interview mit zwei Passanten. Auf dem anderen Bild steht Skaun neben Radsportlegende Täve Schur, jetzt grauhaarig und etwas voller. Das ist das, was den Journalismus in einer kleinen Stadt ausmacht. Wulf Skaun wäre trotzdem lieber an der Universität geblieben. Viermal, sagt er, sei er von Wurzen aus noch in ein Seminar eingeladen worden, von Elisabeth Fiedler, eine Kollegin, die weitermachen durfte. »Für mich waren die Begegnungen mit Studenten noch mal Sternstunden«. Man muss gar nicht zwischen den Zeilen lesen, um zu ahnen: Der Job in der Lokalredaktion hat die Wunde nicht schließen können, die der Auszug aus dem Hochhaus am Karl-Marx-Platz geschlagen hat.

Wulf Skaun ist 1945 zur Welt gekommen, drei Tage vor dem Ende des Krieges auf dem Bahnhof in Bad Kleinen, geboren mit Hilfe eines englischen Offiziers, der der Mutter einen kleinen Zettel schrieb (»She gave birth to a male child«) und ihr verbot, den Jungen Adolf, Hermann oder Joseph zu nennen. Er hat wie ich bei der *Ostsee-Zeitung* begonnen und Heinz Florian Oertel bewundert. Die Friedensfahrt, bei der heute immer Tour de France des Ostens gesagt wird, damit jeder weiß, dass es um ein Radrennen geht. »Die letzte Etappe 1957, das war wie ein Krimi. Die DDR hat fünf Minuten aufgeholt und wurden noch Mannschaftssieger. Wir saßen ständig vor dem Radio. Wie dieser Mann, der die Reportagen sprach: So wollte ich auch werden.«[65]

Wulfs Vater war ein »richtiger Prolet«, ein Arbeiterkind, »auf dem Weg zum Chemielaborant, als der Krieg kam«, der ihm ein Bein nahm und mehrere Finger. Die Odyssee endete 1947 in Hohen Viecheln, in einem 1000-Seelen-Nest am Schweriner See, ein paar Kilometer nördlich von Bad Kleinen. Dort hörte Vater Skaun vom Neulehrerprogramm. »Der Referent in Rostock sagte ihm, das würde sofort klappen, wenn er denn in die neue Partei eintrete. Er sei doch sicher auch gegen den Krieg, mit seinen zerschossenen Gliedern und als Arbeiterkind«. Wenn Wulf erzählt, sehe ich das Hohen Viecheln seiner Kindheit vor mir. Der Vater alles, was man in so einem Ort damals sein konnte. Parteisekretär, Chef der Nationalen Front, Schuldirektor. Die Mutter das Pendant beim anderen Geschlecht. Volkssolidarität, Demokratischer Frauenbund. »Alles traf sich bei uns zu Hause. Ich habe meinen Eltern später gesagt, die Welt ist ein Irrenhaus und bei euch ist die Zentrale«.

Man darf so einen Ort wie das Hohen Viecheln aus den Kindertagen von Wulf Skaun nicht verwechseln mit den Nestern von heute, wo man zum Einkaufen ein Auto braucht und froh sein kann, wenn der Bus wenigstens einmal in der Stunde kommt. »Es gab zwei Kneipen, zwei Bäcker, zwei Schuster, Fleischer, Schmied, Stellmacher, Tischler und andere Handwerker. Ein Dorf mit allem Drum und Dran, mit einer eigenen Schule. Und der einzigen Kirche ringsum«. Die Einheimischen scheinen nichts dagegen gehabt zu haben, dass die Macht jetzt bei Familie Skaun lag, den Neuen aus der Gegend um Stettin. »Sie haben meinen Vater goutiert. Er war leutselig und hilfsbereit. Auch die, die die Roten gehasst haben, kamen zu uns und ließen sich von ihm beraten und Schreiben aufsetzen. Die Leute haben ihm vertraut«.

Wie bei allem, was so weit zurückliegt, hat Wulf Skaun aus jener Zeit vor allem das parat, was wieder und wieder hochkommt bei den Treffen und Feiern, und er baut das, auch damit steht er nicht allein, so zusammen, dass man verstehen kann, wie aus dem Proletensohn vom Lande ein ›Hoffnungsträger‹ an der Leipziger Sektion Journalistik werden konnte, dort, wo die Oertels des 21. Jahrhunderts schlüpfen sollten. »Es wurde erzählt, dass ich im Kindergarten auf ein Stühlchen gestiegen sei und gerufen hätte: Genossen, seid ihr für den Frieden? Mit drei Jahren. Mit sechs soll ich mit einem blauen Fahnenfetzen durchs Dorf gezogen sein, etliche Kinder hinter mir, und ›Bau auf, bau auf‹ gesungen haben«. Eine ›Kinderpersönlichkeit‹, wird der kleine Bruder, dreieinhalb Jahre jünger, viel später sagen. Wie seine Eltern war Wulf alles an der Schule in Hohen Viecheln. Vorsitzender des Freundschaftsrats (das heißt: oberster Pionier), Verwalter der Bibliothek. »Ich war Rezitator, habe im Chor gesungen und hatte die meisten Zeilen, wenn wir Theater gespielt haben. Das wurde ausgezählt. Nach den Schulstunden war ich Direktor im Kinderzirkus Bums und Hauptmann der Pionierfeuerwehr. Ohne mich ging keine Tür zu«.

Wulf Skaun ist dann auch auf der Oberschule in Wismar der Jahrgangsbeste, nachdem er erst etwas fremdelt mit dem weiten Weg und der großen Stadt. Er schreibt »ganze Seiten voll« in der Kreiszeitung, macht die Öffentlichkeitsarbeit für das Jugendklubhaus und rezensiert *Herrenpartie*, einen Film von Wolfgang Staudte, der eine Linie zieht von den Naziverbrechen in Jugoslawien bis in die westdeutsche Gegenwart. Journalismus, na klar, auch dann noch, als der Schuldirektor ihm vorschlägt, Diplomat zu werden. »Ich habe mich nicht beirren lassen. In Deutsch war ich gut. Aufsätze. Die wurden sogar vorgelesen. Ich wollte Journalist werden«.

Auf dem Weg zum Studium nach Leipzig liegen ein kleiner und ein großer Brocken, die beide mit den Zeitläuften zu tun haben und mit der Position, die Familie Skaun im Kreis Wismar hat oder in der DDR, ganz wie man will. Erst eine Schriftsetzerlehre, der kleine Brocken, viel kleiner als der Tagebau, in den Sigrid Hoyer Ende der 1950er-Jahre geschickt wurde. Man schreibt jetzt die frühen 1960er, und im Norden der Republik ist noch nicht angekommen, dass der Bitterfelder Weg bald auch offiziell zur Sackgasse erklärt wird. Die Lehrer in Wismar jedenfalls raten ihrem besten Schüler, den Beruf des Journalisten »von der Pike auf« zu lernen. Heute kann man darüber lästern und über verlorene Jahre klagen, erst recht, wenn man die Brille der CV-Optimierer aufsetzt, die jeden Schritt ins Leben planen und immer ganz genau wissen wollen, was das alles jetzt für die Karriere bringt. Der Schriftsetzerlehrling Wulf Skaun redet in der Druckerei »viel mit den Älteren«, und er spricht dabei zunächst so, wie er das von zu Hause und aus der Schule gewöhnt ist. »Unser Staat, die Zukunft und so«. Wulf Skaun »agitiert«, wie er heute selbst sagt, und muss dafür bezahlen. »Eines Tages kam der Betriebsdirektor und sagte: Kollegen, das Wehrkreiskommando und die Kreisleitung wollen, dass wir einen von uns für drei Jahre schicken. Man hätte eine Stecknadel fallen hören können. Alle Köpfe drehten sich zu mir«. Da stand er doch, der Abiturient, der so perfekt Parteideutsch sprach. »Keiner hat etwas gesagt. Ich wusste: Ich war gemeint. Mein Vater musste ja auch militärischen Nachwuchs werben. Es hätte sonst schnell geheißen, dass er mit zweierlei Maß misst. Ich wollte außerdem auf Staatskosten studieren«.

Die Armee war dann der zweite Brocken, viel größer als eine Lehre, die jeden Oberschüler erdet und auch denen gutgetan hätte, die heute in jedem Leitartikel deutlich machen, dass sie ihre Großstadt-Akademiker-Welt nie verlassen haben. Was Wulf Skaun über seinen Wehrdienst erzählt, habe ich so ähnlich zwei Jahrzehnte später selbst erduldet. Ich weiß deshalb, wie es sich anfühlt, wenn man unter hundert jungen Männern der einzige ist, der nach der Entlassung studieren will. Okay: Einen Major, der »schon bei der Wehrmacht« war, gab es Mitte der 1980er-Jahre nicht mehr (mein Major war 26, sah aber aus wie 45), und ich weiß auch nicht, ob wir im ersten halben Jahr »richtig geschliffen« wurden und dadurch »zum Mann geworden« sind. Vermutlich war ich damals viel zu sehr Sportler, um unter einem Lauf vor dem Frühstück zu leiden oder bei irgendwelchen langen Märschen. Aber sonst war vieles wie bei Wulf Skaun. »Die rauen Umgangsformen, diese Fäkalsprache. Ich dachte, das kann nicht Sozialismus sein. Ich habe gedacht, die Partei und der Staat müssen mir später helfen, wenn ich hier gedient habe«.

Wer auch immer das ist, die Partei und der Staat, sie haben ihren treuen Diener zumindest nicht hängen lassen, auch wenn von heute auf morgen die Regeln geändert wurden für den Zugang zum Studium. Wulf Skaun war 1964 zur Aufnahmeprüfung nach Berlin gefahren, noch vor dem Wehrdienst, und hatte mit Glanz und Gloria bestanden. Der Text, den er dort schreiben musste, wurde öffentlich vorgetragen. In Leipzig angefangen hat er erst fünf Jahre später, mit 24, in einem Alter, in dem mein Sohn sich in München sein Masterzeugnis abgeholt hat, nach zwölf Semestern Soziologie und Politikwissenschaft. »1966 kam ein Schreiben: Wir haben das Volontariat als Bedingung eingeführt. Bewirb dich mal schon«.

An der Universität trifft das Proletenkind Wulf Skaun aus dem Nest im hohen Norden auf Dozenten wie Hans Poerschke, die gerade erst anfangen, die Leipziger Journalistik zu erfinden, und so allenfalls menschlich ein Vorbild sein können, und auf Söhne und Töchter von Prominenten. »Die Tochter von Hermann Axen war da, Kati. Von Markus Wolf war die Tatjana da und von Günther Kleiber sogar Sohn und Schwiegertochter, glaube ich. Michael Sindermann. Vorher Thomas Brasch. Das waren jetzt nur Sprösslinge von ZK- und Politbüro-Mitgliedern. Von anderen Eliten weiß ich gar nicht mehr alle. Daniela Dahn war mit mir in einer Seminargruppe«. Dahn ist vier Jahre jünger als Wulf Skaun. Karl-Heinz Gerstner, ihr Vater, hat jeden Sonntag im Radio gesprochen. Die Lage der Wirtschaft. Seine Stimme hat noch jeder im Ohr, der nicht nur Westsender gehört hat. Wer älter ist, kann sich vielleicht sogar noch an sein Gesicht erinnern. *Prisma*, ein Fernsehmagazin. Gerstner, im Hauptberuf Wirtschaftschef bei der *Berliner Zeitung*, war dort von 1965 bis 1978 Moderator.[66] Sibylle Boden, seine Frau, die Mutter von Daniela Dahn, gründete 1956 die Modezeitschrift *Sibylle*.

Wulf Skaun haben all die großen Namen nicht gestört, im Gegenteil. »Wir fühlten uns sogar ein bisschen aufgewertet. Wenn die auch alle Journalisten werden wollten, dann konnte das so verkehrt nicht sein«. Zu seiner Seminargruppe gehörte neben Daniela Dahn auch Wolfgang Tiedke, Sohn von Kurt Tiedke, der seit 1967 im ZK der SED war und 1983 Rektor der Parteihochschule Karl Marx werden wird. Skaun und Tiedke: Als ich 1988 als Student nach Leipzig kam, war das ein Markenzeichen. Der eine Wissenschaftler durch und durch und der andere so eloquent und charismatisch, wie wir selbst gern werden wollten. Von den Kämpfen und Zweifeln auf dem Weg dorthin konnten wir nichts wissen. Für ihre Dissertation haben Skaun und Tiedke etwas gemacht, was es in der DDR gar nicht geben durfte – eine Befragung zur Mediennutzung und damit auch zum Westradio in Lößnig, in dem Leipziger Stadtteil, in dem jetzt das Wohnheim der Journalistikstudenten stand. Gar nicht so wenige Befragte haben hinterher bei der Stasi gefragt, wer das denn genehmigt habe.[67] »Vater Tiedke«, sagt Wulf Skaun.

Noch wichtiger wird diese schützende Hand bei der Habilitation, einer »Kollektivarbeit«, die »als Spitzenprojekt der Sektion im Zentralen Plan der Gesellschaftswissenschaften« stand, dann aber schwer unter Beschuss geriet, als die Medienlenker in Berlin »schwarz auf weiß« lesen konnten, »dass die Zeitungen nicht viel mit der Realität zu tun hatten. Nur sozialistische Siege und kaum Kritik, Mängel und Probleme. Vorher konnte man das wissen oder ahnen, jetzt aber kam niemand mehr an unseren Ergebnissen vorbei«.[68] Wulf Skaun ist an dem Streit um diese Studie krank geworden, und Wolfgang Tiedke ging freiwillig für drei Jahre zur *Leipziger Volkszeitung*. Ein teurer Sieg, zumal der Forschungsbericht im Panzerschrank verschwand und die Autoren »vor den Chefredakteuren wie Hochstapler dastanden. Wir hatten ja eine ehrliche Untersuchung versprochen und durften jetzt keinen Klartext reden«.[69]

Wolfgang Tiedke ist am 15. November 1989 als Chefredakteur zur *Leipziger Volkszeitung* gegangen, gerufen von einer Redaktion, die nicht mehr so weitermachen konnte wie bisher und sich an diesen immer noch jungen und jungenhaften Wissenschaftler erinnerte, der vor ein paar Jahren auch hier gegen den Strich gebürstet hatte. Tiedke selbst war sich 20 Jahre später sicher, dass er sonst »irgendwann« Direktor der Sektion Journalistik geworden wäre. »Das hätte ich als angemessen empfunden«. Er weiß, dass wir Studenten ihm den Wechsel zur LVZ »sehr übel genommen« haben (»erst hier die große Fresse und dann einfach abhauen«), und nimmt auch nach einer so langen Besinnungspause für sich in Anspruch, als Dozent »die richtigen Fragen« gestellt zu haben (»wenn auch vielleicht nicht immer scharf genug«).[70]

Auch Wulf Skaun galt damals nicht wenigen als ›Hoffnungsträger der Sektion‹. Selbst rechnete er mindestens mit dem Lehrstuhl, den er seit 1984 ohnehin schon leitete, wenn auch ohne Professorentitel.[71]

Die Karteikarten, auf denen das steht, was er bei der Evaluierung sagen wollte, hat Skaun noch daheim. Für ihn wird sich das immer anfühlen wie gestern. »In der Sache wäre ich penibel und quellentreu gewesen und in der Form souverän-lässig. Ich hätte über mediensoziologische Ansätze hüben und drüben gesprochen. Ich hätte auch gesagt, dass ich bis auf Noelle-Neumanns Schweigespirale[72] keines der westdeutschen Konzepte als Original gelten lasse. Zur Geschichte der Inhaltsanalyse gab es dort gar nichts. Ost und West waren nicht so weit auseinander. Und dann hätte ich gesagt, dass ich keinen Anspruch erhebe auf eine Stelle«.[73]

Eine solche Phantasie kennt jeder, der im Job leidet. Mit großer Geste alles hinknallen. Wie die meisten hat auch Wulf Skaun das nur im Kopf durchgespielt. Er sagt heute, er sei »freiwillig gegangen«. 15 Jahre Mitglied der SED-Kreisleitung in der Universität, von 1974 bis 1989. Am Rektoratsgebäude habe er jeden Tag in großen Buchstaben lesen können, dass genau diese Leute jetzt »in den Tagebau« gehören. Und dann sei da auch so etwas wie Solidarität gewesen, mit Günter Raue und Klaus Preisigke, den beiden Direktoren, die bei den Studenten schon durchgefallen waren, bevor Karl Friedrich Reimers kam. Wulf, hätten die Genossen gesagt: »Du wirst dich doch nicht auf dieses bürgerliche Tribunal einlassen. Wir machen das nicht«. Weiß man in einem solchen Moment, dass das eine der Entscheidungen ist, die einen bis ins Grab verfolgt? »Kleinkariert« sei das damals gewesen, sagt Wulf Skaun. »Ich war ja nicht abgewählt worden. Ich habe mich um ein letztes intellektuelles Vergnügen an der Sektion gebracht«.[74]

WAS DIE KOMMUNIKATIONSWISSENSCHAFT VOR 30 JAHREN VERLOREN HAT

Dass Hans Poerschke heute Abend im Zeitgeschichtlichen Forum sprechen darf, vor einem vollen Saal, zunächst ganz allein am Pult und dann in einer Podiumsrunde mit zwei Professoren, die aus dem Westen nach Leipzig kamen, ist eine Sensation. Das sanfte Abschieben in den Altersübergang, die Zumutungen der Evaluation, der Rücktritt in die zweite Reihe selbst bei Kolleginnen wie Sigrid Hoyer, die von Westdeutschen einen Eignungsstempel bekamen: All das ist nur ein Teil der Wahrheit über die Vereinigung der Leipziger Journalistik mit der Kommunikationswissenschaft, die in Mainz bis heute Publizistik heißt. Zu dieser Wahrheit gehört auch, dass es die DDR in dieser akademischen Disziplin überhaupt nicht gibt.

Genau wie jeder Mensch steht auch eine Wissenschaftsgemeinschaft vor der Aufgabe, Kontinuität über Zeit und Raum herzustellen. Ich schreibe dieses Buch, um das, was ich heute bin, mit gestern und vorgestern zu verbinden. Göhren auf Rügen und Ruth Bahls, die uralte Englischlehrerin und Museumsgründerin, mit der *Ostsee-Zeitung*, für die auch Sigrid Hoyer und Wulf Skaun geschrieben haben, meine Dozenten an der Universität, und mit Karl Friedrich Reimers, der nicht nur gesagt hat, dass jemand wie ich im neuen Deutschland Professor werden kann, sondern dafür mit seinen Gutachten auch etwas tat. Anthony Giddens, ein britischer Soziologe, versteht Identität als kontinuierlich ablaufenden reflexiven Prozess, der uns permanent zwingt, alles, was passiert, in die Erzählung über uns selbst einzubauen.[75] Identität ist die Geschichte, die wir von uns selbst haben und die ich hier aufschreiben darf. Diese Geschichte verändert sich, weil wir ständig neue Menschen treffen und Dinge erleben, die längst nicht immer zu dem passen, was wir bisher über uns dachten.

Die Kommunikationswissenschaft hat die DDR-Journalistik einfach abgestoßen – ihre Ideen genauso wie die Menschen, die diese Ideen entwickelt und vertreten haben. Was in Leipzig zwischen 1945 und 1990 gemacht wurde, gehört nicht zur Identität dieser Universitätsdisziplin. Hans Poerschke, Sigrid Hoyer, Wulf Skaun oder Wolfgang Tiedke haben keinen Platz in der Erzählung der Kommunikationswissenschaft über sich selbst. Sie haben auch keinen Platz in der DGPuK, in der Fachgesellschaft, in die man heute schon aufgenommen werden kann, wenn man einen 50-Prozent-Vertrag in einem Projekt mit zwölf Monaten Laufzeit unterschrieben hat. Vor 30 Jahren hat die DGPuK ein Jahr »hinter verschlossenen Türen« über Wolfgang Tiedke diskutiert – »bis er dann selbst gesagt hat, er finde das eigentlich nicht mehr angemessen«.[76]

Karl-Heinz Röhr, der Dompteur der Leipziger Veteranenrunden, war Professor für journalistische Methodik und sieht deshalb Michael Haller, der 1993 aus Hamburg kam und heute vorn sitzt, mit einem gewissen Recht als seinen Nachfolger. Auf eine Einladung an das Institut hat er all die Jahre vergeblich gewartet. Der Betrieb ging weiter, aber ihn gab es nicht mehr, nicht einmal im Verteiler für die Weihnachtsfeiern. 2008 kamen zwei Studentinnen mit einer Kamera zu Röhr und haben ihn zu seinem Leben befragt, aber das zählt nicht, weil dieser Besuch erstens denkbar schlecht vorbereitet war (ich weiß, wovon ich rede, weil ich das Video transkribiert habe) und zweitens von Siegfried Schmidt geschickt wurde, der als junger Mann genau wie Röhr Assistent von Hermann Budzislawski war, dem Gründungsvater der Leipziger Journalistik, dann aber das Glück hatte, nie für eine Parteifunktion ausgesucht worden zu sein. Schmidt durfte weitermachen und hat in seinen allerletzten Seminaren an der Universität Material für eine Geschichte der Journalistenausbildung in der DDR zusammengetragen, die er dann als Rentner nicht mehr geschrieben hat.[77]

Einmal noch haben Karl-Heinz Röhr und seine Weggefährten von früher auf Besserung gehofft, 2016 war das, 100 Jahre nach der Gründung des Instituts für Zeitungskunde durch Karl Bücher, die die Kommunikationswissenschaft in ihrer Erzählung über sich selbst im Moment für ihren Geburtstag hält. Zur Feier kam die DGPuK in die Stadt, 500 Kolleginnen und Kollegen. Festmenü in Auerbachs Keller, Festakt mit Ministerin Eva-Maria Stange und Rektorin Beate Schücking, Festvortrag von Bernhard Debatin. Dieser Philosoph hatte zwar in Westberlin studiert, war aber in den späten 1990er-Jahren für ein paar Jahre Dozent in Leipzig. Debatin sollte also wissen, wo er hier spricht. Die gut zwei Dutzend Menschen, die Karl-Heinz Röhr in den Hörsaal mitgebracht hatte, sind trotzdem enttäuscht nach Hause gegangen. ›Ihre‹ Zeit, immerhin fast die Hälfte der 100 Jahre, die hier gefeiert werden sollten, wurde in weniger als drei Minuten abgehandelt. Nationalsozialismus und DDR: Das war doch irgendwie dasselbe. Wissenschaft im »Dienst von Regierungsinteressen«. Bei Hermann Budzislawski, dem ersten Dekan der Fakultät für Journalistik, hat Bernhard Debatin »zwischen den Zeilen« immerhin »liberale Tendenzen« entdeckt und das auf sein US-Exil zurückgeführt. Dazu mehr im übernächsten Kapitel. Im Festvortrag von 2016 gab es noch einen Halbsatz zu den »ideologischen Hardlinern«, die Budzislawski folgten und ein Prosit auf die Abwicklung.[78]

Klarer konnte man das nicht sagen. Trollt euch, Röhr und Konsorten. Mit euch haben wir nichts am Hut.

Wie das so ist im Leben: ›Wo aber Gefahr ist, wächst das Rettende auch‹.[79] Diese Kommunikationswissenschaft, die Elisabeth Noelle-Neumann huldigt, sich in kleinteiligen Studien zu Medienwirkungen verliert und dabei die großen Wirkungen übersieht, die Staats- und Wirtschaftspropaganda mit sich bringen, und zu ihrer eigenen Legitimation den Teufel ›rotes Kloster‹ an die Wand malt – diese öffentlich kaum wahrnehmbare akademische Disziplin hat in ihrem Schoß junge Leute wie Uwe Krüger genährt, der den Abend heute organisiert hat und dafür unbedingt Hans Poerschke am Pult haben wollte. Krüger und seine Mitstreiter würden schon gerne an der Universität arbeiten und hätten dort auch etwas zu sagen, brauchen dafür aber eine andere Kommunikationswissenschaft, mit Karl Marx und politischer Ökonomie der Medien, mit kritischer Diskursanalyse, mit einem analytischen Blick, der Machtstrukturen nicht übersieht, sondern in das Zentrum rückt.

Als ich Uwe Krüger Ende 2016 das erste Mal getroffen habe, ein paar Monate nach der Jubelfeier zu 100 Jahren Karl Bücher, war er gerade dabei, die Wissenschaft zu verlassen. In Sachsen wurden Lehrer gesucht, auch Quereinsteiger, am besten Menschen wir Krüger, Jahrgang 1978, hoch gebildet. Uwe Krüger hat zwei Kinder. Warum also nicht, zumal er an der Universität nur eine halbe Stelle hatte und auch das nur noch für ein paar Monate. Man muss sich das einmal vorstellen: eine akademische Disziplin, die einen ihren Helden verstößt, weil die, die am Machtpol sitzen und das Sagen haben, ihn nicht für einen Helden halten, sondern für eine Gefahr. Krügers Dissertation kennt jeder, der irgendwie unzufrieden ist mit dem, was die Leitmedien aus der Welt machen. Er zeigt dort, wie stark deutsche Alpha-Journalisten in andere Elitenmilieus eingebunden sind.[80] Am 29. April 2014 haben Claus von Wagner und Max Uthoff in der ZDF-Satiresendung *Die Anstalt* aus Krügers Material eine Tafelnummer gemacht, die viral ging und den Begriff ›transatlantische Netzwerke‹ salonfähig machte in der Debatte um die Qualität der des Journalismus.[81] Die Kommunikationswissenschaft hat diese Dissertation bekämpft, frei nach dem Motto: Was als Realität durchgeht, bestimmen immer noch wir.[82]

Es ist fast zu kitschig, aber ich muss das hier trotzdem aufschreiben: Uwe Krüger ist wie ich auf der Insel Rügen aufgewachsen und hat seine ersten Texte in der *Ostsee-Zeitung* veröffentlicht. Gerhard Ladda, mein Mathelehrer, der im nächsten Kapitel wieder auftauchen wird, war zehn Jahre später sein Klassenlehrer in der Kreisstadt Bergen. Für Krüger und mich war es nicht so schwer, uns auf den Veranstaltungstitel zu einigen, der Karl Friedrich Reimers ein paar Monate später auf die Palme bringen sollte. Auch das muss man sich erst einmal vorstellen: ein Gründungsdekan, der es immer noch nicht erträgt, das andere öffentlich über das sprechen, was er vor 30 Jahren gemacht hat, und dabei möglicherweise eine andere Sicht vertreten als er selbst. Die drei Seiten Interview mit sich selbst, die er kurz vor der Podiumsdiskussion an so viele Leute geschickt hat, dass sie schnell auch bei Krüger und mir sind, lassen sich in einem Satz zusammenfassen: Wer von ›Abriss‹ spricht und vor allem von ›Verwestlichung‹, der hat nicht nur keine Ahnung, sondern weder die Quellen kritisch gelesen noch die einschlägige Literatur.[83]

Karl-Heinz Röhr hat von diesem Abend nicht allzu viel erwartet. Es sei inzwischen viel zu viel Zeit vergangen, »um alte Wunden zu lecken«, schreibt er ein paar Tage vorher an Uwe Krüger. »Und neue Selbsterkenntnis kann man wohl von den westdeutschen Partnern kaum erwarten«.[84] Ich habe ihn hinterher gar nicht gefragt, ob er sich über Heike Schüler gefreut hat, die auf dem Podium gegen die Mär anspricht, Journalisten seien in der DDR nichts weiter gewesen als Erfüllungsgehilfen der Partei (»Ich wollte die Gesellschaft verbessern. Den Sozialismus verbessern. Etwas verändern, zum Guten«), und die »journalistische Ausbildung« sowie ihre Dozenten mit DDR-Hintergrund fast über den grünen Klee lobt (»Das ist wirklich großes Handwerk gewesen. Großes Wissen«). Röhr muss mir unbedingt sagen, wie froh er ist, dass es in Leipzig jetzt diesen Uwe Krüger gibt, inzwischen sogar auf einer unbefristeten Stelle. Und er will über Hans Poerschke sprechen.

Ich muss die Rede von Poerschke und seine Wortbeiträge hier nicht wiederholen. Das ist alles gleich doppelt im Netz, als Video und in einer Schriftfassung. Man kann dort hören oder lesen, wie er den Begriff ›Landnahme‹ verstanden wissen möchte: »Unverhofft wurde auf bislang fremdem Territorium ein Stück herrenlos gewordenes akademisches

Bauland verfügbar«. Baupläne, Baumaterial, Bauleute: alles aus dem Westen. Und kein Platz für das, was in Leipzig trotz Parteiherrschaft gewachsen war: Geschichte des Journalismus (mein Bereich), Poerschkes eigene »Ansätze zu einer Theorie der sozialen Kommunikation«, die Inhaltsanalyse, die bei Wulf Skaun und Wolfgang Tiedke so nah dran war an der Medienrealität, dass die Partei die Befunde im Panzerschrank verschloss, die Arbeiten zur Stilistik, die Horst Pöttker später in Dortmund vor dem Vergessen rettete,[85] und der »journalistische Schaffensprozess«. Sigrid Hoyer, zum Beispiel.

Zur »Landnahme« gehört bei Hans Poerschke die Evaluation, die »keine umfassende, systematische Analyse« des Vorgefundenen gestattet habe, weil es jeweils nur um einen Einzelnen ging, und das auch noch »gefärbt durch die persönliche Sicht der beiden Gesprächspartner«. Eigentlich, so Poerschke weiter, sei nur geprüft worden, ob man »integrierbar« war in das, was der Westen mitbrachte nach Leipzig. Mit Kurt Koszyk, seinem eigenen Evaluator, hat Hans Poerschke Mitleid. Ein Mann aus Dortmund, der über etwas urteilen sollte, das von sowjetischer Literatur lebte, die er nicht verstand. Warum, fragt Hans Poerschke im Zeitgeschichtlichen Forum, warum hat man uns nicht einfach gemeinsam arbeiten und so schnell merken lassen, »wer welchen Geistes Kind ist«? Warum hat man den Traditionsstandort Leipzig nicht für ein Projekt genutzt, dass das deutsch-deutsche »Kennenlernen« wissenschaftlich begleitet und so den Journalisten hilft, »Formen der Diskussion und des Streits, Formen des Umgangs miteinander« zu finden? In diesem Moment weiß ich, dass ich dieses Buch schreiben muss.

Anmerkungen

1 E-Mail von Karl-Heinz Röhr an Uwe Krüger, 12. November 2019

2 Karl-Heinz Röhr: Um journalistische Qualität geht es immer und überall. In: Michael Meyen, Thomas Wiedemann (Hrsg.): *Biografisches Lexikon der Kommunikationswissenschaft*. Köln: Herbert von Halem 2015. http://blexkom.halemverlag.de/karl-heinz-roehr/ (7. Februar 2020)

3 Gespräch mit Karl-Heinz Röhr am 7. Januar 2020, Gedächtnisprotokoll

4 Hans Poerschke: Ich habe gesucht. In: Michael Meyen, Thomas Wiedemann (Hrsg.): *Biografisches Lexikon der Kommunikationswissenschaft.* Köln: Herbert von Halem 2015. http://blexkom.halemverlag.de/hans-poerschke/ (7. Februar 2020)

5 Röhr: *Qualität*, Poerschke: *Ich habe gesucht*

6 Alina Reichenbach im Gespräch mit Karl Friedrich Reimers, 12. November 2019, Auszug. Zur Veranstaltung am 21. November 2019 im Zeitgeschichtlichen Forum Leipzig. In: *Privatarchiv Michael Meyen*

7 Vgl. Jochen Ernst: Der vorzeitige Ruhestand in Ostdeutschland und einige Aspekte der sozialen Lage der Frührentner in den neuen Ländern. In: *Sozialer Fortschritt* 42. Jg. (1993), Nr. 9, S. 211-217

8 Röhr: *Qualität*

9 Michael Meyen: Leipzig nach der Wende: Landnahme, Verwestlichung oder Strukturwandel? In: Michael Meyen, Thomas Wiedemann (Hrsg.): *Biografisches Lexikon der Kommunikationswissenschaft.* Köln: Herbert von Halem 2020. http://blexkom.halemverlag.de/landnahme/ (7. Mai 2020). – Alle weiteren Zitate von der Veranstaltung sind aus dieser Dokumentation.

10 Telefonat mit Karl Friedrich Reimers am 16. Dezember 2019, Gedächtnisprotokoll

11 Meyen, *Leipzig nach der Wende*

12 Poerschke: *Ich habe gesucht*

13 Meyen, *Leipzig nach der Wende.* – Vgl. Hans Poerschke: *Das Prinzip der Parteiliteratur. Die Presse bei und unter Lenin.* Köln: Herbert von Halem 2020

14 Frank Richter: *Gehört Sachsen noch zu Deutschland? Meine Erfahrungen mit einer fragilen Demokratie.* Berlin: Ullstein 2019, S. 33

15 Akademische Einrichtung oder/und »Journalistenschule«? Überlegungen der Alternativgruppe zu einer Sektionsreform, 25. Januar 1990. In: *Universitätsarchiv Leipzig* (UAL), Sektion Journalistik 24, Bl. 101-126, hier 101

16 Ebd., Bl. 102

17 Michael Kleff, Hans-Eckardt Wenzel (Hrsg.): *Kein Land in Sicht. Gespräche mit Liedermachern und Kabarettisten der* DDR. Berlin: Ch. Links 2019, S. 28, 46

18 Andreas Leusink (Hrsg.): *Gundermann. Von jedem Tag will ich was haben, was ich nicht vergesse ... Briefe, Dokumente, Interviews, Erinnerungen.* Berlin: Ch. Links 2019

19 Kleff, Wenzel: *Kein Land in Sicht*, S. 94, 96

20 Ebd., S. 42f. (Bürger), 105 (Harter), 144 (Körbel)

21 Ebd., S. 96f.

22 Sigrid Hoyer: Unser Handwerk ist brauchbar. In: Michael Meyen, Thomas Wiedemann (Hrsg.): *Biografisches Lexikon der Kommunikationswissenschaft.* Köln: Herbert von Halem 2020. http://blexkom.halemverlag.de/hoyer-interview/ (7. Mai 2020)

23 Sigrid Hoyer: *Finden und Gestalten von Ideen in der Arbeit am einzelnen journalistischen Beitrag.* Dissertation B. Manuskript. Karl-Marx-Universität Leipzig: Sektion Journalistik 1989

24 Hoyer, *Handwerk*

25 Werner Gilde, Claus-Dieter Starke: *Ideen muss man haben.* Leipzig: Urania-Verlag 1969

26 Ruth Bahls hat fünf Museen gegründet: das Mönchguter Heimatmuseum, den Museumshof, Dat Rookhus, das Museumsschiff Luise (alle vier in Göhren) und das Schulmuseum in Middelhagen. Vgl. Gabriela Risch: *Rügener Persönlichkeiten: Ruth Bahls. Versuch einer Annäherung.* Middelhagen: Archiv des Rügener Frauen- und Mädchentreffs 1998

27 Meyen, *Leipzig nach der Wende*

28 Wulf Skaun: Es gibt keine unpolitische Wissenschaft. In: Michael Meyen, Thomas Wiedemann (Hrsg.): *Biografisches Lexikon der Kommunikationswissenschaft.* Köln: Herbert von Halem 2015. http://blexkom.halemverlag.de/wulf-skaun/ (14. Februar 2020)

29 Heike Schüler: *Weltzeituhr und Wartburg-Lenkrad: Erich John und das DDR-Design*. Berlin: Jaron 2019
30 Hoyer, *Handwerk*
31 Brigitte Reimann: *Ankunft im Alltag. Erzählung*. Berlin: Verlag Neues Leben 1961
32 Junge Welt vom 5. September 1961, S. 1. – Vgl. Michael Meyen, Anke Fiedler: *Wer jung ist, liest die Junge Welt. Die Geschichte der auflagenstärksten DDR-Zeitung*. Berlin: Ch. Links 2013, S. 109, 112, 224f.
33 Frank Wimmer: »Experiment« mit Sigrid. In: *Forum* Nr. 12 vom 22. März 1962
34 Röhr: *Qualität*
35 Hoyer, *Handwerk*
36 Röhr: *Qualität*
37 Willy Walther: *Methoden der Genreforschung*. Dissertation. Karl-Marx-Universität Leipzig: Fakultät für Journalistik 1963
38 Dietrich Schmidt, Fred Vorwerk (Redaktion): *Um das Q in der journalistischen Arbeit. Wissenschaftliche Konferenz der Fakultät für Journalistik vom 15. Dezember 1962 über »Die organisierende Funktion von Presse, Funk und Fernsehen bei der Durchsetzung des wissenschaftlich-technischen Fortschritts«. Erweiterte Vorstandssitzung des Verbandes der Deutschen Journalisten vom 28. November 1962 über »Erfahrungen von Presse, Rundfunk und Fernsehen in der großen Aussprache zur Vorbereitung des VI. Parteitages der SED«. Überarbeitete Protokolle*. Karl-Marx-Universität Leipzig: Fakultät für Journalistik 1963
39 Dietrich Schmidt: Journalistische Genres als Gestaltungs- und als Kampfformen. Über Genrebegriff und Genrepflege in der sozialistischen Journalistik. In: *Zeitschrift für Journalistik* 2. Jg. (1961). Nr. 3, S. 1-16, hier S. 1
40 Poerschke: *Ich habe gesucht*. – Vgl. Hans Poerschke: Journalistik als Bewusstseinsform. Zum Werdegang eines theoretischen Ansatzes. In: *Kultursoziologie* 2010, Nr. 2, S. 159-185
41 Sigrid Mahlow: *Der »Brief aus der Redaktion« in der »Iswestija«. Aufgaben und Gestaltung*. Diplomarbeit. Karl-Marx-Universität Leipzig: Fakultät für Journalistik 1965
42 Hans Poerschke: Nützliches Kennenlernen und hoffnungsvoller Auftakt. Erstes Leipziger Seminar zur akademischen Journalistenausbildung. In: *Diskurs* 1. Jg. (1990), Nr. 3, S. 173-177
43 Michael Meyen: Der Ost-West-Gipfel vom Mai 1990. In: Michael Meyen/Thomas Wiedemann (Hrsg.): *Biografisches Lexikon der Kommunikationswissenschaft*. Köln: Herbert von Halem 2020. http://blexkom.halemverlag.de/ost-west-gipfel/ (7. Mai 2020)
44 Schönbach an Poerschke, 20. Dezember 1990. In: UAL, *Sektion Journalistik* 25, Bl. 102
45 Ebd., Bl. 98-100, 103-105
46 Gerd G. Kopper: Strukturkrisen der Öffentlichkeit und das Fach Journalistik in Deutschland und Europa. In: Tobias Eberwein, Daniel Müller (Hrsg.): *Journalismus und Öffentlichkeit*. Wiesbaden: Springer VS 2010, S. 327-351; Ulrich Pätzold: *Die Anfänge in Dortmund – eine Erfolgsgeschichte mit viel Glück*. Ebd., S. 313-326
47 Wolfgang R. Langenbucher: Ich sehe mich als Institutionenbauer. In: Michael Meyen, Maria Löblich: *»Ich habe dieses Fach erfunden«. Wie die Kommunikationswissenschaft an die deutschsprachigen Universitäten kam. 19 biografische Interviews*. Köln: Herbert von Halem 2007, S. 201-226, hier 216
48 Werner Michaelis: Journalismus braucht Sprache. In: Michael Meyen, Thomas Wiedemann (Hrsg.): *Biografisches Lexikon der Kommunikationswissenschaft*. Köln: Herbert von Halem 2015. http://blexkom.halemverlag.de/werner-michaelis/ (12. Februar 2020)
49 Elisabeth Noelle Neumann: *Die Erinnerungen*. München: Herbig 2006, S. 268
50 Meyen, *Leipzig nach der Wende*
51 Vgl. Manuel Wendelin: Elisabeth Noelle-Neumann. In: Michael Meyen, Thomas Wiedemann (Hrsg.): *Biografisches Lexikon der Kommunikationswissenschaft*. Köln: Herbert von Halem 2013. http://blexkom.halemverlag.de/elisabeth-noelle-neumann/ (13. Februar 2020)

52 Horst Pöttker: Mitgemacht, weitergemacht, zugemacht. Zum NS-Erbe der Kommunikationswissenschaft in Deutschland. In: *Aviso* Nr. 28 (2001), S. 4-7

53 Vgl. Michael Meyen: *Hauptsache Unterhaltung. Mediennutzung und Medienbewertung in Deutschland in den 50er Jahren.* Münster: Lit 2001

54 Jörg Becker: Jenseits des Mainstreams. In: Michael Meyen, Thomas Wiedemann (Hrsg.): *Biografisches Lexikon der Kommunikationswissenschaft.* Köln: Herbert von Halem 2015. http://blexkom.halemverlag.de/becker-interview/ (14. Februar 2020). – Vgl. Jörg Becker: *Elisabeth Noelle-Neumann – Demoskopin zwischen NS-Ideologie und Konservatismus.* Paderborn: Schöningh 2013, Rudolf Stöber: Historische Methoden in der Kommunikationswissenschaft. Die Standards einer Triangulation. In: Stefanie Averbeck-Lietz, Michael Meyen (Hrsg.): *Handbuch nicht standardisierte Methoden in der Kommunikationswissenschaft.* Wiesbaden: Springer VS 2016, S. 303-318

55 Vgl. Wolfgang Duchkowitsch, Fritz Hausjell, Bernd Semrad (Hrsg.): *Die Spirale des Schweigens. Zum Umgang mit der nationalsozialistischen Zeitungswissenschaft.* Münster: Lit 2004

56 Manfred Knoche: Kritik der Politischen Ökonomie der Medien. In: Michael Meyen, Thomas Wiedemann (Hrsg.): *Biografisches Lexikon der Kommunikationswissenschaft.* Köln: Herbert von Halem 2017. http://blexkom.halemverlag.de/knoche-interview/ (13. Februar 2020)

57 Telefonat mit Karl Friedrich Reimers am 16. Dezember 2019, Gedächtnisprotokoll

58 Uwe Schimank: *Handeln und Strukturen.* Weinheim: Juventa 2010

59 Vgl. Michael Meyen: Der Machtpol des kommunikationswissenschaftlichen Feldes. In: *Studies in Communication / Media,* 1. Jg. (2012), Nr. 3/4, S. 299-321, Thomas Wiedemann, Michael Meyen: Internationalization Through Americanization: The Expansion of the International Communication Association's Leadership to the World. In: *International Journal of Communication* 10. Jg. (2016), S. 1489-1509

60 Vgl. Michael Meyen: Von der Sozialistischen Journalistik zum Viel-Felder-Institut für Kommunikations- und Medienwissenschaft. In: Erik Koenen (Hrsg.): *Die Entdeckung der Kommunikationswissenschaft. 100 Jahre kommunikationswissenschaftliche Fachtradition in Leipzig: Von der Zeitungskunde zur Kommunikations- und Medienwissenschaft.* Köln: Herbert von Halem 2016, S. 246-274

61 Interview mit Andreas Rook am 7. November 2019 in Dresden

62 Peer Pasternack: *»Demokratische Erneuerung«. Eine universitätsgeschichtliche Untersuchung des ostdeutschen Hochschulumbaus 1989-1995. Mit zwei Fallstudien: Universität Leipzig und Humboldt-Universität zu Berlin.* Weinheim: Deutscher Studienverlag 1998, S. 150-155 (im Volltext online: https://www.hof.uni-halle.de/web/dateien/Demokratische-Erneuerung.pdf)

63 Karl Jaeger: Die Presse des Deutschtums im Ausland. Dissertation. Universität Leipzig 1921, Widmung vom Reimers auf der vorderen Umschlagseite. In: *Privatarchiv Michael Meyen*

64 Vgl. Andreas M. Scheu, Thomas Wiedemann: Kommunikationswissenschaft als Gesellschaftskritik. Die Ablehnung linker Theorien in der deutschen Kommunikationswissenschaft am Beispiel Horst Holzer. In: *Medien & Zeit* 23. Jg. (2008), Nr. 4, S. 9-17

65 Wulf Skaun: Es gibt keine unpolitische Wissenschaft. In: Michael Meyen, Thomas Wiedemann (Hrsg.): *Biografisches Lexikon der Kommunikationswissenschaft.* Köln: Herbert von Halem 2015. http://blexkom.halemverlag.de/wulf-skaun/ (8. Februar 2020)

66 Vgl. Karl-Heinz Gerstner: *Sachlich, kritisch, optimistisch. Eine sonntägliche Lebensbetrachtung.* Berlin: edition ost 1999

67 Wulf Skaun, Wolfgang Tiedke: *Erfordernisse und Möglichkeiten der Nutzung medienspezifischer Wirkvorzüge für eine differenziertere und wirksamere aktuell-politische Berichterstattung durch Tagespresse, Rundfunk und Fernsehen.* Karl-Marx-Universität Leipzig: Sektion Journalistik 1976. – Vgl. Wolfgang Tiedke: *Wir haben die richtigen Fragen gestellt. In: Michael Meyen,*

Anke Fiedler: Die Grenze im Kopf. Journalisten in der DDR. Berlin: Panama Verlag 2011, S. 75-86, hier 81

68 Rainer Gummelt, Rüdiger Krone, Wulf Skaun, Wolfgang Tiedke: *Zur Funktionsweise der Bezirkszeitungen der* SED *als Instrument der Partei zur politischen Leitung sozialer Prozesse. Forschungsbericht.* Karl-Marx-Universität Leipzig: Sektion Journalistik 1982

69 Vgl. Wulf Skaun, Wolfgang Tiedke: Der Beitrag der Bezirkszeitungen der SED zur politischen Orientierung der Werktätigen. Bericht über die wissenschaftliche Konferenz der Sektion Journalistik vom 1. Dezember 1982. In: *Theorie und Praxis des sozialistischen Journalismus* 11. Jg. (1983), S. 82-87

70 Tiedke: *Fragen*, S. 85

71 Skaun: *Wissenschaft*

72 Vgl. Elisabeth Noelle-Neumann: *Öffentliche Meinung. Die Entdeckung der Schweigespirale.* Frankfurt/M., Berlin: Ullstein 1980

73 Skaun: *Wissenschaft*

74 Ebd.

75 Anthony Giddens: *Modernity and Self-Identity. Self and Society in the Late Modern Age.* Cambridge, UK: Polity Press 1991, S. 52-54

76 Michael Haller bei der Podiumsdiskussion am 22. November 2019 in Leipzig. Vgl. Meyen, *Leipzig nach der Wende*

77 Vgl. das Kapitel »Wo Brigitte Klump studiert hat«

78 Der Festakt findet sich komplett auf YouTube. Die Rede Debatins beginnt bei Minute 42:09. Die hier zitierten Passagen zur DDR finden sich zwischen Minute 52:45 und Minute 55:30: https://www.netzwerk-medienethik.de/2016/04/15/kommunikationsethiker-bernhard-debatin-haelt-festvortrag-bei-jahrestagung-der-dgpuk-in-leipzig/ (14. Februar 2020). – Vgl. Bernhard Debatin: Der schmale Grat zwischen Anpassung und Integration. Kritische Anmerkungen aus Anlass des 100-jährigen Jubiläums der deutschen Kommunikationswissenschaft. In: *Publizistik* 62. Jg. (2017), S. 7-23

79 Friedrich Hölderlin: *Patmos, 1. Strophe, Verse 3-4* (1803)

80 Uwe Krüger: *Meinungsmacht. Der Einfluss von Eliten auf Leitmedien und Alpha-Journalisten – eine kritische Netzwerkanalyse.* 2. Auflage. Köln: Herbert von Halem 2019

81 Vgl. Uwe Krüger: Die Anstalt sticht ins Wespennest: Journalisten und ihre transatlantischen Netzwerke. In: Dietrich Krauß (Hrsg.): *Die Rache des Mainstreams an sich selbst. 5 Jahre Die Anstalt.* Frankfurt/M.: Westend 2019, S. 112-120

82 Vgl. Uwe Krüger: Im Kampf um die »Meinungsmacht« – Vorwort zur 2. Auflage. In: Krüger, *Meinungsmacht*, S. I-XIV

83 Alina Reichenbach im Gespräch mit Karl Friedrich Reimers

84 E-Mail an Uwe Krüger vom 12. November 2019

85 Vgl. Josef Kurz, Daniel Müller, Joachim Pötschke, Horst Pöttker, Martin Gehr: *Stilistik für Journalisten.* 2. Auflage. Wiesbaden: Springer VS 2010

5. WIE ICH PARTEIJOURNALIST WERDEN WOLLTE

Ein sehr persönliches Kapitel, das von Rügen über einen T-34 in den Leipziger Herbst führt

Es ist kalt und dunkel in meiner frühesten Erinnerung. Ich sitze in einem alten Wartburg auf der Rückbank. Der Scheibenwischer hat Mühe mit dem Schnee. Ob Andreas, mein kleiner Bruder, neben mir sitzt, weiß ich nicht. Ich sehe ihn zumindest nicht. Er wird noch eine Weile bei der Oma bleiben und immer sonntags mit ihr nach Göhren kommen, wenn sie für zwei Tage bei uns einzieht, die Wäsche macht, Essen kocht und ein wenig von der Gemütlichkeit in das neue Haus bringt, für die ich keine Bilder mehr im Kopf habe, die es aber in ihrer Wohnung gegeben haben muss, weil ich sonst kaum auf die Idee kommen würde, hier darüber zu schreiben.

Oma war eine einfache Frau, wie man heute so schön sagt. Ich habe sie noch in einem Laden bei der Arbeit gesehen, als Aushilfe, wenn jemand krank geworden war, direkt vor ihrem Haus, auf der anderen Straßenseite. Man konnte vom Balkon ins Schaufenster blicken, in eines dieser kleinen Geschäfte, in denen es Käse gab, Brot, Milch, Schokolade, Bier, Seife. Alles, was der Mensch braucht und wofür er heute in einen Supermarkt fahren muss, der weit draußen auf einer Betonwiese steht. Wahrscheinlich hat Oma irgendwann auch Fleisch verkauft. Jedenfalls wusste sie, wann man sich in Sellin anstellen musste, um Kassler zu bekommen, Schweinebraten oder Rouladen, die Gerichte, die sie am besten konnte und ohne die der Sonntag für mich kein Sonntag war.

Oma hat nicht bis zur Rente gearbeitet. Ein Herzfehler, der den kleinen Anstieg vom Bahnhof in den Ort am Ende fast zu einer Alpenbesteigung werden ließ. Pause, Luftholen, weiter. Manchmal habe ich sie zusammen mit Andreas abgeholt, meist aber hatte mein Bruder Training, wie eigentlich fast jeden Tag. Wir wohnten neben Ulrich Kopplin, der Seele der Sportakrobaten in Göhren. Andreas war lange sehr klein und sehr leicht – und (was noch wichtiger war) er kannte keine Furcht. Wenn die großen Jungs eine Schanze gebaut hatten, ließen sie ihn als erstes den Anlauf hinunterfahren und trösteten ihn dann, wenn er blutete und ein Ski zerbrochen war. Einen besseren Obermann gab es nicht. Sportakrobaten bauen lebende Pyramiden. Es gibt Fotos, die Andreas hoch oben zeigen, die Füße direkt unter dem Hallendach, mit einem Arm auf dem Kopf von Edwin, dem ältesten Sohn von ›Onkel Ulli‹, der nicht nur Nachbar war und Trainer, sondern ein Mann, den wir Kinder bewunderten. So wollte ich auch sein, wenn ich groß war. Niemand ging so schnell wie Onkel Ulli durch den Ort, entweder mit der Aktentasche zum Feriendienst der Gewerkschaft, wo er Hauptbuchhalter war, oder in Turnhose zum Training. Niemand war so streng wie er, wenn irgendeine Übung auch nur minimal danebenging, aber zugleich konnte uns auch kein anderer besser trösten und Mut machen für den nächsten Versuch.

Zwischen dem Haus, in dem wir wohnten, und dem Haus von Kopplins gibt es bis heute keinen Zaun. Wenn Andreas und ich den Gummiball auf die Garage schossen, manchmal einer mit Handschuhen vor dem Metalltor, manchmal aber auch beide als Stürmer, dann flog der Ball oft nach nebenan in die Stachelbeeren. Gestört hat das niemanden. Am schönsten war das Spiel, wenn Edwin und sein Bruder Armin dazukamen. Es war nicht schwer für den Trainer, in meinem kleinen Andreas das I-Tüpfelchen für seine Pyramiden zu erkennen. Unten Klaus Möller, der später zur See gefahren ist und heute in Göhren eine Nachtbar betreibt sowie eine Lounge, in der Billardtische stehen und Leinwände für den richtigen Fußball, in der Mitte die beiden Söhne von Ulrich Kopplin und oben mein Bruder, der nicht nur den einarmigen

Handstand konnte, sondern auch einen Doppelsalto und überhaupt mehr als jeder andere Obermann in der DDR.

Akrobatik war in diesem Land eine Sportart zweiter Klasse. Nicht olympisch und damit in der Logik von Manfred Ewald (»Ich war der Sport«[1]) nicht »Sport I«, sondern »Sport II«.[2] Die Nordperdhalle in Göhren, eine Perle mit Tribüne, Fitnessraum und feinstem Parkett, wurde erst 1998 eingeweiht, obwohl niemand so viele DDR-Meistertitel auf die Insel Rügen brachte wie Onkel Ullis Sportakrobaten. Geübt wurde in einem kleinen Raum, 100 Quadratmeter vielleicht, der früher ein Speisesaal gewesen sein soll oder ein Tanzboden und der im Winter notdürftig mit einer Maschine beheizt wurde, die wir liebevoll ›Püster‹ nannten. Als die besten Akrobaten der sozialistischen Länder einmal in der Stadthalle Rostock gastierten, dort wo sonst die Männer des SC Empor um den Europapokal im Handball spielten, wurde die Vierergruppe mit meinem Bruder und den beiden Jungs von nebenan zur Nationalmannschaft eingeladen, mit einer Woche Trainingslager in der Sportschule Zinnowitz. Wir haben uns hinterher oft amüsiert über den Zaubertrunk, den sie dort bekamen. Für die Pyramiden aus der Sowjetunion und aus Bulgarien hätte der Platz in unserer Halle nicht gereicht, aber wahrscheinlich haben nie wieder so viele Menschen Sportakrobaten aus Göhren auf Rügen beklatscht.

Meine früheste Erinnerung spielt an meinem vierten Geburtstag. Die Szene mit dem Auto im Schnee hat sich vermutlich deshalb im Gedächtnis festgesetzt, weil es ein dramatischer Tag war. Erst die Feier mit Onkel Kurt und Onkel Kurt (das fand ich als Kind lustig), mit Tante Gisela und Tante Hilde. Da es viele dieser Feste im Wohnzimmer meiner Oma gab und wir später mindestens einmal im Jahr alle wieder dort saßen, am Nikolaustag, wenn sie selbst Geburtstag hatte, ist das, was davon für mich geblieben ist, sicher ein Mischmasch. Das macht aber nichts, da solche Familientreffen in den 1970er- und 1980er-Jahren nach einem Muster abliefen, das sich nicht groß änderte. Kaffee und Kuchen (bei uns sehr viel Kuchen), abräumen, Alkohol. Für die Männer Schnaps, für die Frauen Likör oder Wein und für uns Kinder später immer ein Schlückchen zum Probieren. Der eine Onkel Kurt erzählte von Kriminellen (er war Abschnittsbevollmächtigter) und der andere von seinen Träumen (er hatte im Krieg ein Bein verloren und arbeitete in einer Werkstatt). Einmal hat ihn die Runde nach dem dritten oder vierten Weinbrand dazu gebracht, seiner Frau Hilde einen Farbfernseher zu versprechen. Diese Geräte kosteten mehr als 6000 Mark und damit mehr, als dieser Onkel Kurt in einem halben Jahr verdiente. Wir haben ihn lange damit aufgezogen, aber am Ende noch gemeinsam vor dem Apparat gesessen, bevor er in einen Dämmerzustand fiel und in seinem Bett ewig auf den Tod warten musste.

In meinen Kopfbildern von jenem vierten Geburtstag sind beide Kurts sehr fidel. Sie wollen den gelben Traktor zum Laufen zu bringen, der mein größtes Geschenk ist, sich jetzt aber weder von dem Polizisten aufziehen lassen möchte noch vom Handwerker. Oft gespielt habe ich mit dem Fahrzeug jedenfalls nicht. Der alte Wartburg wird am Abend anspringen, für eine Fahrt von zehn Minuten nur, von Sellin nach Göhren, und doch in eine andere Welt: in ein Einfamilienhaus am Hang, mit so viel Platz, das man auf dem Grundstück Fußball spielen kann und dabei nicht einmal die vier oder fünf Menschen stört, die in den drei Büros im Erdgeschoss für die Wasserwirtschaft arbeiten. Das Haus gehört nicht meinen Eltern, sondern dem Betrieb von meinem Vater. In der DDR ist das fast egal. Die Nachbarn haben im Sommer Feriengäste von der Gewerkschaft, in jedem der kleinen Zimmer ein Waschbecken und eine Familie. Bei uns arbeiten Horst Krage, der im Forsthaus wohnt und Gewehre hat, seine Frau Bärbel und Fritz Wackernagel, der jeden Morgen mit dem Fahrrad aus Lobbe kommt und unterwegs baden geht. Unsere Wohnung liegt in der ersten Etage, und es gibt einen Dachboden, ohne Heizung und so ein Lagerraum für das, was man sonst wegwerfen würde. Aus dem Wohnzimmer kann man in der Nacht den Leuchtturm auf der Insel Oie sehen und am Tag mindestens den Lobber Ort und das Südperd in Thiessow, ein Kap und eine Halbinsel, die hineinragen in das große Wasser. Wenn die Sicht gut ist, erscheinen am Horizont die polnische Küste und das Kernkraftwerk Lubmin. Solche Bilder schmücken heute Prospekte, die für Traumreisen werben (ohne Kraftwerk natürlich).

Der Mann meiner Oma hieß Kurt (wie sonst). Er hat mich noch gesehen und vielleicht sogar mit mir gesprochen und gespielt, es aber nicht mehr in meine Erinnerungen geschafft. An meinem vierten Geburtstag ist er schon länger als ein Jahr tot, gestorben an Lungenkrebs, am 27. Geburtstag meiner Mutter, seiner einzigen Tochter. Es gibt einen Nachruf, erschienen auf der Lokalseite der *Ostsee-Zeitung* und unterschrieben von Edwin Kasper, dem ersten Sekretär der SED-Kreisleitung, also eine Art Statthalter der Fürsten zu Putbus. Kaspers Nachruf ist eher nichtssagend. Man erfährt dort, dass Opa lange Direktor der Gewerblichen Berufsschule in der Kreisstadt Bergen war und ein »ehrlicher, aufrichtiger Kämpfer für die Sache des Sozialismus«, eine »Lehrerpersönlichkeit«, die ein »parteiliches Vorbild« war für die »ihm anvertrauten Jugendlichen«. Kurt Heep durfte sich »Oberlehrer« nennen, hat »mehrfach« die Medaille »Für ausgezeichnete Leistungen« bekommen (Vorläufer für den Titel »Aktivist der sozialistischen Arbeit«) und außerdem die »goldene Ehrennadel des DTSB«. *Wikipedia* berichtet, dass diese Sport-Auszeichnung nur vom Zentralvorstand in Berlin vergeben wurde, »mit dem Signum des Präsidenten« Manfred Ewald. Opa war Tennisspieler (»Sport II«) und Raucher. In einem Land, das so auf Orden fixiert war wie die DDR, ist das, was Edwin Kasper im Nachruf aufzählt, wenig. Er nennt noch zwei Pestalozzi-Medaillen (in Bronze und Silber), aber die bekam jeder, der als Lehrer durchhielt. Vielleicht war dieser Nachruf Opas größte Auszeichnung.

Meine Mutter hat von ihm das Tennisspielen geerbt und den Beruf. Das eine macht sie heute noch, mit bald 80. Das andere hat sie sofort hingeworfen, als Omas Herz nicht mehr wollte. Die DDR hat immer Lehrer gesucht. Es gab zu wenig junge Leute, die freiwillig in der Schule arbeiten wollten. Es ist heute leicht, das auf die Partei zu schieben und auf die Rolle, die Lehrern in diesem Land zugedacht war. »Parteiliches Vorbild« hat Edwin Kasper über Opa geschrieben. In einem Ort wie Göhren auf Rügen, knapp 2000 Einwohner damals und 70.000 Urlauber im Jahr, wurde das sehr konkret. Wer schulpflichtige Kinder hatte, bekam mindestens einmal im Jahr Besuch vom Klassenleiter. Das war etwas ganz anderes als die Sprechstunden im Fünf-Minuten-Takt, für die sich Eltern heute anmelden können. Meine Mutter wusste, wie es bei jeder Familie aussieht, und mein Bruder und ich wussten das irgendwie auch, weil beim Abendbrot darüber gesprochen wurde. Am Tag der Jugendweihe, im März oder im April, konnten wir sehen, wie unsere Eltern die Hierarchie im Ort einschätzen. Andreas und ich durften die

Glückwunschkarten austragen und hatten vorher erlebt, wie daheim um die Abstufungen gerungen wurde. Gar keine Karte, nur die Karte, fünf Mark dazu, zehn Mark, zwanzig Mark? Dabei ging es nicht um die Existenz wie bei türkischen Hochzeiten, aber es wurde genauso aufmerksam registriert, wie viel Geld von den »parteilichen Vorbildern« kam.

Meine Mutter hat Russisch und Geschichte unterrichtet und eine Zeitlang, als die Position in Göhren nach einem Ausreiseantrag vakant war, auch Musik. Sie spielte Akkordeon, war da und wollte nicht weg. Das ist so ähnlich gelaufen wie bei Ruth Bahls, der Museumsgründerin, die noch mit über 70 vor der Klasse stand und uns beibringen wollte, wie man das ›th‹ zwischen den Zähnen herausquetscht. Es gab offenbar niemanden, der Englisch sprach und nach Göhren versetzt werden konnte. Die Schule ging damals bis Samstag, und Lehrer wurden nicht so viel besser bezahlt, wie man es als ›Vorbild‹ erhoffen dürfte. Wenn meine Mutter durch den Ort ging, konnte sie nie vergessen, dass die anderen in ihr zunächst die Repräsentantin der Macht sahen und erst dann Frau Meyen. Wahrscheinlich hat sie das schon gewusst, als sie zum Studium nach Greifswald ging, aber sie hatte keine große Wahl. Ihr Vater war Schuldirektor in der Kreisstadt und würde einen Nachruf in der Parteizeitung bekommen. Da studiert man nicht das, was einem Herz und Neigung sagen (vielleicht Pharmazie), schon gar nicht in den 1960er-Jahren, als junges Mädchen. Als beide Eltern tot waren, hat sie die Schule verlassen und damit etwas geschafft, was im Reich von Margot Honecker nicht vorgesehen war.

Für mich kam dieser Schritt zu spät. In meinem letzten Schuljahr in Göhren, das Jahr, in dem Oma starb, war sie meine Klassenleiterin. Das hieß auch: Abschlussfahrt mit Mutter. Ich muss nicht aufschreiben, was das bedeutet, wenn man 16 wird und die Eltern beim Abendbrot darüber sprechen, wer da alles wen wohin geküsst hat. In der Klasse gab es noch andere Lehrerkinder, sogar den Sohn des Direktors und der Leiterin des Schulgartens, aber dieser Torsten war erlöst, als er als Adoptivkind geoutet wurde. Ein Vater unterrichtete Sport und Geografie und ein anderer, der stellvertretende Direktor, Biologie und Chemie oder Physik. Ich sehe ihn noch in einem weißen Kittel über den Flur laufen. Mit Russisch und Geschichte war das alles nicht vergleichbar. Es gibt gute Gründe, Kinder an andere Schulen zu schicken, wenn ihre Eltern Lehrer sind. Weil das in

Göhren nicht ging, habe ich die Russischolympiade in der Kreisstadt verpasst. Meine Mutter musste jemanden nominieren und wollte sich nicht vorwerfen lassen, ihren Sohn zu bevorzugen. Als 1981 die Nachricht durch die Schule ging, dass einer von uns mit dem Freundschaftszug in die Sowjetunion fahren darf, habe ich deshalb kurz befürchtet, den Platz nicht zu bekommen, obwohl für mich sonnenklar war, dass nur ich in Frage kam.

Von der Fahrt nach Minsk, Moskau und Leningrad ist nicht mehr viel da. Der lange Halt in Brest, weil die Sowjetunion andere Gleise hatte als die DDR und Polen. Die Schlange auf dem Roten Platz, akribisch ausgerichtet an einer weißen Linie, gespenstisch still und wenig überrascht, dass wir FDJler direkt zum Mausoleum laufen durften. Lenin liegt immer noch da, aber die Touristen, die ihn sehen wollen, haben nur ein paar Stunden in der Woche und außerdem einen Eingang von der Seite, der das bunte Treiben auf dem riesigen Gelände vor dem Kreml nicht stört. Das Kaufhaus GUM, eine Flaniermeile, die abends leuchtet wie ein Raumschiff, ist in meiner Erinnerung grau und voller Menschen, die sich irgendwelche Schuhe greifen und draußen solange tauschen, bis ein Paar passt. Die Hotels sind da und ihre Bars, in denen wir nichts trinken konnten, weil wir kein Westgeld hatten. Und dann ist da der Sekt, Sowjetskoje Schampanskoje, drei Rubel die Flasche. Der Sozialismus würde siegen, da war ich mir ziemlich sicher.

An meinem vierten Geburtstag hat meine Mutter geweint. Vielleicht hat sie damit erst angefangen, als ich schon in meinem neuen Bett lag, und ich kann es hier nur deshalb aufschreiben, weil es mir wieder und wieder berichtet wurde. Dass der Auszug aus Omas Wohnung dramatisch war, werde ich gespürt haben. Das Haus hatte etwas Endgültiges. Meine Eltern wohnen noch immer dort, obwohl es zwischendurch gut zehn Jahre lang so aussah, dass sie der Einigungsvertrag mit seinem Diktum ›Rückgabe vor Entschädigung‹ vertreiben würde. Die Wasserwirtschaft brauchte in Göhren keine Büros mehr, und die Mieter konnten lange nicht zu Eigentümern werden, weil es Westansprüche auf das Grundstück gab. Der Gutsherr in spe flog mit einer Cessna aus München ein. Solche Kämpfe haben viele Ostdeutsche erlebt, und längst nicht bei allen hat das nur psychische Narben hinterlassen. An meinem vierten Geburtstag ist meine Mutter aus ihren Träumen erwacht. Sie wusste jetzt, dass sie tatsächlich Lehrerin sein würde, Mutter, Hausfrau, mit einem Mann, der seinen Vater nicht kannte und auf Rügen nur einen Job hatte und sonst nichts, in einem Kaff, das sich zwar Badeort nannte, aber dafür im Sommer aus allen Nähten platzte und im Winter weit weg von allem war. Im Haus gab es ein ›leeres Zimmer‹, mit Meerblick und viel größer als die acht Quadratmeter, die wir beiden Jungs zusammen bekamen. In diesem ›leeren Zimmer‹ stand die Couch für Oma. Wenigstens von Sonntag bis Dienstag sollte alles wie früher sein.

WIE ICH OLYMPIASIEGER WURDE

Ich war längst nicht so sportlich wie mein Bruder, konnte mir aber sehr viel merken, schnell sprechen und noch schneller rechnen. Das hilft, wenn die Mutter Russischlehrerin ist. Irgendetwas muss man dann können, um von den anderen akzeptiert zu werden. Ich kannte alle Spieler, die je für Hansa, Dynamo, Lok oder den 1. FC Magdeburg aufgelaufen waren. Man konnte mich morgens fragen, wie das Pokalspiel am Abend ausgegangen war, obwohl ich nie bis zum Schlusspfiff aufbleiben durfte. Ich bin nach der Einschulung in die Turnhalle zu den Akrobaten gegangen und zu Wettkämpfen mitgefahren, nach Wismar oder nach Warnemünde. Fußball gab es in Göhren nur sporadisch. Onkel Ulli hat natürlich gesehen, dass ich die Knie nicht richtig durchdrückte, und mein Rondat fiel bis zum Schluss gegenüber allem ab, was man sonst so auf der Matte sah. Der Trainer wusste aber, dass ich niemals fehlen würde. Sonst hätte er einfach bei uns geklingelt. Außerdem konnten mich die Großen auf Reisen als Kopfrechner präsentieren. Wenn ich irgendeine ultralange Aufgabe im Handumdrehen löste, schienen sie stolz zu sein, mich dabei zu haben. Mit 14 bin ich DDR-Meister geworden (in der ›Kinderklasse‹ und mit wenig Gegenwehr, aber immerhin) und etwas später Übungsleiter, nach einem Lehrgang an der Sportschule Bad Blankenburg in Thüringen.

Die richtige Schule war mir schnell langweilig und die Bibliothek im Ort zu klein. Irgendwann hatte ich alles gelesen, was dort stand. Zu Hause hatten wir Olympiabücher und die Bände zu den großen Fußballturnieren, von denen ich nie genug haben konnte. Außerdem sammelte mein Vater Weltkriegsliteratur. Konstantin Simonow, Tschuikow,

Schukow. Rotarmisten, die sich aus einem Wehrmachtskessel befreien, Partisanen, Panzerschlachten. Ich habe das geliebt. In einem Lehrerhaushalt gab es natürlich auch Makarenko. *Der Weg ins Leben*, *Flaggen auf den Türmen*. Ich habe das meiner Tochter gegeben, als sie zehn oder zwölf war, und sehe noch ihr Gesicht, als sie nach einer Weile im Wohnzimmer stand. Diese gefallenen Jugendlichen, die sich im Lager mehr oder weniger selbst erzogen und mir als Kind sehr nahe waren, haben sie so verstört, dass sie darum bat, das Buch nicht zu Ende lesen zu müssen.

Mein größter Trumpf in der Schule war die Mathematik. Wir hatten zu Hause sehr früh ein *alpha*-Abo. In dieser Zeitschrift gab es Knobeleien für jede Altersstufe, Scherze mit Zahlen (»In freien Stunden – *alpha* heiter«), Logikspiele, einen Wettbewerb mit Einsendeschluss (»Wer löst mit?«) und vor allem die Aufgaben der Mathematikolympiade. Ab der 3. Klasse konnten die Sieger aus jeder Schule in die Kreisstadt fahren, ab der 7. zur Bezirksolympiade und ab der 10. zum DDR-Finale. Auf der Insel Rügen habe ich sehr schnell nur noch gegen mich selbst und um die Maximalpunktzahl gekämpft. Im Bezirk Rostock hat es beim ersten Mal zum Sieg gereicht (wenn auch weit weg vom Maximum), danach aber stets nur noch zu zweiten oder dritten Plätzen. Dafür gab es zwei Entschuldigungen. In Greifswald und Rostock, den beiden Universitätsstädten, waren Potenzial und Konkurrenz größer und damit die Besten irgendwann tatsächlich besser. In Rostock gab es außerdem eine Spezialklasse, in die ich gern gegangen wäre, die beiden Internatsplätze für Schüler von außerhalb waren in meinem Jahrgang aber für Mädchen reserviert.

Beide Entschuldigungen habe ich von Gerhard Ladda, Kopf und Herz des Matheklubs auf der Insel Rügen. Sein Ehrgeiz zielte auf Platz 3 im Bezirk. Hinter Greifswald und Rostock, okay, aber Grimmen, Wolgast, Bad Doberan? Dafür hat er seine Talente jeden Monat mindestens einmal zum Üben nach Bergen geholt und außerdem jedes Jahr zwei Trainingslager angesetzt, eine Woche in den Winterferien und zwei im Sommer. Für mich war das großartig. Der Matheklub traf sich immer dann, wenn wir daheim Pioniernachmittag hatten oder später irgendetwas mit der FDJ. Und in die Ferienlager fuhren Jungs, gegen die man beim Schach verlieren konnte. Heute sehe ich, dass das die Umgebung war, die mich angetrieben hat. Aus jedem Jahrgang die besten fünf oder sechs Schüler von der Insel, eine

Gemeinschaft von vielleicht 30 Leuten, in der jeder seinen Platz hatte und hoffte, dass sich die anderen bei der Kreisolympiade auch wieder für den Sommer qualifizieren würden. Viel Fluktuation gab es nicht. Ein paarmal war Jana Musch aus Saßnitz dabei, zwei Klassenstufen jünger, die mir 1987 von der *Ostsee-Zeitung* als Betreuerin zugeteilt wurde. Ich war beim Wehrdienst, und die Redaktion hielt es für eine gute Idee, dass ›ihre‹ Soldaten hin und wieder Post von einer Volontärin bekommen. 1993 war Jana Redakteurin bei MDR *info*, einem 24/7-Nachrichtenradio, und sollte sagen, ob ich gut genug bin, um dort als Freier anzufangen. Sie hat das sehr ernst genommen. Ich fand eher komisch, wie das Leben die Welt der Mathelager auf den Kopf stellte, und habe mich in Richtung Wissenschaft orientiert.

Gerhard Ladda war ein Lehrer, wie man ihn jedem Heranwachsenden nur wünschen kann. Leistung, natürlich, wie bei Onkel Ulli und den Akrobaten. An den vier Unterrichtsstunden im Sommer war nie zu rütteln, und wir hatten keine Ruhe, bis der Lösungsweg perfekt war, obwohl auch der Mann da vorn in einem Ferienlager nicht besonders viel Schlaf gefunden haben dürfte. An den Nachmittagen aber hat er losgelassen. Wandern, Baden, Tischtennis. Mit 14 saß ich in Zittau vor dem dritten oder vierten Glas Bier, sicher schon angeschlagen, als Gerhard Ladda in die Kneipe kam. Er hat unsere Runde einfach übersehen und am nächsten Morgen ganz dezent vor einer Wiederholung gewarnt. Mein letztes Mathelager war in der Nähe von Olsztyn an einem masurischen See. Wir haben in Zelten gewohnt, die Wolfsschanze besucht und die deutsch-polnische Freundschaft bei Diskomusik gestärkt. Ich hatte gerade Abitur gemacht und wusste, dass ich nie wieder zu einer Matheolympiade fahren würde. Gerhard Ladda wusste das natürlich auch. Die Gemeinschaft war ihm wichtiger. Und abends hatte er jemanden, mit dem er Schnaps gegen die Mücken trinken konnte.

WOVON ICH ALS KIND TRÄUMTE

Dass ich Journalist werden würde, wussten alle, die mich kannten. Ich glaube nicht, dass es daran zu Hause, bei den Nachbarn oder bei meinen Freunden jemals Zweifel gab. Lange war außerdem jedem klar, dass ich das Zeug zum Sportreporter hatte, im Fernsehen natürlich. Wenn bei uns auf dem Hof der Gummiball rollte, habe ich kommentiert, meist live aus dem *City Ground*. In der zweiten Hälfte der 1970er-Jahre war Nottingham Forest das Maß aller Dinge im europäischen Fußball. Vor unserem Garagentor stand Peter Shilton und ließ all die Großen jener Tage verzweifeln. Diese Tonspur mochten nicht nur mein Bruder und die Nachbarjungs, sondern auch die anderen, wenn wir vor und nach dem Training in der Turnhalle, die eigentlich keine Turnhalle war, auf Kastenteile schossen oder auf dem Sportplatz auf richtige Tore. Vielleicht mochten sie das auch nicht und haben mich einfach reden lassen.

Bei Heinz Florian Oertel habe ich entdeckt, dass sein Aufstieg zur DDR-Reporterlegende ganz ähnlich begann. Gedichte aufsagen, Theater in der Schule, Sportberichte in der Zeitung lesen und laut vorlesen, vor allem aber, so nennt das Oertel im Rückblick auf die Nachkriegszeit, das ›Anfeuern‹ durch Klassenkameraden und Freunde, die immer wieder gesagt hätten: »Los, erzähl, mach eine Reportage!«[3] Wenn die Akrobaten einen Auftritt vor Urlaubern hatten oder bei einer Festveranstaltung, bekam ich wie selbstverständlich das Mikrofon. Der Reporter macht das schon. In den 1980er-Jahren hatte die Vierergruppe mit meinem Bruder und den beiden Trainersöhnen für solche Gelegenheiten eine Komik-Nummer entwickelt, bei der die Sportler mit viel zu großen Jacketts oder mit Strickkleid, Perücke und riesiger Sonnenbrille im Publikum saßen (das sollte die Leute zum Lachen bringen) und ich auf der Bühne verzweifelt nach Mitstreitern suchte. Später ist diese Rolle nahtlos auf meine Tochter übergegangen. Wir waren eher zufällig im Ort, als noch ein Moderator für die Freilichtshow im Kurpavillon fehlte. Onkel Ulli sah Juliane, noch keine 14, und schon stand sie oben und sagte die Akrobaten an.

Dem großen Sport bin ich schon in der ersten Klasse verfallen. Ich bin im September 1973 zur Schule gekommen und habe angefangen, Erfolgsberichte von Welt- und Europameisterschaften auszuschneiden und aufzukleben, sobald ich lesen konnte. Ich glaube nicht, dass mich dabei irgendjemand angetrieben hat. Meine Helden hießen Nelli Kim und Olga Korbut, Nikolai Andrianow und Annelore Zinke. Zum Geräteturnen hat man eine Beziehung, wenn man jeden Montag und jeden Donnerstag hofft, dass der Püster ausfällt und damit das Akrobatiktraining. Auf die Fußball-WM 1974 habe ich mich akribisch vorbereitet. Ich kannte sogar den Kader aus Zaire und weiß noch, wie sehr mich das 0:9 gegen Jugoslawien traf. Das Finale haben wir bei Onkel Kurt gesehen. Ich war für die Niederlande, weil Neeskens und Rensenbrink die DDR aus dem Turnier geschossen hatten und damit meine Fußballgötter Gerd Kische, Joachim Streich, Jürgen Croy, und habe in der zweiten Halbzeit draußen mit meiner Cousine Gummihopse gespielt, nachdem alle das 2:1 von Gerd Müller bejubelt hatten, am lautesten der Verwandte von der Polizei. Um zu ermessen, wie tief dieser Schmerz saß, muss man wissen, dass ein richtiger Junge damals nicht mit den Mädchen auf der Straße hüpfte und ich dabei außerdem regelmäßig verlor.

Dass ich mich nicht beim Fernsehen für ein Volontariat beworben habe, scheint mir heute rätselhaft. Vermutlich war es einfach so: Es gab in meinem Umfeld niemanden, der wusste, wie man Journalist wird. Die Berufsberater haben mich zur *Ostsee-Zeitung* geschickt, in die Lokalredaktion nach Bergen, zu Hannes Giese und Werner Häcker, die mich schon kannten, weil ich aus jeder Goldmedaille für die Göhrener Sportakrobaten einen kleinen Bericht gemacht hatte. Mir selbst schien das damals irgendwie normal. Man fängt klein an und wird eines Tages diesen Oertel ablösen. Schon bei der Aufnahmeprüfung für das Studium in Bad Saarow sah ich dann, dass es eine Fernsehgruppe gab mit lauter Diven, für die wir Printleute Luft waren. Den Kumpels auf Rügen habe ich das nicht erzählt. Ich war mir nicht sicher, was dieser Absturz mit meinem Ansehen machen würde.

Heinz Florian Oertel habe ich im Sommer 2010 getroffen, im Hotel Solitaire, nur wenige hundert Schritte entfernt von seinem Haus in Pankow. Das Personal wusste, was gleich passieren würde. Zwei Interviewer (neben mir Anke Fiedler) und der Star von einst, der im Osten immer noch für volle Säle gut war, aber im Westen ein Unbekannter geblieben ist und daheim schon lange niemanden mehr sehen wollte, der ihn nach seinem Leben fragt oder nach seinen Büchern.[4] Zu viele schlechte Erfahrungen, vor allem in den ersten Jahren nach 1989. Jetzt, 2010, war er sich sicher, dass die Reporter in der DDR »meist besser« gewesen waren »als die westdeutschen«. Seine Formel für guten Sportjournalismus im Radio: »fachliches Wissen, gepaart mit bester Rhetorik«. Und weiter im Text dieses Interviews: »An der Rhetorik hapert es hundertfach. Es gibt jämmerliche Sprecher. Das wäre früher unmöglich gewesen. Bei uns brauchte man am Anfang einen Sprecherpass, um in den Bereich zu kommen, in dem die Mikrofone standen. 1950er-Jahre, wohlgemerkt«. Oertel weiß, dass er »den Zuspruch des Publikums« hatte und deshalb »freie Hand« bekam für seine Liveauftritte: »Ich war in der DDR einer der bekanntesten und populärsten Menschen. Die Oberen hatten Angst, dass Oertel über Nacht verschwindet«.[5]

Im Radio habe ich Heinz Florian Oertel selten gehört. Seine Sendung *He, he, he, Sport an der Spree* im *Berliner Rundfunk* lief am Samstag, wenn noch Schule war. Beim Fußball fand ich andere besser. Wolfgang Hempel vor allem oder Gottfried Weise und Uwe Grandel, die sonntags im *Fußball-Panorama* Tore aus aller Welt zeigten. Heinz Florian Oertel hat mir im Hotel Solitaire gestanden, dass er Gottfried Weise nicht mochte. Ein Mann, der »Glück und gute Fürsprecher« hatte. »Es war nicht seine Sache, die Leute zu begeistern«. Weise wiederum schob das darauf, dass seine Rubrik hin und wieder »das 20-Minuten-Limit« gesprengt und so Oertel geärgert hat. »Das ›Pannen-Drama‹ hat ihm heilige Moderationsminuten gestohlen«.[6] Das Prediger-Vokabular passt. Wenn Heinz Florian Oertel vor der Tafel mit den Ergebnissen der zweiten Liga stand, fünf Staffeln mit je zwölf Mannschaften, und den Trainer von Aufbau Krumhermersdorf feierte oder den Torwart von Fortschritt Bischofswerda (»fachliches Wissen, gepaart mit bester Rhetorik«), dann war das in meinen Ohren reinste Poesie.

Natürlich gab es auf der Insel Rügen Menschen, die aus mir einen Lehrer machen wollten (vorzugsweise für Mathematik) oder sogar einen Offizier. Die Vorgaben von oben, die Tradition der Familie. Ich kann mich aber nicht erinnern, als Schüler jemals Sorge gehabt zu haben, dass mir jemand den Weg in den Journalismus verbauen könnte. Das kam erst später, beim Wehrdienst. Ich stand schon als Kind viel zu oft in der Zeitung und war in der Schule viel zu gut, um mir mit meinem Berufswunsch die Oberschule zu versperren, auch wenn ich mich dann gewundert habe, als nur zwei aus meiner Klasse in Göhren für die beiden Abiturjahre nach Bergen gehen durften. Der andere war und blieb mittelmäßig, wollte aber Kriminalkommissar werden.

Diesen letzten Satz hätte ich damals vermutlich nicht einmal gedacht. Der Schritt vom ›Ich‹ zum ›Wir‹ oder die ›Achtung vor der werktätigen Bevölkerung‹: Das waren für mich nicht bloß Formeln. Natürlich war der Matheklub mit seinen Trainingslagern eine Keimzelle der DDR-Elite, genau wie die Sprachschulen, die viele meiner Kommilitonen besucht haben, oder das Wohnheim der Leipziger Sektion Journalistik in der Johannes-R.-Becher-Straße, wo jeder, den man auf dem Flur traf, handverlesen war. Trotzdem wäre mir nicht in den Sinn gekommen, mich über die zu erheben, die weniger Talent hatten oder weniger Glück. Jeder baute mit an der Zukunft der Menschheit, so gut, wie es eben ging. Alles kein Ding. Wie sehr sich das, was sich ein Kind der DDR wie ich vom Leben erhoffte, von der Jugend von heute unterscheidet, habe ich erst verstanden, als mein Sohn und vier seiner Freundinnen, alle gerade 16 oder 17, bei uns in der Küche zu ihren Filmvorlieben befragt wurden. Es ging dabei auch um Träume, um das, was man tun könnte, wenn Geld und Zeit keine Rolle spielen würden. Die Antworten der Mädchen: Chillen. Erst einmal nichts tun. Dann ins Ausland, vielleicht. Kanada. Ans Wasser ziehen, weil ich gern schwimme. Eine Weltreise und dann etwas spenden. Geld ausgeben, um die Welt besser zu machen. Und mein Sohn Ferdinand: »Ich würde wahrscheinlich nach Kalifornien fahren, an den Strand, und ein Musikstudio aufmachen. Und dann, keine Ahnung, jeden Tag zehn Stunden schlafen und in der Restzeit Musik machen«. Besser lässt sich der Unterschied zu einer Gesellschaft, die das Kollektiv vor den Einzelnen stellt, nicht auf den Punkt bringen.

Das Material von der Aufnahmeprüfung für das Volontariat bei der *Ostsee-Zeitung* habe ich zurückbekommen, als der Verlag nicht mehr der SED gehörte. Wir haben dort unter anderem ein Foto beschrieben, auf dem ein Arbeitsamt im Westen zu sehen war und eine lange Schlange. Dafür musste man sich nicht verbiegen, wenn man aus einem Parteihaushalt kam und kein Westfernsehen kannte. Schwieriger fand ich schon, über die aktuellen Losungen der FDJ zu reden, weil ich in den meisten Schulstunden lieber Matheaufgaben löste und in den drei Zeitungen, die wir zu Hause hatten (neben der OZ das *Neue Deutschland* und die *Junge Welt*), vor allem den Sportteil las oder die Rubrik ›Was sonst noch passierte‹. Ich glaube: Die Kommission hat mich sanft ermahnt und es dabei bewenden lassen.

WAS ICH ALLES GEMACHT HABE, UM JOURNALISTIK STUDIEREN ZU KÖNNEN

Das Volontariat in der Lokalredaktion Rügen war ein Schock. Hannes Giese, der Chef, und noch mehr Werner Häcker, der zweite Mann, wollten mir zeigen, dass ich nichts konnte. Es ging dabei gar nicht um mich, sondern um sie selbst, um die beiden größten Lokalreporter aller Zeiten. Es gab in Bergen auch eine junge Redakteurin, gerade vom Studium gekommen, deren Namen ich vergessen habe. Sie hat fast immer geweint. Ich weiß noch, dass ich jeden Morgen die Septemberausgaben aus den vergangenen Jahren durchwühlen musste. Schau nach, was wir damals gemeldet haben. Da kannst Du jetzt bestimmt wieder anrufen. Und wehe, wenn ich mittags nicht die fünf Nachrichten mit je sechseinhalb Zeilen hatte. Zu blöd, dieser Volontär. Wahrscheinlich hatten Giese und Häcker sogar Recht. Drei Redakteure und ein ganzes Heer von Volkskorrespondenten für eine Seite, die fünfmal in der Woche zu füllen war und sich dabei oft von selbst füllte, weil wir an den Fußballern von Lok Bergen nicht vorbeikamen und auch nicht an den Mähdreschern, die in den Krieg um die Ernte zogen. Paradiesische Zustände, wenn man weiß, wie es heute in der Lokalpresse zugeht. Hannes Giese und Werner Häcker jedenfalls legten Wert darauf, dass Rügen die beste Seite im Bezirk hatte, ganz ähnlich wie vorher Gerhard Ladda, mein Mathelehrer.

Qualitätsnachweis Nummer 1 waren die Überschriften. Kein Weißraum, bitte. Heute ist das selbstverständlich. Heute sieht jeder Redakteur am Bildschirm, ob seine Überschrift passt, und wenn sie nicht passt, hilft er halt ein wenig nach. Damals musste man schätzen. Ja, dort könnten 30 Zeichen reichen, aber wir haben dreimal ein ›w‹ und fünfmal ein ›a‹, die mehr Platz fressen als jedes ›i‹ und jedes ›l‹. Wer weiß. Ganz sicher sein konnte man erst am nächsten Morgen, wenn die gedruckte Ausgabe im Kasten lag. Und wehe, die Setzer in Rostock hatten etwas ändern müssen, weil wir daneben lagen. Bei den Überschriften ging es auch um Originalität, genau wie bei den Texten. Wir sprechen über die DDR-Presse, ja. Vor allem Werner Häcker sprühte vor Ideen. Seine grauen Haare waren zerzaust wie bei Einstein. Einmal hat er mich dazu gebracht, einen stinknormalen Bericht als Telefongespräch mit einem

Hund aufzuschreiben (vielleicht war es auch ein anderes Tier; ich habe den Text nicht mehr), und das dann als Krönung des Journalismus gefeiert. Hannes Giese ging jeden Freitag zur Kreisleitung der SED, zur Sitzung mit Edwin Kasper, der 1970 schon den Nachruf für meinen Opa unterschrieben hatte. Giese hat uns von diesen Sitzungen berichtet und mich auch einmal mitgenommen, aber an irgendwelche Details erinnere ich mich nicht. Ich weiß nur noch, dass dieser große Lokalredakteur selbst neben dem Sekretär für Landwirtschaft zu einem Zwerg wurde.

Der Novize Michael Meyen hat, so entnehme ich es meinem ›Arbeitsvertrag für die Ausbildung von Volontären‹, unterschrieben am 1. September 1985, jeden Monat 490 Mark bekommen. Der Vertrag galt eigentlich ein Jahr, ich bin aber schon Anfang November eingezogen worden und nach 34 Monaten Wehrdienst direkt an die Uni gegangen. Dazu gleich mehr. »Das Hauptanliegen des Volontariats«, so heißt es im ersten Paragrafen, »ist die Erprobung des Volontärs für den journalistischen Beruf, seine klassenmäßige Erziehung, die Förderung seiner politischen Aktivität und seine Vorbereitung auf das Hochschulstudium«. In der Realität von Hannes Giese und Werner Häcker war ich ein Praktikant auf Durchreise, der sie immerhin einen Tag pro Woche in Ruhe ließ, weil ich da nach Rostock musste, um zu sehen, wie Setzer und Drucker arbeiten und wer sonst noch so bei der *Ostsee-Zeitung* ist. Das Volontariat war der erste Schritt nach Leipzig. Genau genommen gab es schon davor zwei kleine Schritte: die Aufnahmeprüfung mit dem Bild vom Arbeitsamt und die vielen Nachrichten, die ich als Schüler geschrieben hatte, honoriert mit ein paar Mark und oft mit einem Lob von denen, die den Sozialismus à la DDR nicht völlig ablehnten. Ohne diese Artikel wäre ich möglicherweise gar nicht nach Rostock eingeladen worden. Marlis Tautz, mit der ich bei der Apfelernte vor dem Beginn des Studiums in einem Pflücktrio war (vermutlich hieß das anders) und die heute für den *Nordkurier* aus Schwerin berichtet, hat mir erzählt, wie sie die ersten beiden Tippelschritte vor dem Volontariat überspringen konnte. Papa und Mama waren wer in Neubrandenburg, er Betriebsdirektor bei der Wasserwirtschaft, sie 1967 für ein Jahr Bürgermeisterin. Als Tochter Marlis, dem einzigen und noch dazu späten Kind, auf den letzten Drücker einfiel, dass sie ja auch Journalistin werden könnte, bekam sie bei der *Freien Erde* einen Termin mit einem Stellvertreter des Chefredakteurs und hatte den Platz. Mein Vater kannte den Vater von Marlis, ein solcher Anruf aber lag außerhalb seiner Vorstellungskraft und der Möglichkeiten, die seine Position ihm bot.

Dafür konnte er sich sehr wohl vorstellen, dass ich für meinen Wehrdienst zum MfS gehe. Ich gebe zu: Ich wusste nicht, was diese Abkürzung bedeutet, bis die Englischlehrerin auf der Oberschule in Bergen laut und für jeden hörbar durch den Speisesaal rief: »Michael, da ist jemand vom MfS für Sie!« In ihren Augen sah ich, dass das nichts Gutes sein konnte, jedenfalls auf keinen Fall die »mathematische Fachschule«, die mir sofort durch den Kopf schoss. Ich wurde zu einem Gespräch in die Kreisdienststelle des Ministeriums für Staatssicherheit gebeten, in einen Raum mit einer Tür, die von innen nicht zu öffnen war, und habe dort zugesagt, drei Lebensjahre in einer Wachkompanie zu verbringen.

Was das genau bedeuten würde, habe ich in diesem Moment nicht gewusst. Ich meine damit gar nicht die Ängste, die nach 1990 jeder ausstehen musste, der irgendwie Kontakt zum MfS hatte und jetzt noch etwas werden wollte in einem öffentlichen Beruf. Ich meine den Dienst an sich. Seit 1962 musste jeder junge Mann in der DDR für anderthalb Jahre zur Armee, wenigstens als Bausoldat. Mein Vater, Jahrgang 1941 und 22 Semester Student, wie er immer wieder erzählte, war mit ein paar Wochen davongekommen. Vielleicht hat er seinen Söhnen deshalb nicht verboten, für drei Jahre zu unterschreiben. Natürlich: Es gab auch da einen Plan. Und wer sollte länger ›zur Fahne‹ gehen, wenn nicht die Kinder der Kader und der Angestellten, die das, was sie waren, auch der SED verdankten? Dass sich die DDR damit selbst in den Schwanz biss, war im Nebel der Parteiparolen schwer zu erkennen. Die Arbeiterklasse bezahlt dein Studium. Also musst Du etwas zurückgeben und den Staat schützen, den wir hier aufgebaut haben, in Schussweite des Klassenfeindes sozusagen. So wurde die Elite von morgen länger als nötig ausgebremst und dazu noch gar nicht selten so deformiert, dass sie keine Elite mehr sein konnte oder wollte.

Für mich war und ist alles Militärische ein Gräuel. Ich konnte nicht einmal Unterhemd und Strümpfe ordentlich zusammenlegen. Mein Vater hat uns Brüder eine Weile jeden Abend Liegestütze machen und zum Schlafen wegtreten lassen. Wie gesagt: Er wusste nicht, was die Armee für jemanden bedeutet, der gehorchen muss. Beim Abendbrot erzählte er manchmal von Frau Haase, eine Figur neben anderen, die er in seinem Job bei der Gewässeraufsicht traf und die einem als Kind ganz vertraut erscheinen, obwohl man sie nie gesehen hat. Der Mann von Frau Haase leitete die Kreisdienststelle der Staatssicherheit. Ich denke, dass er das mit Stolz erwähnt hat, weil er es geschafft hatte, so nah dran zu sein an der Macht. Mein Vater kam buchstäblich aus dem Nichts. Als wir in den 1990er-Jahren für einen Verwaltungsakt eine Geburtsurkunde brauchten, haben die polnischen Behörden die Hände gehoben und eine ›Negativbescheinigung‹ geschickt. Es gab einfach keine Unterlagen in Szczecin. Seine Mutter hat in den 1950er-Jahren einen Bauern geheiratet und mit ihm noch drei Kinder bekommen. Unter anderen Umständen wäre der Bastard als Helfer auf dem Hof geblieben. Die DDR ließ ihn zum Diplomingenieur werden und, so sagt er das zumindest in meiner Erinnerung, zu einem »Genossen ohne Parteibuch« (weil sein Aufnahmeantrag offenbar nicht bearbeitet wurde, um die Dominanz der Arbeiterklasse in der Partei nicht zu gefährden). Bei Kommunalwahlen trat er für den Kulturbund an, auf der Liste der Nationalen Front, wie alle anderen Kandidatinnen und Kandidaten auch.

Für seine beiden Söhne sollte es weitergehen auf dem Weg nach oben. Wie selbstverständlich dieser Anspruch war, sehe ich, wenn ich an die Feiern mit Onkel Kurt und Onkel Kurt zurückdenke. Kerstin, die Tochter des Polizisten, vier Jahre älter als ich, wurde dort schon vor der ersten Flasche Korn in die Volkskammer geredet. Heute führt sie die Bücher für eine Handvoll Ingenieure und handelt nebenbei mit Hühnereiern. Der andere Kurt war von den Nazis in den Krieg geschickt worden und auf einem Bein wiedergekommen, ein Arbeiter, der nicht in der Partei war. Zwei seiner drei Töchter wurden Lehrerinnen, und eine heiratete einen Offizier, der in Moskau studiert hatte. In einem anderen Erinnerungsfetzen stehe ich am offenen Bürofenster meines Vaters, an einem sonnigen Augustnachmittag 1973. Das Datum kann man im Geschichtsbuch nachlesen. Die Stimme aus dem Radio sagt, dass Walter Ulbricht gestorben ist, der Vorsitzende des Staatsrats. Dieser Titel klang gut. Das wollte ich auch werden. Ich weiß noch, wie enttäuscht ich war, als mein

Vater sagt, dass in der DDR alles auf den ersten Sekretär hinausläuft. Mit dieser Berufsbezeichnung habe ich eine Weile gehadert. Erich Honecker nannte sich dann zu meiner Freude bald Generalsekretär.

Vor der Armee habe ich mich trotzdem gefürchtet. Zu schlimm war das, was die Älteren erzählten. EK-Bewegung, Sinnlosigkeit, Trostlosigkeit. EK stand für Entlassungskandidat und damit für die Freiheit, den Vorgesetzten zu widersprechen und die ›Glatten‹ zu schikanieren (Soldaten mit leeren Schulterklappen). Drei Jahre Wehrdienst: Das bedeutete in aller Regel sechs Monate Unteroffiziersschule plus zweieinhalb Jahre Gruppen- oder Zugführer. Das hieß auch: Menschen Befehle geben, die nicht freiwillig da waren, von denen viele in der DDR nichts werden wollten und denen man mit Kopfrechnen oder Fußball nur bedingt imponieren konnte. Die Wachkompanie des MfS in Rostock schien all diese Probleme zu lösen. Keine Unteroffiziersschule, keine Befehlsgewalt und trotzdem drei Jahre für die Arbeiterklasse. Mein Vater dürfte sich gedacht haben: Das wird dem Jungen helfen. Als ich ihm Anfang 1989 gestand, eine Frau zu lieben, die schon eine kleine Tochter hat, war er nicht gegen diese Frau oder gegen die Enkelin, sondern in Sorge um mein Fortkommen – nicht im Journalismus (da hätte eine Familie nicht gestört), sondern darüber hinaus. Diplomat: Das war offenbar sein Traum, den er dann in der größeren und ganz anderen deutschen Republik auch meinem Sohn einreden wollte.

Zum Wehrdienst selbst kann ich gar nicht so viel sagen. Stumpf und stupide. Ein Teil der Wachkompanie wurde im Stadthafen Rostock eingesetzt, der Staatsgrenze war und damit Sperrgebiet. Ich gehörte zu dem anderen Teil und musste entweder auf den Türmen rund um die Kaserne stehen oder vor der MfS-Bezirksverwaltung in Rostock. Stehen: Das ist das, was ich heute mit dieser Zeit verbinde. Es passierte drei Jahre lang nichts. Wer sollte Lust darauf haben, über einen Militärzaun mitten im Wald zu klettern? Und wer sollte ungebeten in die Stasizentrale des Bezirkes wollen? Wir Wachsoldaten wurden trotzdem überwacht, von den eigenen Leuten. Nicht hinsetzen, nicht einschlafen, nicht lesen. Tschekistische Wachsamkeit, Genossen. Das war vom ersten Tag an öde und zerstörte die Seele und den Körper (die Knie vor allem). Einige haben das nicht ausgehalten und aus den drei Jahren ein

Leben machen wollen. Eine Unterschrift, schon war man die Uniform los und konnte in Zivil jeden Morgen in eines der Büros marschieren, in die kein Wachmann hineinkam.

Für die Stasi zu arbeiten, war für mich unvorstellbar. Ich wusste damals nicht einmal ansatzweise, was da alles lief, und hätte sicher nicht gefordert, den Geheimdienst aufzulösen. Dazu war ich viel zu tief drin in der Ideologie, mit der die SED ihre Herrschaft legitimierte und damit auch ein Instrument wie das MfS. Ich sah aber die Leute, die dort arbeiteten. Ich sah sie jeden Tag. Viele haben trotzdem darauf bestanden, dass ich wieder und wieder ihren Dienstausweis studiere, wenn sie morgens kamen und abends gingen. Manche haben moniert, wenn ich irgendwo einen Fleck hatte, und die Chefs angerufen, wenn wir nicht nach Vorschrift dastanden. Ich kannte auch die, die die Seite gewechselt hatten, von der Wachstube in das echte Geheimdienstleben, und wusste, dass die Arroganz, die fortan aus ihren Anzügen tropfte, keine Basis hatte. Mit solchen Kollegen, pardon: Genossen, konnte man nichts zu tun haben wollen.

Die Offiziere in der Wachkompanie waren nicht besser. Sie hassten diesen Zwischenschritt in Uniform und haben uns das spüren lassen. Oberleutnant Braun, der aussah wie Mitte 40, aber erst 26 war, brachte mich dazu, in die SED einzutreten. Eigentlich war das längst überfällig. Meine Frau zum Beispiel ist schon in der Schule Kandidatin der Partei geworden, kurz nach ihrem 18. Geburtstag, im Ernst-Thälmann-Aufgebot der FDJ vor dem XI. Parteitag, das die Arbeiterquote kurz aushebelte. In meiner Clique auf Rügen wäre ich mit dem Parteibuch von einem Tag auf den anderen unten durch gewesen. Drei der Freunde dort waren von allen weiteren Bekenntnissen befreit, weil sie Lehrer werden wollten. Wir haben über die Mädchen gelästert, die so übereifrig waren, dass sie die Lehrer sogar bei den Parteiversammlungen sehen wollten. Die zwei Monate Volontariat in der Lokalredaktion waren dann zu kurz, um den Aufnahmeantrag zu stellen. Hannes Giese, Werner Häcker und die Ausbilder in Rostock haben aber keinen Zweifel daran gelassen, dass das unausweichlich sein würde. Also Oberleutnant Braun. Ich habe ihm das gegeben, was ich eines Tages ohnehin getan hätte, und gehofft, dass er mich mit der anderen Verpflichtung in Ruhe lassen würde. So ist es auch gekommen.

Fast noch dunkler ist meine Erinnerung an Unterleutnant Witt, der oft dabei war, wenn wir zur ›Absicherung‹ mussten. Unter dem Druck des hegemonialen Diskurses der Gegenwart klingt das gruselig: Ich war ein paarmal mit einer Stasieinheit im Ostseestadion und zweimal auf dem Pressefest der *Ostsee-Zeitung*. Wir Wachleute haben das damals anders gesehen. Mit Hemd und Jeans zu einem Heimspiel von Hansa oder für ein paar Stunden ›Mit der OZ auf du und du‹: Das war die höchste Form der Abwechslung, die wir uns ausmalen konnten, zumal von uns nichts weiter verlangt wurde, als da zu sein und nüchtern zu bleiben (was für mich allerdings ein echtes Problem war). Die Logik hinter diesen Einsätzen war die gleiche wie dann am 9. Oktober 1989 in der Leipziger Nikolaikirche. Wenn wir nur genug von ›unseren‹ Leuten vor Ort haben, so dachten sich die Verantwortlichen, dann werden sie die Aufmüpfigen neutralisieren und jede Art von spontaner Mobilisierung gegen die Macht durch pures Nichthandeln unterbinden. Beim Fußball haben wir den anderen Fans gezeigt, welche der Fotografen unten auf der Laufbahn von der Stasi waren. Wir kannten die Gesichter, weil sie jeden Tag an uns vorbeihuschten. Die Fans haben trotzdem »Scheiß BFC« geschrien und Minister Mielke zum Teufel gewünscht. Beim Pressefest hat Unterleutnant Witt das Bier in meinen Augen gesehen. Trinker erkennen sich. Als ich dann nur Wochen später auch noch mit ein paar Flaschen an der Kaufhallenkasse stand, obwohl wir eigentlich einen sowjetischen Panzer reinigen sollten, den T-34 in der Straße der Befreiung, die heute wieder Tessiner Straße heißt, war das Maß im Wortsinn voll. Du hast das Ansehen der bewaffneten Organe beschädigt, Genosse. Es gab ein Parteiverfahren, das mit einer Rüge endete, eine Degradierung (vom Unterfeldwebel zum Unteroffizier, darunter gab es in dieser Kompanie nichts) und die Drohung, dass man mir das Studium vermiesen werde. Du weißt schon, Genosse. Wir haben da unsere Verbindungen. Zur Aufnahmeprüfung in Bad Saarow im März 1988 bin ich ohne große Hoffnungen gefahren.

WARUM ICH GEZWUNGEN BIN, MIR SELBST ZU MISSTRAUEN

Bevor ich weitermache, ist eine Atempause nötig. Alles, was jetzt kommt, stützt sich auf mehr als eine Quelle, was ein Segen sein kann, aber auch ein Fluch. Schon das eigene Gedächtnis führt uns eher in die Gegenwart, wenn wir die Vergangenheit suchen. Die Erzählung über uns selbst (das, was Anthony Giddens »Identität« nennt und zu dem alles gehören könnte, was früher war[7]) ist kein Roman, den man ins Regal stellen und bei Bedarf aufschlagen kann, sondern ein Film, den es nur in unserem Kopf gibt und für den das Leben jeden Tag neue Figuren castet und alte Settings umbaut oder vernichtet. Dieser Film ist wie eine Serie, bei der *Netflix* von heute auf morgen ganze Folgen aus dem Programm nehmen und dafür ein Prequel, ein Sequel, ein Spin-off oder gar ein Remake in Auftrag geben kann. Was wir selbst in dieser Serie sehen, die unsere Vergangenheit ist, hängt genau wie bei so einer Plattform auch von den Menschen um uns herum ab.

Da wir nicht wirklich wissen, was die anderen erwarten, beobachten wir, wie sonst so über die Umstände gesprochen wird, in denen wir gelebt haben. Was sagen vor allem die Leitmedien? Was sagen *Der Spiegel*, die *Süddeutsche Zeitung*, die FAZ, die dort präsent sind, wo Lehrbücher und Lehrpläne konzipiert werden, Ausstellungen, Festreden, Spielfilme und Dokus, und die damit direkt oder indirekt den Rahmen abstecken, in dem sich alle ohne Gefahr für das eigene Ansehen bewegen können? Der hegemoniale Diskurs, der aus der DDR partout eine ›Diktatur‹ machen will, einen ›Unrechtsstaat‹, ein ›totalitäres Regime‹,[8] kann selbst dann nicht ohne Folgen für meine ›Identität‹ bleiben, für die Erzählung über mich selbst, die ich hier präsentiere, wenn ich gegen ihn anschreiben möchte.

Ich habe gerade 21 Lebensjahre auf 46.000 Druckzeichen schrumpfen lassen. Wie hätte dieser Text ausgesehen, wenn es die DDR noch geben würde? Oder, ein paar Nummern kleiner: wenn ich nicht Professor in München wäre, als Beamter auf Lebenszeit? Schon kurz nach meiner Berufung habe ich in einem Text über die DDR Monika Maron zitiert, die auf dem Historikertag 2002 über den »unwiderstehlichen Drang« gesprochen hatte, »eine Kausalität« zu erfinden, damit all unsere Erlebnisse »einen Sinn« bekommen und wir selbst »eine erzählbare Biographie«. Diese Schriftstellerin schien mir eine passende Kronzeugin zu sein, weil sie alles mitbrachte, um jede Kausalität zu sprengen: eine ›reine‹ Herkunft (ihr Stiefvater Karl Maron war im sowjetischen Exil und dann Innenminister sowie im ZK der SED), Versuche im Journalismus, einen Roman, der nur im Westen erscheinen durfte (*Flugasche*), die Ausreise aus der DDR (1988), eine Stasidebatte (Mitte der 1990er-Jahre). Den »Drang«, das eine mit dem anderen zu verknüpfen, begründete Monika Maron seinerzeit damit, dass wir ahnen oder sogar wissen, wie klein unser »Spielraum zwischen Schicksal und Zufall« ist, und dass wir deshalb verzweifelt um das »Recht auf Verantwortung für unser Tun und Lassen« kämpfen würden. Die *Süddeutsche Zeitung*, in der diese Rede stand, hat eine passende Überschrift mitgeliefert: »Wer es sich zu einfach macht beim Rückblick auf seine Geschichte, beraubt sich seiner Biographie«.[9]

Habe ich es mir zu leicht gemacht mit diesen 46.000 Druckzeichen? Komme ich dabei zu gut weg, wobei ›gut‹ natürlich keine Kategorie ist, die unabhängig wäre vom Lauf der Zeit? Habe ich »Kausalitäten« erfunden, die mich aufwerten? Um das mit einem harmlosen Beispiel zu illustrieren: Die akademische Disziplin, die ich an der Universität vertrete, ist im Moment zahlen- und datengläubig. Was sich nicht messen und in Tabellen darstellen lässt, die jeden Laien überfordern, existiert für die meisten Kolleginnen und Kollegen nicht. Wenn jemand wie ich lange Texte schreibt und hofft, der Wirklichkeit in Gesprächen näher zu kommen, dann, so lautet das Verdikt, das gar nicht ausgesprochen werden muss, dann kann er halt nicht rechnen. Habe ich deshalb den Matheklub größer gemacht, als er damals für mich vielleicht war? Und was ist mit dieser Wachkompanie bei der Stasi in Rostock, die mich durch viele andere Brillen wie einen Schergen des Regimes dastehen lassen würde und nicht als einen armen Jungen, der keinen besseren Ausweg wusste aus der Wehrdienst-Falle und irgendwie selbst zum Opfer wurde wegen all der Sinnlosigkeit, bei der nicht einmal der Alkohol trösten konnte?

Ich gebe zu: Ich habe gehofft, in dem Nachruf auf meinen Opa etwas mehr ›Kommunismus‹ zu finden, antifaschistischen Widerstandskampf möglichst oder wenigstens einen kleinen Karl Maron, um das Milieu, aus dem ich stamme, noch stärker in der Tradition zu verankern, die die SED für die DDR konstruiert hat. Was nicht ist, kann man nicht aufschreiben, aber man kann weglassen, hervorheben, verniedlichen – meine Artikel für die Parteipresse zum Beispiel, die in dem Bild, das ich von mir haben möchte, tatsächlich nur ein notwendiges Übel waren auf dem Weg zu den Gipfeln des Fußballkommentars. Ich war mir sicher, nie wieder eine Lokalredaktion der *Ostsee-Zeitung* zu betreten, und weiß doch, dass sich diese Sicherheit gut macht im Licht des Wissens, das wir heute über die Lenkung der Medien in der DDR haben.[10] Der Sport im Fernsehen, das habe ich Heinz Florian Oertel sagen lassen, war ›frei‹ – wenn man denn der Beste war. Dass mir das erreichbar schien, wird aus den 46.000 Zeichen herauszulesen sein. Als Beleg könnte ich eine Zugfahrt nach Leipzig anführen, neben mir eine Journalistikstudentin kurz vor dem Diplom, die hoffnungslos und traurig war, weil sie bald von Erfolgen künden würde, die es nur in der Presse gab. In diesem Zeitzeugnis würde ich verständnisvoll sein, was sonst, aber zugleich bezweifeln, dass das etwas mit mir zu tun haben könnte. Im Sport gab es kein Wohnungsbauprogramm, sondern Goldmedaillen, und Doping war damals auch in den Westmedien nicht wirklich ein Thema. Selbst wenn hier nicht der ›Drang‹ mit mir durchgegangen sein sollte, den Monika Maron beschrieben hat: Würde diese Anekdote nicht viel zu gut zu dem passen, was man heute von einem Hochschullehrer erwarten darf?

Die Sache wird noch komplizierter, weil Filme, Bücher und Erzählungen von anderen wirklicher sein können als das ›richtige Leben‹. Das Auto im Schnee an meinem vierten Geburtstag, der Tag, an dem Walter Ulbricht starb, und der, an dem ich mit Gerhard Ladda auf die Zukunft der Rüganer Olympioniken angestoßen habe: Dazwischen muss viel passiert sein, und doch kann ich nur Fragmente abrufen, Bilder, Stimmungen, die noch lange keine »erzählbare Biographie« im Sinne von Monika Maron ergeben. Harald Welzer, ein Sozialpsychologe, hat am Beispiel des Krieges gezeigt, dass solche Erinnerungslücken auch deshalb mit Medienbildern gefüllt werden, weil Märchen genau wie Hollywoodproduktionen Modelle sind, an denen man sich festhalten kann: So wird eine Geschichte erzählt. Und wenn du davon abweichst, dann wird dir keiner glauben.[11] So weit, so normal. Nur: Ich werde dafür bezahlt, mich mit der DDR zu beschäftigen. Das ist etwas übertrieben, weil meine Professur sehr breit angelegt ist (Allgemeine und Systematische Kommunikationswissenschaft) und ich selbst entscheiden kann, an welchem konkreten Stoff ich mich jeweils abarbeite, führt aber zu des Pudels Kern. Ein Medienhistoriker wie ich kann gewissermaßen aus dem Vollen schöpfen. Wie viel gehört mir von diesen 46.000 Druckzeichen und wie viel den Akten, die ich in den Archiven gesehen habe, der Literatur und den vielen Tagungen zum Thema, bei denen ich seither gewesen bin?

Alles, was jetzt kommt, das habe ich schon angedroht, stützt sich auch erkennbar nicht mehr nur auf mich. Ich habe diese Atempause aber auch deshalb für nötig gehalten, um vor den Zeitzeugen zu warnen, die gleich auftreten werden. Der Film, den sie in ihrem Kopf haben, genauso formbar wie mein eigener, ist das eine. Das andere bin ich, der Interviewer, zu dem auch die Menschen eine Beziehung aufbauen müssen, die mich das erste Mal sehen, wenn ich mit dem Tonbandgerät vor ihnen sitze. Wie bei allen Begegnungen im Leben will jeder einen ›guten Eindruck‹ machen. Dafür brauche ich ein Bild von meinem Gegenüber. Was hält dieser Professor von SED und DDR? Was passiert, wenn mir etwas rausrutscht, was er gegen mich verwenden könnte? Die Antworten verhindern oft, dass so ein Gespräch überhaupt zustande kommt, und sind auch bei denen präsent, die sich auf dieses Abenteuer einlassen.

Ich habe für dieses Buch Menschen interviewt, mit denen ich studiert habe. Manche davon habe ich seit 1990 sporadisch getroffen, etwa bei den Jahrgangstreffen, die es inzwischen dreimal gab. Zu manchen habe ich erst jetzt wieder Kontakt aufgenommen, nach gut 30 Jahren. Absagen gab es keine. Zu groß ist die Neugier auf die, mit denen wir an der Startlinie für ein Leben standen, dem das Ziel sehr schnell abhandenkam. Ich hatte von jedem ein Bild, das sich aus dem Damals speiste, aus Parteiversammlungen, aus Prüfungen, aus den Protesten gegen die Abwicklung der Sektion Journalistik, und wie bei jeder Veteranenrunde gab es immer Menschen und Ereignisse, die wir aufleben lassen konnten, um unsere Konstruktionen der Vergangenheit zu justieren. Das alles heißt aber selbstredend nicht, dass diese Gespräche mit der historischen Wirklichkeit zu verwechseln sind. Der hegemoniale Diskurs überwölbt auch das, was sich Interviewer und Zeitzeugen zu sagen haben – und noch mehr das, was die Zeitzeugen später autorisieren. »Bedenke bitte, dass ich noch voll im Berufsleben stehe und mit meiner Position auch Rollenerwartungen verknüpft sind, vor allem auch in der Außenkommunikation«, schrieb mir eine Alpha-Journalistin. Also: »Nichts davon in Verknüpfung mit meinem Namen soll an die Öffentlichkeit«.

Das heißt nicht, dass dieses Interview umsonst war. Es fließt ein in das, was folgt, und ist vielleicht sogar ergiebiger als das Material, was nicht anonymisiert werden musste, weil es im Schutz alter Vertrautheit ungeschminkte Einblicke ermöglicht hat. So oder so bleibt dem Historiker nur, seine Version aus möglichst vielen Quellen zu füttern und zugleich Platz zu lassen für die Vermutung, dass alles anders gewesen sein könnte.[12] Das gilt auch und vielleicht ganz besonders dann, wenn man selbst dabei gewesen ist.

WER MIT MIR STUDIEREN WOLLTE

Jetzt endlich zurück nach Bad Saarow, zur letzten Hürde, die die Sektion Journalistik vor der Immatrikulation aufgebaut hatte. Eingeführt wurde die ›Vorbereitungswoche‹ 1975, seinerzeit noch in Strausberg, 40 Kilometer weiter nördlich, im Ferienheim der Zementwerke Rüdersdorf. Worum es den Dozenten ging, sagt der Bericht von dieser Premiere: Man wollte die »Studienbewerber persönlich« kennenlernen und »ihre Befähigung für die hohen Aufgaben der Parteijournalisten« prüfen.[13] Es ist nicht schwer, das zu übersetzen. Eine Woche nicht negativ auffallen. Also auch im Fernsehraum erscheinen, wenn alle zusammen die *Aktuelle Kamera* sahen, viele im FDJ-Hemd. Torsten Kleditzsch, seit 2009 Chefredakteur der *Freien Presse* in Chemnitz, erinnert sich bis heute, was passiert ist, als er einmal schwänzte. »Wie zufällig kam jemand vorbei«. Sonst weiß er nur noch, dass er »direkt aus einem Feldlager« angereist ist, »von einer Übung«. Bad Saarow sei für ihn wie eine kleine Auszeit gewesen, endlich einmal ohne Uniform.

Ich habe mehr als ein Dutzend Interviews geführt, um diese Woche zu rekonstruieren – mit mäßigem Erfolg. Die meisten wussten nicht einmal mehr, wie lange wir dort waren. Bei allen hängengeblieben ist der Recherchetag. Zu zweit nach dem Frühstück losziehen und am Abend mit einer Reportage zurückkommen. Die armen Menschen, die da zwischen Bad Saarow und Wendisch Rietz von einer Horde verzweifelter Möchtegern-Reporter heimgesucht wurden. Uwe Madel, heute ein RBB-Gesicht, kannte die Gegend, weil sein Vater als Bauleiter bei der NVA das Krankenhaus in Bad Saarow ausgestattet hatte und außerdem dort operiert worden war. Uwe wusste, worüber er schreiben konnte. Einige Redaktionen hatten ›ihre‹ Volontäre gebrieft, die *Junge Welt* zum Beispiel. Ich war heilfroh, dass mich Andreas von Thien zu Bernd Beckhusen mitnahm, einer Ikone der Motorbootfahrer in der DDR. Sport II. Andreas dürfte der einzige gewesen sein, den ich schon kannte. Wir hatten 1985 zusammen bei der *Ostsee-Zeitung* angefangen, ich auf Rügen und er in Wismar.

Nicht alle Volontäre durften nach Bad Saarow, und auch dort war jedem klar, dass noch einmal gesiebt werden würde. Klaus Preisigke, in Leipzig als Professor für die Fernsehleute zuständig, nannte im Mai 1990 beim ersten Workshop mit Kolleginnen und Kollegen aus Westdeutschland drei Zahlen: 200, 160, 120. Im Schnitt 200 Volontäre, 160 davon in Bad Saarow, 120 Studienplätze.[14] Im Rückblick wirkt das wie ein Selbstläufer. Ich weiß nicht mehr, ob ich die Quoten damals kannte. Vielleicht wäre ich dann nicht zur *Aktuellen Kamera* gegangen. Ich glaube, dass wir jeden Morgen eine Stunde diskutiert haben, zu fünft, mit einem Menschen von der Uni, dass es Tests in Englisch und in Russisch gab und auch etwas zum Allgemeinwissen, dass wir das *Neue Deutschland* schriftlich verteidigen sollten (wegen der vielen Honecker-Fotos im Bericht über den Rundgang auf der Leipziger Frühjahrsmesse) und dass es einmal auch um Martin Luther ging oder um Thomas Müntzer, bei dem 1989 der 500. Geburtstag anstand.

1975 in Strausberg, bei der ersten Auflage dieses Tests, war der Reportagetag noch nicht erfunden. Stattdessen hat man die 160 Prüflinge in das nahe Zementwerk geschickt und um zwei Dinge gebeten: um »60 Zeilen Notizen« und um einen »Vorschlag an den Chefredakteur für die Weiterverarbeitung des Materials«. Das ist offenbar gut gelaufen. Die Beobachter aus Leipzig jedenfalls hielten ebenfalls zwei Dinge fest: »dass ein großer Teil der Volontäre bereits über gute journalistische Fertigkeiten verfügt« und, noch wichtiger, »dass ihnen die Kontaktaufnahme mit den Werktätigen nicht schwerfällt«.[15] Wer bis hierher gekommen war, der konnte schon viel von dem, was später im Beruf verlangt werden würde. Nicht wenige Redaktionen haben ihren Volontären eine Stelle angeboten, wenn sie es nicht nach Leipzig schaffen sollten, und manche so davon abgehalten, überhaupt zur Testwoche zu fahren.

In Bad Saarow habe ich lauter Michael-Klons getroffen. Frank, Jörg, Thoralf, Ilona, Jana, Janina, Sabine, Heike. Jungs und Mädchen aus guten DDR-Familien. Genauer: die besten Jungs und Mädchen aus guten DDR-Familien. »Neben Medizin war Journalistik das Studium, das am schwersten zu bekommen war«, sagt Wiebke Müller, Redakteurin bei der *Bild*-Zeitung in Dresden,[16] und meint damit nicht nur die vielen Tests, die zwischen Abitur und erstem Semester lagen. Wiebke ist nach der achten Klasse in Leipzig auf eine Spezialschule gekommen, die EOS ›Georgi Dimitroff‹, wo man drei Fremdsprachen lernte (nicht nur Russisch und Englisch) und auch schon mit dem Ruf fertig werden musste, in einem ›roten Kloster‹ zu sein, genau wie Sigrid Hoyer in den 1950ern an der Hansaschule in Stralsund. Uwe Madel, der RBB-Mann, der Bad Saarow durch das Krankenhaus kannte, war in Frankfurt (Oder) auf der Sportschule und dort auf dem Weg zum Handball-Olympiasieg, und Marlis Tautz, meine Apfelfreundin, auf der ›Eliteschule in Neubrandenburg‹, wo diejenigen rekrutiert wurden, die im Ausland studieren und später in den diplomatischen Dienst gehen sollten. Im Jahrgang von Marlis gab es dann nur zwei Männerplätze, und sie entschied sich, Journalistin zu werden, als es dafür eigentlich schon zu spät war.[17]

Ich werde das damals nicht im Detail gewusst und hoffentlich auch nichts von den Matheolympiaden erzählt haben, aber dass ich mich hier unter meinesgleichen bewegte, dürfte offensichtlich gewesen sein. Wiebke Müller fiel auf, weil ihr Vater aus Nigeria war. Er hatte in Tharandt mit einem Stipendium der Gewerkschaft Forstwissenschaft studiert und ist später in seinem Heimatland Professor geworden, »an einer sehr renommierten Uni«. Alle anderen sahen aus wie ich und gaben sich auch so. »Ich habe mich als DDR-Kind gesehen und als Patriot«, sagt Michael Seidel über diese Zeit. »Ich brauchte diesen ganzen Westklüngel nicht« (die Westverwandten, zu denen es keinen Kontakt mehr gab). Seidel ist 2009 Chefredakteur des *Nordkurier* in Neubrandenburg geworden und 2012 in der gleichen Rolle zur *Schweriner Volkszeitung* gewechselt. Die letzten vier Schuljahre war er im Internat, in Schulpforte, in der berühmten Fürstenschule bei Naumburg.

An Namen aus der Nomenklatur kann ich mich nicht erinnern. Keine Kinder von Politbüro-Mitgliedern, aus dem ZK oder aus der Mediengarde wie noch bei Wulf Skaun, der zwanzig Jahre vor mir an die Universität Leipzig gekommen ist und dort Daniela Dahn und Wolfgang Tiedke in der Seminargruppe hatte, die Tochter des wichtigsten Wirtschaftsjournalisten im Land und den Sohn des späteren Rektors der Parteihochschule. Entweder hat sich der Zugang zum Beruf professionalisiert oder die Führungsriege war inzwischen zu alt, um im eigenen Haushalt noch Studenten um sich zu haben. Beziehungen haben auch in meinem Jahrgang nicht geschadet. Der Vater von Frank und Jörg Simon war für das *Neue Deutschland* und die Nachrichtenagentur ADN in Rom. Jörg sagt, dass Papa ihm »eine Art Leitbild« mitgegeben habe (»Journalist ist man IMMER, nicht nur von 8 bis 17 Uhr«), dann wahrscheinlich beim Volontariat die Finger im Spiel hatte (»im Berliner Verlag war sicher bekannt, dass ich sein Sohn bin«) und schließlich auch für Bad Saarow Hilfe signalisierte. Es ging dabei um Günter Raue, seit 1986 Professor in Leipzig, vorher ein Dutzend Jahre beim ND und schon seit der Studienzeit mit Vater Simon bekannt. Sohn Jörg bekam einen schönen Satz mit auf den Weg: »Wenn Dir der Raue irgendwelche Steine in den Weg legt, dann komme ich aus Rom«. Das war dann nicht nötig, weil Jörg in jeder Hinsicht ein Talent war. Er schrieb schon als Schüler Gedichte, fuhr zum Poetenseminar der FDJ und bekam Literaturpreise. Für den Wegwerf-Journalismus der Tagespresse reichte das allemal.

Wenn man das Wort ›Beziehungen‹ etwas weiter auslegt, ist leicht zu verstehen, warum ich Volontär bei der *Ostsee-Zeitung* geworden bin und nicht beim Fernsehen. Michael Seidel, der Mann aus Schulpforte, bekam von der *Freiheit*, dem Parteiblatt vor Ort, zwar eine Absage, aber er hatte einen Schwager, der Toningenieur war und ihn fragte, warum er es nicht in Adlershof versuche. »Ich dachte immer, dort bewirbt man sich nicht. Dort wird man berufen«.[18] Bei Uwe Madel, dem Handballer aus Frankfurt/Oder, ist das ganz ähnlich gelaufen. »Ich hatte einen Onkel, der beim DDR-Fernsehen war. Bernd Bretschneider, *Prisma*. Ich war fasziniert von dem, was er bei den Familienfeiern erzählt hat. Wie Recherchen laufen, wie man auch in der DDR Missstände aufdecken kann. So viele Beiträge hat er gar nicht gemacht. Die Schlagzahl war damals ganz anders. Wenn etwas von ihm kam, saß aber die ganze Familie vor dem Fernseher. Von der Sportschule aus habe ich mich um ein Volontariat beim Fernsehen bemüht«.[19]

Damit kein Missverständnis aufkommt: Es ging auch ohne Vorbilder und Schubser. Andreas Rook, der in Thüringen aufgewachsen ist und heute im MDR-Programm zu sehen ist, hat seine Bewerbung in Berlin als »Versuch« beschrieben. Genau wie ich saß Andreas mit 14 in einem Freundschaftszug nach Moskau (»eine tolle Geschichte«) und fing danach an, für die *Volkswacht* zu schreiben, das Pendant zur *Ostsee-Zeitung* im Bezirk Gera. »Ich habe gedacht: Dorthin kann ich auf jeden Fall. Ganz nüchtern«. Zur Prüfung nach Berlin fuhren die Eltern mit. »Dort waren über hundert Leute. Ich habe außerdem gesehen, dass es eine Gruppe von Menschen gab, die wussten, was da alles kommt, und die auch untereinander gut vernetzt waren. Kinder von Medienleuten. Abteilungsleiter beim *Neuen Deutschland,* Regisseur und so weiter. Ich hatte das deshalb zu den Akten gelegt, wurde aber zur zweiten Runde eingeladen und war echt überrascht, als ich angenommen wurde«. Seine Erklärung: »Vielleicht habe ich gerade davon profitiert, nicht zu alledem zu gehören. Ein Arbeiterkind aus der Provinz. So jemanden musste es da ja auch geben. Im Volontariat waren eine Menge Berliner«. Die Akten im Universitätsarchiv sagen, dass das ein Dauerproblem war. Schon nach der ersten Vorbereitungswoche 1975 wurde gefordert, künftig keine »Berliner Gruppierung« mehr zuzulassen.[20]

Andreas Rook ist nicht nur in Sachen Herkunft eine Ausnahme. Der Vater Berufskraftfahrer, die Mutter in einer Kartonfabrik, beide »absolut unpolitisch, weder pro DDR engagiert noch in irgendeiner Form im Widerstand«. Im Wohnzimmer liefen die *Tagesschau* und *Kennzeichen D*. »Das war in meinem ganzen Umfeld so. In Thüringen sah man Westfernsehen und hörte Westradio. Ich erinnere mich an Thomas Koschwitz. Hitparade im Hessischen Rundfunk. Und an *Passiert – Notiert. Das Magazin mit Musik*. Um 13 und um 17 Uhr kamen politische Nachrichtensendungen. Damit bin ich aufgewachsen«. Zu dieser Kindheit gehörten die Jungpioniere *und* die Junge Gemeinde. Vielleicht ging das nur in Saalfeld, ein paar Kilometer südlich von Jena, wo sich Anfang der 1980er-Jahre unter dem Dach der Kirche Menschen organisierten, die

die DDR verlassen wollten und die berühmten ›weißen Kreise‹ erfanden (weiß gekleidete Menschen, die sich gut sichtbar aufstellten und so ›Ausreise‹ riefen, ohne das Wort aussprechen zu müssen). »In meiner Gemeinde war das nicht so. Ich habe in der Schule bei Veranstaltungen Gedichte aufgesagt und in der Kirche das Krippenspiel gemacht. Das lief parallel. Ich habe von beidem etwas mitgekriegt, war aber weder da noch dort richtig verankert«.[21]

Wiebke Müller, die *Bild*-Frau mit den afrikanischen Wurzeln, wurde von ihrer Mutter, einer studierten Philosophin, mehr oder weniger gezwungen, »in die Christenlehre« zu gehen und auch zur Konfirmation. »Sie war für die DDR und für den Sozialismus, allein wegen der Möglichkeiten, die sie als alleinerziehende Mutter hatte. Sie hat aber auch gesagt: Das Christentum ist interessant und wichtig, schon für die Bildung. Wir sind an den Wochenenden oft nach Dresden gefahren. Der Zwinger, die Galerie der alten Meister. Ohne die Bibel weiß man gar nicht, worum es auf den Bildern geht«. Wiebke sagt heute, dass sie die Ausflüge in die Welt der Kirche »total uncool« fand, »nach außen« aber »nicht groß aufgefallen« und auch zur Jugendweihe gegangen sei. »In der Kirche gab es auch beide Welten. Wir hatten einen roten Pfarrer, der in einem Plattenbau wohnte. Er fand die DDR gut und wollte unter den Menschen sein. Die anderen Pfarrer tuschelten. Frieden schaffen ohne Waffen. Ihr müsst doch gegen diesen Staat sein und den Wehrdienst verweigern. Für mich war das nicht einfach«. Diese Zerreißprobe hat Wiebke nach Berlin geführt. Als sie bei der *Leipziger Volkszeitung*, dem SED-Blatt vor Ort, nach einem Volontariat fragte, verlangte der Kaderleiter, dass sie sofort in die Partei eintritt. »Mir ging das zu schnell. Ich wollte das so weit wie möglich schieben und habe mich bei der *Jungen Welt* beworben. Ich habe diese Zeitung gern gelesen. Sie war anders als die anderen. Ein bisschen flippig. Der andere Osten«. Diese Begeisterung wurde noch größer, als Wiebke beim Aufnahmegespräch Jutta Resch-Treuwerth traf, »die DDR-Sex-Expertin«, berühmt für ihre Kolumne *Unter vier Augen*.[22] »Für mich war das der Hammer, dass die plötzlich vor mir saß. Die kannte ja nun wirklich jeder«. Die Prüfer wiederum, da ist sich Wiebke bis heute sicher, waren von ihrer Reportage angetan (»weil ich nicht geschönt habe«) und davon, dass sie wusste, was CAD-CAM bedeutet. Sie ruft das auch 30 Jahre später noch ab, als ob Jutta Resch-Treuwerth vor ihr sitzen würde: »Computer aided design, computer aided manufacturing. Als ich das runterspulen konnte, hieß es: Wow. Das weiß hier nicht mal jeder Redakteur, obwohl es alle schreiben«.

Die Woche in Bad Saarow, sagt Wiebke Müller heute, hat ihr gefallen. »Eine wunderschöne Landschaft, tolles Catering, interessante Leute«. Die *Junge Welt* hatte ihr schon vorher eine Ausrede geliefert, falls es schiefgehen sollte (»Befindlichkeiten« gegenüber der Zeitung, »bei diesen angeblichen Betonkopf-Professoren«), und ihr angeboten, auch so weiter zu schreiben. Die Zuneigung beruhte auf Gegenseitigkeit. »Es war eigentlich wie im Westen. Außer den großen politischen Linien wurde wenig vorgegeben. Die haben gesagt: Mach mal. Es sollte schon etwas mit der FDJ zu tun haben, aber sonst sollte man die Augen offenhalten. Wehe, man hatte keine Idee. Das ist heute auch bei der *Bild-Zeitung* extrem wichtig. Für mich war das bei der *Jungen Welt* eine gute Schule. In der Redaktion hingen lauter DDR-kritische Witze. Ich dachte: Wo bist Du denn hier hingeraten? Bei einem meiner ersten Texte habe ich noch Dinge hineingeschrieben, von denen ich glaubte, dass sie drin sein müssen. Ich wurde gefragt, ob das wirklich meine Meinung sei. Man wollte lesen, was die Leute gesagt haben. Was schiefläuft. Das hat mich geprägt, im Rahmen der Möglichkeiten. Natürlich gab es Grenzen. Die Redaktion hat aber versucht, das auszuweiten. Man sah sich als Fortschritt. Perestroika, Veränderungen. Mich hat das dort voll in den Beruf hineingezogen«.

Michael Seidel, der heute eine Regionalzeitung leitet, wäre schon in Bad Saarow fast wieder hinausgeschleudert worden aus einer Karriere, die in Schulpforte und beim DDR-Fernsehen so hoffnungsvoll begonnen hatte. Westfernsehen im Wohnheim, verboten auf einer Bewerber-Vollversammlung von Gisela Wittenbecher, in Leipzig eine Art graue Eminenz, und Günter Raue, dem Mann, dem Gefahr aus Rom drohte. Michael Seidel: »Ich bin wohl etwas laut geworden. Ich konnte nicht verstehen, warum Journalistikstudenten kein Westfernsehen sehen dürfen. Wie soll ich gegen den *Spiegel* kommentieren, wenn ich gar nicht weiß, was dort geschrieben worden ist?« Die Folge: Aufregung pur. Weiter mit Michael Seidel: »Es gingen Tiraden los. Mein Klassenstandpunkt.

Mein Mentor und der Volontariatsleiter vom Fernsehen haben mich hinterher angeblafft. Das sei es gewesen, ich könne meine Sachen packen. Es gab aber offenbar zwei Lager, die den ganzen Nachmittag und die halbe Nacht miteinander verhandelt haben. Ich musste mich abends einem Tribunal stellen. Die ganze Fernsehgruppe wurde versammelt. Zu meiner Überraschung haben die Mädels mich unterstützt. Gerade die, die sonst immer ganz vorn mit dabei waren. Ich, ich, Herr Lehrer. Gerade die haben gesagt, dass ich Recht habe. Am Morgen habe ich dann erfahren, dass ich bleiben darf«.

So ein Konflikt dürfte genauso eingepreist gewesen sein wie die allgemeine Verunsicherung, die folgte. Michael Seidel fiel auf, damals schon. Das sagt er selbst. »Ich war ganz bestimmt kein Widerstandskämpfer. Vielleicht ein bisschen rebellisch. Mir eilte ein schlechter Ruf voraus. Ich hatte mir erlaubt, mittags für den ganzen Tisch sechs Bier zu holen. Ab da galt ich als Alkoholiker. Bei der Versammlung saß in der ersten Reihe. Lange Haare, Bart, etwas lümmelig. Wie sonst auch immer«. In der DDR konnte diese Art von Selbstbewusstsein Menschen irritieren, die zwar Macht hatten, aber nicht verstanden, dass Streit produktiver ist als Gehorsam, gerade unter Genossinnen und Genossen. Bernd Okun, der uns alle in Leipzig mit seinen Philosophie-Vorlesungen begeistern sollte, spricht mit historischem Abstand sogar von einem »Untergangsgen« der DDR: Dieser dümmliche Satz »Wer nicht für uns ist, ist gegen uns. Jede noch so beliebige Meinungsdifferenz konnte zur grundsätzlichen werden. Das führte zur intellektuellen Ausdünnung der DDR, auch der SED selbst«.[23]

Du bist gegen uns: Das war die Drohung, um die es bei dem Streit um das Westfernsehverbot ging. Du gefährdest den Sozialismus und den Weltfrieden. Die Angst vor diesem Vorwurf hat mich seit den Kindertagen auf der Insel Rügen begleitet. Diese Angst war groß, weil niemand wusste, was genau den Weltfrieden gefährdete oder den Sozialismus. In Bad Saarow (vielleicht auch schon vorher) habe ich gelernt, dass das von den Funktionären abhing, die vor einem saßen. Vom Plan, den sie gerade erfüllen mussten, oder von den Dingen, zu denen sie einst selbst gezwungen worden waren und die sie jetzt weitergeben konnten. Falk Madeja, der in Leipzig einer meiner Fixpunkte werden sollte, hatte das Volontariat bei der *Ostsee-Zeitung* und dann auch den Studienplatz bekommen, ohne länger zur Armee zu gehen.

WAS MAN IN LEIPZIG LERNEN KONNTE

Das Studium begann mit einer Überraschung. Ich habe am 1. September 1988 das erste Mal mit Antje gesprochen, meiner Frau (über Sport, sie war Kanutin und zwei Jahre auf der Kinder- und Jugendsportschule in Dresden), aber das meine ich nicht. Ich bekam eine Funktion: studentisches Mitglied in der Leitung der Abteilungsparteiorganisation. Die ›Abteilung‹: Das waren die Genossinnen und Genossen aus unserem Studienjahr (etwa drei Viertel aller Erstsemester) und der Wissenschaftsbereich, zu dem unter anderem Wolfgang Tiedke und Wulf Skaun gehörten. Damit das nicht falsch verstanden wird: Ich wurde nicht gewählt (was eine erstaunliche Sache gewesen wäre für jemanden, der nicht aus Berlin war und zu keiner größeren Clique gehörte), sondern bekam die Funktion zugeteilt – genau wie unsere Männer in der Partei- und in der FDJ-Leitung der Sektion Journalistik (Uwe Madel und Torsten Kleditzsch) sowie die Partei- und FDJ-Chefs in den sieben Seminargruppen. Es war nicht schwer, die Botschaft zu übersetzen, die da am schwarzen Brett stand. Der Arm der Genossen von der Rostocker Wachkompanie hatte nicht bis nach Leipzig gereicht. Das Spiel begann von vorn, und ich hatte plötzlich gute Karten, weil ich in Bad Saarow auserwählt worden war, von wem und warum auch immer.

Es ging weiter mit den Überraschungen, und auch hier meine ich nicht, dass das Geschreibsel, das Hannes Giese und Werner Häcker in der Bergener Lokalredaktion so missfallen hatte, plötzlich Bestnoten verhieß, oder dass Antje mich in deutlich weniger als neun Monaten zum Vater machte und mir gestand, sich zunächst in meine Karteikarte verliebt zu haben. Weil einer aufpassen musste auf Juliane, so kurz nach ihrem ersten Geburtstag, durfte Antje nicht mit zur Apfelernte nach Dürrweitzschen und hat stattdessen Seminarlisten geschrieben, immer auf der Suche nach einem Mann von der Ostsee, der einen Ferienplatz versprach und noch mehr ein Leben jenseits der Abteilung ›Wirtschaftspolitik/Parteileben‹, die sie beim Volontariat in Karl-Marx-Stadt genervt hatte. Vielleicht war schon diese Apfelernte eine Überraschung, wo niemanden zu stören schien, dass das Pflücktrio mit Marlis, Anjuta und Michael lieber unter den Bäumen lag und plauderte oder schlief, als Geld zu verdienen und den sozialistischen Wettbewerb zu gewinnen.

In Leipzig wurde diskutiert, vom ersten Tag an und ohne Pause. Auf der Apfelplantage, in Kneipen und Studentenklubs, in den Seminaren. Die *Aktuelle Kamera*? Furchtbar. Das *Neue Deutschland*? Eine Zeitung, die keine Zeitung ist. Überhaupt: die Qualität im Journalismus. In Bad Saarow hatte ich noch begründet, warum es gut und richtig ist, mehr als 40 Honecker-Fotos zu drucken, wenn der Generalsekretär über die Leipziger Messe spaziert – mit dem gleichen Argument, auf das Anke Fiedler ihr Standardwerk über *Medienlenkung in der DDR* stützt.[24] Außenwirkung. Politische PR. Das Zentralorgan gehörte den Herrschenden und sollte ihnen helfen, das zu erreichen, was sie gerade wollten, Handel mit Österreich zum Beispiel oder einen guten Draht zu irgendeinem Land in Afrika. Im ND konnte man die Welt jeden Morgen durch die Brille der SED sehen und sich entsprechend orientieren. Die Bilder aus dem sowjetischen Pavillon auf dem Titel, das hat sich nie groß geändert. Aber wo war der Händedruck mit dem Mann aus Polen, wen hat Honecker sonst noch so besucht und an wem ist er einfach vorbeigegangen?

Anke Fiedler und ich haben zwanzig Jahre später Günter Böhme interviewt, der für das ND ab 1967 in Bonn war und sich dort auch als Diplomat fühlte, weil er westdeutsche ›Wünsche‹ nach Berlin weitergab und ostdeutschen Politikern die andere Hauptstadt erklären musste. Als Böhme 1972 in die DDR zurückkam, war die Ära Ulbricht vorbei und damit auch die Zeit, in der das *Neue Deutschland* eine Zeitung im Wortsinn war, mit Farbe (»blaue Phase«[25]), Reportagen, Meinungsstücken, Humor. Böhmes ›Formel‹ für das, was Fiedler/Meyen dann politische PR genannt haben: »Das Zentralorgan hat die Politik so darzustellen, wie ich, Erich Honecker, sie sehe. Egal, ob die Leser das gut finden oder nicht. Das war kurios, vor allem in der Anerkennungsphase. Wer die DDR anerkannte, sollte absolut positiv dargestellt werden. Selbst die finstersten Länder. Sie lachen, aber selbst die Redakteure haben gesagt: Solchen Scheiß soll ich schreiben?« 1980 wechselte Günter Böhme in die Agitationskommission und wurde dort »der Mann für das ND«. Das hieß:

mit Joachim Herrmann, der im Politbüro für die Medien zuständig war, und mit Heinz Geggel, dem Leiter der Abteilung Agitation im ZK, die Seite 1 planen und »auf einen Termin bei Honecker« warten. »Wenn der Generalsekretär zur Jagd war, dann saßen wir. Manchmal bis tief in die Nacht. Ohne diesen Anruf war sich der Sekretär (Joachim Herrmann) nicht sicher, ob wir alles richtig gemacht haben«.[26] Die Akten im Bundesarchiv zeigen, wie viel Zeit der erste Mann im Staate mit einer Arbeit verbrachte, für die er nicht ausgebildet war und für die andere sehr gut bezahlt wurden. Manchmal wurden selbst einfache ADN-Meldungen, 15 oder 20 Zeilen, von höchster Hand redigiert.[27] Zyniker finden hier einen Grund, warum die DDR untergehen musste. Wenn die Medien Chefsache sind, bleibt keine Energie mehr für das, was wirklich wichtig wäre.

Als Studenten haben wir nicht geahnt, dass es so schlimm ist, aber wir konnten das Ergebnis sehen und mit dem abgleichen, was wir selbst für guten Journalismus hielten. Dass es so nicht weitergehen kann, stand am Anfang jeder Debatte. Im Wohnheim gab es alles, was in der DDR gedruckt wurde, und immer wieder auch Kopien, oft schlecht lesbar, die es hier eigentlich nicht geben durfte. Was sagst Du zu dieser Geschichte aus dem *Stern*? Haben die nicht Recht? Vielleicht überzeichne ich das hier und verdränge das, was nicht nur Wiebke Müller ›Betonkopf-Professoren‹ genannt hat. Sicher gab es das: Dozenten oder Kommilitonen, die verteidigt haben, was die SED-Spitze offenbar für gute Medien hielt. Nach den Politschulungen bei der Wachkompanie, nach Oberleutnant Braun oder Unterleutnant Witt, war das trotzdem eine andere Welt. Offen, frei. Janina Fleischer, die in Berlin »auf der Russisch-Schule war«, dort einen »ziemlich homogenen« Freundeskreis hatte (»nicht ausschließlich SED-Kinder, aber recht viele«) und als Volontärin zur *BZ am Abend* ging, sieht das heute ähnlich, selbst mit Blick auf Werner Illinger, unseren Seminargruppenleiter, der Kette rauchte, aber nicht nur deshalb alt und grau aussah: »Man hatte nicht das Gefühl, dass irgendetwas unterdrückt wird. Im Gegenteil. Es brach auf. Illinger mag im Herzen ein Stalinist gewesen sein, er hat uns aber nichts getan. Es gab keine Repressionen. Journalismus schien immer wichtiger zu werden«.[28]

Vielleicht muss ich kurz erklären, wie dieses Studium organisiert war. Janina und ich sind parallel durch die ersten drei Semester gegangen, in der gleichen Seminargruppe, mit (fast) dem gleichen Stundenplan. Es gab sieben solcher Gruppen: eine für die Leute vom Fernsehen, eine für den Hörfunk, eine für ADN, die Nachrichtenagentur, und vier für die Presse. Jana Musch, meine Kontaktperson bei der *Ostsee-Zeitung* im letzten Wehrdienstjahr, landete genau wie unsere OZ-Kollegin Sibylle Walther in der Gruppe 8-02. Beide haben dann Karriere gemacht im öffentlich-rechtlichen Rundfunk. Ich kam in die 8-04, mit Antje und Janina, die heute in der *Leipziger Volkszeitung* eine Kolumne hat (›Ausgepresst‹), mit Ulrich Briese von der *Freiheit* in Halle (unser Parteichef, heute für die Leipziger Messe auf der ganzen Welt unterwegs), mit Heike Fischer von der LVZ (bei der Messe Ullis Chefin) und Torsten Kleditzsch von der *Freien Presse*, inzwischen dort Chefredakteur, mit Thoralf Schirmer von der *Lausitzer Rundschau*, der heute für Braunkohle aus der Region wirbt, und drei Mädels vom *Volk* in Erfurt, mit Silke von der LDPD (die einzige, die nicht in der SED war) sowie mit Falk Madeja von der OZ, der das war, was man sich unter einem rasenden Reporter vorstellt. Immer unter Strom, immer auf der Suche nach einer Geschichte und vor allem nach Ungereimtheiten und Fehlern in den DDR-Medien. Falk, Torsten, Antje und ich waren die perfekte Arbeitsgruppe. Drei Musterschüler und einer, der sich an allem rieb, was wir für selbstverständlich hielten.

Im ersten Studienjahr gab es sechs Prüfungen: Geschichte des Journalismus, Geschichte der journalistischen Methodik, Geschichte der SED, Dialektischer und historischer Materialismus, Informatik und Militärpolitik. Dazu Russisch (ohne Antje und Janina, die schon in der Schule weit genug gekommen waren), Englisch, Sport (für mich jede Woche zwei Stunden Orientierungslauf) und ein ›Talentekurs‹ für die, die bei einem Test am Anfang zu viel falsch geschrieben hatten (Hawaii, Libyen, Obolus und so weiter). Das zweite Jahr begann zwar historisch (am 9. Oktober 1989), da der Studienplan aber nicht sofort geändert wurde, zähle ich auch hier die Prüfungen auf, um einen Eindruck vom Angebot zu vermitteln: Grundlagen der journalistischen Methodik, Psychologie, Journalistischer Sprachgebrauch, Fotografieren, Mediensoziologie, Politische Ökonomie des Kapitalismus, Kommunikationsstrategien internationaler Konzerne und Geschichte sozialer Theorien.

Ohne Tagebuch ist schwer zu sagen, was wir damals davon gehalten haben. Viele von denen, die ich danach gefragt habe, haben mir erzählt, dass Leipzig für sie erstmal das war, was ein Studium immer ist: weg von zu Hause, ins Leben starten, neue Leute kennenlernen, sich selbst finden. »Abenteuer, Vergnügen, Affären«, sagt Marlis, meine Freundin von der Apfelernte, die wie fast alle anderen im Rückblick das Handwerk lobt: »Sprache und Methodik. Das war wirklich wertvoll. Stilistik. Die theoretische Erörterung von Thema und Absicht. Die Ideensuche. Psychologie der Gesprächsführung. Mehr erfahren über das Menschsein und über den Umgang mit Menschen. Hin und wieder sage ich jungen Kollegen: Fragt euch, was das Thema ist, wohin die Geschichte führen soll und was ihr dafür braucht. Fragt nicht wild nach allem, sondern überlegt, was ihr wissen müsst«. Hängengeblieben ist bei Marlis »auch das Fach Logik«, für das es in meinem Studienbuch gar keinen Vermerk gibt. »Das hat geholfen, die Sprache besser zu verstehen. Man macht das ja intuitiv, wenn man mit Rechtschreibung und Grammatik nicht auf Kriegsfuß steht. In Logik hat man das theoretisch durchdrungen«. Wenn Marlis heute über guten Journalismus spricht, dann geht es immer auch um Sprache. »Worte vor dem Untergang« retten, dafür »altertümliche Begriffe« einstreuen. Auf ihr »eigenes Sprachempfinden« lässt sie nicht viel kommen.

Marlis hat es schnell wieder nach Hause gezogen, nach Neubrandenburg, wo es mehr Sauerstoff gab und einen Mann, der bei der *Freien Erde* Abteilungsleiter war. »Er hat mich gedrängt, zu einer Lungenärztin zu gehen. Ich habe die Leipziger Luft nicht vertragen. Diese Industrieabgase. Die meiste Zeit habe ich gehustet wie ein Postpferd«. Marlis hat so vieles von dem nur am Rande mitbekommen, was in anderen Erinnerungen eine Hauptrolle spielt. *Sputnik*, Kommunalwahlen, Montagsdemos. Ich habe einen ›Sofortbericht‹ über das Parteilehrjahr vom 21. November 1988 aufgehoben, den ich offenbar in meiner Leitungsfunktion geschrieben habe. Anwesend: 47 SED-Mitglieder und 23 Parteilose, Thema: »Kampf der sozialistischen Länder für die Schaffung eines umfassenden Systems der internationalen Sicherheit«. Wenn ich meiner eigenen Schrift glauben kann, dann gab es eine »ziemlich rege Beteiligung«. Ganz oben auf der Liste der »Probleme, die weiterer Diskussion bedürfen«: die »Streichung des *Sputnik* von der Postzeitungsliste«. Drei Tage vor der Sitzung hatte ADN gemeldet, dass man diese sowjetische Monatszeitschrift in der DDR nicht mehr bestellen könne.

Claus Stäcker steht auch in meinem Bericht, in der Rubrik ›Lob (Vorbereitung/Mitarbeit)‹. Heute weiß ich, dass Claus überhaupt nur wegen Gorbatschow Journalist werden wollte. »Das war eine sehr bewusste Entscheidung. Im Freundeskreis hatten wir ständig Abschiedsfeiern. Ausreise. Das war eine furchtbare Zeit. Ich wollte Veränderungen hier. Und das war mein Weg, mit viel Naivität«. Als Volontär bei ADN, sagt Claus heute, habe er »sehr unter der Doppelzüngigkeit gelitten«. Offen reden, ja, aber nichts davon zu Papier bringen. »Ich dachte: Das ist nur eine Frage der Zeit. Es gab auch tolle Leute wie Hannes Bahrmann. Lateinamerikakorrespondent. Da wurde über Probleme geredet. Die Wirtschaftschefin hat uns gesagt, dass die berühmte Einheit von Wirtschafts- und Sozialpolitik gescheitert ist. Das Ziel, 1990 jedem eine Wohnung zu sichern, sei nicht mehr zu erreichen. Das war 1987, im Kreis der Volontäre. Das fand ich sensationell. In der Berichterstattung hat man davon aber nichts, aber auch gar nichts gefunden«. Und an der Uni in Leipzig? »Deprimierend«, sagt Claus. »Ich hätte nicht gedacht, dass da so viele Betonköpfe am Werk sind, vor allen Dingen in der Journalistik. Die Impulse kamen aus anderen Sektionen. Wissenschaftlicher Kommunismus. Wir haben dort ganz offen über Konversionstheorien diskutiert. Wie können sich die Systeme angleichen, wie könnte ein dritter Weg aussehen«.

Wenn Claus Stäcker damals einen Bericht geschrieben hätte mit der Rubrik ›Lob‹, würde Bernd Okun dort stehen, Marxismus-Leninismus. »Bei ihm waren die Hörsäle voll, weil er den Mut hatte, Dinge auszusprechen«.[29] Okun ging gern zu den Journalisten. Es macht ihm Spaß, mit den Studenten dort zu diskutieren. Ehrgeizige junge Leute, die nicht auf den Kopf gefallen sind. Ziemlich helle, heißt das auf sächsisch. Wie es sich für einen Philosophen gehört, hat Bernd Okun eine Erklärung, warum viele immer noch über ihn sprechen. In dieser Erklärung geht es auch um die Konkurrenz (»Das Angebot an Journalismustheorie war viel zu lau«), um Didaktik (»Der rhetorische Trick: Heute wurde mir folgende Frage gestellt. Dazu möchte ich etwas sagen«) und um das

Milieu, aus dem die meisten von uns kamen. Kinder von Medienleuten und anderen DDR-Eliten, die schon gern Journalisten sein wollten, aber nicht so, wie es das *Neue Deutschland* Tag für Tag vormachte. Nicht unter der Fuchtel eines Generalsekretärs, der die ganze Maschine lahmlegte, wenn er etwas länger im Wald unterwegs war. Bernd Okun lieferte im Hörsaal einen Gegenentwurf und machte damit all jenen Mut, die wie Claus Stäcker dachten, es sei alles nur noch eine Frage der Zeit. Ein Professor, der kritisiert, aber schon deshalb kein ›Dissident‹ sein kann, weil er »im Namen der Idee« spricht, »gestützt auf Quellen«. Wie man sich das vorzustellen hat? »Zum Beispiel mit Engels: Im Sozialismus muss die Wissenschaft frei sein und darf sich nicht nach irgendwelchen Mächten richten. Oder mit einem Kurt Hager unterschobenen Zitat: Wenn wir nicht offen reden, dann macht es der Klassenfeind. Oder mit schwer zurückweisbaren Fragen: So verdienstvoll das Leben des Genossen Honecker auch sein mag, es gibt keinen Parteibeschluss, der es verlängern könnte. Wo bitte sind die Nachwuchspolitiker, die sich den neuen Themen stellen? Diese Muster kritischen Auftretens halfen, den Konflikt zwischen Job und Rolle künftiger Journalisten auszuhalten. Da steckte auch die Botschaft drin: Reizt das doch aus, bevor ihr die Flinte ins Korn werft«.[30]

Mein Bernd Okun hieß Jürgen Schlimper, Spezialist für die Arbeiterpresse zwischen 1918 und 1933 und Schrecken aller Frauen – nicht wegen seines Bartes oder wegen der Frisur, die wahrscheinlich nur er Frisur nannte, sondern weil ihm der Ruf vorauseilte, dass er nur Männern historisches Arbeiten zutraute. Dieser Dr. Schlimper war nicht sehr viel älter als wir, Jahrgang 1956, und gerade erst aus dem Studentenwohnheim nach Grünau gezogen, weit draußen, ein Zimmer, Neubau. Nicht wirklich das, was er wollte. Im Wohnheimkeller gab es einen Studentenklub, geöffnet einmal in der Woche. Jürgen saß dort immer. Besser kennengelernt habe ich ihn nach der ersten Klausur, über einen Zettel, den er unter meiner Tür durchschob. Michael, komm bitte zu mir ins Büro. Dass das Studium mit der Vergangenheit begann, war Jürgens größter Vorteil. Er wusste als erster, was die Studenten wirklich konnten, und hat versucht, die besten für sein ›Jugendobjekt Geschichte des Journalismus‹ zu rekrutieren, mit Kaffee und Obstwein, mit Ausflügen in seine Finnhütte in der Nähe von Karl-Marx-Stadt (mit Matratzenlager und ohne WC) und manchmal (wie bei mir) auch mit der Aussicht auf eine Promotion.

Auch das muss ich noch einmal in aller Ruhe hinschreiben: Ich war im ersten Semester, der Kopf noch halb im Nebel der Wachkompanie und halb berauscht von einer Stadt, die so viel größer war als alles, was ich vorher kannte, und dieser Dozent sprach mit mir über meine Dissertation. Jürgen Schlimper ging es zunächst um die Diplomarbeit, natürlich, die er jetzt vereinbaren musste, bevor seine Jünger sehen konnten, dass sie es bei den meisten seiner Kolleginnen und Kollegen leichter haben würden als bei ihm, aber es war mehr als überzeugend, wie er das als ersten Schritt zu einem richtigen Buch verkaufte und vielleicht sogar zu einer Karriere in der Wissenschaft. Forschungsstudent: drei Jahre länger an der Universität, damit drei Jahre sicher in der Nähe von Antje, die aus Flöha war, keine hundert Kilometer von Leipzig entfernt, und vor allem drei Jahre mehr Zeit für diese DDR und ihre Medien, sich endlich so zu ändern, wie wir Studenten das für unausweichlich hielten. »Für mich waren Glasnost und Perestroika wie ein Naturgesetz«, sagt Claus Stäcker, als ich ihn Ende 2019 in Bonn besuche, im Hochhaus der *Deutschen Welle* am Rhein, wo er seit ein paar Jahren die Afrika-Programme leitet. »Anders konnte es gar nicht funktionieren. Durch die Demonstrationen wurde das noch befeuert. Dass es auf eine schnelle Wiedervereinigung hinausläuft, konnte ich mir damals nicht vorstellen«.

Ich werde die Chronologie gleich unterbrechen und zunächst erzählen, wie das gewachsen ist, was wir da in Leipzig vorgefunden haben, bevor ich den Faden am 9. Oktober 1989 wieder aufnehme und von der Achterbahnfahrt berichte, die für uns Journalistikstudenten spätestens an jenem Tag begann. Vorher ist noch das erste Studienjahr zu Ende zu bringen, mit den Kommunalwahlen am 7. Mai und mit meinen Premierentexten in der Wissenschaft. Auch in der DDR ging es um Publikationen, selbst in einer Disziplin wie der Journalistik, die es nur an einer Universität gab und die deshalb ihren Nachwuchs selbst ausbilden konnte oder musste, ganz wie man will. Jürgen Schlimper hat mich bei einem seiner Aufsätze zum Erstautor gemacht. Ich durfte den Text bestimmt lesen, bevor er dann in der Zeitschrift *Theorie und*

Praxis des sozialistischen Journalismus gedruckt wurde, vom Inhalt aber (es ging um die LVZ in der Weimarer Republik) dürfte ich nicht allzu viel verstanden haben.[31] Jürgen meinte, das sei egal. Hauptsache, im Haus gewöhne man sich an meinen Namen. Aus dem gleichen Grund wurden wir Obstwein- und Finnhüttenhistoriker auch in den Leitfäden zur Geschichte der proletarischen Presse genannt, die Jürgen Schlimper und sein Kollege Frank Stader auf schlechtem Papier und noch schlechteren Kopierern produzierten. Wir lieferten dafür Details aus Zeitungen, die schon beim Anschauen zerfielen. Ich habe dabei gesehen, dass es selbst in einer politisierten Wissenschaft Nischen gab. Die Journalismusgeschichte war der Partei egal, solange es nicht um die DDR ging. Hier konnte auch der Student schon publizieren, wenn er denn der Kritik von Stader und Schlimper standhielt. Außerdem habe ich gelernt, zu den Quellen zu gehen. Nichts aufschreiben, was du nicht selbst gesehen oder in der Hand gehabt hast: Das war Jürgen Schlimpers Credo.

Umso schlimmer war für uns der erste Sonntagabend im Mai 1989. Ich war den ganzen Tag im Auftrag der Parteigruppe in Grünau gewesen und dann zu Jürgen gegangen, um zu sehen, wie die Wahlen ausgegangen waren. Auch dieser Einsatz schien mir damals nicht ungewöhnlich. Wir Studenten waren vorher schon bei Versammlungen, wo laut und ungeschminkt über das gestritten wurde, was das Leben in der Stadt schwierig machte. Die Luft, die an vielen Tagen so weiß war, dass man kaum die Hand vor Augen sehen konnte und sich dreimal überlegte, ob man noch zur Disko gehen sollte, Wohnungen, die nass waren und schimmelig, die leeren Regale in vielen Geschäften. Ich hatte gehört, wie Funktionäre und Verwaltung darauf reagieren, und fühlte mich gewappnet, als ich für den 7. Mai als Agitator eingeteilt wurde, erst Stand-by in einem Wahllokal, wo aber niemand mit uns Parteistudenten diskutieren wollte, und nach dem Mittag mit einer Adressliste in Grünau, wo ich bei Leuten klingelte, die noch nicht zur Stimmabgabe erschienen waren.

20 Jahre später habe ich dieses Prinzip in einem Aufsatz als »interne Öffentlichkeit« beschrieben – als eine Gesprächsebene zwischen Politik und Bevölkerung, auf die der Gegner im Westen keinen Zugriff hatte, anders als zum Beispiel bei der Presse, die nicht über Umweltverschmutzung, Altstadtverfall oder Versorgungsengpässe schreiben

durfte, weil die Medienlenker glaubten, alles unterdrücken zu müssen, was der Gegner für seine Interessen nutzen konnte. Wenn man fragt, wie ein Industriestaat mit 17 Millionen Einwohnern trotz einer solchen Kommunikationsblockade 40 Jahre existieren konnte, ist man schnell bei ›internen Öffentlichkeiten‹ – bei Kommunikationskanälen wie Eingaben, Leserbriefen oder Versammlungen, die dafür sorgten, dass die Sorgen und Nöte der Menschen im Zentrum der Macht ankamen, und die auch ermöglichten, selbst zentrale ideologische Fragen auszuhandeln. Ich weiß noch, wie der ältere Bruder eines meiner Klassenkameraden stolz mit einem Brief von der *Ostsee-Zeitung* durch den Ort lief. Er hatte dort gefragt, warum in der Parteipresse nichts von einem sowjetischen U-Boot zu lesen ist, das seit Tagen durch die Westnachrichten fuhr und irgendwie doch aus den Gewässern vor Stockholm entwischt war. An die Antwort erinnere ich mich nicht mehr, es war aber ohnehin viel wichtiger, dass ihm die Redakteure überhaupt geschrieben hatten.

Bei der Vorstellung der Kandidatinnen und Kandidaten der Nationalen Front oder am Wahltag selbst drehten sich die Verhältnisse für einen Moment um. Ich zitiere einfach aus besagtem Aufsatz: »Da die DDR-Bürger wussten, wie wichtig den Herrschenden die Legitimation durch eine 100-prozentige Zustimmung war, war es möglich, die Stimme als Pfand zu nutzen, um mit der Macht zu verhandeln und Zugeständnisse in persönlichen Angelegenheiten zu erreichen. Diese Politik des Einzelfalls unter Umgehung der Öffentlichkeitsebene Massenkommunikation (sowohl im Osten als auch im Westen) hatte für die Herrschenden zwei Vorteile: Zum einen wurden Kritiker zumindest zeitweise zufriedengestellt, und zum anderen konnten DDR-Bürger nur in ›kleinen Öffentlichkeiten‹ (in Gesprächen auf der Straße, im Bus oder in der Kneipe) erfahren, welche Sorgen ihre Nachbarn hatten, und sich so schwerer über das Meinungsklima informieren, da in der ›politisch inszenierten Öffentlichkeit‹ nur Erfolge und Zustimmung zelebriert wurden«.[32]

Was Egon Krenz am Abend dieses Wahlsonntags auf der Mattscheibe im Wohnzimmer von Jürgen Schlimper verkündet hat, ist Allgemeinwissen. Inszenierung und Wirklichkeit trafen hier für mich vielleicht zum ersten Mal mit voller Wucht aufeinander. Gerade hatten wir noch im Wahllokal mit Freude die zehn Prozent Gegenstimmen registriert (nur zehn Prozent!) und spekuliert, dass Leipzig-Grünau damit im Republikdurchschnitt liegen könnte. Und jetzt das. Die Stimmung dürfte so ähnlich gewesen sein wie an meinem vierten Geburtstag, an dem Tag, als ich bei Schneetreiben in einem uralten Auto aus dem Paradies ausziehen musste.

Anmerkungen

1 Manfred Ewald: *Ich war der Sport. Wahrheiten und Legenden aus dem Wunderland der Sieger.* Berlin: Elefanten Press 1994

2 Jutta Braun: »Jeder Mann an jedem Ort – einmal in der Woche Sport«. Triumph und Trugbild des DDR-Sports. In: Thomas Großbölting (Hrsg.): *Friedensstaat, Leseland, Sportnation? DDR-Legenden auf dem Prüfstand.* Berlin: Ch. Links 2009, S. 177-195, hier 178

3 Heinz Florian Oertel: *30 Jahre wie ein Sprint.* Berlin: Sportverlag 1985, S. 11f.

4 Vgl. Heinz Florian Oertel: *Mit dem Sportmikrofon um die Welt.* Berlin: Sportverlag 1958, Heinz Florian Oertel: *Höchste Zeit.* Berlin: Neues Leben 1997, Heinz Florian Oertel: *Nachspiel-Zeit.* Berlin: Neues Leben 1999, Heinz Florian Oertel: *Gott sei Dank. Schluß mit der Schwatzgesellschaft.* Berlin: Neues Leben 2007, Heinz Florian Oertel: *Pfui Teufel. Über Verdrängtes und Vergessenes.* Berlin: Neues Leben 2009, Heinz Florian Oertel: *Wenn man aufsteht, wird die Verbeugung tiefer.* Berlin: Neues Leben 2017

5 Michael Meyen, Anke Fiedler: *Die Grenze im Kopf. Journalisten in der DDR.* Berlin: Panama Verlag 2011, S. 289-298, Zitate 293-295

6 Ebd., S. 295, 304

7 Anthony Giddens: *Modernity and Self-Identity. Self and Society in the Late Modern Age.* Cambridge, UK: Polity Press 1991

8 Michael Meyen: *»Wir haben freier gelebt«. Die DDR im kollektiven Gedächtnis der Deutschen.* Bielefeld: transcript 2013

9 Monika Maron: Lebensentwürfe, Zeitenbrüche. Vom Nutzen und Nachteil dunkler Brillen: Wer es sich zu einfach macht beim Rückblick auf seine Geschichte, beraubt sich seiner Biographie. In: *Süddeutsche Zeitung* vom 13. September 2002, S. 18. – Vgl. Michael Meyen: *Denver Clan und Neues Deutschland. Mediennutzung in der DDR.* Berlin: Ch. Links 2003, S. 22

10 Vgl. Anke Fiedler: *Medienlenkung in der DDR.* Köln: Böhlau 2014

11 Vgl. Harald Welzer: *Das kommunikative Gedächtnis. Eine Theorie der Erinnerung.* 3. Auflage. München: C. H. Beck 2011, S. 185-206

12 Vgl. Norbert Frei: *Amerikanische Lizenzpolitik und deutsche Pressetradition. Die Geschichte der Nachkriegszeitung Südost-Kurier.* München: R. Oldenbourg 1986, S. 7

13 Abschlussbericht über die erste »Vorbereitungswoche« zur Auswahl von J-Studienbewerbern vom 9. bis 21. März 1975 in Strausberg. Universität Leipzig, Sektion Journalistik, 19. April 1975. In: UAL, Sektion Journalistik 40, Bl. 8-13, hier 9

14 Michael Meyen: Der Ost-West-Gipfel vom Mai 1990. In: Michael Meyen, Thomas Wiedemann (Hrsg.): *Biografisches Lexikon der Kommunikationswissenschaft*. Köln: Herbert von Halem 2020. http://blexkom.halemverlag.de/ost-west-gipfel/ (7. Mai 2020)

15 Abschlussbericht Strausberg, Bl. 13

16 Interview mit Wiebke Müller am 1. November 2019 in Dresden. – Alle weiteren Zitate von Wiebke Müller sind aus diesem Interview.

17 Interview mit Marlis Tautz am 21. November 2019 in Schwerin. – Alle weiteren Zitate von Marlis Tautz sind aus diesem Interview.

18 Interview mit Michael Seidel am 21. November 2019 in Schwerin. – Alle weiteren Zitate von Michael Seidel sind aus diesem Interview.

19 Interview mit Uwe Madel am 5. Februar 2020 in Berlin

20 Abschlussbericht Strausberg, Bl. 10

21 Interview mit Andreas Rook am 7. November 2019 in Dresden

22 Vgl. Michael Meyen, Anke Fiedler: *»Wer jung ist, liest die Junge Welt«. Die Geschichte der auflagenstärksten DDR-Zeitung*. Berlin: Ch. Links 2013, S. 136-141

23 Bernd Okun: Reizt das doch aus, bevor ihr die Flinte ins Korn werft. In: Michael Meyen, Thomas Wiedemann (Hrsg.): *Biografisches Lexikon der Kommunikationswissenschaft*. Köln: Herbert von Halem 2020. http://blexkom.halemverlag.de/okun-interview/ (7. Mai 2020)

24 Anke Fiedler: *Medienlenkung in der DDR*. Wien: Böhlau 2014

25 Burghard Ciesla, Dirk Külow: *Zwischen den Zeilen. Geschichte der Zeitung »Neues Deutschland«*. Berlin: Das neue Berlin 2009, S. 105

26 Günter Böhme: Was wird der Erich dazu sagen? In: Meyen/Fiedler: *Grenze*, S. 115-124, hier 121, 123

27 Vgl. Fiedler: *Medienlenkung*

28 Interview mit Janina Fleischer am 9. Januar 2020 in Leipzig

29 Interview mit Claus Stäcker am 13. November 2019 in Bonn. – Alle weiteren Zitate von Claus Stäcker aus diesem Interview.

30 Okun, *Flinte*

31 Michael Meyen, Jürgen Schlimper: Die Leipziger Volkszeitung 1924/26 auf der Seite der linken Opposition. In: *Theorie und Praxis des sozialistischen Journalismus* 17. Jg. (1989), Nr. 5, S. 335f.

32 Michael Meyen: Öffentlichkeit in der DDR. Ein theoretischer und empirischer Beitrag zu den Kommunikationsstrukturen in Gesellschaften ohne Medienfreiheit. In: *Studies in Communication / Media* 1. Jg. (2011), S. 3-69, hier 55

6. WO BRIGITTE KLUMP STUDIERT HAT

Eine Reise in die 1950er-Jahre, vermittelt von Ingeborg Schmidt

Den Schlüssel zu diesem Kapitel habe ich geerbt. Ende 2016 kam eine Nachricht von Ingeborg Schmidt, die mich auf einem Symposium zur Geschichte der Kommunikationswissenschaft in Leipzig gehört hatte und nun hoffte, dass ich ihr bei der Suche nach einem Interview helfen könnte, das ihr Mann Siegfried kurz vor seinem Tod gegeben hatte. Das Ganze wirkte auf den ersten Blick befremdlich: Ingeborg Schmidt hatte durch einen Zufall erfahren, dass das Universitätsarchiv den Text hat, sie kam aber nicht an ihn heran, weil der Zugang für zehn Jahre gesperrt war und ihr Mann den Hütern der Akten auch keine Ausnahmegenehmigung für die Witwe gegeben hatte. Das Interview war für sie spannend, weil Siegfried dort sehr ausführlich über Arbeit und Leben gesprochen hatte, eine Art Rechenschaftsbericht sozusagen. Ich habe Ingeborg Schmidt besucht und dabei gelernt, dass eine Ehe auch dann fünfzig Jahre halten kann, wenn Mann und Frau wenig voneinander wissen. Sie habe morgens das richtige Hemd aus dem Schrank genommen, sagt Ingeborg, und dann sei er ins Büro gegangen. Über so ein Interview zu sprechen oder über andere berufliche Dinge, war in diesem Ablauf nicht vorgesehen.

Siegfried Schmidt, Jahrgang 1936, hat in Leipzig ein halbes Jahrhundert Journalisten ausgebildet und dabei alles erlebt: die Gründung der

Fakultät für Journalistik (als Student), Hermann Budzislawski, den ersten Dekan (als persönlicher Mitarbeiter), die Professionalisierung von Forschung und Lehre in der DDR (als Dozent und Lehrstuhlleiter), den Neustart in den 1990er-Jahren (als außerordentlicher Professor und einer der wenigen, die weitermachen durften) – und sogar mich. Ich gebe zu: Ich mochte ihn nicht besonders. Vermutlich beruhte das (wie meistens) auf Gegenseitigkeit. In meiner Erinnerung dominiert das Habilitationsverfahren, das ich seinetwegen fast hingeworfen hätte. Das klingt dramatisch und war auch so. In Leipzig musste man damals nicht nur ein Buch einreichen, sondern auch ›Thesen‹ (zehn Seiten Zusammenfassung), zu begutachten von einer Kommission. Fünf Menschen, die entscheiden durften, ob ich »professorabel« bin, wie Hans-Jörg Stiehler das nannte, der Vorsitzende. Arnulf Kutsch, mein Mentor, hielt es für eine gute Idee, Siegfried Schmidt in diese Kommission zu holen. Wir duzten uns (auch wenn es die SED längst nicht mehr gab), und Siegfried kannte sich ein wenig aus mit meinem Thema, zumindest mit dem Konzept ›Unterhaltung‹, das im Titel der Arbeit stand.[1] Er hatte dazu 1965 promoviert.[2] Diese Kommission, so habe ich das schon damals gesehen, war für ihn eine der letzten Bühnen, auf denen er um seine Reputation kämpfen konnte – gegen die Kollegen aus dem Westen, die ihn als Relikt der DDR sahen und sich kaum für das interessierten, was er wissenschaftlich machte, und gegen mich, 30 Jahre jünger und damit (fast) ohne den Ballast, der ihm den Weg zur Anerkennung erschwerte. Meine ›Thesen‹ gefielen Siegfried nicht, auch in der zweiten und in der dritten Version. Ohne meine Frau, die mir immer wieder sagte, dass das alles nichts mit mir zu tun habe, hätte ich diesen Kleinkrieg nicht durchgestanden.

Siegfrieds Witwe fand ich sofort sympathisch. Auch ein Jahr nach dem Tod ihres Mannes mied sie sein Arbeitszimmer. Die Wohnung am Körner-Platz in Leipzig war eigentlich viel zu groß für so ein Persönchen, aber jeder Umzug wäre noch größer gewesen. Ich habe in dieser Wohnung zwei Schätze gefunden: das Material, das Siegfried Schmidt in seinen letzten Seminaren an der Universität zusammengetragen hatte, und seine Frau. Im Arbeitszimmer lagen jede Menge Hausarbeiten zur Geschichte der Leipziger Journalistik und vor allem DVDs – Mitschnitte von Gesprächen, die Siegfrieds Studenten zwischen 2008 und 2010 geführt hatten. Einige der Wissenschaftler, die dort vor der Kamera über ihr Leben sprechen, waren inzwischen gestorben, Heinz Halbach zum Beispiel, den ich als Student gehört hatte, oder Franz Knipping, Nach-Nachfolger von Budzislawski als Dekan. Für einen Historiker ist das wie ein Blick in den Himmel oder in die Hölle. Plötzlich sah und hörte ich Menschen, die niemand mehr befragen kann, und sie sprachen tatsächlich über das, was mich gerade interessierte. Noch besser war die Zeitzeugin, die lebte. Das Interview mit Siegfried Schmidt blieb vergraben im Archiv, aber mit seiner Witwe konnte ich reden. Ohne sie würde es dieses Kapitel nicht geben.

WIE SICH EIN MÄDCHEN IN DIE DDR VERLIEBEN KONNTE

Ingeborg Schmidt war dabei, als es losging, im Herbst 1954 an der Fakultät für Journalistik. Sie kam direkt von der Schulbank aus Stollberg im Erzgebirge, auf halbem Wege zwischen Zwickau und Chemnitz, das seit 1953 Karl-Marx-Stadt hieß. Dort hatte sie für die *Freie Presse* geschrieben, das Regionalblatt der SED. Als Volkskorrespondentin. Über das, was in der Schule so los war, genau wie ich später auf Rügen. Einmal hat sie sogar einen Talsperrenwärter vorgestellt. Ingeborg Schmidt weiß noch genau, wie das damals war.[3] »Ich bin dort ganz naiv hingegangen, unangemeldet«. Was haben die Lehrer gesagt? »Gar nichts. Es gab keine Resonanz. Auch sonst nicht.« Zur *Freien Presse* war sie über ihren Freund gekommen, der vier Jahre älter war, schon auf dem Sprung zum Studium nach Leipzig, dann bald ihr erster Ehemann und heute so berühmt, dass ich kaum glauben kann, mit seiner Jugendliebe zu sprechen. »Er hat mich mitgenommen, wenn er zur Anleitung der Volkskorrespondenten gegangen ist. Ich war vielleicht 15. Für mich war das keine Sensation. Ich bin gar nicht sicher, ob ich das zu Hause überhaupt erzählt habe.«

Ingeborgs Vater war Lehrer, Jahrgang 1897. Im ersten Krieg schwer verwundet und im zweiten mit der letzten Reserve nach Stalingrad. »In der DDR galt er als Altlehrer und wurde erst 1953 wieder in einer Schule eingestellt. Zur Überbrückung hat er am Anfang als Knecht bei einem Bauern gearbeitet, für 50 Mark. Später war er dann in der Fettchemie. Er musste ja seine drei Kinder ernähren.« Ingeborg ließ er gewähren. Als sie und ihre Schwester, die Kindergärtnerin werden möchte, 1950 zum Deutschlandtreffen nach Berlin wollen, kann selbst der Pfarrer nichts ausrichten. »Mein Vater hat gesagt, das sind Erlebnisse, die nicht wiederkommen. Er hatte keine Aversionen gegen die DDR. Er wusste, dass ich empfindlich bin und politisch gläubig war. Wenn er etwas kritisiert hat, hat er immer gesagt: Ich will dir nicht wehtun.«

Was Ingeborg Schmidt hier über die Kindertage der DDR im Erzgebirge erzählt, werde ich später so ähnlich von Sigrid Hoyer hören, vier Jahre jünger und an der Ostsee aufgewachsen. Die Formulierung ›groß geworden‹ verbietet sich, wenn man Sigrid Hoyer kennt. In Stralsund war es der Opa, ein Handwerker, der den Rias hörte, aber trotzdem wusste, dass er die Enkelin nicht bremsen darf. Sigrid hat in der Schule Lehrer getroffen, die sie für Brecht begeistern und mit dem Freundschaftszug in die Sowjetunion schicken. Die neue Zeit scheint keine Grenzen mehr zu kennen, gerade für junge Frauen nicht, die talentiert sind und sich einlassen auf das, was plötzlich möglich ist. »Ich hatte einen wunderbaren Direktor«, sagt Ingeborg Schmidt über die Oberschule in Adelsberg, einem Stadtteil von Chemnitz. »Auch die Klassenlehrerin war ganz hervorragend. Sie war nicht viel älter als wir und gerade bei der Lehrerausbildung in Hellerau, als die Bomben auf Dresden fielen. Ihr Vater war Kommunist. Nie wieder Krieg, alles dagegen tun: Diese Einstellung ist hier gewachsen. In Adelsberg waren meine Schwester und ich mit die ersten FDJler.« Für die Reise der beiden nach Berlin haben die Lehrer gesammelt.

Ingeborg Schmidt ist etwas älter als meine Eltern und ein wenig jünger als die DDR-Bürger, die in der Literatur als Aufbaugeneration beschrieben werden – Menschen aus einfachen Verhältnissen, geboren meist in den 1920er- und frühen 1930er-Jahren, die aus dem Krieg zurückkamen oder wenigstens in der Hitlerjugend waren und einen Neuanfang wollten, dafür zunächst in Antifa-Gruppen oder in der FDJ mitmachten, bald in eine der Parteien eintraten und im Osten eine Aufstiegschance bekamen, von der sie vorher nicht einmal geträumt haben dürften.[4] Den Wunsch, in einer Gesellschaft ohne Faschismus und Krieg zu leben, gab es natürlich auch im anderen Teil Deutschlands, gerade für Kinder von Arbeitern und Angestellten aber muss das Angebot verlockend gewesen sein, das die DDR ihnen machte.

Dass Ingeborg Schmidt, Sigrid Hoyer und ihre etwas älteren Genossinnen und Genossen diesen Staat bis zu seinem Ende trugen, war dabei fast zwangsläufig. Zwischen 1949 und 1961 verließen rund drei Millionen Menschen die DDR, vor allem junge, gut ausgebildete Männer. An allen Ecken und Enden fehlten qualifizierte Kräfte, zumal die Entnazifizierung das Gros der alten Eliten getroffen hatte. Hunderttausende Menschen aus der Aufbaugeneration wurden Protagonisten in einem »kollektiven Bildungsroman« und qualifizierten sich für die entleerten Führungsetagen.[5] Heinz Halbach zum Beispiel, Jahrgang 1930, der 1951 zum Studium nach Leipzig kam, wurde schon ein Jahr später Hilfsassistent und Seminarleiter, musste gleich nach seinem Abschluss eine Vorlesungsreihe anbieten und kurz darauf das Fernstudium leiten.[6] Diese Erfahrung war für die nächsten Generationen nicht wiederholbar, da die neuen Eliten wie eine »Bleiplatte« auf der Gesellschaft lagen.[7] Als ich 1988 nach Leipzig kam, war Heinz Halbach immer noch da, Ende 50 jetzt, Professor für Theorie und Methodik des sozialistischen Fachjournalismus und ›mein‹ Dozent im Fach Militärpolitik (eine Vorlesung, in der Panzer und Raketen in Ost und West gegeneinander aufgerechnet wurden).

In Pension gehen wollte Heinz Halbach nicht. Ironisch bis zynisch klingt das, was er später über die Evaluierung erzählt hat. Er sollte mit Kurt Koszyk sprechen, Professor in Dortmund, ein Jahr älter als er. O-Ton Halbach: »Er hatte mich vorher zu Gastvorlesungen eingeladen. Dem war das schrecklich peinlich. Als ich reinkam, ging er raus. Ich habe mit Karl Friedrich Reimers (dem Gründungsdekan aus München) über das Demokratieverständnis in Ost und West debattiert. Eine rein akademische, politische Debatte. Nach einer halben Stunde kam Koszyk wieder und sagte: Herr Kollege Halbach, Sie wollten ja ohnehin in Kürze in Pension gehen. Ich wünsche Ihnen alles Gute. Auf Wiedersehen«. Keine Frage zu Ihrer Tätigkeit? »Nein. Man hat mich nicht einmal gefragt, wie ich selbstkritisch manche Thesen einschätze, die ich früher geschrieben habe. Es ist überhaupt nichts geschehen. Es stand schon vorher fest: Alle sind ausnahmslos rauszuschmeißen«.[8]

Das Altersübergangsgeld, das bis Ende 1992 jeder beantragen konnte, der 55 war oder älter, lässt sich so auch als Antwort des neuen Gesetzgebers auf das Generationengefüge der DDR lesen. Wer so alt war wie Heinz Halbach oder das Ehepaar Schmidt, hatte nicht selten für das Projekt Sozialismus geglüht und war dafür belohnt worden. Ingeborg hat nach dem Studium zunächst für eine Dorfzeitung und eine Betriebszeitung gearbeitet, dann aber promoviert (an einer anderen Fakultät) und später als Dozentin an der Universität gelehrt.

Wie unzufrieden man auch immer mit dem gewesen sein mag, was die DDR aus den Idealen der Arbeiterbewegung machte: Schon die eigene Identität, die Geschichte, die man sich über sich selbst erzählt und zu der die Träume und Überzeugungen der Jugend gehörten, gebot, dieses Land zu tragen und sich seinem Abriss zu verweigern. Umgekehrt hilft das Generationengefüge auch, den Herbst 1989 zu verstehen. Wenn die Aufstiegskanäle verschlossen sind, gärt es im Kessel. Folgerichtig flohen und demonstrierten vor allem die Hineingeborenen – die Kinder der Aufbaugeneration, zur Welt gekommen in den 1950er- und 1960er-Jahren, hineingewachsen in eine geschlossene Gesellschaft, je jünger, desto weniger berührt von den Ereignissen im Juni 1953 und im Sommer 1968 und deshalb desto eher in der Lage, der SED entweder die Stirn zu bieten oder das Land zu verlassen.

Das Lebensgefühl und die Erfahrungen, die meine Generation in der DDR machen konnte, sind nicht zu vergleichen mit dem, was Ingeborg Schmidt im Erzgebirge erlebt hat. Während ich als Schüler auf der Insel Rügen in aller Ruhe die Nachfolge von Heinz Florian Oertel planen konnte, war für Ingeborg Schmidt überhaupt nicht abzusehen, was passieren würde – trotz Stipendium (60 Mark), trotz guter Leistungen, die das Schulgeld wegfallen ließen, und obwohl der Direktor im Zuchthaus war und ebenfalls Kommunist. »Ich habe kein Wort Englisch und Französisch gesprochen. In Adelsberg hatten wir keine Sprachausbildung.« Außerdem war das Geld immer knapp. »Übernachtung und Essen haben 45 Mark gekostet. Und die Klavierlehrerin fünf Mark die Stunde. Ich weiß noch, wie ich immer am Schaufenster gestanden und die Limonade angesehen habe. So etwas konnte ich mir nicht leisten.« Ingeborg hat die Klavierstunde halbiert und ist immer schon in Chemnitz-Süd ausgestiegen und zur Schule gelaufen, um zehn Pfennig Fahrgeld zu sparen. In Adelsberg gingen zwar viele Arbeiterkinder zur Schule, aber auch Töchter und Söhne von Anwälten, Pfarrern, Fabrikanten. Ingeborg Schmidt erzählt von »den entsprechenden Zusammenstößen« und von ihrem Eintritt in die SED. »Im Sommer 1952 hat die Parteigruppe jemanden geschickt und gefragt. Ich habe das als Anerkennung von Leuten empfunden, die mir wichtig waren.«

WARUM EIN ›AMERIKANER‹ IN LEIPZIG JOURNALISTEN AUSBILDEN DURFTE

Ingeborg Schmidt spielt auch in dem Bestseller *Das Rote Kloster* von Brigitte Klump mit, in dem Buch, das das Bild von der Leipziger Journalistenausbildung geprägt hat wie keine zweite Veröffentlichung. Klump kam aus einer Bauernfamilie in Glöwen, hatte ihr Abitur 1953 in Havelberg gemacht, ein Jahr in Berlin beim Wochenblatt *Der Freie Bauer* als Volontärin gearbeitet und war von dort zum Studium an die Leipziger Fakultät delegiert worden, obwohl sie eigentlich Kritikerin werden und Theaterwissenschaft studieren wollte. Ihren Vater beschreibt sie als überzeugten Genossenschaftsbauern, der sehr früh für die Kollektivierung der Landwirtschaft gewesen und deshalb auch LPG-Vorsitzender geworden sei. Beim Aufnahmegespräch im Presseverband habe sie das erste Mal Hermann Budzislawski gesehen, den Dekan der Fakultät für Journalistik. »Ein Mann mit einem Gesicht aus Stein. Einen Querbinder um den Hals.« Budzislawski habe gefragt, worin sie die Aufgabe der Zeitung sehe, und erwartet, »das hat er mir später erzählt, ich würde mit den Lenin'schen Begriffen operieren, die Zeitung habe kollektiver Agitator, Propagandist und Agitator zu sein, Sprachrohr der Partei«. Da ihr »die Pressetheorie« nicht »geläufig« gewesen sei, habe sie kurz überlegt und dann berichtet, wie die Bauern Zeitungen nutzen. Als Brotpapier, auf dem stillen Örtchen. »Alles lachte«, und Brigitte Klump hatte ihren Studienplatz.[9]

Wie das so ist mit solchen Erinnerungen: Die anderen Beteiligten sind längst tot. Hermann Budzislawski wusste bei diesem Gespräch im Sommer 1954 vielleicht noch nicht einmal, dass er wenig später erster

Dekan der neuen Fakultät werden würde. Franz Knipping, seit 1951 Student am Institut für Publizistik und Zeitungswissenschaft in Leipzig, ab 1954 wissenschaftlicher Assistent und dann 1965 selbst Dekan, erzählt auf der DVD, die ich im Arbeitszimmer von Siegfried Schmidt gefunden habe, dass ein anderer Professor (Wilhelm Eildermann) damals »schon seine Antrittsrede als Dekan vorbereitet« hatte. »Die lag fix und fertig in seinem Schreibtisch. Plötzlich wurde entschieden, den Amerikaner an die Spitze zu stellen. So nannte man Budzislawski damals. Das war für alle total überraschend«.[10]

Ich könnte jetzt tief eintauchen in die Zeit, in der Brigitte Klump und Ingeborg Schmidt jung waren und die DDR und ihre Journalistenausbildung ein großes Experimentierfeld. Das wäre schon deshalb spannend, weil sich an der Leipziger Universität die gleichen Kämpfe abspielen wie überall im Land. Der Personalbedarf ist groß und die Auswahl klein. Und: Es gibt keine Blaupause für das, was da aufgebaut werden soll. Niemand weiß, wie man Brigitte, Ingeborg und all die anderen am besten fit macht für die Redaktionen, und selbst dort, in der ›Praxis‹, ist in diesen Jahren nichts so beständig wie der Wandel. Die Weimarer Republik ist tausend Jahre her. Die Kommunisten, die plötzlich Professoren sein sollen, Minister, Verwalter, Abteilungsleiter, Chefredakteure, all diese neuen Entscheider und Vorgesetzten waren auch vor 1933 nicht wirklich dabei. Sie können das gar nicht können, was der Titel ihres Jobs von ihnen verlangt, und sie trauen vielen Genossinnen und Genossen nicht über den Weg, weil man sich in Exil und Widerstand aus den Augen verloren hat und der Klassenkampf erst richtig beginnt. Selbst wenn man persönlich nicht glaubt, dass die eigenen Leute in England oder in den USA zu Spionen geworden sind, so taugt doch allein schon der Verdacht, um mögliche Konkurrenten zu diskreditieren. Und wer mit der Sowjetunion winkt oder sogar Kontakte nach Moskau hat, kann von heute auf morgen Karriere machen.

Das hat es alles gegeben an der Fakultät für Journalistik und ihren Vorläufern. Ich habe das im Detail aufgeschrieben – und den Text dann doch ins Internet verbannt.[11] Zu viele Namen, hat meine Frau gesagt, wie immer Erstleserin und wichtigste Lektorin. Konzentrier dich auf das, was wirklich wichtig ist. Sonst schläft man beim Lesen ein.

Also gut. Wirklich wichtig ist Hermann Budzislawski. Der ›Amerikaner‹, Jahrgang 1901, bringt nicht nur einen Doktortitel mit (erworben 1923 in Tübingen), sondern die Aura des berühmten und weitgereisten Journalisten. In seinem Lebenslauf: Ossietzkys *Weltbühne*, ein Blatt aus dem Reliquienschrank aller NS-Gegner. Im Exil hat Budzislawski die *Neue Weltbühne* geleitet und sich dann selbst in den USA durchgesetzt. Seine Rückkehr ist für die SED eine Prestigefrage. Ein »antifaschistischer Publizist«, einer der ganz »großen Namen«.[12] Die Akten sagen, dass der Umworbene ganz genau weiß, welchen Wert er für die ostdeutschen Politstrategen hat, und dass er dieses Wissen einsetzt, nicht viel anders als heute die Profifußballer, die um einen neuen Vertrag feilschen. Ernst Bloch und Julius Lips: Das ist die Liga, in der Budzislawski spielt. Das Trio bekommt ein »Sondergehalt für Rückkehrer« (zunächst 13.600 Mark im Jahr[13]), und als Budzislawski im Herbst 1948 tatsächlich als erster der drei neuen Stars aus den USA in Leipzig eintrifft, schafft er es, die Miete für das »sehr schöne« Haus in Eutritzsch von 300 auf 200 Mark im Monat zu senken.[14]

Aus dem Journalisten wird trotzdem kein Akademiker. Budzislawski hält zwar Vorlesungen (zunächst über die »Geschichte der öffentlichen Meinung in Europa« und die »Technik des Journalismus«), bietet Seminare und Übungen an und baut das (noch sehr kleine) Institut für Publizistik auf, zu dem im Herbst 1949 ein Assistent und eine Sekretärin gehören, macht aber zugleich das weiter, was er am besten kann. Sein Radiokommentar, ausgestrahlt an jedem Donnerstag, sei »der meistgehörte« im Leipziger Sender, schreibt er im November 1949 an das Ministerium in Dresden, um den Wunsch nach einem Dienstwagen zu untermauern. Außerdem in der Waagschale: die vielen »Vorträge und Ansprachen« sowie die Provisorische Volkskammer, wo Budzislawski seit dem 7. Oktober 1949 Abgeordneter ist und, glaubt man seinem Selbstzeugnis, »mehr oder weniger« die Kulturbund-Fraktion leitet.[15] Vorsitzender ist nominell Klaus Gysi.

Das Auto hat Hermann Budzislawski bis zum Ende nicht bekommen. Im Universitätsarchiv Leipzig füllt der Schriftwechsel in Sachen Kfz eine ganze Akte. Ein Dokument der Schwierigkeiten, die ein Mann der alten Schule, mit viel Tamtam in die DDR geholt, mit den neuen Verhältnissen hat. Es geht ihm keineswegs nur um die Fahrten nach Berlin, zu den Sitzungen im Verband der Journalisten der DDR, im FDGB-Bundesvorstand oder in der Volkskammer, wo er ab 1958 wieder Abgeordneter ist (jetzt in der FDGB-Fraktion). Budzislawski will morgens zur Universität gebracht werden und zur Mittagsruhe wieder nach Hause. In der jungen DDR sind nicht nur Autos, Fahrer und Benzin knapp, sondern auch das Verständnis für Allüren, mit denen man doch aufräumen will im Sozialismus. Die Universitätsverwaltung jedenfalls wehrt sich, auch weil sie weiß, dass sie anderen schlecht abschlagen kann, was sie dem einen erlaubt. Man erschwert den Weg zur Fahrbereitschaft, lässt den Wagen zu spät kommen, verweist auf die üppige Besoldung des Professors, stellt Rechnungen zum Taxipreis. Weil Budzislawski nicht zahlt, wird ihm der ausstehende Betrag im August 1959 schließlich vom Gehalt abgezogen. Für die Universität ist die Angelegenheit damit erledigt,[16] und der Dekan der Fakultät für Journalistik lässt sich von der *Leipziger Volkszeitung* fahren.[17] Sein Einzelvertrag mit dem Staatssekretariat für Hoch- und Fachschulwesen, unterschrieben am 3. August 1961 und rückwirkend gültig ab 1. April, nennt ein Monatsgehalt von 4000 Mark (der DDR-Durchschnitt lag damals bei knapp 600) sowie eine Zulage für die Institutsleitung (750 Mark im Jahr). Außerdem wird versprochen, dass Budzislawski »bei der Erlangung eines angemessenen Wohnraums in jeder Weise unterstützt wird«.[18]

Ingeborg Schmidt hätte sicher nichts dagegen gehabt, wenn sie damals gefragt worden wäre. »Vor Budzislawski hatten wir Respekt«, sagt sie. »Wir waren stolz, dass wir ihn bei uns hatten. Er hat jede Woche zwei Stunden Vorlesung gehalten, zwei Jahre lang. Es gab zwei Hörsäle. Das waren eigentlich Gesellschaftsräume. Vorne hatten sie ein Podest aufgebaut. Er marschierte dort oben entlang. Er trug ja immer eine Fliege und stand selten still.« Und die anderen Professoren? »Heinrich Bruhn und Wilhelm Eildermann waren verdiente Genossen, die man unterbringen musste. Ich habe dort kein Wort gelernt, aber ich schimpfe heute auch nicht darüber.« Die Aufbaugeneration brauchte die alten Kämpfer (die »misstrauischen Patriarchen«) als »politische Ersatzväter«.[19] Die Kommunisten, die oft schon in der Weimarer Republik und dann vor allem in der Zeit des Dritten Reiches gegen den Faschismus gekämpft und persönliche Opfer wie Gefangenschaft oder Exil gebracht hatten, waren auch deshalb über jeden Zweifel erhaben, weil viele der Jungen selbst irgendwie ›mitgemacht‹ hatten und erst durch den Eintritt in die FDJ auf die Seite des Siegers gekommen waren.

Zu Bruhn und Eildermann gleich mehr. In Sachen Budzislawski liegen die Zeitzeugen nicht weit auseinander.[20] Heinz Halbach, kurz vor Kriegsende als Hitlerjunge in Prag in den Volkssturm verpflichtet, kannte ihn schon aus dem Radio, als er sich noch um junge Landarbeiter kümmerte. »Ich hörte seine geschliffene Redeweise. Aber vor allen Dingen imponierten mir seine Argumente. Das las man woanders so nicht. Etwas völlig Eigenes. Als ich hörte, dass er bei den Publizisten unterrichtet, habe ich mich gefreut, bei ihm studieren zu dürfen«.[21] Respekt und Stolz (Ingeborg Schmidt), das ja. Teilweise sogar Verehrung wie bei Karl-Heinz Röhr, der 1956 bis 1960 Journalistik studierte und dann als »eine Art Adjutant« von Budzislawski an der Fakultät einstieg. »Budzislawski ist die Brücke vom klassischen Akademiker zum Publizistik-Lehrer. Belesen, analytisch, kreativ, anregend, mehrsprachig.« Röhr erinnert sich mit Nachsicht an das Häuschen, das Auto und andere Privilegien wie »die ganzen Westzeitungen, die er intensiv las«, gelernt aber hat er von seinem Professor etwas genuin Journalistisches: »Redigieren«. Als wissenschaftliches Vorbild fiel Budzislawski schon deshalb aus, weil er selbst kaum wissenschaftlich arbeitete. Das Buch *Sozialistische Journalistik*, 1966 unter seinem Namen erschienen, war eher ein Werk seiner Mitarbeiter. Karl-Heinz Röhr, der im Vorwort entsprechend gewürdigt wird[22]: »Da ist nur wenig auf seinem eigenen Mist gewachsen. Wir mussten vorarbeiten. Er hat das dann in der Luft zerrissen, etwas diktiert und auch geschrieben. Am Ende stand ein Budzislawski. Er konnte formulieren, jenseits vom Funktionärsdeutsch«.[23]

Dass Budzislawski von Brigitte Klump im Sommer 1954 Lenins Presseformel hören wollte, passt nicht zu diesem ›Amerikaner‹, der da schon über 50 ist und sein Selbstbewusstsein aus den Erfolgen zieht, die er in kommerziellen Medienumgebungen gefeiert hat. Um diesen Gedanken noch ein wenig weiterzuspinnen: So ein Journalist der alten Schule passt eigentlich auch nicht zu der Fakultät für Journalistik, die im Herbst 1954 in Leipzig gegründet wird, und zu verdienten KPD-Kämpfern wie seinem Kontrahenten Wilhelm Eildermann, der die Presse ganz im Sinne der »Lenin-Stalinschen Lehre« ausschließlich als Instrument der Partei sah.[24] Informationen unterdrücken, Informationen so zurechtbiegen, dass sie den eigenen Interessen dienen, eine Welt erfinden, die die eigenen Bürger für den Sozialismus begeistern soll und dem Westen keinen Angriffspunkt bietet: Mit Hermann Budzislawski ist das nicht zu haben. Er will, dass die Zeitung auch in der DDR Zeitung bleibt und zunächst einmal berichtet, was im Land und auf der Welt alles so passiert. Die Presse als Spiegel der Realität.

Heute weiß man, dass der Journalismus sich mit diesem Anspruch verhebt und deshalb stets darüber informieren müsste, wie das zustande kommt, was wir als Realität erleben, weil wir oft keinen anderen Zugang zur Wirklichkeit haben.[25] Ohne Transparenz wird die symbolische Gewalt schnell unerträglich, die von Medienkonstruktionen ausgeht. Damals war die Frontlinie deutlich klarer. Für Budzislawski und seine Jünger wie Dietrich Schmidt oder (später) Willy Walther waren Zeitungen mehr als politische Institutionen – verwandt mit der Literatur und Kinder der modernen Gesellschaft. In den 1950er-Jahren ist nicht abzusehen, wie dieser Kampf ausgeht. Als der Dekan 1957 aufgefordert wird, ein Konzept für die *Leipziger Volkszeitung* vorzulegen, empfiehlt er zum Beispiel, sich an der *Welt* in Hamburg und an der *Frankfurter Allgemeinen Zeitung* zu orientieren, und plädiert dafür, dass der Chefredakteur oder andere profilierte Schreiber ihre eigene Meinung vertreten – im Zweifel jenseits der Vorgaben der Parteispitze.[26]

Ich vermute: Mit solchen Ideen wäre auch eine jüngere Ausgabe von Hermann Budzislawski irgendwann gescheitert. Wahrscheinlich wäre ein solcher Klon ohne Legendenstatus schon viel früher zurückgepfiffen worden. An der Fakultät für Journalistik braucht die Universitätsparteileitung den 13. August 1961 und den Skandal um das Studentenkabarett *Rat der Spötter*, um die »bedingungslose Unterwerfung unter die Medienpolitik der Parteiführung« zu fordern.[27] Budzislawski gibt zwar das Amt des Dekans auf, aber nicht sein Journalismusideal. Nur ein Beispiel aus den Akten: Im November 1962 beschwert er sich sofort bei Horst Sindermann, Leiter der Abteilung Agitation im ZK der SED, als die LVZ einen seiner Beiträge ablehnt. Budzislawski hatte es dort gewagt, die *Spiegel*-Affäre anders zu deuten als die Parteispitze und die »zentrale Weisung« zu missachten, jeden Kommentar zum Thema mit »unseren Maßnahmen vom 13. August 1961 und der westdeutschen Notstandsgesetzgebung« zu beginnen.[28]

WARUM AUCH IN LEIPZIG ALLER ANFANG SCHWER GEWESEN IST

Die Erfolgsgeschichte dieses ›Amerikaners‹ in Leipzig hat noch einen zweiten dicken Schönheitsfleck – wie die Geschichte vieler Emigranten, die nach Kriegsende aus dem Westen (aus den USA, aus Frankreich, aus Großbritannien) in den Osten Deutschlands gingen. Vielleicht war es diese Geschichte, die meine Frau gequält hat, weil hier eine Menge Leute mitspielen, die schnell Karriere machen und fast noch schneller wieder verschwinden. Man braucht die Details nicht, weil uns das Muster vertraut ist: Nicht jedem passt der rote Teppich, den die Partei für einen bürgerlichen Journalisten ausrollt, der zwar in die SED eintritt, aber dennoch Neid und Missgunst weckt. Fast vier Jahre wird Hermann Budzislawski kaltgestellt – vom 22. November 1950 bis zum Fakultätsstart im Herbst 1954.

Man kann das heute in den Akten nachlesen oder in dem langen Text, den ich daraus gemacht habe. Die Atmosphäre bleibt trotzdem schwer greifbar – genau wie das, was mit den Menschen passiert ist. Hermann Budzislawski hat Freunde, bis ganz oben, und kann doch nicht verhindern, dass ihn Hardliner aus Universität und Verwaltung auf das Abstellgleis schieben und lieber auf einen politischen Glücksritter setzen. Als er das Unheil kommen sieht, schreibt Budzislawski an Albert Norden, den er aus den USA kennt, und an Hermann Axen, noch ein Westemigrant, seit 1949 Abteilungsleiter für Massenagitation im Parteivorstand. Er spricht mit Gerhart Eisler, Georg Stibi, Hans Mahle, Kurt Heiß. Das Who's Who der neuen Medienwelt im Osten Berlins. Er entwirft eine Studien- und Prüfungsordnung und schickt dieses Papier auch an Paul Wandel, den Minister für Volksbildung, als der Parteivorstand wochenlang nicht reagiert. Alles vergeblich, obwohl Budzislawski (eher pro forma) sogar auf die Erfahrungen verweist, die die Sowjetunion mit der Journalistenausbildung gemacht hat. Er darf zwar seinen Professorentitel behalten, weiter im Radio sprechen und darauf hoffen, irgendwann auch wieder vor Studenten zu stehen, sein Institut aber wird geschlossen.

Auch das gehört zur jungen DDR: Ende November 1950 schickt Berlin eine Kommission nach Leipzig, die alle Studenten überprüft und dabei den Einflüsterungen von Eduard Schulz folgt – von einem Mann, der eine Sternschnuppenkarriere hinlegt, wie sie nur in Zeiten radikaler Machtwechsel möglich ist. Schulz beherrscht die Rhetorik der Stunde, hat die Antifa-Schulen im Osten durchlaufen und bringt so Wissen aus dem gelobten Land mit, erworben auf einem langen Weg der Läuterung. Ich will nicht zu lange bei diesem ›Professor‹ verweilen, der Leipzig schon im Juni 1951 wieder verlässt und erst 1960 wieder auftaucht, dann im *Spiegel*. Glaubt man diesem Magazin, dann ist Schulz vor der Leipziger Kripo in den Westen geflohen, Vorwurf: »gewaltsamer Umgang mit seiner minderjährigen Hausangestellten«.[29] Im Frühjahr 1951 beschäftigt das Partei, Universität und Stadt, aber ich folge meiner Frau und überlasse Sex and Crime dem Internet.[30]

Wichtiger ist das, was die Kontrolleure aus der Hauptstadt Hermann Budzislawski und seinen ersten Studenten anhängen. »Bürgerliche und kleinbürgerliche Elemente« seien das gewesen. Berufsziel: unklar, Vorlesungsbesuch: zufällig. »Was den Studenten in diesen Vorlesungen dargeboten wurde, war zumindest unmarxistisch. Grundlage bildeten die Methoden der Schools of Journalism. Es wurde versucht, diese ›Theorien‹ auf unsere Aufgaben und Verhältnisse anzuwenden.« Namentlich genannt wird zum Beispiel Carl N. Warren, der 1934 ein Buch über Nachrichtenfaktoren vorgelegt hatte.[31] Gegen dieses Urteil ist Hermann Budzislawski machtlos, obwohl er lange hofft, dass alles wieder gut wird nach »der Erledigung der Affäre Eduard Schulz«, und obwohl er an alle schreibt, die etwas zu sagen haben und ihm gewogen sind.[32] Die ›Neuordnung‹ wird am Ende des heißen Sommers 1951 Wilhelm Eildermann anvertraut, einem der beiden Professoren, bei denen Ingeborg Schmidt »kein Wort gelernt« hat. Der andere, Heinrich Bruhn, ist schon seit Februar 1951 Professor und wird das bis zum 1. Januar 1977 bleiben. Mit der Universität hatten beide vorher nichts zu tun.

Bruhn, 1913 als Sohn eines Tischlers und einer Arbeiterin in Holstein geboren und damit einer der jüngsten »misstrauischen Patriarchen« im Generationengefüge der DDR, hat früh Kontakt zur Arbeiterbewegung, wächst über den Jungspartakus und den Jugendverband in die KPD hinein und wird 1936 wegen »Vorbereitung zum Hochverrat« zu zweieinhalb Jahren verurteilt. Abgesessen unter anderem im KZ Fuhlsbüttel, mit Ehefrau und Mutter. 1939 eingezogen und Anfang 1945 von den US-Amerikanern gefangen genommen. Nach der Freilassung im Mai wird Heinrich Bruhn zunächst Polizist in den Mansfeld-Betrieben, dann Funktionär (Sekretär im SED-Kreisvorstand Hettstedt) und 1948 schließlich Redakteur bei der Tageszeitung *Freiheit*. Plötzlich geht alles sehr schnell: 1949 zur Landesparteischule delegiert, gleich als Lehrer dabehalten, im Juni 1950 Leiter der Nachwuchsschule für Redakteure beim ZK der SED in Kleinmachnow und von dort nach einem einzigen Lehrgang an die Universität berufen, »mit vollem Lehrauftrag für das Fach ›Geschichte der KPdSU (B)‹«. Auch der Einkommenssprung ist gewaltig: von 720 Mark in Kleinmachnow auf 2800 in Leipzig. Bruhns Personalakte zeigt, dass diese Entscheidung Hals über Kopf fiel. Als die Universität das Staatssekretariat in Berlin am 1. März 1951 um eine Berufung zum 1. Februar bittet (also rückwirkend), liegen in Leipzig noch nicht einmal die Personalunterlagen vor.[33]

Ob Heinrich Bruhn diese Blitzkarriere genießen konnte? Mit dem ›Fall Schulz‹ im Nacken und später dann mit Studentinnen wie Ingeborg Schmidt oder Brigitte Klump, die sehr genau registrieren, dass er keinen Doktortitel führt? »Ich habe mir meine Professur nicht erschlichen«, sagt Bruhn bei Brigitte Klump in einem persönlichen Gespräch mit der Studentin, vermutlich noch in ihrem ersten Studienjahr, 1954/55. »Ich habe sie für Verdienste in der Arbeiterbewegung bekommen«.[34] In den Akten bittet Bruhn im Frühjahr 1955, zur Kasernierten Volkspolizei gehen zu dürfen. Kaderinstrukteur Schöne schreibt, der Professor habe »große Schwierigkeiten, den Anforderungen der Universität gerecht zu werden«. Seine »umfangreiche politisch wichtige Tätigkeit« mache es ihm schwer, »sich wissenschaftliche Arbeitsmethoden und Kenntnisse anzueignen«.[35] Bruhn ist seit Oktober 1954 Abgeordneter der Volkskammer, in der Fraktion des FDGB, wie eine Wahlperiode später Budzislawski. Die Partei braucht Bruhn aber an der Universität und delegiert ihn 1956 an die Parteihochschule nach Moskau, wo er 1959 ein Diplom als Gesellschaftswissenschaftler bekommt. Das ist noch keine Promotion, aber auch nicht mehr der »Professor ohne Abitur«, bei dem Brigitte Klump und Ingeborg Schmidt studiert haben.

Auch Wilhelm Eildermann, 1897 in Bremen geboren, die Eltern Tabakarbeiter und Hausfrau, bringt kein Abitur mit nach Leipzig, dafür aber jahrzehntelange Praxiserfahrung. Schon mit 15 Volontär bei der *Bremer Bürgerzeitung*, arbeitet er in den 1920er-Jahren bei zahlreichen KPD-Blättern, wird 1929 Chefredakteur der *Tribüne* in Magdeburg und wenig später zu 21 Monaten Festungshaft verurteilt. Ein »Wanderredner« (der alte Eildermann 1977 über den jungen), gestählt durch Illegalität, Gefangenschaft und Flucht, die ihn 1944 in die Redaktion der Zeitung *Freies Deutschland* nach Moskau führt und schließlich in die Antifaschulen. Dass dieser Mann nach seiner Rückkehr in den Osten Berlins den Pressedienst der SED-Führung leitet, passt in seinen Lebenslauf. Die Professur in Leipzig tut das nicht. Die Partei schickt ihn im Spätsommer 1951 trotzdem an die Universität. Nach der Flucht von Eduard Schulz braucht es dort einen zuverlässigen Genossen, und Hermann Budzislawski ist noch nicht begnadigt.

WAS DIE UNIVERSITÄT VON DER JOURNALISTIK HIELT

Aus der Vogelperspektive des Historikers lässt sich ein Kampf erkennen, der weit über Personalfragen und Fehltritte Einzelner hinausgeht: Wie bildet man Journalisten aus, die tatsächlich helfen können, wenn es um den neuen Menschen geht? Und: Wo bilde ich solche Journalisten aus? An einer Universität, womöglich über eine eigene Disziplin, die gleichberechtigt neben anderen steht? Wenn ja: Wie viel wiegt die akademische Tradition und wie viel der Wunsch der Partei, die Absolventen nach ihrem Bild zu formen? Gründe ich nicht doch lieber eine besondere Schule, ohne lästige Berufungs- und Begutachtungsverfahren, die ich schon deshalb nie hundertprozentig kontrollieren kann, weil Forscherinnen und Forscher im Zweifel ihrem Wissen und Gewissen verpflichtet sein könnten? Die Antwort hat über mein Leben entschieden. Wäre sie damals anders ausgefallen, hätte ich mich 1988 nicht an der Leipziger Universität einschreiben müssen, um Journalist zu werden.

1951 scheint alles möglich. Zumindest werden alle drei Varianten erwogen. Personal, Geld und Zeit reichen allerdings noch nicht für eine ganz neue Einrichtung, die nur noch dem Amt für Information untersteht. Diese Idee wird Emil Dusiska anderthalb Jahrzehnte später aufnehmen und all sein soziales und symbolisches Kapital für einen Umzug nach Berlin einsetzen, fort aus der Universität, die dem Funktionär und Autodidakten Dusiska fremd bleibt, obwohl er hier Erfolge feiert und die Macht verkörpert. Der Umzugsplan scheitert, auch an Hans Modrow, der 1971 bis 1973 die Abteilung Agitation im ZK der SED leitet. Er habe Dusiska »dringend abgeraten«, sagt Modrow im Dezember 2009. »In einer Universität ist man nicht allein. Man braucht Philosophen oder die Historiker, und die Studenten haben einen richtigen Abschluss«.[36]

Im Mai 1951 sind die Brötchen kleiner. Heinrich Bruhn, der gerade erst die Karriereleiter emporgeschossen ist, träumt von einer eigenen Fakultät mit Internat in Leipzig. Frei sein von den akademischen Fesseln, die eine Philosophische Fakultät den angehenden Journalisten selbst in der sozialistischen DDR anlegt. Berufungen, Promotionen, Habilitationen: Warum die anderen Disziplinen mitreden lassen, wenn es doch um die Herolde des neuen Vaterlandes geht? Eine Zuordnung zur Philosophischen Fakultät wird »aus politischen Gründen für unzweckmäßig gehalten«.[37] Im Klartext: Die Genossen Journalistenausbilder haben Angst, dass sie an wissenschaftlichen Standards scheitern.

Dass sie bis zur Gründung der Fakultät für Journalistik trotzdem drei Jahre brauchen, ist dann doch mit dem Klein-Klein vor Ort zu erklären. Ein Professor, der sich aus dem Staub gemacht hat, ein anderer, der in der Warteschleife steckt, und dazu eine Aufgabe (Praxisausbildung an der Universität), für die es wenig Vorbilder gibt. Die Mühen der Ebene sozusagen. In seinem Antrag vom 14. Mai 1954 schreibt Wilhelm Eildermann, dass der Platz in der Philosophischen Fakultät »den Besonderheiten der Journalistik nicht gerecht« wird, und verweist auf die sonst »nicht übliche Aufnahmeprüfung«, auf die »praktische Ausbildung«, die »in einzelnen Fällen« auch verlangt habe, »erfahrene Fachleute aus der Pressepraxis zu berufen, die nicht immer ein Universitätsstudium nachweisen können«, sowie auf die »besonders intensive politisch-moralische Erziehung, die unter anderem auch durch die Zusammenfassung der Studierenden in einem Internat begünstigt wird«.[38]

Der Antragsteller weiß, was er dem Zeitgeist schuldig ist. Die »einzelnen Fälle«, von denen Eildermann spricht, sind in Leipzig die Regel. Von den Professoren hat nur Wieland Herzfelde eine höhere Schule besucht. Von ihm wird gleich noch zu sprechen sein. Karl Jakobi, der ab September 1951 anderthalb Jahre »zeitgenössisches Pressewesen« lehrt, kommt wie Bruhn und Eildermann aus der alten KPD. Er ist Chefredakteur der *Landes-Zeitung* in Schwerin, als ihn der Ruf der Universität ereilt, und wird im Mai 1953 vom Sekretariat des ZK der SED als Chefredakteur zur *Volksstimme* nach Magdeburg geschickt.[39] Hedwig Voegt, seit Herbst 1953 Dozentin für Literaturgeschichte, hat bei der *Telegraphen-Union* gelernt, ist 1925 in die kommunistische Partei eingetreten und wurde von den Nationalsozialisten unter anderem im Zuchthaus Lübeck-Lauerhof und in Fuhlsbüttel eingesperrt. Im Februar 1954 trifft außerdem Wladimir Andrejewitsch Ruban aus Kiew ein und bringt, folgt man Wilhelm Eildermann, »die Erfahrungen der Sowjetwissenschaft nach Leipzig«.[40] Ruban bleibt bis Ende Juli 1956. Sein Thema ist die Geschichte der Presse daheim. »Eigentlich waren das keine akademisch ausgebildeten Lehrer«, sagt Heinz Halbach ein halbes Jahrhundert später auf meiner DVD. »Von systematischer Forschungsarbeit hatten alle keine Ahnung. Sie hatten Lebenserfahrung und waren politisch aktiv gewesen. Mehr nicht. Deshalb pickten sie aus dem Kreis der Studenten Leute heraus, von denen sie meinten, das könnten vielleicht mal Wissenschaftler werden. Alle Seminare wurden damals von Hilfsassistenten wie mir geleitet. Es gab einfach nicht so viele Assistenten«.

Groß gefragt wurden die Auserwählten nicht. Heinz Halbach: »Im Juli 1954 lud Wilhelm Eildermann sieben, acht Leute aus unserem Studienjahr ein und sagte: Ihr arbeitet hier ab dem 1. September als Assistenten. Ich meldete mich sofort und erwiderte: Nein, ich bin dagegen. Ich fühle mich nicht geeignet. Eildermann sagte: Naja, aber die Abteilung Agitation des ZK hat euch bereits bestätigt.« Aus der Traum, »etwas Vernünftiges« (Halbach) zu machen, richtig studieren zum Beispiel oder für die Zeitung schreiben. »Später kamen Kommissionen, die mit jedem Absolventen geredet haben«, sagt Heinz Halbach. »1954 wurde überhaupt nicht gefragt. Du wirst da eingesetzt, Schluss.« Halbach hat damals »fast jedes Jahr eine neue Funktion«. Pressegeschichte, Auslandspresse, Fernstudium.[41] Seinen gleichaltrigen Kolleginnen und Kollegen geht es nicht anders. Eine akademische Karriere ist (noch) keine Option – weil man an die Universität gekommen ist, um sich auf den Journalismus vorzubereiten, weil schon das für Arbeiterkinder mehr ist, als sich ihre Familien hatten vorstellen können, weil es keine wissenschaftlichen Vorbilder gibt, an denen man sich orientieren kann. Journalistik made in Leipzig muss erst noch erfunden werden.

Ein Mix aus Jungspunden, die mehr oder weniger freiwillig vor den Studenten stehen, und aus alten KPD-Kämpen, die die Universität als Professoren das erste Mal von innen sehen: Darunter leidet die Reputation der jungen Disziplin. Genau wie in der Bundesrepublik, wo renommierte Praktiker wie Walter Hagemann (Münster), Fritz Eberhard (FU Berlin), Hanns Braun und Otto B. Roegele (München) die Publizistik- und Zeitungswissenschaft aus dem Sumpf der NS-Verstrickung ziehen, aber erst 1968 die erste Habilitation feiern können (Kurt Koszyk an der FU, der Mann, der dann Heinz Halbach evaluieren sollte),[42] wird der Neuling aus der Medienwelt von den alteingesessenen Disziplinen auch in der DDR geschnitten. Die Parteileitung der Universität ist im Juli 1954 zwar für die Fakultätsgründung mit Promotionsrecht, nimmt aber die Bedenken ernst (»keine habilitierten Professoren«) und fordert die Genossen auf, enger mit der Hochschulleitung und dem Staatssekretariat zusammenzuarbeiten, statt sich »wie bisher« zu isolieren und »nur mit der Fachabteilung im ZK« zu verkehren.[43]

Das Promotionsrecht bekommt die Fakultät für Journalistik trotzdem erst 1960.[44] Vorher entscheidet das Staatssekretariat »von Fall zu Fall«. Begründung: zu wenig Promovierte, zu wenig Professoren im Wissenschaftlichen Rat der Fakultät.[45] Auch die Partei kann nicht helfen, selbst Franz Dahlem nicht, Stellvertreter des Staatssekretärs und (wichtiger) nach seiner Rehabilitierung ab Februar 1957 Mitglied des ZK der SED. Die »Hochschultradition«, selbst in einer Diktatur des Proletariats nicht von heute auf morgen zu schleifen.[46] Der Plan für eine Journalistik-Hochschule in Berlin, den Emil Dusiska in der zweiten

Hälfte der 1960er-Jahre entwickelt, wird ausdrücklich das Promotionsrecht vorsehen.[47] Wenn schon selbstständig, dann richtig.

Auch Berufungen wären an dieser Dusiska-Hochschule leichter durchzusetzen gewesen als an der Leipziger Universität. Während die anderen Disziplinen auch in der DDR spätestens ab Mitte der 1950er-Jahre die Dreierlisten an das Ministerium schicken, die man aus anderen deutschen Staaten kennt,[48] hat die Journalistik in aller Regel nur einen Kandidaten – und der erfüllt die üblichen Standards nicht. Um die Personalnot nur mit einem Beispiel zu illustrieren: Als Hermann Budzislawski dem Rektor am 11. August 1959 vorschlägt, Arnold Hoffmann mit der Wahrnehmung einer Dozentur für Bildjournalistik zu beauftragen, muss er regelrecht betteln, denn der Kandidat hat gerade erst sein Diplom bekommen, im Fernstudium, als Chefredakteur der Illustrierten DDR. Ein »neues Gebiet«, schreibt Budzislawski. Folglich kaum »Fachleute«, schon gar nicht »mit entsprechender akademischer Laufbahn«. Man müsse deshalb »sehr oft auf erprobte Kräfte der Praxis zurückgreifen, um erst einmal das Fundament zu legen«. Zum Glück habe das ZK nun eine solche Kraft empfohlen (der Wink mit der Macht), und der Rektor möge schnell entscheiden, da Hoffmann »sonst anderweitig verwendet wird«. Gute Leute mit der richtigen Einstellung und einer reinen Vita sind auch im zehnten Jahr der DDR Mangelware. Budzislawskis Angebot: Arnold Hoffmann werde in zwei Jahren einen Doktortitel haben.[49] Dass das dann dreieinhalb Jahre dauert, ist kein Makel, sondern bei acht Jahren Durchschnitt vom Studienabschluss bis zur Promotion (so eine Zwischenbilanz von 1965) fast ein Sprint.[50] Egal ob Professur oder Dozentur: Das Problem der formalen Qualifikation bleibt den Leipziger Journalistenausbildern erhalten. 15 Jahre später wird im Dreieck Universität-Ministerium-Partei nicht mehr über die Promotion diskutiert, sondern über fehlende Habilitationen.[51]

1951 ist der Graben deutlich tiefer. »Sehr reserviert, wenn nicht gar ablehnend« habe der »Lehrkörper« der Universität auf die Berufung von Wilhelm Eildermann reagiert, heißt es in einem Bericht über die Eröffnung des Instituts für Publizistik und Zeitungswissenschaft im September. Der Rektor nicht da, die Prorektoren nicht, auch der Dekan nicht. Von den Professoren der Fakultät sei überhaupt nur Budzislawski gekommen, »anscheinend als Beobachter«. Der Berichterstatter aus Berlin ist sich nicht einmal sicher, dass Eildermann überhaupt berufen wird. Bisher sei er lediglich mit der »Wahrnehmung der Professur« beauftragt worden.[52] Eildermann spricht in dieser Sache zwar auch mit dem Staatssekretär,[53] er weiß aber, dass seine Verbündeten im ZK der SED sitzen, und denunziert den Konkurrenten bei der Abteilung Agitation: All das, was für Budzislawski spreche (»seine Verbindungen in der Vergangenheit, seine einflussreiche Tätigkeit in den USA«), sei nur möglich geworden »durch seine mehr als zweifelhafte Einstellung zur Sowjetunion, wie auch seine heute noch amerikanisch gefärbte Einstellung zum Pressewesen überhaupt«.[54]

WARUM DER STREIT DER PROFESSOREN KAUM ZU SCHLICHTEN WAR

Wer an dieser Stelle genug hat von den Kämpfen der Vergangenheit oder gar wie meine Frau beim ersten Lesen kurz vor der Verzweiflung steht, der springe einfach zum nächsten Abschnitt, zurück zu Ingeborg Schmidt und zu ihrer ersten Liebe, die heute eine Berühmtheit ist. Ich hätte die folgenden Seiten über die Gründer der Leipziger Journalistik auch streichen können, aber eine Geschichte wie diese wäre unvollständig, wenn sie nicht auch von persönlichen Kämpfen berichten und Namen wie Hans Teubner (groß) oder Wieland Herzfelde (sehr groß) auslassen würde. Das gilt auch deshalb, weil hinter allem allzu Menschlichen die Probleme aufscheinen, mit denen das junge Land zu kämpfen hatte.

Die »misstrauischen Patriarchen«: Dieses Generationslabel beschreibt die ersten Journalistenausbilder in der DDR sehr gut. Ob die Professoren dem Volk da draußen nicht getraut haben oder ihrem Nachwuchs, ist heute schwer zu sagen. Untereinander aber machen sie sich die Hölle heiß. Budzislawski, Eildermann, Bruhn, Herzfelde: Man mag sich nicht – vielleicht auch, weil alle vier etwas tun müssen, was sie eigentlich nicht können. Die Kritik an Eildermanns Vorlesungen schwappt schon im ersten Jahr bis in die Parteiversammlungen des Instituts. Dieser alte Kommunist wehrt sich so, wie er es in seinem Kämpferleben gelernt hat: »Liegt der Verdacht nicht nahe, dass man gegen die Vorlesung Stimmung macht, weil sie sich mit Tagesfragen beschäftigt? Dass man die Behandlung von

Tagesfragen und Politik als unwissenschaftlich hinstellen möchte?« Aber auch sein Studienplan funktioniert nicht wirklich. Im Dezember 1952 gibt er zu, dass das Selbststudium schlecht koordiniert sei. Die *Kapital*-Lektüre habe »zu einer teilweisen Lahmlegung des übrigen Studiums geführt« und »eine förmliche Psychose unter den Studenten« ausgelöst.[55] Wovon Eildermann hier spricht, weiß jeder, der Marx je im Original gelesen hat.

Eildermanns Dauerfehde mit Heinrich Bruhn ist aktenkundig. Ein erfahrener Genosse gegen einen sehr erfahrenen Genossen. Jahrgang 1913 gegen Jahrgang 1897. Bruhn wolle »alte Kommunisten hinausboxen«, ruft Eildermann »in der Hitze« einer Diskussion im Sommer 1955, beklagt hinterher in einer ›Erklärung‹ den »überspannten Ehrgeiz« und das »Geltungsbedürfnis« des Rivalen und wirft Bruhn vor, bei der Abberufung von Karl Jakobi (Jahrgang 1904) »nachgeholfen« zu haben, gegen die Berufung von Hedwig Voegt (1903) gewesen zu sein und Basil Spiru (1898) nicht zu mögen – noch so ein Parteikader, der auf seiner Reise von Funktion zu Funktion knapp vier Jahre Station auf einer Leipziger Journalistik-Professur macht (1955 bis 1958) und dort auch von Dekan Budzislawski bekämpft wird.[56] Anfang 1957 gibt Eildermann auf und geht an das Institut für Marxismus-Leninismus beim ZK der SED. Vielleicht weil Bruhn bleiben darf und Budzislawski fest im Sattel sitzt, vielleicht weil er weiß, dass sein Plan, bis zum Sommer 1957 eine Dissertation über die Anfänge der KPD zu schreiben, für einen fast 60jährigen Autodidakten eine Illusion ist,[57] vielleicht weil der Berufsfunktionär auch in seinem Wohngebiet in Paunsdorf auf Widerstand stößt. »Radau« vor dem Haus, »immer wieder Scherben, Ziegelsteine, Flaschen« im Garten und sogar Kot vor der Tür. Die Volkspolizei ist sich Mitte 1955 sicher, dass das »keine dummen Jungenstreiche sind«, sondern »provokatorische Maßnahmen«.[58]

Als Nachfolger wird Hans Teubner berufen, Jahrgang 1902, KPD-Redakteur in der Weimarer Zeit, Spanienkämpfer, Noel-Field-Geschädigter und an der Fakultät seit November 1954 Lehrer im Fernstudium. Wieder kein Akademiker. Dekan Budzislawski beruft sich gegenüber Rektor Mayer auf die kurze »Geschichte des Fachs«. »In zwei Jahren war es einfach nicht möglich, den Nachwuchs schon weit genug zu bringen«.[59] Teubner wechselt im September 1959 als Chefredakteur zur

Leipziger Volkszeitung. An der Universität heimst er zwar ein Lob von Brigitte Klump ein (»Ein Mensch an dieser Fakultät. Was für ein Fund«[60]), viel mehr war aber in zweieinhalb Professor-Jahren nicht zu schaffen: »Nachhaltige Spuren hinterließ Teubner an der Fakultät für Journalistik nicht«, sagt mein Mentor Jürgen Schlimper, der alles über die LVZ weiß und damit auch über diesen Professor.[61]

Das größte Missverständnis in der Leipziger Gründerriege ist Wieland Herzfelde, der Hermann Budzislawski aus den USA kannte und 1949 auf dem gleichen Ticket wie sein späterer Dekan an die Universität Leipzig kam. Manchmal mag ich selbst nicht, was ich in den Akten finde. Wieland Herzfelde ist so ein Fall. Dieser Name. Gründungsmitglied der KPD, vor allem aber eine Verlegerlegende. Der Malik- und der Aurora-Verlag gehören zum Schrein der deutschen Linken. George Grosz und Dadaismus. Im Exil dann Brecht, Feuchtwanger, Döblin, Heinrich Mann. Und nach dem Krieg dorthin berufen, wo ich später studieren werde. Trotzdem: Ein Professor war dieser Wieland Herzfelde nicht. Gerhard Menz, seit 1922 Hochschuldozent, von 1946 bis 1949 Leiter eines ›Instituts für Publizistik‹ an der Wirtschafts- und Sozialwissenschaftlichen Fakultät der Universität Leipzig und jeder Parteinahme unverdächtig, zweifelte schon im August 1948 in einem Gutachten, dass eine dreiseitige Rezension (die einzige Publikation des Kandidaten, die zu finden war) reiche, um jemanden als Professor für Literatur zu berufen, »ganz abgesehen davon, dass dazu auch das akademische Lehrgeschick gehört, wofür vorläufig keinerlei Belege vorliegen«.[62] Das Ministerium in Dresden sieht das Ende 1949 ganz ähnlich, weiß aber, dass das Versprechen an den berühmten Genossen nicht »ohne Kränkung« zurückgenommen werden kann. Vielleicht finde sich ja bald etwas in einem Verlag oder in der Verwaltung.[63] Es findet sich genug in der jungen DDR, 1950 zum Beispiel die Akademie der Künste, von Daniel Siemens, einem westdeutschen Historiker, der heute in Newcastle lehrt und gerade an einer Budzislawski-Biografie arbeitet, als Zeichen des Vertrauens gewertet, das die Partei in Herzfelde gehabt hätte.[64] Siemens muss das so sehen, weil er das Narrativ vom jüdischen Westemigranten bedienen will, der Ende 1950 in die Mühlen der Noel-Field-Affäre geriet, im März 1951 aus der Partei ausgeschlossen wurde und wie Budzislawski eine Zeitlang nicht lehren durfte. Nur: Dieser Wieland Herzfelde will schon vorher partout Professor bleiben,[65] obwohl er »aus mangelnder Qualifikation und Eignung« (so das Ministerium in Berlin, als zumindest der Lehrbann aufgehoben ist) an der Universität nicht viel mehr tut, als sein Gehalt als Ordinarius zu beziehen.[66]

Die Lösung: Herzfelde und sein Lehrstuhl wechseln zum 1. September 1952 an das Institut für Publizistik und Zeitungswissenschaft. Direktor Eildermann bittet den Rektor schon ein halbes Jahr später, diese Entscheidung zurückzunehmen. Er habe überhaupt erst kurz vor Weihnachten davon erfahren und sei bis dahin davon ausgegangen, dass Herzfelde zwar Vorlesungen am Institut hält (über Weltliteratur sowie über Literatur und Kunstkritik), ansonsten aber bei den Germanisten bleibe.[67] Da man dort froh ist, das Kuckucksei los zu sein, hat die Fakultät für Journalistik fortan einen Klotz am Bein. Erst im Herbst 1958 ist Herzfelde bereit, sich bis zur Pensionierung beurlauben zu lassen, obwohl sich Institutsdirektor und Dekan beim zuständigen Staatssekretariat in Berlin permanent über die Bequemlichkeit und die Unfähigkeit ihres Kollegen beklagen.

Daniel Siemens hat das Porträt eines ›Außenseiters‹ geschrieben, den die DDR zwar gebraucht habe, um sich mit einem großen Namen zu schmücken, der dann aber an der Universität um jeden Einfluss gebracht worden sei, vielleicht sogar mit antisemitischen Motiven.[68] Die Akten zeichnen ein anderes Bild. Hier ist Wieland Herzfelde ein Mann, der die Professur als verdienten Lohn für seine Dienste an der Sache sieht. Punkt. Anders als Bruhn oder Eildermann bemüht er sich nicht einmal darum, die Standards der Universität zu bedienen, und verärgert so die Kollegen. Wilhelm Eildermann muss dem Staatsekretariat schon im Sommer 1953 versprechen, Herzfeldes Vorlesungen durch offene Kritik zu verbessern, statt Studenten und Lehrkräfte weiter »hinter seinem Rücken munkeln« zu lassen. Die Beteiligten wissen, dass der Professor buchstäblich »auf der Straße läge«, wenn man seinen Lehrstuhl streichen würde.[69] Budzislawskis Interventionen in Berlin sind dann Legion. Zwei Kostproben: »Die Zusammenarbeit mit Prof. Herzfelde wird unmöglich, sobald von ihm die Erfüllung seiner Amtspflichten verlangt wird« (Budzislawski am 8. Dezember 1955).[70] Und: »Herzfelde hat noch niemals Forschung betrieben und weiß gar nicht, was das ist«

(Budzislawski am 1. August 1958).[71] Glaubt man dem Dekan (und es gibt angesichts der Aktenlage wenig Zweifel), dann verteidigt sich der Professor im November 1956 im Fakultätsrat sogar mit dem Argument, »dass systematische Vorlesungen über Weltliteratur aus wissenschaftlichen Gründen überhaupt abzulehnen seien«.[72]

Selbst nach der Beurlaubung gibt es noch Stress, weil Herzfelde gegen den Willen von Fakultät und Abteilung Agitation unbedingt seinen Dienstausweis behalten und weiter als Professor im Vorlesungsverzeichnis stehen möchte.[73] Sein Dekan hatte ihn schon vorher als »Kaufmann« denunziert, der »seine Position« ausnutzen wolle, und den »geringfügigen Beitrag« dieses »zufällig in den Universitätsbetrieb geratenen Menschen« auf ein Vorlesungsmanuskript zur Weltliteratur taxiert, das »für unser Fernstudium« vervielfältigt worden sei.[74] Kein gutes Abgangszeugnis nach sechs Jahren. In den »heiteren Episoden«, die Elisabeth Trepte in persönlichen Gesprächen mit Herzfelde gesammelt und zu seinem 100. Geburtstag herausgegeben hat, kommt die Fakultät für Journalistik nur indirekt vor – in einem Kapitel mit dem Titel ›Parteiausschluss‹. Die Universität Leipzig: Für Herzfelde waren das »ein festes, gutes Gehalt und eine schöne Wohnung« sowie ein »Ritt über den Bodensee« und in die Psychotherapie. Die Partei habe kritisiert, dass er nebenbei weiter im Literaturbetrieb arbeitete, und Budzislawski sei »sehr unfreundschaftlich« gewesen. »Ich glaube, er gehörte auch zu denen, die mich beobachten sollten«.[75] Ein Streit über den Tod hinaus, der an Studenten und Mitarbeitern nicht vorbeiging. »Damals verstand ich wirklich die Welt nicht mehr«, sagt Heinz Halbach auf meiner DVD. »Diese berühmten Professoren, berühmte Antifaschisten, beide Juden. Und bekriegen sich. Ich habe versucht zu schlichten, was mir aber nicht gelungen ist. Mit Basil Spiru war das ähnlich. Sie bekamen sich immer wieder in die Haare, die drei Alten«.[76]

WARUM DIE EINEN DAS STUDIUM SO ERLEBT HABEN UND DIE ANDEREN SO

Ingeborg Schmidt sagt heute, sie habe nicht viel über das Studium gewusst, für das sie sich damals auf der Oberschule in Stollberg entschied.

Mit ihrem Freund, der inzwischen ihr Ehemann war und wie Heinz Halbach direkt aus dem Hörsaal in ein Assistentenbüro wechselte, habe sie »eher über die Belastungen« gesprochen. »Über Studenten, die durchgedreht sind und ins Krankenhaus mussten.«

Ingeborgs Schmidts erster Ehemann ist ebenfalls ein Kronzeuge in Sachen ›rotes Kloster‹. Reiner Kunze, 1933 in Oelsnitz im Erzgebirge geboren und am 1. Juni 1950 an der Oberschule Stollberg Kandidat der SED geworden, kommt 1951 an das Institut von Wilhelm Eildermann und Heinrich Bruhn nach Leipzig. Sein Biograf Udo Scheer schreibt: »Der Abiturient hat keine Vorstellung, was dieses Studium bedeutet«. Kunze selbst spricht heute von »Jahren hochgradiger Indoktrination«. Die Professoren? »Unbezweifelbare Autoritäten«. Nach dem Abschluss und einem Praktikum bei der *Volksstimme* in Magdeburg wird der Musterstudent Assistent an der Fakultät für Journalistik. Der alte Kunze erinnert sich an »das Glücksempfinden, auserwählt zu sein«, und sagt: »Ich habe daran geglaubt. Ich habe bestimmt anderen geschadet«.[77]

Seine Frau Ingeborg wird im Sommer 1954 von Heinrich Bruhn geprüft, ohne Beisitzer. »Das Aufnahmegespräch war keine richtige Prüfung. Ich musste mein Zeugnis zeigen und wurde nach meinem Lieblingsschriftsteller gefragt«. Bruhn habe ihr gesagt, dass man es nicht gern sehe, wenn Studenten nicht im Internat wohnen. Man wolle die Übersicht haben und wissen, was die Leute so tun. »Ich habe dann mit Reiner trotzdem in einem eigenen Zimmer gewohnt. Das Leben im Internat war einfach. Lebensmittel gab es damals nicht so leicht. In unserem eigenen Zimmer hatten wir keinen Wasserhahn, dazu kam die Anfahrt nach Lindenau. Wenn wir nach Hause kamen, war es kalt. Man musste erst den Kachelofen anmachen. Im Winter war das sehr unangenehm. Ich habe die Mädchen im Internat manchmal auch beneidet«. Ingeborg Schmidt ist nicht die einzige Ausnahme. Wolfgang Ludwig, ein Leipziger, der 1952 an das Institut kommt, bleibt ›Außenschläfer‹. Manche seiner etwas älteren Kommilitonen ziehen nicht um, weil das neue Heim nicht im September 1951 fertig wird, sondern erst im Laufe des Studienjahres, mitten im Winter.[78]

Bei Brigitte Klump ist dieses Internat eine Mischung aus Hotel und Gefängnis. Einerseits »billig, bequem und komfortabel, in einem Jungenhaus und einem Mädchenhaus voneinander getrennt«. Als Studentin habe man sich »um nichts« kümmern müssen. »Bettwäsche, Handtücher, alles war da und wurde häufig gewechselt«. Eine Teeküche und ein Studienkabinett, in dem es alles gab, was die Dozenten als Lektüre empfohlen hatten. Andererseits Mauern um den ganzen Komplex, »mit Glasscherben gespickt«, Pförtner am Eingang, Kontrollen rund um die Uhr, Briefe stets aus der Hand der Seminargruppensekretärin und vor allem Lautsprecher in jedem Zimmer, die Klump als »Abhöranlage« deutet und als ersten Beleg für die Stasi-Paranoia, die das ganze Buch durchzieht.[79] Im Ministerium für Staatssicherheit waren überhaupt nur drei Mitarbeiter für die gesamte Universität Leipzig zuständig, als Brigitte Klump dort Studentin wurde. An der Fakultät für Journalistik gab es Anfang 1955 einen einzigen »Geheimen Informator«, wobei die Behörde seinerzeit ganz generell über die fehlende Qualifikation ihrer Leute klagte, über Unfähigkeit und über »Verzettelung«.[80]

Auch wenn die Stasi 1955 auf keiner Ebene mit der Stasi von 1989 gleichzusetzen ist, haben die Historiker Christian Schemmert und Daniel Siemens selbst aus der Anwesenheit dieser wenigen und offenbar überforderten Mitarbeiter weitreichende Konsequenzen abgeleitet. Aus Sicht der Staatssicherheit sei es damals gar nicht so wichtig gewesen, IMs zu gewinnen oder irgendwie verwertbare Informationen. Die Studenten sollten vielmehr direkt oder indirekt »von der Aufgabe und Machtfülle des DDR-Geheimdienstes erfahren« und außerdem lernen, »diese Rolle des Staatssicherheitsdienstes nicht öffentlich (zu) thematisieren«.[81] Auf den Punkt gebracht: Die Stasi ist groß, die Stasi ist allmächtig, und du legst dich besser nicht mit ihr an, wenn du in diesem Land etwas werden willst.

Das ist schwer zu widerlegen. Menschen erleben jede »institutionalisierte Welt« als »objektive Wirklichkeit« und internalisieren die entsprechende Ordnung im Prozess der Sozialisation, um dann ihr Verhalten daran auszurichten und das »Wissen« an die nächste Generation weiterzugeben – vor allem dann, wenn die Ordnung legitimiert ist, wenn es symbolische Sinnwelten gibt (den Sozialismus, die Kultur des Abendlandes, die westliche Wertegemeinschaft), die für Rechtfertigung sorgen.[82] Ingeborg Schmidt, Reiner Kunze, Heinz Halbach, Franz

Knipping, selbst Brigitte Klump: Für all diese Studenten war die ›institutionalisierte Welt‹ der jungen DDR weit größer als die Stasi. Studienplatz, Rundumbetreuung und Stipendium. Antifaschisten, die zwar als Professoren dilettierten, aber qua Lebenslauf unantastbar waren. Aufstiegsversprechen sowie früh Vertrauen und Verantwortung, für Seminare, für Zeitungen. Eine solche ›institutionalisierte Welt‹ hält man vor allem dann für legitim, wenn man erlebt, wie sie entsteht. Die Nachgeborenen brauchen mehr. Argumente und Sinn. Jede »institutionelle Ordnung« muss »einer neuen Generation vermittelt werden«, muss auch dort die »Würde des Normativen« bekommen.[83] Dass die Lebensbahnen von DDR und Aufbaugeneration parallel verlaufen sind, sagt in der Sprache des Sozialkonstruktivismus: Die Legitimierung der symbolischen Sinnwelt Sozialismus ist später misslungen – auch den ersten Absolventen der Fakultät für Journalistik.

Das Studienjahr von Brigitte Klump zog vor Pfingsten 1956 hinaus aufs Land, in den Norden, zu den Maschinen-Traktoren-Stationen (MTS), Dorfzeitungen machen. »Das war auch eine Übung in Selbstständigkeit«, sagt Ingeborg Schmidt heute. »Horst Sindermann hat uns in Berlin eingewiesen. Er hat gesagt, wie wir nicht schreiben sollen. Dann sind wir nach Mecklenburg gefahren, zuletzt in kleinen Lieferwagen. In jeder MTS wurden eine oder zwei von uns abgesetzt. Manche waren zu zweit. Brigitte Klump zum Beispiel hat man nicht zugetraut, allein zu arbeiten. In der MTS waren wir dann uns selbst überlassen. Es gab jeweils eine Gruppe Agitatoren für die politische Arbeit, eine Art Stab mit zwei oder drei Leuten. Ich habe gesagt: Ich will jetzt hier Zeitung machen. Wo kann man hingehen, welche Probleme gibt es, worüber kann ich schreiben. Ich bin gewandert oder habe einfach die Feuerwehr angehalten. In Demmin gab es eine Druckerei, dort habe ich die Sachen abgegeben. Ich durfte eine Schreibmaschine der Sekretärin in der MTS mitbenutzen. Reiner saß in Demmin. Ihm haben wir die Texte vorgelegt. Er fuhr auch von einem zum anderen. Ich wusste gar nicht, wie man Überschriften macht. Reiner hat gesagt: Stell dir einfach den Extrakt vor und mach ein Bild daraus. Ich habe etwas gelernt. Einen Fotoapparat gab es nicht, auch in Demmin nicht. Ich bin nach Neustrelitz gefahren und habe mir dort Bilder gesucht, um die Zeitung aufzulockern. Das waren vier Seiten, alle zwei Wochen. Alles mit Namen und Hausnummer. Erfinden ging nicht. Einmal habe ich den Leiter der Leihbibliothek kritisiert, der zu früh geschlossen hatte. Beim Mittagessen in der MTS haben den dann alle madig gemacht.«

Auch Brigitte Klump berichtet über dieses Praktikum eher euphorisch.[84] Ein »dickes Lob« von der Abteilung Agitation für die »ganze Liste von Bauernkorrespondenten«, die die beiden Mädels zusammenstellten, 21 neue SED-Mitglieder, ein Geben und Nehmen vor Ort. Auch die Stasi ist da, irgendwie, wenn Klump überlegt, ob Journalismus nicht auch ›Gesinnungsschnüffelei‹ sei, weil ein Lehrer angeboten habe, die Kinder in der Klasse für die Spalte ›Dorfgeflüster‹ auszuhorchen. »Inge Kunze« ist bei Klump am ersten Tag in Leipzig »ein zartes Mädchen, blond, biegsam wie eine Birke im Wind«. Die »Parteigruppensekretärin« der Seminargruppe, zunächst mit einem Bonus versehen, weil Reiner Kunze im Sommer 1954 eine Attacke geritten hatte »gegen das Ausbildungsziel der Fakultät, Journalisten zu Parteiideologen zu erziehen«. Wolfgang Ludwig, Jahrgang 1934, ab 1952 Student am Institut und nach der Diplomarbeit 1956 dann als Assistent mit Kunze in einem Büro: »Er hat die Studenten dazu angeregt, das Beschreiben zu lernen. Das hat sie aus der Reserve gelockt. Das Besondere suchen, nicht alltäglich schreiben. Zu meiner Studentenzeit war das nicht so üblich«.[85]

Mit sich selbst geht Kunze eher hart ins Gericht, vielleicht auch, weil er auf großer Bühne als »junger ehrgeiziger Assistent« und als »brutaler stalinistischer Einpeitscher« gebrandmarkt wurde – 1990 von Wolf Biermann in der *Zeit*, Helga Novak zitierend, die im gleichen Studienjahr wie Klump und seine Frau war. Kunze-Biograf Udo Scheer beschreibt eine FDJ-Versammlung vom 8. Februar 1959 als Anfang vom Ende der Universitätslaufbahn. Kunze habe dort vor versammelter Mannschaft gesagt, dass die Fakultät für Journalistik »keine Fakultät der Schreibenden« sei. Niemand schreibe »ohne Auftrag«, weil man Angst habe und keine »schöpferische Disziplin«. Und weiter: »Wer schreibt, schreibt aus sich selbst heraus«.[86] Da spricht der Künstler, keine Frage. Vielleicht hätten Budzislawski und Co. das ausgehalten, wenn nicht die *Berliner Morgenpost* am nächsten Tag berichtet hätte. Dem Klassenfeind Munition geliefert: Das kam in der DDR gleich nach Leuten wie Eduard

Schulz – zumindest bei denen, die etwas werden wollten in diesem Land. Vielleicht wäre Kunze auch von selbst gegangen. Udo Scheer liefert dafür Indizien. Begebenheiten, die die Legitimität der Ordnung für Reiner Kunze ins Wanken bringen: Auseinandersetzungen um Ungarn 1956, Kontakte zu Ronald Lötzsch, der 1958 nach Bautzen muss, ein langes Verhör in dieser Sache, wachsende Zweifel, weil seinen Studenten »Häuser zugeteilt« werden, »in denen sie Stockwerk für Stockwerk Bewohner agitieren müssen«.[87]

Auch Kunzes erste Frau erinnert sich an diese Einsätze. »Wir haben Familien besucht. Bei manchen durften wir wiederkommen, manche haben sich auch über den Besuch gefreut, wenn dort zwei harmlose Mädchen erscheinen, mit denen man reden konnte. Das gab es von Anfang an. Ich war immer in Kleinzschocher eingesetzt.« Und die Schönfärberei an der Fakultät? »Von Heuchelei habe ich damals nichts gemerkt. Ich war eine Streberin. Ich wollte immer ganz vorn sitzen, wollte alles mitkriegen. Im Freundeskreis waren wir alle der gleichen Meinung. Ich habe mich wohlgefühlt«. Ihre SED-Funktion hat Ingeborg Schmidt ganz ohne eigenes Zutun bekommen, genau wie ich dreieinhalb Jahrzehnte später. »Ich stand im Treppenhaus und habe an den Aushängen versucht, den Stundenplan abzuschreiben«, erinnert sie sich an ihren ersten Tag in Leipzig. »Jemand hat mich nach meinem Namen gefragt und gesagt: Ach, du bist unsere Parteigruppenorganisatorin. Das war ich dann vier Jahre lang. In der Seminargruppe waren vielleicht 20 Leute. Es gab dort auch Parteilose, vielleicht die Hälfte.«

Als der Jahrgang 1958 die Fakultät verlässt, sind von 87 Absolventen 37 in der Partei.[88] »Die Einsatzkommission wollte mich eigentlich in die Wische schicken«, sagt Ingeborg Schmidt. Ein Jugendobjekt der FDJ in der Altmark. Land fruchtbar machen. »Da wurde ich aufmüpfig. Ich wollte nicht von meinem Mann getrennt werden. Es gab ein Gespräch in der Bezirksleitung, man wollte uns dann nach Halle verpflanzen. Bei dem Gespräch habe ich meine Unterlagen sehen können. Dort stand ›weit weg von Leipzig‹«. Das heißt: weit weg von Reiner Kunze, der ja noch Assistent ist an der Fakultät, aber schon langsam ins Abseits gerät. Brigitte Klump schreibt, dass ihr Studienjahr »hart bestraft« worden sei, weil sie und andere in den Westen gegangen sind. Das ZK habe die Diplomanden »zur Bewährung an Dorf- und Betriebszeitungen verbannt«.[89] Ingeborg Schmidt, die schließlich zur Dorfzeitung nach Delitzsch gehen darf und dafür jeden Morgen um 6.30 Uhr in Leipzig in den Zug steigt: »Das haben wir als politische Notwendigkeit gesehen. Das war keine Strafaktion. Wir hatten ja nichts gemacht. Die Landwirtschaft musste unterstützt werden. Das war einfach die Linie der Partei«. Schmidt, Klump und all die anderen kannten diese Linie schon zwei Jahre vorher, als sie im Norden der DDR Dorfzeitungen produzierten. Karl-Heinz Röhr, damals gerade zum Studium gekommen und später in Leipzig Professor, hat den ›Mecklenburg-Song‹ aufgehoben, geschrieben von Folker Försterling und Hartmut Peters, gesungen zur Melodie von *Brennend heißer Wüstensand* im Sommer 1956: »Dort wo die MTS mäht mit dem Stalinez, dort sind wir einmal zu Hause, dort wo das Rindvieh brüllt und sich das Schweinchen sielt, dort sind wir einmal daheim«.[90]

WARUM LEIPZIG DOCH NICHT MOSKAU IST

In der wissenschaftlichen Literatur hält sich die Vorstellung, dass die Fakultät für Journalistik an der Universität Leipzig 1954 nach »Moskauer Vorbild« gegründet worden sei.[91] Das passt in den hegemonialen Diskurs, macht jeden DDR-Wissenschaftler und jeden DDR-Absolventen zu einem sowjetischen Klon und scheint sogar zu stimmen, wenn man nicht genauer hinschaut. An der Lomonossow-Universität gab es seit 1952 eine Fakultät für Journalistik, ausgegründet aus der Philologischen Fakultät, die seit 1947 eine Abteilung Journalistik hatte. Bis dahin war es in der Sowjetunion üblich, den Pressenachwuchs an Parteischulen zu trainieren, ohne jeden akademischen Hintergrund.[92] Der Journalist als Funktionär der KPdSU.

Eduard Schulz und Wilhelm Eildermann, die länger in der Sowjetunion gearbeitet haben, könnten dieses System kennengelernt haben. Genau wie Hermann Budzislawski verweisen beide in Konzeptpapieren und Briefen immer wieder auf das Mutterland des Sozialismus. Rhetorische Begleitmusik, die die Entscheider gnädig stimmen soll. Vielleicht hat zumindest Schulz tatsächlich entsprechende Pläne. Im Bericht der *Leipziger Volkszeitung* über seinen Antrittsbesuch heißt es am

7. Januar 1951 ausdrücklich, der neue Professor werde »die Erfahrungen der Sowjetpresse« anwenden. »Vorbild für die Arbeit des Instituts werden die publizistischen Abteilungen an den Universitäten Moskau und Leningrad sein«.[93] Der Gedanke, eine eigene Fakultät zu gründen und dafür ein Internat zu schaffen, taucht am 30. November 1950 das erste Mal in den Akten auf – kurz nachdem Eduard Schulz auf der Bildfläche erschien und die Studenten überprüft worden waren. Material aus der Sowjetunion steht plötzlich auf der Tagesordnung: Lektionen aus Moskau und Leningrad sollen beschafft werden, Literatur, Zeitungen und Zeitschriften.[94] Nach dem Abgang von Schulz sucht das Staatssekretariat im Sommer 1951 fieberhaft einen Gastprofessor, der die Vorlesung über sowjetische Publizistik übernehmen kann, und hofft, dass die Bruderpartei hilft.[95] Ein echter Sowjet-Bürger (Wladimir Andrejewitsch Ruban aus Kiew) trifft aber erst im Februar 1954 in Leipzig ein.

Vorher kennen die Leipziger Professoren zwar die Studienpläne aus der Sowjetunion,[96] wirklich nützlich ist das jedoch nicht. Sie wissen: Es läuft dort ziemlich anders als in der DDR. Der Journalismus ist anders, die Tradition ist anders, und die Praxis hat andere Wünsche. Auf Bitte von Wilhelm Eildermann beschreibt der Moskauer Dozent Juschin im Februar 1954 die beiden Abteilungen seiner Fakultät: Zeitung und Verlag. »Wenn ich Ihrem Brief nach urteile, unterscheiden sich die Aufgaben des Instituts ein wenig von den Aufgaben, die vor unserer Fakultät stehen. Ist es so?«[97] Übersetzt: Selbst wenn Eildermann gewollt hätte, kann er das sowjetische Modell nicht kopieren. Es gibt dieses Modell so auch noch gar nicht. Im Juli 1954 lehnen die Moskauer ab, Vorlesungen an Eildermann zu schicken. Die beiden fraglichen Themen (Industrie und Landwirtschaft in der Sowjetunion) hätten 1953/54 Premiere gehabt und müssten nun erst einmal überarbeitet werden.[98]

Im September 1954, die Leipziger Fakultät ist gerade gegründet, fährt Heinz Mießlitz nach Moskau, Sektorenleiter in der Abteilung Wissenschaft und Propaganda des ZK der SED. Ein ausführlicher Bericht aus erster Hand, jetzt erst. Das Ergebnis ist ernüchternd. Die Moskauer Fakultät bildet »literarische Redakteure« aus und »Wissenschaftler auf dem Gebiet des Verlagswesens«. Die ersten vier Semester nur Vorlesungen und die Seminare ab dem fünften dann zu Übersetzungen, zum literarischen Stil, zur »Redaktion der Massenliteratur«. Kaum Lehrbücher, nur Hilfsmaterial. Die Wissenschaft der Journalistik müsse auf »der ganzen Welt« erst entwickelt werde. Trotzdem rät der Moskauer Dekan, »die Ausbildung redaktioneller Kader auch bei uns in ähnlicher Weise zu entwickeln«. Schließlich brauche auch die DDR »gute Fachliteratur und andere Bücher«.[99]

Das mag sein. Noch mehr brauchte die DDR Journalisten, die für die Sache sind und schreiben können. In der zweiten Hälfte der 1950er-Jahre gibt es einen regen Brief- und Reiseverkehr zwischen Leipzig und den großen sowjetischen Fakultäten. Man schickt sich Lehrpläne, Literatur, Übungszeitungen. Hermann Budzislawski fährt nach Leningrad, Moskau, Kiew. Er sieht dort, dass die Kollegen mit den gleichen Problemen zu kämpfen haben wie er. Alteingesessene Disziplinen, die die Journalistik vertreiben wollen. Praktiker, die sich als Künstler verstehen und nicht glauben wollen, dass man den Journalismus lernen kann. Erster Dekan in Moskau ist Jewgeni Chudjakow, vorher stellvertretender Chefredakteur der Tageszeitung *Iswestija*. Die Genossen sprechen auf Augenhöhe miteinander. Suchende, die neugierig auf das sind, was die anderen gerade ausprobieren. Wenn Budzislawski es nicht schon vorher gewusst hat, sieht er auf diesen Reisen auch den wichtigsten Unterschied: Dort wird in Philologie investiert und hier in Handwerk. Der Journalist Chudjakow wird in Moskau schnell erst inoffiziell und 1965 dann auch offiziell von Yassen Zassoursky abgelöst, einem ausgewiesenen Literaturwissenschaftler aus guter Familie (schon der Vater vertrat die Sowjetunion im Ausland), spezialisiert auf US-amerikanische Romanciers. Fazit der Leipziger Delegierten: In der Sowjetunion würden Universitäten, Praktiker und die »leitenden Genossen« die »praktizistische Methode der Ausbildung, wie sie in den USA üblich ist, völlig« ablehnen.[100]

Auch der ›Amerikaner‹ in Leipzig führt nicht sofort Labor-Klassen ein, in denen die Studenten fast wie im richtigen Journalistenleben Artikel produzieren und redigieren. Für ein solches ›Übungssystem‹ braucht es gut anderthalb Jahrzehnte und den starken Arm von Emil Dovifat, der die Mitarbeiter des ›Instituts für Theorie und Praxis der Pressearbeit‹ gleich nach seiner Berufung im Studienjahr 1966/67 weitgehend von der

Lehre befreit und das Curriculum entwickeln lässt, über das der Nachwuchs dann bis zum Ende der DDR an den Journalismus herangeführt wird.[101] In Budzislawskis erstem Studienplan von Mitte 1950 gibt es neben marxistischen Fächern, Allgemeinbildung und Fremdsprachen (also ganz viel Stoff) lediglich Praktika und Übungen in deutscher Sprache. Talent ist aber schon hier wichtig: »Die Sprachprüfung muss darüber entscheiden, ob der betreffende Student sich für das Studium der Publizistik eignet. Bei schlechter Leistung Wechsel der Fachrichtung!«[102] Wer wie Heinz Halbach im Herbst 1951 anfängt, hat dann in den ersten beiden Jahren jede Woche vier Stunden Deutsch (»Sprache und Stilistik«) und vier Stunden Praxisübungen.[103]

Zu wenig, sagt die Redaktion des *Neuen Deutschland* im Juni 1952, weil die Praktikanten aus Leipzig nicht »in der Lage sind, in dem schnellen Tempo der Pressearbeit gut und verantwortlich zu arbeiten«.[104] Immer noch zu wenig, sagen der Verband der Deutschen Presse (VDP) und dann auch die Parteiführung 1955, obwohl bei den Aufnahmegesprächen die Eignung für den Beruf von Anfang an mindestens genauso wichtig ist wie die Gesinnung und obwohl viele Studenten nicht nur im Seminarraum schreiben, sondern in den Ferien oder zwischendurch auch in richtigen Redaktionen. Ingeborg Schmidt spricht heute von »Trockenschwimmübungen« an der Universität, immer einen Tag in der Woche. »Dort wurden die Genres aufgeteilt und abgearbeitet. Nachricht, Bericht, Porträt, Feuilleton, Reportage. Reiner hat zum Beispiel das Feuilleton gemacht, andere Nachrichten. Das haben wir der Reihe nach gelernt. Außerdem gab es Vorlesungen dazu. Wir konnten uns dann selbst daran versuchen, vielleicht fünf Stunden lang. Und dann haben wir uns das gegenseitig vorgelesen und ausgewertet. Das war alles nicht für die Zeitung gedacht, aber trotzdem anstrengend.« Trockenschwimmen eben. »Ich habe das bedauert. Die Nachrichten, die ich als Volkskorrespondentin geschrieben habe, sind immer veröffentlicht worden«. Auf den Deutschunterricht lässt sie dagegen bis heute nichts kommen. »Dafür war ich dankbar. Die Stilistik war für mich ein integraler Bestandteil des Studiums. Wir hatten ja viel, was nicht unbedingt zum Beruf gehört hat. Deutsche Sprache und Stilistik: Das war unser Handwerkszeug«.

Die »Beherrschung der deutschen Sprache« ist denn auch eine der drei Säulen der Reform von 1955, beschlossen vom Sekretariat des ZK der SED am 7. September 1955, vorbereitet durch die zentrale Delegiertenkonferenz des VDP am 12. Februar 1955, durch Interventionen aus der Praxis und durch die Abteilung Agitation. Die anderen beiden Säulen: »journalistische Fähigkeiten« und »gediegene fachliche Kenntnis«.[105] Begabung: Dieser Wunsch zieht sich durch alle Papiere in dieser Sache. Um zu sichern, dass keine Luschen nach Leipzig kommen und tatsächlich »stilistisch begabte Journalisten« ausgebildet werden können, wie eine Kommission im Staatlichen Rundfunkkomitee im Juni 1955 wünscht,[106] müssen Bewerberinnen und Bewerber fortan mindestens ein Jahr in einer Redaktion gearbeitet haben. Noch kein Volontariat, aber ein Praktikum. Immerhin. Die Ausbilder reagieren dabei auch auf das, was sie mit dem Jahrgang von Ingeborg Schmidt und Brigitte Klump in den ersten Monaten erlebt haben. Im Herbst 1954 seien »fast nur 18jährige Oberschüler« an die Universität gekommen, »die weder über genügende Reife noch über ausreichende Erfahrungen in der gesellschaftlichen Arbeit verfügen«, heißt es im Juni 1955 in einem internen Fakultätspapier. Wenn es »eine Art Vorpraktikum« geben würde, wäre erstens schnell klar, ob sich die Leute tatsächlich eignen. Und zweitens müsste die Fakultät ihren Studenten nicht mehr beibringen, wie man Zeitung liest, und die »primitivsten journalistischen Begriffe« diskutieren.[107]

Vier Stunden pro Woche »Presse der DDR und organisiertes Zeitungsstudium«, sagt der Studienplan für das erste Semester, als Ingeborg Schmidt und Brigitte Klump im Herbst 1954 nach Leipzig kommen. Drei Stunden Deutsch, zwei Stunden Russisch, zwei Stunden Sport. Viel Geschichte (sechseinhalb Stunden), etwas weniger Marxismus-Leninismus (vier), noch weniger Weltliteratur (zwei) und Sprachwissenschaft (eine). Je zwei Stunden Steno und Schreibmaschine, freiwillig. Journalistische Übungen dann ab dem zweiten Jahr, in den Sommern Praktika.[108] Ein voller Plan, immer um die 30 Stunden pro Woche, auch im vierten Studienjahr noch. Den Bachelorstudiengängen wird heute vorgeworfen, mit rund 20 Präsenzstunden einfach die Schule in die ersten Universitätsjahre zu verlängern. Journalistik in Leipzig ist Schule pur, bis hin zum Klassenverband. Bei der Studienreform von 1955, die auf einen größeren Praxisanteil zielt, wird im Fakultätsrat auch gefragt, »ob der vorgelegte Plan für die Universität tragbar ist«. Man sei schließlich keine Fachschule.[109]

Ingeborg Schmidt und ihre Kommilitonen müssen den Studienplan im Herbst 1954 eigentlich nicht zu Ende lesen. In den 1950er-Jahren in Leipzig Journalistik studieren: Das hieß auch, flexibel zu sein. Sicher ist nur der Wandel. In fast jeder Sitzung des Fakultätsrats wird über die Lehre diskutiert. Wie lang sollen Referate sein, was ist die Pflichtliteratur, was wird wie geprüft? Warum kommen nicht alle Studenten zu den Vorlesungen und wie schaffen wir es, dass sie sich besser auf die Seminare vorbereiten? Was machen wir mit den Studenten, »die nicht schreiben können«? Sollen wir »die sprachliche und stilistische Seite« auch bei anderen Seminararbeiten mitbewerten? Verhandelt wird Studentenkritik, im Oktober 1955 etwa zu den Vorlesungen ›Agrarökonomik‹ und ›Neueste Geschichte‹ oder auch ganz generell.[110] Diese Kritik erreicht keineswegs nur FDJ-Gruppe, Parteiversammlung und Dekan, sondern auch das Staatssekretariat für Hochschulwesen in Berlin – im Dezember 1954 zum Beispiel über den Rat des Bezirkes Frankfurt (Oder) und einen ›VdN-Kameraden‹, dessen Tochter sich in Leipzig überlastet fühlt: »Mir steht ein Nachmittag zur Verfügung, an dem ich für acht Fächer arbeiten muss. Ansonsten schlagen wir uns mit Leitartikeln, Kommentaren usw. herum, alles ohne Anleitung, weil der Plan erfüllt werden muss. Proteste blieben bisher ohne Erfolg«.[111]

Wer wissen will, was diese Studentin meinen könnte, blättere einfach in den Vorlesungen von Wilhelm Eildermann, die im Leipziger Universitätsarchiv liegen. Eine Kostprobe: »Liebe Freunde! Wir wollen uns in der heutigen Vorlesung und in den folgenden Vorlesungen mit einigen wichtigen journalistischen Formen und Genres beschäftigen«, beginnt der Professor am 2. Februar 1956. »Sie werden später Gelegenheit haben, Ihre Kenntnisse über den Leitartikel in Seminaren zu vertiefen«. Bevor es soweit ist, geht es um den Marxismus-Leninismus, um Lenin und um ein Referat, das Albert Norden gerade gehalten hat. Es folgen Beispiele aus der sowjetischen Presse. »Studieren Sie bitte diesen Artikel als das Muster eines propagandistischen Beitrags«. Eildermann schimpft über Goebbels, die V1 und den Imperialismus, zitiert neben den Klassikern des Sozialismus Goethe und lobt schließlich einen Leitartikel, der wenige Tage vorher in der *Berliner Zeitung* erschienen ist, von Karl-Heinz Gerstner, einer der Edelfedern der DDR, Vater von Daniela Dahn. »Um maximale Breitenwirkung zu erzielen, müssen wir weiter in unserer Presse bestimmte Themen und auch besonders anschauliche Beispiele öfters wiederholen«.[112]

Eine Vorlesung, die eher Appell ist als Wissenschaft und zumindest teilweise einer Lektion folgt, die so auch an der Parteihochschule der KPdSU gehalten wird.[113] Dazu offenbar vom Blatt abgelesen, wenn man einem Augenzeugenbericht glauben darf, der am 1. Oktober 1955 in der FAZ erschienen ist. Dass ein 32-Seiten-Manuskript in dieser westdeutschen Zeitung zu einer vom ZK der SED »zensierten Lektion« gemacht und so in die Sprache des kalten Krieges übersetzt werden kann,[114] mag mit dem Wunsch der Fakultätsleitung zu tun haben, den Studenten die Vorlesungen zur Verfügung zu stellen. Ingeborg Schmidt zum Beispiel hat als eine Art studentische Hilfskraft die Texte von Hedwig Voegt bearbeitet. »Sie hatte ein komplett ausgearbeitetes Manuskript. Nach der Vorlesung sollte dies dann gleich ins Leninkabinett kommen. Dort sollte man alle Vorlesungen lesen können. Aktuell und sofort abzugeben. In sauberer Form. Heute sage ich, dass die einfach wissen wollten, was in der Vorlesung so gesagt wurde. Damals war das für uns Studenten eine große Hilfe. Ich habe jede Voegt-Vorlesung noch einmal gelesen und meine eigenen Mitschriften ergänzt«. Nicht alle Dozenten befolgen die Weisung so strikt wie Eildermann und Voegt, von einer Zensur durch des ZK aber kann keine Rede sein. Dafür ist Berlin zu weit, sowohl geografisch als auch thematisch.

Das Dauerbasteln am Lehrprogramm, das sich in den Akten in zahlreichen Entwürfen für immer neue Studienordnungen niederschlägt, hat nur punktuell etwas mit Druck von oben zu tun. 1950 die Installierung von Eduard Schulz, 1955 der Reformbeschluss des ZK-Sekretariats, die eine oder andere Personalentscheidung. Viel mehr kommt nicht aus der Hauptstadt. Im Alltag der Fakultät sind die Erfahrungen wichtiger, die Lehrkräfte und Studenten vor Ort sammeln. An den vier Eckpfeilern des Studiums wird dabei nicht gerüttelt: Marxismus-Leninismus, Pressegeschichte, deutsche Sprache und Literatur, Praxis. Die

Gewichte allerdings verschieben sich in Richtung Handwerk. Sofort gefruchtet hat dabei auch die große Reform von 1955 nicht. Wie sollte sie auch, wenn auf dem Katheder Autodidakten stehen, die selbst noch nicht genau wissen, was sie den Studenten am besten anbieten, wenn diese Studenten zwar Eifer mitbringen und guten Willen, aber kaum akademischen Background und manchmal nur das, was die Neulehrer in den Nachkriegsschulen ihnen erzählt haben, und wenn die Praxis skeptisch bleibt. Ingrid Kirschey-Feix, Jahrgang 1950, hört noch 1969 als Volontärin bei der *Jungen Welt*, dass Leipzig für sie bestimmt »nicht die wahre Erfüllung« werde. »Wissen, dass man in der Praxis nicht braucht«.[115]

Im Dezember 1957, knapp zweieinhalb Jahre nach der Reform von 1955, zieht die Abteilung Agitation/Propaganda des ZK der SED trotzdem eine eher positive Zwischenbilanz. Zwar sei es noch nicht ausreichend gelungen, »erfahrene Journalisten« zur Mitarbeit zu bewegen, und die »politische Ausbildung und Erziehung der Studenten« sei nach wie vor »mangelhaft« (vor allem bei denen, die »direkt von der Oberschule zum Studium« gekommen seien und in Leipzig keine Funktion bekleiden), »die übergroße Mehrheit der Absolventen« aber (seit 1951 insgesamt 374 im Direktstudium) habe sich bewährt. »Nach etwa einem Jahr Praxis werden die meisten zu vollwertigen Redakteuren«.[116] Wem das zu negativ klingt, der blättere einfach in der *Roten Mischung*, der Zeitung für das »sozialistische Studentenlager der Fakultät für Journalistik in Naunhof«, herausgegeben im Sommer 1960. Nachdem die angehenden Journalisten 1959 auf der Leuchtenburg bei Kahla waren, sind sie diesmal drei Wochen in einem Betonwerk. Wie es sich für den Mediennachwuchs gehört, wird die Arbeit von einer eigenen Zeitung begleitet. In den fünf Ausgaben, die die Zeiten überdauert haben, erfährt man, dass die Studenten satt werden (»Hört, hört! Es gibt auch Wurst«), dass sie über den »nationalen Kompromiss« und über ihre Prüfungen diskutieren sollen, dass Willi Bredel, Lilly Becher und Georg Krausz kommen (mithin: Prominenz) und dass einige Jugendfreunde sich verspätet haben (»Ist's an der Ostsee wirklich schöner?«). Vor allem aber ist diese *Rote Mischung* witzig. Gut geschrieben, ein Füllhorn an Ideen.[117] An Talent zumindest kann es nicht mehr gemangelt haben.

WAS SICH AUS DIESEM KAPITEL MITNEHMEN LÄSST

Ingeborg Schmidt verdammt ihre Studienzeit heute nicht, eher im Gegenteil. Sie sagt, dass sie damals gern weitergemacht hätte. Kunsterziehung und Kunstwissenschaft vertiefen, Hans Mayer auch offiziell hören. »Ich habe gemerkt, was ich alles nicht weiß, und eine Petition an Budzislawski geschrieben, mit Jochen Petersdorf. Ich wollte ein Jahr länger studieren. Das ging natürlich nicht.« Brigitte Klump dagegen hat es nicht bis zum Ende ausgehalten und Fakultät und DDR im November 1957 verlassen. Was beide später über diese Zeit erzählt haben, über das Internat und die Stasi, über Dozenten und Lehrveranstaltungen, ist auch im Licht der Erfahrungen zu sehen, die sie im Studium und danach gemacht haben, mit der DDR, mit dem Leben.

Natürlich war die Fakultät für Journalistik eine Schule der Partei: Hier wurde der Nachwuchs ausgebildet, der in der Presse, im Hörfunk und im Fernsehen für die SED und ihren sozialistischen Staat werben sollte. Die Parteiführung in Berlin hat den Rahmen für diese Schule gesetzt: Wie viel Personal gibt es und wer gehört dazu, wie viele Absolventen brauchen wir und was müssen diese Absolventen am Ende können. Die politische Logik wurde aber durch die Logik des akademischen Feldes gebrochen, das sich auch in der DDR nicht ausschließlich an den Vorgaben der führenden Partei ausrichtete, sondern zugleich an wissenschaftlichen Standards, die nicht zuletzt in der deutschen Universitätstradition wurzelten. Das heißt: Die Funktionäre, die an der neuen Fakultät Professor wurden, mussten sich entweder akademisch qualifizieren oder aber die Universität wieder verlassen. Dass die Pläne für eine selbständige Hochschule immer wieder scheiterten, bedeutete langfristig die Geburt der DDR-Journalistikwissenschaft. Väter und Mütter waren die Studierenden der 1950er- und frühen 1960er-Jahre, die von der Partei auf eine Professorenlaufbahn geschickt wurden und als erste eine komplette akademische Karriere in der neuen Disziplin durchlaufen konnten, mit Promotion und Habilitation. Um diese ›Erfinder‹ wird es im nächsten Kapitel gehen.

Was in Leipzig gelehrt wurde, hatten die Beteiligten von Anfang an vor Ort miteinander auszukämpfen. Um im Detail mitreden zu können, fehlten der Parteiführung in Berlin Personal und Wissen. Immer präsent waren dabei die Wünsche der Praxis. Das journalistische Feld wurde in der DDR zwar weit stärker von der politischen Logik dominiert als das wissenschaftliche Feld, in den Redaktionen vor Ort brauchte man aber am Ende Leute, die das Handwerk beherrschten. Themen finden, schreiben und fotografieren, redigieren, Seiten und Sendungen bauen. Deshalb war Talent bei der Auswahl immer genauso wichtig wie die Gesinnung. Die Sowjetunion wiederum konnte schon deshalb kaum als Folie dienen, weil die Zeitungen anders arbeiteten und die Sprachwissenschaftler, die zum Beispiel in Moskau das Sagen hatten, Praxiskurse an der Universität ablehnten. Die Leipziger Fakultätsgründer um Hermann Budzislawski knüpften hier eher an die Tradition des Instituts für Zeitungskunde von Karl Bücher an[118] sowie an die Journalistenschulen an US-Universitäten, die der Dekan im Exil kennengelernt haben dürfte.

Dass Reiner Kunze 1951 und drei Jahre später dann auch seine Frau Ingeborg nicht viel über das Studium wussten, für das sie sich da beworben hatten oder geworben worden waren, liegt in der Natur einer solchen Neugründung. Wie man am besten Journalisten für den neuen Staat ausbildet, hätten ihnen nicht einmal ihre Professoren sagen können. Die 1950er-Jahre an der Fakultät für Journalistik in Leipzig: Das ist auch eine Zeit der Suche, oft nach dem Motto Trial and Error. Hier unterscheidet sich die Ausbildung nicht sehr vom DDR-Mediensystem insgesamt. Meine Studentengeneration hatte es da leichter. Es gab jetzt ein Übungssystem, vor allem aber gab es in den Redaktionen Journalistinnen und Journalisten, die selbst in Leipzig gewesen waren und uns Volontären erzählen konnten, was sie dort erlebt hatten. Noch so eine Irrläuferin wie Brigitte Klump war da kaum möglich.

Anmerkungen

1 Michael Meyen: *Hauptsache Unterhaltung. Mediennutzung und Medienbewertung in Deutschland in den 50er Jahren*. Münster: Lit 2001

2 Siegfried Schmidt: *Zur Unterhaltung als journalistische Kategorie in der imperialistischen und in der sozialistischen Tagespresse. Dissertation*. Karl-Marx-Universität Leipzig: Fakultät für Journalistik 1965

3 Interview mit Ingeborg Schmidt am 27. Januar 2017 in Leipzig. Gedächtnisprotokoll

4 Vgl. Annegret Schüle, Thomas Ahbe, Rainer Gries (Hrsg.): *Die DDR aus generationengeschichtlicher Perspektive*. Leipzig: Leipziger Universitätsverlag 2006, Kerstin Langwagen: *Die DDR im Vitrinenformat. Zur Problematik musealer Annäherungen an ein kollektives Gedächtnis*. Berlin: Metropol Verlag 2016, S. 52-58

5 Lutz Niethammer: Erfahrungen und Strukturen: Prolegomena zu einer Geschichte der Gesellschaft der DDR. In: Hartmut Kaelble, Jürgen Kocka, Hartmut Zwahr (Hrsg.): *Sozialgeschichte der DDR*, Stuttgart: Klett Cotta 1994, S. 95-115

6 Heinz Halbach: Wir hatten Narrenfreiheit. In: Michael Meyen, Thomas Wiedemann (Hrsg.): *Biografisches Lexikon der Kommunikationswissenschaft*. Köln: Herbert von Halem 2017. http://blexkom.halemverlag.de/halbach-interview/ (26. Februar 2020)

7 Michael Vester: Milieuwandel und regionaler Strukturwandel in Ostdeutschland. In: Michael Hofmann, Michael Vester, Irene Zierke (Hrsg.): *Soziale Milieus in Ostdeutschland*. Köln: Böhlau 1995, S. 7-50, hier 29

8 Halbach: *Narrenfreiheit*

9 Brigitte Klump: *Das rote Kloster. Als Zögling in der Kaderschmiede des Stasi*. Frankfurt/M., Berlin: Ullstein 1993, S. 27, 35f.

10 Franz Knipping: Dusiska hat an meinem Stuhl gesägt. In: Michael Meyen, Thomas Wiedemann (Hrsg.): *Biografisches Lexikon der Kommunikationswissenschaft*. Köln: Herbert von Halem 2017. http://blexkom.halemverlag.de/knipping-interview/ (26. Februar 2020)

11 Michael Meyen: Studieren im Roten Kloster. Die Anfänge der Journalistenausbildung in der DDR. In: Michael Meyen/Thomas Wiedemann (Hrsg.): *Biografisches Lexikon der Kommunikationswissenschaft*. Köln: Herbert von Halem 2017. http://blexkom.halemverlag.de/studieren-im-roten-kloster/ (Datum des Zugriffs)

12 Bundesarchiv Berlin (BA), DR 3-B 14978 (Hermann Budzislawski), Bl. 22

13 Ebd., Bl. 46

14 Rocholl, Landesregierung Sachsen, an Erich Zeigner, Oberbürgermeister von Leipzig, 1. Oktober 1948 (Entwurf); Zeigner an Rocholl, 14. Oktober 1948. Ebd., Bl. 64, 68

15 Budzislawski an Holtzhauer, 11. November 1949. Ebd., Bl. 89

16 Universitätsarchiv Leipzig (UAL), VD 267

17 Karl-Heinz Röhr: Um journalistische Qualität geht es immer und überall. In: Michael Meyen, Thomas Wiedemann (Hrsg.): *Biografisches Lexikon der Kommunikationswissenschaft*. Köln: Herbert von Halem 2015. http://blexkom.halemverlag.de/karl-heinz-roehr/ (26. Februar 2020)

18 BA, DR 3-B 14978 (Hermann Budzislawski), Bl. 156-160

19 Annegret Schüle: *Geschichte der Generationen und ihr Beitrag zur Gesellschaftsgeschichte der DDR. Vortrag*. Leipzig: Zeitgeschichtliches Forum 2002, vgl. Schüle, Ahbe, Gries: *Generationengeschichte*

20 Vgl. Michael Meyen, Thomas Wiedemann: Von der Sozialistischen Journalistik zum Viel-Felder-Institut für Kommunikations- und Medienwissenschaft. In: Erik Koenen (Hrsg.): *Die Entdeckung der Kommunikationswissenschaft. 100 Jahre kommunikationswissenschaftliche*

Fachtradition in Leipzig: Von der Zeitungskunde zur Kommunikations- und Medienwissenschaft. Köln: Herbert von Halem 2016, S. 246-274, hier 226-227

21 Halbach: *Narrenfreiheit*

22 Hermann Budzislawski: *Sozialistische Journalistik. Eine wissenschaftliche Einführung.* Leipzig: VEB Bibliographisches Institut 1966, S. 10

23 Röhr: *Qualität*

24 Hans Poerschke: Journalistik als Bewusstseinsform. Zum Werdegang eines theoretischen Ansatzes. In: *Kultursoziologie* 2010, Nr. 2, S. 159-185, hier 159f.

25 Vgl. Michael Meyen: *Breaking News. Die Welt im Ausnahmezustand. Wie uns die Medien regieren.* Frankfurt/M.: Westend 2018

26 Jürgen Schlimper: Für keine Schublade passend: Hans Teubner. Ein Exilant an leitender Stelle im DDR-Journalismus. In: Markus Behmer (Hrsg.): *Deutsche Publizistik im Exil.* Münster: Lit 2000, S. 354-375, hier 367

27 Poerschke: *Journalistik als Bewusstseinsform,* S. 176. – Zum Rat der Spötter vgl. Ernst Röhl: *Rat der Spötter. Das Kabarett des Peter Sodann.* Leipzig: Gustav Kiepenheuer 2002

28 Budzislawski an Sindermann, 24. November 1962. In: BA, SAPMO, DY 30/ IV 2/9.02/ 67, Bl. 278f.

29 *Der Spiegel,* 18. Mai 1960, S. 16. – Vgl. Christian Schemmert, Daniel Siemens: Die Leipziger Journalistenausbildung in der Ära Ulbricht. In: *Vierteljahrshefte für Zeitgeschichte* 61. Jg. (2013), Nr. 2, S. 201-237, hier 210

30 Vgl. Meyen: *Studieren im Roten Kloster*

31 Heinrich Bruhn, Horst Illmayer: *Übersicht der Bedingungen für die Entwicklung von Pressekadern an der Universität Leipzig,* 11. Januar 1952. In: BA Berlin, NY 5251/63 (Nachlass Eildermann), Bl. 206-224. – Vgl. Carl N. Warren: Modern News Reporting. New York: Harper & Brothers 1934

32 Vergleiche die Briefwechsel mit Staatssekretariat und Parteispitze in BA, DR 3-B 14978 (Hermann Budzislawski)

33 Personalbogen Heinrich Bruhn vom 20. März 1951; Lebenslauf, ohne Datum; Universität Leipzig an das Staatssekretariat für Hochschulwesen, 1. März 1951. In: UAL, PA 356 (Heinrich Bruhn), Bl. 1f., 9, 30

34 Klump: *Kloster,* S. 59

35 Schöne, Kaderinstrukteur: *Beurteilung des Genossen Professor Heinrich Bruhn,* 29. April 1955. Ebd., Bl. 38f.

36 Michael Meyen, Anke Fiedler: *Die Grenze im Kopf. Journalisten in der DDR.* Berlin: Panama Verlag 2011, S. 43

37 Felix-Heinrich Gentzen: Bericht über die Besprechung am 2.5.1951 im Institut für Publizistik in Leipzig, 9. Mai 1951. In: BA, DR 3/5962, nicht paginiert

38 Eildermann an Harig, 14. Mai 1954: Antrag auf Fakultätsgründung. In: UAL, Phil. Fak B 01 14 50, Bd. 2, Bl. 61-66, hier 62-64

39 BA, DR 3-B 15062 (Karl Jakobi)

40 Eildermann an Rektor Georg Mayer, 4. September 1954. In: UAL, Journ. Fak 28, Bl. 2-7, hier 4

41 Halbach: *Narrenfreiheit*

42 Vgl. Maria Löblich: *Die empirisch-sozialwissenschaftliche Wende in der Publizistik- und Zeitungswissenschaft.* Köln: Herbert von Halem 2010, Andreas M. Scheu: *Adornos Erben in der Kommunikationswissenschaft. Eine Verdrängungsgeschichte?* Köln: Herbert von Halem 2012, Thomas Wiedemann: Walter Hagemann. *Aufstieg und Fall eines politisch ambitionierten Journalisten und Publizistikwissenschaftlers.* Köln: Herbert von Halem 2012

43 Parteiorganisation der SED an der Karl-Marx-Universität an das Staatssekretariat für Hochschulwesen, 22. Juli 1954. In: BA, DR 3, 5958, nicht paginiert

44 Vgl. Fakultät für Journalistik: Vorschriften für Promotionsverfahren an der Fakultät für Journalistik der Karl-Marx-Universität Leipzig, 7. Januar 1960. In: UAL, Journ. Fak 44, Bl. 3-10

45 Schad, Staatssekretariat für Hochschulwesen, an Dr. Karras, Abteilungsleiter, 4. Dezember 1956. In: BA, DR 3, 4089, nicht paginiert

46 Staatssekretär für Hochschulwesen an franz Dahlem, 1. Februar 1957. Ebd. Vgl. Karras an Georg Mayer, 30. April 1957. Ebd.

47 Vgl. Vorlage an das Sekretariat des ZK der SED, betr. Verlegung der Sektion Journalistik der Karl-Marx-Universität Leipzig von Leipzig nach Berlin und ihre Umbildung in eine »Hochschule für Journalistik« der DDR, 15. Juli 1970. Ausgearbeitet von Georg Förster, unterschrieben von Werner Lamberz. Nicht im Sekretariat behandelt. In: BA, SAPMO, DY 30/5462, Bl. 203-207, hier 203

48 Vgl. Budzislawski an Georg Mayer, 24. November 1956. In: BA, DR 3-B, 13898 (Teubner), Bl. 27f. – Für die Praxis in benachbarten Disziplinen vgl. exemplarisch den Fall von Fritz Beckert, 1975 Professor an der Leipziger Sektion Journalistik. Um Anfang der 1960er-Jahre Professor für Pädagogische Psychologie an der TH Karl-Marx-Stadt werden zu können, mussten (auch mit Hilfe von Ministerin Margot Honecker) mehrere Außengutachten eingeholt und erhebliche Bedenken der Scientific Community an der Qualifikation des Kandidaten zerstreut werden. Berufungsakte Fritz Beckert, BA Berlin, DR 3-B, 6858 (nicht paginiert)

49 Hermann Budzislawski an Georg Mayer, 11. August 1959. In: BA Berlin, DR 3-B, 11549 (Arnold Hoffmann), Bl. 37f.

50 Fakultät für Journalistik, Parteileitung: Ergänzungen der Kaderanalyse vom 17.3.1965, 5. Mai 1965. In: UAL, Journ. Fak. 43, Bl. 14-19, hier 14

51 Vgl. exemplarisch eine Protokollnotiz von Hans Piazza (Prorektor für Gesellschaftswissenschaften) über Besprechung bei Minister Schirmer am 14.9.76 zum Sekretariatsbeschluss vom 3.12.75. In: UAL, SJ 2, Bl. 3-7

52 Schrickel an Harig, 10. September 1951. In: BA, DR 3, 5962, nicht paginiert

53 Wilhelm Eildermann: Bericht über meine Verhandlungen mit Staatssekretär Prof. Dr. Harig und Personalleiter Wiebach am 4.9.51 in Berlin. In: BA Berlin, NY 5251/63 (Nachlass Wilhelm Eildermann), Bl. 202

54 Eildermann an die Abteilung Agitation, 19. September 1951. Betrifft: Frage Budzislawski. Ebd., Bl. 203-205

55 Wilhelm Eildermann: Einige Fragen zur Verbesserung der Vorlesungen und Seminare. Wissenschaftlicher Rat, 12. Dezember 1952. Ebd., Bl. 3-7

56 Wilhelm Eildermann: Erklärung. 12. Juli 1955. In: BA Berlin, NY 5251/63 (Nachlass Wilhelm Eildermann), Bl. 29f.

57 Wilhelm Eildermann: Wissenschaftliche Aufgaben und Arbeitsplan, 4. März 1955. Ebd., Bl. 22-24, hier 24

58 Aktennotiz Kunath, Kaderinstrukteur, 27. Juni 1955. In: UAL, PA 959 (Eildermann), Bl. 40

59 Budzislawski an Mayer, 24. November 1956. In: UAL, PA 13898 (Hans Teubner), Bl. 27f., hier 27

60 Klump: *Kloster*, S. 278

61 Schlimper: *Hans Teubner*, S. 364

62 Gutachten von Gerhard Menz, 18. August 1948. In: UAL, PA 573 (Herzfelde), Bl. 15

63 Rocholl, Landesregierung Sachsen, an das Ministerium für Volksbildung der DDR, Abteilungen Hochschulen und Wissenschaft, 15. November 1949. In: BA, DR 3-B, 15048 (Herzfelde), Bl. 27

64 Daniel Siemens: Elusive Security in the GDR. Remigrants from the West at the Faculty of Journalism in Leipzig, 1945-1961. In: *Central Europe* Vol. 11 (2013), Nr. 1, S. 24-45, hier 34

65 Ministerium für Volksbildung der DDR, Hauptabteilung Hochschulen, 3. März 1950. Betr.: Prof. Wieland Herzfelde. Ebd., Bl. 66

66 Ministerium für Volksbildung der DDR, Hausmitteilung. Goßens an Wiebach, 17. Juli 1952. Ebd., Bl. 70

67 Eildermann an den Rektor, 28. Februar 1953. Ebd., Bl. 77

68 Siemens: *Security*, S. 32-37

69 Zeuske, Aktennotiz über ein Gespräch mit Wilhelm Eildermann, 31. Juli 1953. Ebd., Bl. 79

70 Budzislawski an Nultsch, Abteilungsleiter im Staatssekretariat, 8. Dezember 1955. Ebd., Bl. 175f., hier 176

71 Budzislawski an Bönninger, Stellvertreter des Staatssekretärs, 1. August 1958. Ebd., Bl. 114f., hier 115

72 Budzislawski an Georg Mayer, 26. November 1956. In: BA, DR 3-B, 13092 (Wolfgang Rödel), Bl. 7f., hier 7

73 Budzislawski an das Staatsekretariat, 17. November 1958. In: UAL, PA 573, Bl. 48f.

74 Budzislawski an Bönninger, Stellvertreter des Staatssekretärs, 1. August 1958. Ebd., Bl. 114f., hier 114

75 Wieland Herzfelde: *Zum Klagen hatt' ich nie Talent*. Herausgegeben von Elisabeth Trepte. Kiel: agimos 1996, S. 107

76 Halbach: *Narrenfreiheit*

77 Udo Scheer: *Reiner Kunze. Dichter sein. Eine deutsch-deutsche Freiheit. Eine Biografie*. Halle: Mitteldeutscher Verlag 2014, S. 27, 29

78 Heinrich Bruhn, Horst Illmayer: Übersicht der Bedingungen für die Entwicklung von Pressekadern an der Universität Leipzig, 11. Januar 1952. In: BA Berlin, NY 5251/63 (Nachlass Eildermann), Bl. 206-224, hier 219

79 Klump: *Kloster*, S. 42-44, 59

80 Siemens, Schemmert: *Ära Ulbricht*, S. 228

81 Ebd., S. 231

82 Peter L. Berger, Thomas Luckmann: *Die gesellschaftliche Konstruktion der Wirklichkeit*. 26. Auflage. Frankfurt/M.: Fischer Taschenbuch 2016, S. 64f.

83 Ebd., S. 100

84 Klump: *Kloster*, S. 48f., 151-154

85 Interview mit Wolfgang Ludwig, geführt von Leipziger Studenten in einem Seminar unter der Leitung von Siegfried Schmidt, vermutlich 2009. Video. In: *Privatarchiv Michael Meyen*

86 Scheer: *Kunze*, S. 39

87 Ebd., S. 30-38

88 Hausmitteilung (Grune, Hauptreferent), 12. April 1958. In: BA, DR 3, 5312, nicht paginiert

89 Klump: *Kloster*, S. 307

90 Mecklenburg-Song, entstanden im Dorfzeitungspraktikum von Mai bis Juli 1956 im Bezirk Schwerin. Reaktion auf Hermann Budzislawskis Ankündigung, dass viele Absolventen ihre Perspektive als Dorfzeitungsredakteure zu sehen haben. Leihgabe von Karl-Heinz Röhr. In: *Privatarchiv Michael Meyen*

91 Jochen Jedraszczyk: Entideologisierung – Rekonstruktion – Re-Ideologisierung. Leipziger publizistik- und zeitungswissenschaftliche Einrichtungen 1945 bis 1952. In: Erik

Koenen (Hrsg.): *Die Entdeckung der Kommunikationswissenschaft. 100 Jahre kommunikationswissenschaftliche Fachtradition in Leipzig: Von der Zeitungskunde zur Kommunikations- und Medienwissenschaft.* Köln: Herbert von Halem 2016, S. 185-213, hier 208

92 Yassen Zassursky: I Tried to Stop the Cold War Mentality. In: Michael Meyen, Thomas Wiedemann (Hrsg.): *Biografisches Lexikon der Kommunikationswissenschaft.* Köln: Herbert von Halem 2016. http://blexkom.halemverlag.de/yassen-zassursky-iamcr/ (27. Februar 2020)

93 CL: Ein neues Institut für Publizistik. In: *Leipziger Volkszeitung* vom 7. Januar 1951

94 Vgl. Schulz an den Leipziger Oberbürgermeister, 30. November 1950; Aktennotiz »Neues Institut für Publizistik in Leipzig«, ohne Datum (Ende 1950). In: BA, DR 3, 5962, nicht paginiert

95 Gerhard Harig an die Abteilung Propaganda im ZK der SED, 8. August 1951. Ebd.

96 Zumindest liegen die Lehrpläne der Moskauer Abteilung Journalistik (also aus der Zeit vor der Fakultätsgründung an der Lomonossow-Universität) im Leipziger Universitätsarchiv: Journ. Fak. 59, Bl. 48-51, 52f.

97 Juschin an Eildermann, 10. Februar 1954. Ebd., Bl. 59-63, hier 63

98 Chudjakow an Eildermann, 21. Juli 1954. Ebd., Bl. 66

99 Notizen des Genossen Mießlitz, Besuch der Journalistischen Fakultät der Lomonossow-Universität am 16. September 1954. Ebd., Bl. 1-4

100 Bericht über die Studienreise in die Sowjetunion, 21. Mai bis 4. Juni 1957. In: BA, DY 30 / IV 2/ 9.04 /230, Bl. 1-21, hier 1f. – Neben Budzislawski gehören Sander Drobela und Basil Spiru zu der Delegation. Wer den Bericht verfasst hat, sagen die Akten nicht.

101 Ordnung für das System journalistischer Übungen im Direktstudium zur Ausbildung von Diplomjournalisten. Unterschrieben von Franz Knipping, 14. Juli 1967. In: UAL, Journ. Fak 78, Bl. 1-15

102 Entwurf einer Studien- und Prüfungsordnung für Publizisten im Rahmen der Gewifa Leipzig, Mai 1950. In: BA, DR 3-B, 14978 (Budzislawski), Bl. 96-100, hier 97

103 Studienplan für das Fach Publizistik- und Zeitungswissenschaft, ohne Datum (Ende 1951). In UAL, Phil_Fak_B_01_14_50_Bd_02, Bl. 24-26

104 Bodesheim: Bericht über die Kontrolle des Berufspraktikums der Publizistik-Studenten des 2. Studienjahres in der Redaktion des ND, 28. Juni 1952. In: BA, DR 3, 5962, nicht paginiert

105 Horst Sindermann: System der Qualifizierung journalistischer Kader durch den Verband der Deutschen Presse. Vorlage an das Sekretariat, 2. September 1955. In: BA, DY 30/J IV 2/3A, Bl. 180-183, hier 180. – Vgl. VDP: Richtlinien für die Einstellung, Ausbildung und Prüfung der Mitarbeiter der dem. Presse. Beschlossen auf der außerordentlichen Zentralen Delegiertenkonferenz des VDP am 12.2.1955. Ebd., Bl. 184-197; Abteilung Agitation: Beschluß über die Reorganisation der Fakultät für Journalistik. Vorlage für das Sekretariat, 26.8.1955. Ebd., Bl. 198-201

106 Kommission für Ausbildung, 29. Juni 1955. In: BA, DR 6, 288, nicht paginiert

107 Zur Immatrikulation für das Studium der Journalistik, 6. Juni 1955. In: UAL, Journ. Fak 78, Bl. 1-3

108 Studienplan für die Fachrichtung Journalistik, 1. Juni 1954, bestätigt durch Gerhard Harig, Staatssekretär. In: BA, DR 3, 5958, nicht paginiert

109 Fakultät für Journalistik, Sitzung des Fakultätsrats am 13. Oktober 1955, S. 3, 5f. In: BA, DR 3, 5968, nicht paginiert

110 Fakultät für Journalistik: Protokoll der Fakultätsratssitzung vom 22. September 1955, S. 2. Ebd.

111 Rat des Bezirkes Frankfurt/Oder an das Staatssekretariat für Hochschulwesen, 1. Dezember 1954. In: BA Berlin, DR 3, 5958, nicht paginiert

112 Wilhelm Eildermann: Die propagandistische Arbeit der sozialistischen Presse und propagandistische Artikel. II. Der Leitartikel in der demokratischen Presse. Vorlesung vom 2. Februar 1956. In: UAL, Journ. Fak. 112, Bl. 2, 7, 22

113 Von Eildermann intensiv durchgearbeitet und zum Teil mit Zitaten, die er dann auch verwendet: Prof. L. F. Iljitschow: Der Leitartikel in der Zeitung, Moskau 1948, Übersetzung von Bruno Aßmann. Parteihochschule beim ZK der KPdSU (B), Lehrgang für Journalistik. Ebd., Bl. 132-156

114 odr.: Der Volksmund spricht vom »Roten Kloster«. Ein Besuch in der Fakultät für Journalistik der Leipziger Karl-Marx-Universität. In: FAZ vom 1. Oktober 1955

115 Meyen, Fiedler: *Grenze*, S. 211

116 Abteilung Agitation/Propaganda: Richtlinie für die Arbeit der Fakultät für Journalistik. Entwurf vom 6. Dezember 1957. In: BA, DY 30 / IV 2 / 9.04 / 230, Bl. 22-37, hier 22-24

117 BA, DY 24, 25272, nicht paginiert

118 Jürgen Schlimper: Praktiker an der Universität. Zur Einbeziehung praktisch tätiger Journalisten in den Ausbildungsbetrieb des Leipziger Instituts für Zeitungskunde. *Münchener Beiträge zur Kommunikationswissenschaft* Nr. 7, Juni 2007. Online: https://epub.ub.uni-muenchen.de/1978/1/mbk_7.pdf (27. Februar 2020)

7. WIE DIE LEIPZIGER JOURNALISTIK DER NABEL DER WELT WERDEN KONNTE

Eine kurze Geschichte der Kommunikationswissenschaft

Kaarle Nordenstreng war sauer über meinen Aufsatz. Anders kann man das nicht sagen. Ein öffentlicher Kommentar, formuliert im Namen der Spitze der Fachgesellschaft, über deren Geschichte ich da geschrieben hatte. Das ist eher unüblich in einer wissenschaftlichen Gemeinschaft, in der jeder jeden kennt und in der sich die meisten umarmen und manchmal auch küssen, wenn sie sich nach einem Jahr irgendwo auf der Welt bei einer Tagung sehen. Kaarle Nordenstreng ist immer da, wenn sich die IAMCR trifft. Ich werde gleich berichten, was es mit der Leipziger Journalistik zu tun hat, dass sich die Kommunikationswissenschaft zwei internationale Fachgesellschaften leistet – neben der International Association for Media and Communication Research, einer Unesco-Gründung aus der Nachkriegszeit, die International Communication Association (ICA), die in den USA erfunden wurde und auch wegen des Ost-West-Konflikts zum Maß aller wissenschaftlichen Dinge in diesem Feld werden konnte.[1] Kaarle Nordenstreng wollte nicht, dass das so stehenbleibt. Er wollte nicht, dass die IAMCR und er selbst als Spielball ostdeutscher und sowjetischer Kommunisten gesehen werden können. Also hat er meine Quellen angegriffen und mein Ergebnis abgewertet. In einem Land wie der DDR sei es ganz normal gewesen, dass kleine Funktionäre ihren Beitrag zur großen Politik aufbauschen und dass die herrschende Partei Akademiker nutzt, um ihre Ziele zu erreichen. Nichts Neues unter der Sonne, vor allem nichts, was er, Kaarle Nordenstreng, nicht schon geschrieben hat über die Vergangenheit der akademischen Disziplin, die sich nicht so leicht von seiner eigenen Vergangenheit trennen lässt.[2]

WER IN DER KOMMUNIKATIONSWISSENSCHAFT GESCHICHTE SCHREIBT

Bevor ich das genauer erkläre und eine Konferenz in Leipzig zum Kulminations- und Wendepunkt in der Geschichte einer Universitätsdisziplin mache, die bis dahin in Ost und West ganz ähnlich vor sich hingedümpelt hatte, muss ich ein paar Dinge vorwegschicken. Ich mag Kaarle Nordenstreng. Er hat mir 2012 eine Position in der IAMCR verschafft (in einer Gruppe, die sich mit Medien in Osteuropa befasst[3]), sich von mir stundenlang zu seinem Leben befragen lassen[4] und unseren öffentlichen Streit von 2014 sofort abgehakt. Wir schicken uns Mails, haben zusammen einen Handbuchbeitrag geschrieben[5] und wollten in diesem Sommer eigentlich in Tampere vor Publikum über Medien im kalten Krieg sprechen. Kaarle ist ein Perpetuum mobile. Erst sollte diese Tagung in Peking sein. Dann kam Corona, und Kaarle, inzwischen fast 80, hat der IAMCR Asyl in seiner Heimat Finnland angeboten. Normalerweise haben solche Events mit 2000 Menschen einen Vorlauf von ein paar Jahren. Niemand hat bezweifelt, dass Kaarle das in weniger als 25 Wochen geschafft hätte, wenn die Krise dann nicht auch nach Europa gekommen wäre.

Kaarle Nordenstreng ist seit 1966 in der IAMCR und war dort von 1972 bis 1988 Vizepräsident. Wenn er über die Vergangenheit schreibt, dann sprechen der Zeitzeuge und der Nachlassverwalter aus dem gleichen Mund. Unser Verständnis der Gegenwart, so hieß es in Kaarles Kommentar zu meinem Aufsatz, hängt davon ab, »wie genau« und »wie umfassend« unser Wissen von dem ist, was früher war. Dem wäre nichts hinzuzufügen, wenn er nicht vergessen hätte, dass die, die dabei waren, sich stets selbst in ein gutes Licht rücken wollen. Ein Mini-Fach wie die Kommunikationswissenschaft kann sich nicht leisten, einige seiner Professuren für die eigene Geschichte zu opfern. Wir brauchen jede Frau und jeden Mann für die vielen jungen Leute, die ›irgendwas mit Medien‹ machen wollen. Anders als zum Beispiel in der Medizin gibt es bei uns folglich niemanden, der dafür bezahlt wird, in die Archive zu gehen. Da Historiker die großen Disziplinen bevorzugen, wenn sie Wissenschaftsgeschichte schreiben, wird das, was wir über unser Vorläufer wissen, von Menschen wie Kaarle Nordenstreng geformt – von Menschen, die die Geschichte als Tool sehen, um für sich selbst und das eigene Tun zu werben.

Für die allermeisten Kolleginnen und Kollegen ist das vollkommen in Ordnung, weil sie davon profitieren, wenn die Links zur Macht undeutlich werden und sie so weiter glauben (oder wenigstens nach außen behaupten) können, nur der Wahrheit zu dienen. Man muss sich das in etwa so vorstellen wie bei einem deutschen Konzern, der eine Hausgeschichte schreiben lässt. Das Dritte Reich kommt dort sicher vor, irgendwie, aber ganz so schlimm wie befürchtet war es dann zum Glück doch nicht. Anders als dieser fiktive Konzern kann sich die Kommunikationswissenschaft keineswegs sicher sein, dass es sie morgen noch gibt. Wie beim Fußball oder beim Wetter fühlen sich alle berufen, mitreden zu können, wenn es um die Wirkung von Medien und Journalismus geht. Wozu braucht es da eine besondere wissenschaftliche Disziplin, zumal das doch ebenso gut Psychologie, Soziologie oder Politikwissenschaft untersuchen können? Der (menschlich vollkommen verständliche) Wunsch, die Existenz zu legitimieren, verführt fast automatisch dazu, Erfolgsgeschichten zu schreiben – entweder für die eigene Schule oder für das ganze Fach.

Ich selbst bin durch drei Zufälle zu diesem Forschungsgebiet gekommen. Zufall 1 heißt Arnulf Kutsch, der 1993 an die Universität Leipzig berufen wurde und mich dort auf seinem Gabentisch gefunden hat. Ich schreibe das etwas blumig, weil es keine angemessene Sprache für Vorgänge gibt, die vom Gewohnten abweichen und so vermutlich nur in Umbruchzeiten zu beobachten sind. Hier war es so: Ich hatte seit Oktober 1992 ein Promotionsstipendium, aber keinen Prüfer. Der einzige Professor im Haus war Karl Friedrich Reimers, der Gründungsdekan aus München, ein Leipziger auf Zeit und schon deshalb als Doktorvater nicht geeignet. Eigentlich wäre es klug gewesen, mit dem Antrag bei der Hans-Böckler-Stiftung zu warten, bis alle Personalfragen beantwortet waren, nur: Die Sterne standen einfach günstig. Alle Stiftungen hatten Extragelder für den Osten und viel zu wenig geeignete Bewerber. Hans Böckler lud für das Aufnahmegespräch Anfang 1992 in ein Vier-Sterne-Hotel an einem Autobahnkreuz in Kassel ein, das mir und den anderen DDR-Kindern wie der pure Luxus erschien, und nahm mich nicht nur in die Promotionsförderung auf, sondern rückwirkend auch noch in die Studienförderung, für die ich mich gar nicht beworben hatte. Eigentlich fördert diese Stiftung Gewerkschafter und Menschen, die es über den zweiten Bildungsweg an die Universität geschafft haben. Ich erfüllte keines der beiden Kriterien und bekam trotzdem auf einen Schlag so viel Geld, dass ich den Bafög-Kredit sofort zurückzahlen und außerdem einen Renault Clio kaufen konnte (wenn auch nur auf Pump, aber dem Autohaus im Erzgebirge reichte die Aussicht auf ein Promotionsstipendium völlig aus als Garantie).

Zurück zu Arnulf Kutsch, dem ersten Zufall, der mich dazu gebracht hat, nach den Menschen zu fragen, die das produzieren, was andere für Wissen halten müssen. Als Kutsch auf den Leipziger Lehrstuhl für ›Historische und Systematische Kommunikationswissenschaft‹ berufen wurde (eine merkwürdige Widmung, die suggeriert, dass es auch unsystematische Forschung geben kann), war sein Doktorand Michael Meyen schon da und vor allem Jürgen Schlimper, von dem ich das Thema hatte (Leipzigs bürgerliche Presse in der Weimarer Republik) und eine bestimmte Art, ein solches Thema anzugehen (alte Zeitungen lesen). Mit beidem konnte Arnulf Kutsch nicht viel anfangen. Ich wiederum habe damals nicht wirklich verstanden, was ihn an der Geschichte der Kommunikationswissenschaft fasziniert. Warum sollte man sich mit einem kleinen Klub eher unbedeutender Männer beschäftigen, wenn man zur gleichen Zeit Medien analysieren kann, die den Lauf der Welt verändert hatten?

Arnulf Kutsch sah das anders. Auf eine Formel gebracht: Man muss die Geschichte seiner Disziplin kennen, um Abhängigkeiten zu sehen (von der Politik, von wirtschaftlichen Konjunkturen, von der Position im Feld der Wissenschaft) und so den eigenen Spielraum taxieren zu können. Kutsch, Jahrgang 1949, stieß als Student in Münster auf einen braunen Sumpf. Die Literatur, die sprichwörtlichen Riesen, auf deren Schultern sich Wissenschaftler so gern stellen: All das war mit dem Dritten Reich verlinkt, aber niemand redete darüber. Arnulf Kutsch hat dann mit seinem Mentor Hans Bohrmann und seiner Schülerin Stefanie Averbeck die Menschen und Ideen in das Fachgedächtnis zurückgeholt, die von den Nazis aus der Universität und oft auch aus dem Land vertrieben worden waren,[6] und außerdem gezeigt, wie die personelle und inhaltliche Kontinuität, die von Weimar über die zwölf Hitler-Jahre in die Bundesrepublik führte, das Fach gebremst hatte.[7] Die sozialistische Journalistik blieb für Arnulf Kutsch auch in Leipzig ein Tabu. Ich kann das verstehen. Er hätte nichts schreiben können, ohne sich dem Verdacht auszusetzen, den Elitenaustausch zu legitimieren und damit seine eigene Berufung.

Wenn man wie ich knapp ein Jahrzehnt im Umfeld eines Professors arbeitet, dann bleibt es nicht aus, dass man von seinen Interessen infiziert wird. Durch Kutsch habe ich Hans Amandus Münster kennengelernt, Jahrgang 1901, sehr jung NSDAP-Mitglied und 1934 ohne Habilitation auf den Leipziger Lehrstuhl berufen (also mit Anfang 30). Dieser Münster war für mich interessant, weil er seine Studenten in den Alltag schickte (in Dörfer, in eine Fabrik) und sie beobachten ließ, was die Menschen mit Presse und Radio machten.[8] Diese Pionierstudien wurden jetzt kaum noch zitiert, weil Münster die ›Führungsmittel‹ optimieren wollte und außerdem für den Sicherheitsdienst gearbeitet haben soll. Der Vorwurf: »Gesinnungsschnüffelei« unter dem Deckmantel empirischer Forschung.[9] Ich habe mir alle Dissertationen angeschaut, die in Leipzig zwischen 1916 und 1945 eingereicht wurden (eine staubige Angelegenheit),[10] und außerdem versucht, in der Ahnengalerie der Methodenentwickler einen Platz für Hans Amandus Münster zu finden.[11]

Auch der zweite Zufall, der mich zur Fachgeschichte führte, hat einen Namen: Maria Löblich. Ich kann das kürzer machen, weil Maria bei Arnulf Kutsch studiert und eine Magisterarbeit über Otto B. Roegele geschrieben hat, einen katholischen Journalisten, der 1963 aus der Chefredaktion der Wochenzeitung *Rheinischer Merkur* auf den Lehrstuhl für

Zeitungswissenschaft in München kam, ohne vorher von Hans Amandus Münster oder irgendwelchen anderen Vorfahren gehört zu haben.[12] Als ich selbst 2002 nach München berufen wurde, habe ich sie gebeten, meine Mitarbeiterin zu werden. Ich wollte nicht allein verstehen müssen, wo ich da hingeraten war. Das führt zum dritten Zufall, zu Hans Wagner, meinem Vorgänger in München, der mir ein Kuckucksei hinterlassen hatte: eine Vorlesung zur ›Theoriegeschichte der Kommunikationswissenschaft‹, Pflicht im damals neuen BA. Ob ich wollte oder nicht: Ich musste mich mit diesem Thema befassen und habe dafür Maria Löblich gebraucht.[13]

Ich schreibe das so ausführlich, um den Unterschied zu Kaarle Nordenstreng und den allermeisten anderen deutlich zu machen, die sich auf diesem Gebiet tummeln. Ich habe kein Lebenswerk und auch keine Schule, die ich verteidigen muss. Ich gehöre nicht einmal zu irgendeiner Schule. Der Vertrag von Jürgen Schlimper an der Universität Leipzig ist Ende 1998 ausgelaufen. Es gab 700 Unterschriften für eine Verlängerung, aber die kamen von Studenten und nicht von denen, die das zu entscheiden hatten. Arnulf Kutsch ist ein Solitär. Ihn scheint nicht wirklich zu interessieren, was die Kolleginnen und Kollegen von seiner Arbeit halten. Anders schafft man es nicht, jahrelang Quellen abzuklopfen, um zum Beispiel die Anfänge des Journalistenberufs zu rekonstruieren – ein Thema, mit dem Kutsch ziemlich alleine dasteht in einer gegenwartsfixierten Fachgemeinschaft.

Ich schreibe Wissenschaftsgeschichte, weil ich das bei ihm gelernt habe und als Professor in München in gewisser Weise dazu gezwungen war, nicht nur wegen der Pflichtvorlesung. Das Fach, das ich an der Universität vertreten sollte, war mir fremd. Es hatte nichts mit meinem Studium zu tun und fast nichts mit dem, was ich gemacht hatte, um mich für die Professur zu qualifizieren (hauptsächlich historische Forschung[14]). Also habe ich weit mehr als einhundert Protagonisten befragt und bin in die Archive gegangen sowie in die Literatur. Was dabei herauskam, war für viele ungewohnt. Man nahm das persönlich. Es gab Angriffe auf die Webseite, auf der ich meine Ergebnisse dokumentiere,[15] und einmal sogar einen Hörsturz. Dass Kaarle Nordenstreng mich vor aller Welt angriff, war da fast schon harmlos, und dass ihm nicht passte, was ich in einem Aktenstapel gefunden hatte, der noch im Leipziger Institut lag, irgendwie verständlich. Normalerweise hätte dieser Stapel längst im Archiv der Universität sein sollen, aber Arnulf Kutsch hatte die Abgabe hinausgezögert, um eines Tages vielleicht etwas zu schreiben über diese Konferenz von 1974. Als absehbar war, dass es dazu nicht mehr kommen würde, habe ich diesen Schatz selbst gehoben.

WAS 1974 IN LEIPZIG LOS WAR

Die Leipziger Journalistik kommt nicht vor, wenn die Kommunikationswissenschaft ›Meilensteine‹ sammelt, ›Klassiker‹ oder Texte, die jeder gelesen haben muss.[16] Die Sieger der Geschichte haben auch jede Erinnerung an die IAMCR-Tagung von 1974 getilgt, die größte Konferenz, die es bis dahin in der Fachgemeinschaft gegeben hatte. Die Organisatoren in Leipzig waren selbst von der Resonanz überrascht. Ursprünglich hatten sie mit 55 ausländischen Gästen gerechnet.[17] Schon das wäre viel gewesen in einer Zeit, in der man etwas Aufwand investieren musste, um in die DDR zu reisen, und in der für die ICA, die andere große Fachgesellschaft aus den USA, ein Motel mit einem Swimmingpool reichte und ein Faltblatt für das Programm.[18] Die 251 Anmeldungen für Leipzig, davon allein 125 aus »kapitalistischen und Entwicklungsländern«, waren einsamer Rekord. Emil Dusiska, Direktor der Sektion Journalistik, sprach hinterher von einem »vollen Erfolg für die DDR und die anderen sozialistischen Staaten«. Die 22 Seiten Abschlussbericht in Kurzform: erstens ein »Sieg über die Vertreter der Bourgeoisie«, zu verdanken vor allem »der Geschlossenheit und Sicherheit im Auftreten der DDR-Genossen« und dem Teil der sowjetischen Delegation, der »mehrere Sprachen beherrscht« und so »bürgerliche Auffassungen« und »Zwischenrufe usw. sofort in der entsprechenden Sprache« kontern konnte. Zweitens »keine Provokationen« und auch sonst eine perfekte Veranstaltung (so gab es »ein tägliches Konferenzbulletin in den Sprachen Deutsch, Russisch, Französisch und Englisch« sowie zwei dicke Bände mit den Vorträgen). Drittens ein würdiger Rahmen. Empfang des Ministerrates im Neuen Rathaus, Exkursionen nach Dresden und Weimar, Theater und Oper, Gespräche mit Praktikern. Und viertens, vielleicht noch wichtiger: viele Gäste, die ihr »ehrliches Erstaunen über die Entwicklung in der DDR zum Ausdruck« brachten (»das trifft natürlich nicht für die ausgesprochenen Antikommunisten zu«). Dazu kam, etwas versteckt, ein Geständnis. Auch hier in Kurzform und übersetzt in die Sprache der Gegenwart: Eigentlich haben sich Ost und West nicht viel zu sagen. Da »kapitalistischer und sozialistischer Journalismus« nicht vergleichbar sind (weil es »keine gemeinsamen Maßstäbe« gibt), macht es auch keinen Sinn, Forschungsergebnisse nebeneinander zu legen oder gar gemeinsame Studien zu planen.[19]

Die kleine Kommunikationswissenschaft erlaubt hier wie in einem Brennglas einen Blick auf eine Zeit, in der die Zukunft noch offen zu sein schien und es doch längst nicht mehr war. 1974 kommt buchstäblich ›die Welt‹ nach Leipzig – alles, was Rang und Namen hat in der Medienforschung. Allein zwölf Professoren aus den USA, darunter George Gerbner, 1919 in Budapest geboren, 1939 emigriert und heute eine der Ikonen des Fachs, weil er die Kultivierungsthese erfand (wer viel fernsieht, glaubt, dass es draußen genauso aussieht wie in der Flimmerkiste) und viele Jahre das *Journal of Communication* herausgab, die wichtigste Zeitschrift der Kommunikationswissenschaft. Die westdeutsche ›Delegation‹ (so nannte man das damals) zählte 17 Köpfe. Elisabeth Noelle-Neumann ist dabei, noch so eine Ikone, die gerade ihre Theorie der Schweigespirale veröffentlicht hat[20] und bald mit unternehmerfreundlichen Positionen die Mediendebatte in der Bundesrepublik dominieren wird.[21] Daneben Horst Holzer, Mitglied der DKP und prominentes Opfer der Berufsverbote in der Ära Willy Brandt,[22] und Otto B. Roegele, der schon erwähnte katholische Journalist auf dem Lehrstuhl in München, in Leipzig »sattsam bekannt als Antikommunist«.[23] Kaarle Nordenstreng bringt sogar zehn Studenten aus Tampere mit. Der Papierstapel, den ich Arnulf Kutsch entwendet habe, sagt: Nordenstreng ist für die Strategen in Leipzig und Moskau der wichtigste Brückenkopf in der westlichen Welt.

Die Akten sind voll vom Rausch jener Tage. Die halbe Sektion Journalistik ist damit beschäftigt, Visafragen zu lösen, Anfragen aus aller Welt zu beantworten, die »taktische Linie für die Diskussion« auszuarbeiten (»Wir wollen nicht sichtbar dominieren«)[24] und einen Fahrdienst zu organisieren. Karl-Heinz Röhr holt Elisabeth Noelle-Neumann vom

Flughafen ab,[25] Hans Poerschke bekommt den Dienstwagen von Sektionsdirektor Dusiska, weil er gut Russisch spricht und die sowjetische Delegation betreuen soll,[26] und Wulf Skaun hilft dem Dekan aus Bukarest.[27] Es gibt euphorische Dankesbriefe, gegen die die wenigen Kritiker nicht ins Gewicht fallen (moniert wird vor allem das offensive Auftreten der Osteuropäer).[28] Und es gibt vieles, was Hoffnung macht. Der Nachwuchs in den aufstrebenden Staaten jenseits der beiden großen Lager, Konservative wie George Gerbner oder Otto B. Roegele, die sich stets »korrekt« verhalten, westdeutsche Kollegen wie Ulrich Pätzold, der »von den Genossen der SEW« (ein SED-Ableger in Westberlin) »als annehmbar bezeichnet« wird,[29] und viel Lob für das, was an der Leipziger Universität seit dem Krieg entstanden ist.

Man muss nie auf einer solchen Konferenz gewesen sein, um zu ahnen, wie sich das für die Gastgeber angefühlt haben mag. Angekommen. Angenommen. Mehr als ein Jahrzehnt lang hatte die IAMCR Hallstein mitdenken müssen, wenn sie nach einem Veranstalter für ihre Tagungen suchte. Wer lässt auch die Kollegen aus der DDR einreisen? Franco zum Beispiel. Deshalb ging man 1968 nach Pamplona und nicht nach Oxford. In Buenos Aires, wo man sich 1972 traf, hatten Emil Dusiska und Günter Heidorn, ein Historiker aus Rostock, noch mit Abreise gedroht, weil die Argentinier keine DDR-Flagge hatten, und sich erst beruhigt, als alle Fahnen eingezogen wurden, auch die westdeutsche.[30] Und jetzt das. Leipzig als Epizentrum von Medienforschung und Journalistenausbildung.

Ich war damals ein kleiner Junge, der gerade beschlossen hatte, Walter Ulbricht nachzueifern, und der bei der Fußball-WM im Sommer die Tore von Joachim Streich, Jürgen Sparwasser und Martin Hoffmann bejubelte. Die Massenparty in Berlin, die unter dem Label ›Weltfestspiele der Jugend und Studenten‹ lief, die Aufnahme in die UNO und die vielen kleinen diplomatischen Siege, überhaupt der Ruck, den der Wechsel zu Erich Honecker ausgelöst hatte und der sich vor allem bei den jungen Leuten in immer größere Hoffnungen auf sozialpolitische Geschenke verwandelte: All das dürfte damals selbst auf der Insel Rügen zu spüren gewesen sein. Die Ernüchterung wird später kommen, im Herbst 1976, mit der Ausbürgerung von Wolf Biermann, oder spätestens Ende

1979, wenn Moskau Soldaten nach Afghanistan schickt. Im September 1974 scheint all das noch unvorstellbar. Kaarle Nordenstreng schreibt Emil Dusiska nach der Konferenz einen mehr als aufmunternden Brief. Alle »Flügel« der IAMCR zusammenhalten, na klar. Nicht zulassen, dass »irgendein bedeutender Sektor« die »Weltgemeinschaft der Kommunikationsforscher« verlässt (hoffentlich kein Übersetzungsfehler; der Leipziger Sektionsdirektor konnte nur Deutsch und ließ seine Post von einem Sekretär übertragen). Und dann auf das große Ganze gehen, auf das, was Nordenstreng die zweite »Hauptkomponente« seiner »IAMCR-Strategie« nennt und »das letzte Ziel«, für das »wir sehr klug und sorgfältig vorgehen müssen«: »diese Organisation für eine weitere progressive Forschung, eine allgemeine antiimperialistische Bewegung und den Kurs des Sozialismus verwenden«.[31]

Ich mag gar nicht zu viel hineininterpretieren in diese Sätze. Mein alter Freund Kaarle war damals jung, Anfang 30 erst, und auserwählt für Höheres. In Buenos Aires wollten Emil Dusiska und die Genossen aus Polen und der Sowjetunion ihn überreden, als Präsident der IAMCR zu kandidieren, frei nach dem Motto: besser dieser jugendliche Finne als ein Mensch wie James Halloran aus Leicester, »der mit der Labour Party sympathisiert« (und schließlich gewann), oder irgendein anderer »Vertreter eines kapitalistischen Landes«.[32] Nordenstreng war schon vorher mit ein paar Studenten in Leipzig gewesen und wurde 1973 nach einem Gegenbesuch in einem internen Bericht über den grünen Klee gelobt. Emil Dusiska hatte in Finnland sogar KP-Mitglieder gefunden, die die »progressive Rolle« des Kollegen bestätigen konnten (Nordenstreng selbst war nirgendwo Mitglied), und machte ihn in seinem Papier zum »führenden Kopf« der marxistischen Medienforschung im Land.[33] Das war vermutlich nicht einmal übertrieben, denn es gab dort nur zwei sehr kleine, verfeindete Standorte. Die Linken in Tampere, wo Nordenstreng war, und die Konservativen in Helsinki. Osmo Wiio, der auf der anderen Seite stand, hat Maria Löblich gesagt, dass sich der Spuk Ende der 1970er-Jahre von einem Tag auf den anderen gelegt habe. Der Osten sei zwar noch präsent gewesen, aber die Jugend habe sich nicht mehr dafür interessiert.[34]

Für Kaarle Nordenstreng ging das Abschwören nicht ganz so schnell. Er ist 1976 doch noch Präsident geworden – in der IOJ (International Organization of Journalists), einer Praxisvereinigung, die anders als die IAMCR bis 1990 fest in der Hand Osteuropas war. In unserem Interview hat er das als eine »eher politischen Mission« abgetan und diese Kandidatur bereut. Und der Bund mit Emil Dusiska? Komisch eigentlich, nur zu erklären mit menschlichen Eigenheiten. Hier er, Nordenstreng, offen für alle Parteien und deshalb in Finnland sogar als Stalinist verunglimpft, dort die Osteuropäer, die das Misstrauen gegenüber allen Westlern sozusagen mit der Muttermilch aufgesogen hatten, ihn, den Finnen, aber mochten. Im Original: »For some reason, I had their confidence«.

WARUM SICH EMIL DUSISKA VERKALKULIERT HAT

Mit gut einem halben Jahrhundert Abstand ist leicht zu sehen, dass es eigentlich schon 1974 zu spät ist für alle Planspiele, bei denen es um die Macht in der Medienforschung geht, um Positionen in der IAMCR zum Beispiel, um die Austragungsorte von Tagungen, um Slots für Vorträge. Die DDR-Journalistikwissenschaft wird sich in den nächsten anderthalb Jahrzehnten vom Rest der *Scientific Community* isolieren, weil die Führung in Berlin jetzt auf größeren Bühnen spielen kann als auf Konferenzen mit ein paar hundert Professoren und in Leipzig nur noch in das investiert, was sie unbedingt braucht – in Absolventinnen und Absolventen, die das redaktionelle Handwerk beherrschen und loyal sind zu Partei und Staat. Die Forschung wird dieser Linie folgen und sich auf das konzentrieren, was die Ausbildung besser macht. Mit dem, was sich parallel im Westen entwickelt, vor allem in den USA und mit etwas Verspätung dann auch in der Bundesrepublik, hat das nichts mehr zu tun. Die SED-Spitze geht fest davon aus, dass Fernsehen und Presse wirken, kontrolliert deshalb alles, was öffentlich geschrieben und gesendet wird, und muss folglich nicht mehr ›erforschen‹, wie die Inhalte der Medien aussehen und was sie mit den Menschen machen.

In Leipzig dürfte man all das geahnt haben, als die Großen des Fachs 1974 in die Stadt kamen. Mein Aktenstapel zumindest lässt diesen Schluss zu. Die Idee für die Tagung stammte aus einer anderen Zeit.

Als Emil Dusiska die Kolleginnen und Kollegen 1970 in Konstanz mit diesem Vorschlag überraschte, zielte er eigentlich auf die nächste Konferenz, auf 1972, wo man dann nach Buenos Aires fuhr. So oder so war am Bodensee, unweit von Allensbach, wo Elisabeth Noelle-Neumann mit ihrem Institut für Demoskopie residierte, nicht abzusehen, dass die DDR wenig später auf einer Anerkennungswelle rollen könnte und beide deutsche Staaten in die UNO einziehen würden. Als Emil Dusiska die Karte Leipzig spielte, sah sie aus wie ein Trumpf im diplomatischen Spiel. Es gab in den 1960er-Jahren nicht so viele Orte, zu denen die DDR ganz selbstverständlich Zugang hatte. Die SED hatte es mit der IOJ versucht, mit der Journalistenorganisation, die Kaarle Nordenstreng später zu ihrem Präsidenten wählte, und 1966 fast eine Million DDR-Mark in einen Kongress in Berlin gepumpt. Das machte zwar etwas her, aber die Delegierten kamen fast ausschließlich aus Osteuropa, Afrika, Asien und Lateinamerika. Der Westen leistete sich eine eigene Föderation (die IJF) und boykottierte die IOJ.

Die IAMCR war viel billiger zu haben (der Mitgliedsbeitrag lag damals bei 50 Schweizer Franken) und vor allem offen für alle, die etwas beitragen konnten und wollten. Eine kleine akademische Welt, von der UNESCO 1957 ausdrücklich mit dem Wunsch geschaffen, alles Trennende zu überwinden. Nicht mehr Ost und West oder Nord und Süd, sondern Wissenschaft. Hier konnte man selbst dann eine Funktion bekommen, wenn man aus Leipzig oder Rostock kam.[35] Außerdem war Geld knapp in der IAMCR. Anfang der 1970er-Jahre gab es weniger als 30 zahlende Mitglieder,[36] und als Martin Löffler, ein westdeutscher Medienjurist, 1000 Mark für eine Konferenz in Frankreich beantragte, hob Präsident Halloran bedauernd die Hände.[37] Bei der UNESCO sah es nicht besser aus. Von dort gab es allenfalls Reisekosten, 1974 in Leipzig zum Beispiel 9.000 Dollar für zwei Expertenrunden. Das reichte zwar, um elf Spitzenleute einzuladen (untern anderem Elisabeth Noelle-Neumann, Kaarle Nordenstreng und James Halloran), aber nicht, um auf Großsponsoren wie SED und DDR verzichten zu können.

Seinen Parteifreunden in Berlin versprach Emil Dusiska noch viel mehr: Valuta und Hilfe an der diplomatischen Front. Beides wirkt aus heutiger Sicht skurril. Man muss dazu vielleicht wissen, dass dieser

Dusiska kein Wissenschaftler war, sondern ein Funktionär, der geradezu idealtypisch für die Gründergeneration des DDR-Journalismus steht – für Arbeiterkinder, geboren in den ersten beiden Jahrzehnten des Jahrhunderts, die (oft durch ihre Eltern) sehr früh Kontakt zu kommunistischen oder sozialistischen Kinder- und Jugendorganisationen hatten und dann qua Talent oder wegen einer branchennahen Ausbildung ›irgendwas mit Medien‹ machten. Emil Dusiska, Jahrgang 1914, ein gelernter Drucker, ist mit 13 Mitglied der Sozialistischen Arbeiterjugend in Berlin und dort dann Bildungsobmann geworden, 1933 in die Illegalität gegangen und bei Limpert, einem Sportverlag, bis 1945 zum Chefdisponenten aufgestiegen. Die KPD und später die SED haben ihn zunächst in der Wirtschaftspolitik eingesetzt, nach einem Semester an der Parteihochschule als Leiter des Wirtschaftsressorts zum *Neuen Deutschland* geschickt und 1955 in die Agitationskommission geholt, damals der Think Tank für alles, was mit Medien und Öffentlichkeit zu tun hatte. Anders als später Erich Honecker, der sich selbst für den größten lebenden Journalisten hielt, vertraute Walter Ulbricht auch hier eher Experten. Von der Agitationskommission bis zu einer Spitzenposition an der Universität war es für Emil Dusiska nur ein kleiner Schritt. 14 Monate am Institut für Gesellschaftswissenschaften beim ZK der SED, und fertig war nicht nur eine Dissertation, die keiner sehen durfte (jedenfalls nicht die subalternen Forscher in Leipzig[38]), sondern auch der Professor. Emil Dusiska wurde zum 1. März 1965 an die Fakultät für Journalistik berufen, 1967 dort Dekan und dann Sektionsdirektor, als es nach der Hochschulreform keine Fakultäten mehr gab.

Man kann diese Karriere einem Staat zuschreiben, in dem die politische Logik auch Wissenschaft und Journalismus regierte, der Blick nach Westen (in die Bundesrepublik und in die USA) zeigt aber, dass Dusiskas Aufstieg ebenso gut mit den Besonderheiten einer akademischen Disziplin erklärt werden kann, die überall auf der Welt von den Vertretern der alteingesessenen Universitätsfächer für überflüssig gehalten wurde und ihren Nachwuchs genau wie ihre Identität erst entwickeln musste. Dazu gleich mehr. Zunächst zurück zu Emil Dusiskas Plan, mit einer großen Konferenz sich selbst aufzuwerten und zugleich seinem Land zu helfen. Valuta und internationale Anerkennung: Das waren die beiden Punkte, um die sich die Außenpolitik der DDR seit dem Mauerbau drehte. Wenn man Dusiskas Aktenvermerke und Berichte liest, sieht man förmlich die Dollarzeichen in seinen Augen. Die Unesco natürlich, wo angeblich Forschungsgelder in Millionenhöhe nur darauf warten, beantragt zu werden. Vielleicht auch Jacques Bourquin, ein Schweizer Verleger, von 1964 bis 1972 Präsident der IAMCR. Ein Mann mit Verbindungen. Nicht auszudenken, wenn diese Mittel in die Hände des Klassengegners fallen, der ohnehin schon drauf und dran ist, mit Hilfe des US-Imperialismus (»Ford Foundation usw.«) die IAMCR zu kapern, so die Medienforschung umzudrehen und ihre Befunde für die »ideologische Diversion« zu nutzen.[39]

1970 und vielleicht auch noch 1971, das habe ich schon angedeutet, mögen diese Argumente in Berlin gezogen haben, auch wenn Kaarle Nordenstreng heute sagt, dass die UNESCO damals niemandem groß unter die Arme greifen konnte. Jenseits des Geldes aber, und das räumt auch Nordenstreng ein, war das eine Organisation im UN-System, die der DDR auf ihrem Weg in die Staatengemeinschaft helfen konnte und deshalb genau wie das UNESCO-Baby IAMCR schon Anfang der 1960er-Jahre in den Fokus der Agitationskommission gerückt war.[40] Emil Dusiska wusste also, wie er diese Karte spielen musste. Dass sie dann innerhalb kürzester Zeit an Wert verlor, kann man so oder so sehen. Einerseits war die DDR am Ziel – spätestens im Dezember 1972 beim Abschluss des Grundlagenvertrages mit der Bundesrepublik, der schon in den Wochen vor der Unterzeichnung Botschafter aus aller Herren Länder anlockte, die sich jetzt so schnell wie möglich Grundstücke und Gebäude im Ostteil Berlins sichern wollten. Die DDR-Journalistik verlor andererseits von einem Tag auf den anderen jede außenpolitische Bedeutung und damit nach und nach den Anschluss an die Fachgemeinschaft.

In den Akten kündigt sich der Gegenwind bereits im August 1972 an. Hermann Axen, wichtigster Außenpolitiker der SED, bis Erich Honecker auch das immer mehr zur Chefsache machte, hielt die Reise von Emil Dusiska und Günter Heidorn nach Buenos Aires schon da schlicht für »überflüssig« und fügte spitzfindig hinzu: »Sind die beiden Genossen nicht zu Beginn des neuen Studienjahres in der DDR nötiger?«.[41] Es gibt dann noch Geld für ein Treffen des IAMCR-Präsidiums, das Ende Mai

1973 nach Leipzig kommt,[42] und für die Konferenz selbst, das Minus von knapp 13.000 Mark aber, das durch die Anmeldungsflut entsteht, drückt auf die Bilanz der Sektion Journalistik. Nicht einmal Westgeld bringen die Teilnehmer mit. Die Gebühr von 20 Dollar zahlen die allermeisten Ausländer in DDR-Mark.[43] Als sich die IAMCR das nächste Mal trifft, 1976 in Leicester, sind nur drei Leipziger dabei und auch nur drei Sowjetbürger.[44] 1978 in Warschau ist die Delegation zwar noch einmal etwas größer (für Polen sind keine Valuta nötig), dann aber versiegt das Interesse völlig. Jetzt ist Wirklichkeit, was Emil Dusiska in einem internen Bericht schon 1971 prophezeit hatte: »Es hat den Anschein, als gewinne die amerikanische Forschungsrichtung, die sich hauptsächlich auf soziologische Methoden stützt, die Oberhand«.[45] Dass es dabei eher um Psychologie geht als um Soziologie, ist durch die Leipziger Brille nebensächlich.

WIE ICH MIT KAARLE NORDENSTRENG DAS FACH VERSTEHEN LERNTE

Kaarle Nordenstreng war damals nicht nur in Leipzig und in der IAMCR zu Hause, sondern auch in den USA. Sein Debüt in der Welt der Wissenschaft war eine Abrechnung mit dem, was er dort Mitte der 1960er-Jahre gefunden hatte – an der Southern Illinois University in Carbondale, wo er mit einem Stipendium an seiner Dissertation arbeiten durfte, und bei Gesprächen mit Kollegen an zwanzig anderen Universitäten, die er in dieser Zeit besuchte. Kaarles Artikel war so aufsehenerregend, dass er die Zeiten überdauert und mich fast ein halbes Jahrhundert später inspiriert hat, seinen Spuren zu folgen und die Stars der Kommunikationswissenschaft in den USA zu interviewen.[46] In Carbondale war ich am 11. März 2011. Das Datum hat sich eingebrannt. Fukushima. Eigentlich wollte ich Dafna Lemish, die Kollegin vor Ort, drei Tage vorher besuchen, sie meinte dann aber, da sei immer so viel los bei ihr. Es war das erste Mal seit dem Ende der DDR, dass mich wieder jemand an den Internationalen Frauentag erinnert hat.

Nach Carbondale verirrt sich normalerweise kein Deutscher und vermutlich auch kein Finne. Mit dem Auto sind es fünf Stunden von Chicago, die Interstate 57 schnurgerade nach Süden. Nach gut zwei Stunden kann man in Urbana-Champaign anhalten, noch so ein Hotspot, oder schon vorher nach rechts in Richtung Bloomington, Indiana abbiegen oder nach links in Richtung Lafayette zur Purdue University und weiter nach Columbus in Ohio. Meine Suche nach dem Herz der Kommunikationswissenschaft war eine Reise an den Rand der besiedelten Welt. Die Southern Illinois University, wo Kaarle Nordenstreng seine Karriere in der Wissenschaft startete, ist fast zu schön, um einfach weiterzufahren, nach Memphis, noch einmal fünf Stunden. Der Campus liegt direkt an einem See, mit zwei Meilen Jogging-Trail und Schildkröten, die sich auch Anfang März schon fotografieren lassen.

Kaarle Nordenstreng, Jahrgang 1941, war dort mit Mitte 20, als längere Reisen in die USA genau wie der Besuch einer Universität noch ein Privileg der Begüterten waren. Seine Herkunft erklärt die Leichtigkeit, mit der er sich bis heute auf allen Bühnen bewegt und die ihm auch bei Emil Dusiska und seinen Genossen half. Nicht sehr gebildet, aber bürgerlich, sagt Kaarle über seine Eltern. Das heißt nicht viel, da Hochschulabschlüsse damals in Finnland nicht sehr verbreitet waren. Die Familie des Vaters war von Adel. Der Opa Verwalter einer Provinz und ein noch älterer Vorfahr Gouverneur. High Society. Kaarles Mutter war in der konservativen Partei, und der Vater, Absolvent der Militärakademie und zwei Jahre Offizier im Krieg gegen die Sowjetunion, sympathisierte mit den Deutschen, ohne dabei, so möchte Kaarle das sehen, ein »aktiver Faschist« gewesen zu sein. Rechts und sehr nationalistisch, das aber schon.

Mit 15 produzierte Kaarle Geschichten für das finnische Jugendradio, und in seinem ersten Jahr als Psychologiestudent interviewte er fast eine Stunde lang den schon sterbenskranken Carl Gustav Jung in Küsnacht an der Goldküste des Zürichsees. 24 Minuten dieses Gesprächs sind online, wie auch das 40-Minuten-Stück, das Nordenstreng daraus machte.[47] Psychologie und Journalismus: Das ist die Mischung, die Kaarle zu einem der Erfinder der akademischen Disziplin werden ließ, um die es hier geht. Ich habe ihn gefragt, wann er wusste, dass aus ihm ein Kommunikationswissenschaftler werden könnte. Antwort: nach dem Master, Mitte der 1960er-Jahre, eine Fügung des Schicksals. Man habe ihm angeboten, an der Universität Tampere angehende Journalisten zu unterrichten. Wie das Leben so spielt. Kaarle zog das Glückslos Carbondale, wurde nach seiner Rückkehr Chef der Publikumsforschung beim finnischen Radio und 1971 in Tampere jüngster Professor im Land.

An den Kollegen in den USA (damals tatsächlich fast ausschließlich Männer) ließ er in seinem ersten großen Aufsatz kein gutes Haar. Ja, Personal und Budgets seien beeindruckend, vor allem im Vergleich zu Europa, wo es an den Universitäten kaum entsprechende Programme gebe, Forschung (wenn überhaupt) nur von den Rundfunkanstalten betrieben werde und sich dort auf Werbespots und Reichweiten konzentriere. Die USA seien tatsächlich die »Größten in der Welt«, weil das Fach hier viel, viel mehr Ressourcen habe als sonst irgendwo. Aber die Inhalte? Masse statt Klasse. Messen statt Denken. Keine Theorien, keine Konzepte. Ethik und Ideologie nicht im Blick. Normativität und Subjektivität ohne Not über Bord geworfen. Kurz: Die US-Kommunikationswissenschaft sei ein »kranker Mann«, der vermutlich schon bald Europa anstecken werde, weil man dort gewohnt sei, den Mustern zu folgen, die auf der anderen Atlantik-Seite entstehen.[48] Kaarle Nordenstreng deutet in seinem Text an, was ich dann bei meiner eigenen Reise mit etwas mehr Abstand noch besser sehen konnte. Quantitative Methoden, Statistik, elaborierte Verfahren der Datenauswertung, psychologische Theorien, überhaupt die verzweifelte Suche nach dem, was Fernsehsendungen oder Leitartikel bei den Zuschauern und Lesern anrichten: All das lässt sich nur erklären, wenn man die Geschichte der Universitäten in den USA kennt und außerdem mitdenkt, was Militär, Geheimdienst und Politik dort seit Ende der 1930er-Jahre in die Propagandaforschung investiert haben.

Ich gebe zu: So richtig habe ich das nicht wahrhaben wollen, als ich Kaarles Artikel in die Hand bekam, 2009 oder 2010. Ich wusste damals nicht viel über das Fach in den USA, sah aber, wie viel Aufwand meine Münchner Kolleginnen und Kollegen jedes Jahr investierten, um bei der Tagung der ICA, der anderen großen Fachgesellschaft neben der IAMCR, einen Vortrag halten zu dürfen, und was für ein Bohei gemacht wurde, wenn ein Gast von ›drüben‹ auftauchte. Kein Zweifel: Das war das gelobte Land der Kommunikationswissenschaft. Bei meiner Reise haben ich dann hoch dekorierte Professorinnen und Professoren getroffen, die darüber klagten, von den Uni-Managern nur als Cashcow gesehen zu werden – als Garant für große Mengen von BA-Studenten, die Studiengebühren zahlen.[49] Lawrence Grossberg, in der Fachgemeinschaft als Kulturkritiker eine große Nummer, sagte mir, dass Blätter wie *The New York Times* oder *The Chronicle of Higher Education* nie auf die Idee kommen würden, bei ihm anzurufen, wenn sie etwas über die Themen schreiben wollen, zu denen er arbeitet.[50] Grund 1: Grossberg ist Professor in Chapel Hill in North Carolina und nicht in Harvard oder Yale. Grund 2, gekoppelt an Grund 1: Er vertritt eine Disziplin, die nicht wirklich zählt in der akademischen Welt, und die daran auch nicht viel ändern kann, weil es sie in Harvard oder Yale überhaupt nicht gibt.

Ich habe bei diesen Gesprächen gelernt, dass die Wurzeln der Kommunikationswissenschaft in den USA nicht viel anders aussehen als in Leipzig, wo das Fach gleich dreimal erfunden worden ist, von Karl Bücher am Ende des ersten Weltkriegs, von Hans Amandus Münster im Dritten Reich und dann von der Generation der ersten Diplomjournalisten um Heinz Halbach, Hans Poerschke und Karl-Heinz Röhr in der DDR. Dieser Karl Bücher, Jahrgang 1847, eine der Lieblingspersonen von Arnulf Kutsch, meinem zweiten Doktorvater,[51] war ein großer, alter Mann, als er auf die Idee kam, ein Institut für Zeitungskunde zu gründen, und er hatte ein Argument, das die Politik schwer zurückweisen konnte. Die deutsche Presse, so Bücher 1915, habe im Krieg versagt. Sensationen statt Fakten. Das habe die neutralen Länder gegen Deutschland aufgebracht. Büchers Lösung: eine akademische Journalistenausbildung, bei der es neben Handwerk und Fachwissen vor allem um Reflexion gehen sollte. Das Niveau heben. Es ist schwer zu sagen, ob die sächsische Regierung das damals genauso gesehen hat. Karl Bücher hat bis zur Berufung des ersten ›richtigen‹ Professors für Zeitungswissenschaft in Leipzig (Erich Everth, 1926) nur 24 Studenten zum Abschluss geführt. Bei 5000 Journalisten war das nicht einmal ein Tropfen auf den heißen Stein. Dresden genehmigte aber sein Institut (vielleicht, weil er als Nationalökonom weltbekannt war und mit Ende 60 keinen Lehrstuhl mehr brauchte), und die deutschsprachige Fachgemeinschaft kann 1916 als ihr Geburtsjahr feiern.[52]

Die Geografie des akademischen Feldes erklärt, warum Kaarle Nordenstreng mit seinem Stipendium nach Carbondale in Illinois ging und ich dann in Orten wie Urbana-Champaign oder Bloomington in Indiana war, die in keinem Reiseführer stehen. Das Herz der Kommunikationswissenschaft schlägt im Niemandsland und nicht an den Schulen der ›Ivy League‹ oder an den berühmten Universitäten in Kalifornien (Stanford, Berkeley). Man kann die Gründungsgeschichte des Fachs als Metapher lesen. Im Mittleren Westen ging es um sozialen Aufstieg. Die Kinder der Farmer sollten mit den reichen Kids an der Ostküste konkurrieren können. Schreiben, vor Menschen sprechen. John Daly, Jahrgang 1952, der in Austin, Texas jedes Semester den größten Hörsaal füllt, wenn er erklärt, wie Menschen miteinander kommunizieren und was man dabei alles falsch machen kann, hat mir das so begründet: »Aufstehen und vor einer Gruppe sprechen zu können, konnte wirklich einen Unterschied machen in deinem Leben. Viele der ersten ICA-Leute kommen aus diesem Milieu«.[53] Die Universitäten, die Kaarle und ich dann später besuchten, haben einen ganz anderen Studententyp angezogen als Harvard, Princeton oder Yale: Kinder von Immigranten, die gute Amerikaner werden wollten. Da es an den Journalisten- und Rhetorikschulen zuallererst um Handwerk ging, holte man die Professoren aus den Redaktionen und fragte nicht nach wissenschaftlichem Kapital.

Die Parallelen zu Deutschland sind offensichtlich. Erich Everth, der 1926 Karl Bücher in Leipzig beerbte, war Leitartikler und Ressortleiter, bevor er an die Universität berufen wurde.[54] Erst Hans Amandus Münster, sein Nachfolger, Professor auf NSDAP-Ticket, konnte eine lupenreine akademische Laufbahn (fast) ohne Abstecher in die Praxis vorweisen. Münster blieb nach 1945 im Dunstkreis der Universität, weil einige Kollegen weitermachen konnten (Karl d'Ester in München, Emil Dovifat in Westberlin und Wilmont Haacke, erst in Wilhelmshaven und dann in Göttingen) und er schnell einen Draht zu dem einzigen Neueinsteiger fand (zu Walter Hagemann, der ihn 1956 in der neuen Fachzeitschrift *Publizistik* zum Verantwortlichen für das Thema Werbung machte[55]).

Selten ist es so einfach wie hier, DDR und Bundesrepublik zu vergleichen. Die Gemeinsamkeit liegt auf der Hand: eine Legitimationskrise, weil sich die Zeitungswissenschaft persönlich und inhaltlich selbst aus dem Spiel genommen hatte. In der Bundesrepublik sprach der Wissenschaftsrat 1960 von einem »Sondergebiet« (und nicht von einer akademischen Disziplin), zu pflegen allenfalls an der FU in Berlin und in München.[56] Mit etwas historischem Abstand sehen auch die Lösungen gar nicht so unterschiedlich aus: Die Neugründer der westdeutschen Kommunikationswissenschaft brachten wie ihre Leipziger Pendants Hermann Budzislawski, Wilhelm Eildermann oder Hans Teubner nur einen ›guten Namen‹ aus dem Journalismus mit an die Universität und schafften es trotzdem, dort den Ruf des Fachs aufzupolieren – in Münster der schon erwähnte Walter Hagemann (*Germania, Neue Zeitung*), in München Hanns Braun (*Süddeutsche Zeitung*) und Otto B. Roegele (*Rheinischer Merkur*), in Westberlin Fritz Eberhard (*Süddeutscher Rundfunk*) und Harry Pross (*Radio Bremen*). Genau wie in Leipzig wurde das, was das Fach dann inhaltlich ausmachte, erst von der nächsten Generation erfunden – von Menschen wie Kaarle Nordenstreng, die mit dem Studium fertig waren und nach einer Perspektive für ihr Leben suchten, als plötzlich alle Welt die Medienbranche entdeckte und Wege in den Journalismus brauchte.[57]

Was an der Fakultät für Journalistik in Leipzig undenkbar gewesen wäre: eine Bühne für Protagonisten der NS-Wissenschaft wie Hans Amandus Münster, Wilmont Haacke oder Emil Dovifat. Mehr noch: Zur Identität der westdeutschen Fachgemeinschaft (zur Erzählung der Kommunikationswissenschaft über sich selbst) gehörte lange Zeit die Idee, ein Mann wie Dovifat, 1940 in Berlin Doktorvater von Elisabeth Noelle, sei ein Oppositioneller gewesen und so ein legitimer Ausgangspunkt der Traditionslinie, die zum Machtpol des Fachs führt. Auf meiner Webseite zur Geschichte der Disziplin gibt es einen wunderbaren Aufsatz von Juliane Pfeiffer, die sich als Studentin an der FU jahrelang am Mythos Dovifat gerieben hat und jetzt mit vielen Quellen belegen kann, wie wohlwollend führende Fachvertreter all das interpretiert haben, was Dovifat über sich und das Dritte Reich verbreitet hat.[58]

Während in Leipzig die Ausbildung von Journalisten perfektioniert wurde, suchte die westdeutsche Fachgemeinschaft, angeführt von Elisabeth Noelle-Neumann, ihr Heil mehr und mehr in den USA. Hanno Hardt, 1956 Abiturient in Kiel, der schon in der Schule unter »Lehrern mit einer Nazi-Vergangenheit« litt, dann öffentlich dagegen protestierte, dass Nazi-Professoren »einfach so« an die Universitäten zurückkamen, und 1960 in die USA auswanderte, weil er sich sicher war, »dass Deutschland in zwei oder drei Jahren umkippt und wieder braun-konservativ sein würde«,[59] hat eins und eins zusammengezählt. Hier (in der Bundesrepublik) eine Geschichte der Verstrickung und dort (in den USA) eine »Massenkommunikationsforschung«, die mit ihrem »Fetischismus der kontrollierbaren Fakten« eine »klare wissenschaftsideologische Trennung« versprach und außerdem auf »demokratischem Boden« gewachsen war.[60] Von den USA lernen, hieß, sich reinzuwaschen.

Maria Löblich und ich haben Hanno Hardt im April 2006 in Ljubljana besucht, seinem zweiten Fluchtort, wenn man so will. Ich liebe das Foto, das er uns dort für unser Buch gegeben hat. Ein weiser alter Mann mit leicht zerzaustem Haar, eher Künstler als Professor. Er hat uns von einer Reise nach Mecklenburg erzählt, gleich nach dem Zusammenbruch der DDR, mit dem Fotoapparat.[61] Den Wandel dokumentieren: Das war sein nächstes Projekt, immer wieder aufgeschoben, weil die Lehre in Iowa Zeit gekostet hat und auch der Dauerstreit an der Fakultät. Hardt galt in den USA als Kommunist, weil er in seinen Seminaren über Habermas sprach und wollte, dass seine Studenten die Welt mit anderen Augen sehen. Historisch denken, kritisch denken. Richtige Kommunisten kennen sie in den USA nicht. An der Universität in Iowa, sagt Hanno Hardt, habe man seine Kritik toleriert, immerhin, ihn aber schlecht bezahlt, obwohl er viele Hörer hatte und fast noch mehr schrieb. Ljubljana war sein Versuch, noch einmal von vorn anzufangen. Ende der 1970er-, Anfang der 1980er-Jahre hatte Hardt sich in der Bundesrepublik beworben, in Dortmund, München, Westberlin, dann aber auf einen Wechsel verzichtet, als er gesehen hat, wie stark Medien und Politik bestimmen, was die Kommunikationswissenschaft macht, und wie wenig die Kollegen die Vergangenheit des Fachs scherte.

Ein Professor, der Philosophie, Soziologie und Geschichte für den »natürlichen intellektuellen Zusammenhang« hält, »in dem die Kommunikationswissenschaft existiert« (so sah Hanno Hardt sich selbst), musste auch in den USA ein Außenseiter bleiben. Dort fuhr der Zug seit Ende der 1950er-Jahre in Richtung Psychologie – angezogen vom Machtpol eines akademischen Feldes, das von den Naturwissenschaften dominiert wurde und allen Ruhm und Ehre versprach, die sich auf das konzentrieren, was sich messen lässt. Kaarle Nordenstreng hat das in seinem ersten großen Aufsatz sehr schön zusammengefasst. Die akademischen Kinder der Praktiker, die an die Universität gekommen waren, um Journalisten und Debattierer auszubilden, sahen Medien als Werkzeuge, die es zu optimieren galt. Die Idee schien einleuchtend: Wenn man weiß, wie Texte oder Filme wirken, dann kann man der Politik helfen, der Wirtschaft, überhaupt jedem, der irgendeine Botschaft unter die Leute bringen oder ein bestimmtes Verhalten verhindern will, Rauchen zum Beispiel.[62]

Was Kaarle Nordenstreng damals nicht sehen konnte, weil 1968 noch niemand in den Archiven war: Das Modell für diese Forschung stammte aus dem Krieg, aus dem heißen gegen Deutschland und dem kalten gegen die Sowjetunion. Die US-Regierung und industrienahe Stiftungen haben ab 1939 hunderte Sozialwissenschaftler bezahlt, um auch den Kampf um die öffentliche Meinung gewinnen zu können. Was Karl Bücher im Ersten Weltkrieg in Leipzig mit bescheidenen Mitteln angeregt hatte, wurde hier in großem Stil aufgezogen.[63] Ergebnis 1: Man sprach fortan von Kommunikation und nicht mehr von Propaganda. Das änderte zwar nicht das, wonach man suchte, erlaubte aber, die eigenen ›guten‹ Absichten von den ›schlechten‹ der Nazis und später der Sowjets abzugrenzen. Ergebnis 2: die Zwangsheirat von Medien, Umfragen und Psychologie. Harold Lasswell (Politikwissenschaft), Kurt Lewin und Carl Hovland (Psychologie) oder der Marktforscher Paul Lazarsfeld wurden zwar keine Kommunikationswissenschaftler, erfanden zusammen aber das, was diese Disziplin bis heute macht.

Ich bin dann doch noch an der ›Ivy League‹ gewesen, an der Penn in Philadelphia, wo ich Klaus Krippendorff getroffen habe, einen Deutschen, Jahrgang 1932, der in Ulm Design studiert hatte und Anfang der 1960er-Jahre in die USA gegangen war, um mehr über Kommunikation zu lernen. Er sah dort all die großen Propagandaforscher und erlebte, wie ihr Modell und der Druck in Richtung Messen, Zählen, Rechnen selbst einen Mäzen wie Walter Annenberg ausbremsten. Der Verleger, so hat es mir Klaus Krippendorff erzählt, gab der Universität 1956 sehr viel Geld mit dem Wunsch, dass sein Blatt *The Philadelphia Inquirer* bessere Absolventen bekommt. Journalisten, die ihr Handwerk beherrschen.[64]

Heute produziert die Schule, die Walter Annenbergs Namen trägt und reicher ist als alle Konkurrenten, Wissenschaftsnachwuchs und die Maßstäbe im akademischen Feld.

WIE DIE LEIPZIGER STILISTIK ERFUNDEN WURDE

Wenn man durch die Zeit reisen darf wie ich in diesem Buch, dann fragt man sich immer, ob nicht auch alles hätte anders kommen können. Was wäre zum Beispiel aus der Journalistik in der DDR geworden, wenn dort Professoren wie Hanno Hardt, Klaus Krippendorff oder Kaarle Nordenstreng gelehrt hätten? Und wie würde die Kommunikationswissenschaft heute aussehen, wenn Karl-Heinz Röhr, Hans Poerschke oder Heinz Halbach in die USA ausgewandert wären und dort Karrieren wie Hardt und Krippendorff gemacht hätten? Der letzte Halbsatz ist schon eine erste Antwort. Die Erfinder der DDR-Journalistik hätten unter anderen Umständen nie eine Universität betreten. Ihre Eltern waren Arbeiter. Dreher, Schlosser, Tischler, Hausfrau.[65]

Es gibt Ausnahmen von dieser Regel, Joachim Pötschke zum Beispiel, Jahrgang 1924, an den ich mich nicht mehr erinnern kann. Pötschke stammte aus einer Offiziersfamilie (sein Vater starb als Oberst), wurde 1944 selbst Leutnant in einem Panzerregiment und studierte nach dem Krieg zunächst Kulturwissenschaften in Frankfurt am Main (unter anderem Germanistik), bevor er 1948 bei der *Leipziger Volkszeitung* anfing und an der Vorläufereinrichtung der späteren Fakultät für Journalistik studierte. Dort bekam Joachim Pötschke 1951 ein Diplom sowie einen Arbeitsvertrag als wissenschaftlicher Assistent und wurde so Teil der Gründungsmannschaft der Fakultät.

Es müssen abenteuerliche Zeiten gewesen sein damals. Werner Michaelis, noch so eine Ausnahme von der Aufsteiger-Regel, hat seine Stelle mehr oder weniger geerbt. Man glaubt diese Vater-Sohn-Geschichte kaum, die mit einem riesigen schwarzen Bücherschrank beginnt, der immer noch bei Michaelis im Wohnzimmer steht – Überbleibsel einer Leipziger Kindheit in den 1930er-Jahren, zu der Sommerreisen nach Stettin, nach Rügen und an den Bodensee gehören, Latein und Englischunterricht. Es ist heiß an diesem Augusttag 2015, an dem ich zu

Werner Michaelis fahre. Schon morgens um zehn mehr als 30 Grad im Schatten. Ein Sherry muss trotzdem sein. Wenn man fast 90 ist, kommt nicht mehr so oft Besuch, und dieser Besuch macht mit, weil er die Geschichte des Gastgebers hören will.

In dieser Geschichte geht es um den Vater, einen Volksschullehrer, Jahrgang 1896, Schrankbesitzer, der zwar links war, aber den Parteibetrieb nicht mochte und deshalb 1933 weiter unterrichten durfte, während die KPD-Mitglieder an der Schule entlassen wurden. Vater Michaelis ist 1941 zum zweiten Mal eingezogen worden, kurz vor Kriegsende desertiert und auf verschlungenen Wegen in die akademische Journalistenausbildung geraten. Hanebüchen, sagt Sohn Werner. Sein Vater war Deutschdozent, und die Partei brauchte jemanden, der ihren Zeitungsschreibern das Formulieren beibringt. Nur: Diese Partei hatte ihn gerade rausgeworfen, weil er bei einem Lehrgang sein Zimmer nicht mochte und einfach nach Hause gefahren war. In der Geschichte von Werner Michaelis trifft sein Vater in der Universität Heinrich Bruhn, Professor am Institut für Publizistik und Zeitungswissenschaft, dem Vorläufer der Fakultät für Journalistik, der sich freut, einen arbeitslosen Deutschlehrer vor sich zu haben, Parteiausschluss hin oder her. Wir schreiben 1951. Zwei Jahre ist Vater Michaelis Einzelkämpfer und bekommt dann als Verstärkung ausgerechnet seinen Sohn, der seit 1950 Lehrer ist und es inzwischen bis zum stellvertretenden Schuldirektor in Wiederitzsch gebracht hat, damals noch Vorort von Leipzig. Der Vater ist selbst schuld an dieser Familienzusammenführung. Er bittet Werner, ihn bei einem Sommerkurs für Journalisten zu vertreten, weil er einen Urlaubsplatz an der Ostsee hat. Die Studenten sind von diesem jungen Mann begeistert, und Wilhelm Eildermann, der Institutsdirektor, bietet Werner Michaelis eine Stelle an. Alles halb so schlimm, sagt der Professor im Ruhestand 2015. »Ich übernahm das erste Studienjahr und er das zweite. So kamen wir uns nicht in die Quere. Siegfried Krahl machte das Fernstudium. Dann kamen bald andere, etwa 20 insgesamt. In den besten Zeiten waren wir zehn bis zwölf Leute in der Stilistik«.[66]

Werner Michaelis hat etwas vor der Zeit aufhören müssen an der Universität, 1986, mit Anfang 60. Die Ärzte sagten damals: noch ein Jahr weiter und Sie schaffen es nicht bis zur Rente. Das Herz. Auch Ärzte können sich irren, zum Glück für mich. Durch den Sherry-Dunst ist es nicht schwer, den jungen Deutschlehrer zu sehen, der da vor künftigen Journalisten steht und gar nicht weiß, wie eine Redaktion funktioniert. Werner Michaelis hat sich nach Zwickau delegieren lassen, zur *Freien Presse*. Auch dort: Skepsis. »Ich kam an und sollte gleich den Leitartikel für den nächsten Tag schreiben«. Soll der Klugscheißer von der Universität doch mal zeigen, was er kann.

»Ich saß die halbe Nacht. Es ging um die Wiederbewaffnung der Bundeswehr. Meine Überschrift hieß dann ›Helm ab zum Gebet‹. Da war das Eis gebrochen. Mir haben die paar Wochen geholfen, den Betrieb zu verstehen. Ich bekam zum Beispiel Manuskripte mit orthografischen Fehlern und wusste nicht, ob ich das den Autoren sagen sollte. Die haben dann nur gelacht und gemeint, dass das die Setzer machen«.

Ganz egal, mit wem man über die akademische Journalistenausbildung in der DDR spricht: Kaum jemand wird bezweifeln, dass die Leute dort das Handwerk gelernt haben, Sprache und Stil vor allem. Wie schreibe ich einen Artikel, wie baue ich einen Fernsehbeitrag, wie redigiere ich Texte? Wie schaffe ich es, eine Botschaft so zu verpacken, dass sie verstanden wird? Das ist nicht von alleine passiert und auch nicht von ›oben‹ per Anordnung über Dozenten und Studenten gekommen, sondern wurde vor Ort entwickelt – von Menschen wie Werner Michaelis und seinen Kollegen Siegfried Krahl, Wolfgang Böttger oder Joachim Pötschke, die in jungen Jahren an die Universität geholt wurden, manchmal eher zufällig, und ganz zwangsläufig eine Idee entwickeln mussten, die ihr Berufsleben trägt. »Wir haben überlegt, was wir den Studenten mitgeben wollen«, sagt Werner Michaelis. »Was braucht ein Journalist? Die drei Punkte galten eigentlich bis zum Schluss: Sprachwissen, Sprachbeurteilungsvermögen, Sprachgestaltungsfähigkeiten. Der Journalist muss seine Sprache kennen. Er muss begründen können, was er warum redigiert. Und er muss überzeugend schreiben«.

Es gab natürlich etwas in der Germanistik und sogar zwei Bücher aus der Sowjetunion, die in Leipzig kursierten,[67] die größte Hürde aber mussten die Leipziger Dozenten selbst meistern: Wie bringe ich das, was ich über Sprache und Stil weiß, meinen Studenten bei? Man kann dazu in die Akten schauen, in die unzähligen Protokolle von Dienstberatungen, in Seminarpläne, in Übungsaufgaben. Man findet dort keine Diktatur der SED, sondern Menschen, die ihre Arbeit so gut wie möglich machen wollen. Menschen, die sich streiten, die erzählen, was sie in den Seminaren erlebt haben, die das einbringen, was sie aus den Redaktionen hören. Menschen, die dabei den Sozialismus und das Leben im Land besser machen wollen. Man kann auch Werner Michaelis fragen, der es mit der Weisheit des Alters schafft, dieses jahrelange Ringen auf wenige Sätze zu verdichten. Erst Übungen, zunächst noch ohne die Kolleginnen und Kollegen aus der journalistischen Methodik. Stil pur.

> »Darstellungsformen, Beschreibungen, Schilderungen. Das war schon ganz nützlich, es fehlte aber der journalistische Pfiff. Gelöst wurde das erst mit dem Übungssystem, angeregt von Emil Dusiska und von Karl-Heinz Röhr gestaltet und mit Leben gefüllt. Vorher gab es natürlich auch schon Praktika. Zeitweise zum Beispiel ein Zwischenpraktikum, in Redaktionen. Wir reisten hinterher und schauten uns die Sachen an. Im Übungssystem konnten wir dann selbst Aufgaben stellen, die ein praktisches Ziel hatten und wo die Studenten das anwenden konnten, was sie vorher in der Theorieausbildung hatten. Bis das perfekt lief, hat es gedauert. Ich glaube aber, dass das in Deutschland einmalig war«.

Dieses Übungssystem gab es noch, als ich 1988 an die Sektion Journalistik kam. Nicht alle von uns fanden das gut. Tendenz: Wer bei der Armee war wie ich und nur zwei Monate im Volontariat, mochte dieses Trockentraining eher als viele der Frauen, die ein ganzes Jahr lang fast jeden Tag in der Zeitung gestanden hatten. Klaus Preisigke, seit 1986 Leiter des Lehrstuhls für Fernsehjournalistik, gab ihnen knapp zwei Jahre später Recht. »Eine gute Grundidee«, sagt er, als die Crème de la Crème der westdeutschen Journalistenausbilder Ende Mai 1990 nach Leipzig kommt. Alle 14 Tage ein Beitrag, vom Einfachen (Nachricht) zum Komplizierten (Porträt, Reportage), »in Einheit von theoretischer Unterweisung und Übung«. Kleine Gruppen (bei mir: fünf Leute), die mit einem Mentor diskutieren und dafür gute und schlechte Beispiele bekommen. Vielleicht mochte ich das auch, weil meine Beiträge durchweg Lob bekamen. Klaus Preisigke sagt dann trotzdem: »Dieses System hat sich nicht bewährt«. Sein Hauptkritikpunkt: Verschulung. Wenn 120 Leute zur gleichen Zeit einen Bericht schreiben, wird die Recherche schwierig. Wenn es dafür Noten gibt, dreht sich die Debatte am Ende nur noch darum. Und wenn man viele Mentoren braucht, dann bleibt es nicht aus, dass manche deutlich schlechter sind als andere.[68]

Ich weiß nicht, wie es anderen geht, wenn sie diese Rede von Klaus Preisigke lesen. Auf den Tonbändern, die die Ost-West-Begegnung vom Mai 1990 festhalten, ist bei den Gästen zumindest Interesse zu hören. Aha, das sind also eure Probleme hier in Leipzig. Und ihr seid so selbstkritisch, wie es der Moment gebietet. Vielleicht hätte dieser Moment eine große Reform erlaubt, wie Ende der 1960er-Jahre, als Emil Dusiska Chef wurde und das Institut für Theorie und Praxis der Pressearbeit ein ganzes Jahr in Klausur schickte, um das Übungssystem aus dem Boden zu stampfen und die vielen Ideen zu bündeln, die sich in den anderthalb Jahrzehnten seit der Fakultätsgründung angesammelt hatten. Klaus Preisigke und seine Kollegen haben diese Chance nicht bekommen. Selbst wenn es anders gewesen wäre: Das Übungssystem war genau wie all das, was sich Werner Michaelis und Co. in der Stilistik ausgedacht haben, ein Kind der DDR. An der Sektion Journalistik ging es nicht um Medienwirkungen und auch sonst nicht um Forschung, die das Objektivitätsideal der Naturwissenschaften bediente, sondern um Berufsausbildung. Das war der Auftrag der SED, das war der Grund für das viele Personal. Für diesen Auftrag musste man nicht zu den Tagungen der IAMCR fahren oder sich mit westdeutschen Kollegen treffen, es sei denn, es gab einen höheren diplomatischen Zweck. Wenn Hanno Hardt oder Klaus Krippendorff aus irgendeinem Grund an der Leipziger Fakultät für Journalistik gelandet wären, hätten sie dieses Paradigma vielleicht modifiziert, aber sicher nicht das gemacht, wofür sie in den USA berühmt geworden sind.

WER IN LEIPZIG PROFESSOR FÜR JOURNALISTIK WURDE

Es ist kein Zufall, dass das Lehrerkind Werner Michaelis und der Offizierssohn Joachim Pötschke in der Stilistik gelehrt haben und nicht in einem anderen Bereich der Fakultät für Journalistik. Der Sprachunterricht verlangte Bildung, erworben am besten auf einem humanistischen Gymnasium. Für den Rest, könnte man zugespitzt behaupten, wenn man durch die frühen Studienpläne geht und dort Vorlesungen zur Pressegeschichte findet, zur Geschichte der Sowjetunion oder zum Beruf an sich, für diesen Rest genügte es, in der Partei zu sein und ein wenig vom Journalismus zu verstehen.

Dass ich die Lebenswege aller DDR-Journalistik-Professoren bis ins Detail kenne, ist im doppelten Wortsinn ein Geburtstagsgeschenk. Die Universität Leipzig, gegründet 1409, hat für das Jubiläum 2009 ihre Geschichte schreiben lassen. Herausgekommen ist neben mehreren Büchern ein Professorenkatalog, erstellt im Seniorenstudium. Für mein Fach war dort Hans-Dieter Daniel zuständig, ein promovierter Ingenieur, der diese Aufgabe so angegangen ist wie all das, was er früher im Beruf gemacht hat. Nur kein Fehler, nur keine Lücke, sonst fällt alles auseinander. Daniel war im Bundesarchiv und im Universitätsarchiv, er hat sich von Witwen und Kindern Genehmigungen und Material besorgt und damit auch nach dem Uni-Jubiläum nicht aufhören können. Das fertige Werk bekam Karl-Heinz Röhr 2015 zu seinem 80., und eine Kopie ging an mich, weil Hans-Dieter Daniel von Röhr wusste, wie sehr er mir damit hilft.[69]

Der Katalog erlaubt, die DDR-Professoren mit Kaarle Nordenstreng zu vergleichen, Emil Dusiskas Brückenkopf in Finnland, mit der Generation der ›Jungtürken‹ (geboren zwischen 1930 und 1940), die die Kommunikationswissenschaft in der Bundesrepublik so zu formen begannen, wie wir sie heute kennen, oder mit den gleichaltrigen Kolleginnen und Kollegen, die in den USA zu höchsten Ehren kamen.[70] Die Ähnlichkeiten sind verblüffend. Soziale Aufsteiger, egal ob im Westen oder im Osten. Menschen, die oft die ersten Studenten in ihrer Familie waren, Journalisten oder Lehrer werden wollten und keinesfalls mit dem Plan an die Universität gekommen waren, dort für immer zu bleiben. Das Fach, das sie später vertreten sollten, entstand gerade erst – und sie konnten die Richtung bestimmen, weil ihre Professoren allenfalls qua Persönlichkeit und Lebensleistung als Vorbilder taugten, aber nicht als Wissenschaftler. Was die Gründer aus dieser Gelegenheit machten, hing dann allerdings weniger von ihnen selbst ab, als von der jeweiligen Konfiguration des nationalen akademischen Feldes und vor allem vom Grad seiner Autonomie.

In der DDR waren die Universitäten immer dem Primat der Politik untergeordnet. Das heißt nicht, dass die Wissenschaft einfach nachplapperte, was die Herrschenden vorgaben. Am Beispiel der Journalistik lässt sich das gut studieren. In der Abteilung Agitation beim Zentralkomitee der SED gab es zwar jemanden, der für die Leipziger zuständig war, aber wie sollte dieser eine Mensch (die meiste Zeit: Georg Förster) auch nur überschauen können, was die knapp 100 Wissenschaftlerinnen und Wissenschaftler an der Sektion Journalistik jeden Tag machten? Der wichtigste Hebel, den die Politik hatte, war deshalb die Personalauswahl. Wer darf nach dem Diplom promovieren, wer bleibt überhaupt an der Universität und wer wird dann irgendwann auf die Spur zur Professur gesetzt?

Mein Professorenkatalog erzählt dabei nur die halbe Wahrheit, trotz aller Akribie, mit der Hans-Dieter Daniel, pensionierter Dr.-Ing., da gearbeitet hat. Journalistik wurde in der DDR nicht nur von Professoren gemacht, weil es einen zweiten Karriereweg an der Universität gab, begangen zum Beispiel von Sigrid Hoyer, die etwas scheinbar Spontanes (die Idee) systematisch erzeugen wollte, oder von Jürgen Schlimper, meinem Mentor, der wahrscheinlich auch dann nie Professor geworden wäre, wenn die Mauer weiter gestanden hätte, obwohl sich kaum jemand besser in der Mediengeschichte auskannte als er. Im ›Kaderentwicklungsprogramm‹ vom Sommer 1985 jedenfalls taucht sein Name nicht auf, obwohl dort schon die Nachfolge von Professoren geregelt wird, die erste Mitte der 1990er-Jahre in Ruhestand gehen sollten.[71] Die Leipziger Sektion Journalistik war immer auch eine Veranstaltung des akademischen Mittelbaus, schon rein zahlenmäßig. In Hans-Dieter Daniels Professorenkatalog stehen für die Zeit der DDR nur 28 Namen.

Richtig ist: Die Hochschulabsolventen wurden dort eingesetzt, wo es den jeweils zuständigen Funktionären gerade sinnvoll zu sein schien. Akademische Karrieren waren deshalb weit weniger planbar als in der Bundesrepublik oder in den USA. Bei Hans Poerschke etwa, Jahrgang 1937, »hat sich buchstäblich am letzten Tag entschieden«, dass er nach dem Studium im Herbst 1959 an der Fakultät blieb und nicht zu einem Blatt der Nationalen Volksarmee geschickt wurde. Warum nicht in die Praxis? »Keine Ahnung. Man wurde ja eingesetzt. Für mich war es selbstverständlich, dass das so läuft«. Ich bleibe noch für einen Moment in diesem Gespräch, geführt im März 2015 in Holzweißig bei Bitterfeld, weil es gut zeigt, wie Karrieren in der jungen DDR liefen und warum ein Talent wie Hans Poerschke seinen Weg zum führenden Leipziger Journalismustheoretiker alleine finden musste.

Wann haben Sie gewusst, dass Sie Wissenschaftler werden wollen?
Ich kam mit der Diplomarbeit gut zurande.
Was war das Thema?
Analyse in journalistischen Beiträgen. Betreuer war Dietrich Schmidt. Ich habe gemerkt, dass es so was gibt und wie man das macht. Soweit man das an der Fakultät lernen konnte. Eine wissenschaftsmethodische Ausbildung gab es ja eigentlich nicht. Ich fürchte, ich habe mich einigermaßen unbeholfen angestellt. Man musste selbst dahinterkommen.
Hätte Hans Poerschke auch im Apparat Karriere machen können, in der FDJ, in der SED?
In der FDJ habe ich das ja probiert.
Wie sind Sie dazu gekommen?
Wieder ganz naiv. Anfang 1961 wurden die Parteidokumente umgetauscht. Ich stand in der Schlange hinter Klaus Höpcke (damals stellvertretender Parteichef an der Uni). Beim Militärdienst 1958 hatten wir vier Wochen Bett an Bett gelegen. Er drehte sich um und fragte, ob ich nicht 1. Kreissekretär der FDJ werden wolle. Er war auf Kadersuche. Ich dachte, ich könne schlecht Nein sagen, war dann aber hoffnungslos überfordert.
Was hat Sie überfordert?
Die Notwendigkeit zu leiten. Für Disziplin zu sorgen, den Betrieb aufrechtzuerhalten. Ich wollte das lieber alles allein machen. Ich hatte auch keine große Lust, unter die Leute zu gehen und als Agitator aufzutreten. Ich habe meine Wahlperiode von zwei Jahren zu Ende gebracht und kam dann in den Zentralrat, in die Kulturabteilung.
Nach Berlin?
Ja. Ich war dort auch mal Konzertunternehmer mit der Reihe ›Junge Musik für junge Leute‹. Ich bin zu Hans Pischner gegangen,

zum Intendanten der Staatsoper, und habe um den Apollosaal gebeten. Ich bin über die Dörfer gefahren und habe mir Absolventen der Musikhochschulen für öffentliche Auftritte empfehlen lassen. In meinem ersten Konzert hat Friedrich Schenker gespielt, eine Sonate für Posaune und Klavier.

Das klingt nach Erfolgsgeschichte.

Es gab keine Nachfrage. Mich hat etwas der Mut verlassen. Außerdem hat es mir im Apparat nicht gefallen. Gar nicht aus politischen Gründen. Die Arbeit, die Verhältnisse. Immer beobachten, was gerade die Linie ist. Ich bin auf eigenen Wunsch ausgeschieden.

Wie lange waren Sie in Berlin?

Ein Jahr. Meine damalige Frau war schwanger und es drohte eine zweite Fehlgeburt. Dagegen konnte niemand etwas sagen, ich konnte ungeschoren gehen. In Leipzig bin ich wieder auf die 640 Mark Assistentengehalt zurückgefallen. Beim Zentralrat hatte ich 900.

Gibt es jemanden, den Sie als Ihren akademischen Lehrer bezeichnen würden?

Eigentlich nicht. Ich bin dankbar, Hermann Budzislawski noch gehört zu haben. Bei ihm hatte ich meine Prüfung in Pressegeschichte. Ich bin auch Dietrich Schmidt dankbar, für die Betreuung der Diplomarbeit. Aber sonst? Uns wurde ja sehr schnell Verantwortung übertragen. Nach meiner Rückkehr habe ich mit Edmund Schulz eine eigene Abteilung gehabt, Wesen und Funktion des Journalismus.

Im Grunde Theorie.

Ja. Wer sollte einem auch etwas beibringen? Die Älteren waren ja in der gleichen Situation, noch geprägt von der Ursprungsbesatzung der Fakultät. Wilhelm Eildermann, Hans Teubner, Hedwig Voegt.

Wie sind Sie zu Ihrem Promotionsthema gekommen?

Das ist eine eigenartige Geschichte. Irgendein Thema war für mich vorgesehen. Ich habe alleine vor mich hin gearbeitet und bin davon abgekommen.

Also ein Thema aus heiterem Himmel.

Nein. Damals gab es einen Paradigmenwechsel. Die Schule Budzislawski-Schmidt hat Journalismus als Widerspiegelung des geschichtlichen Prozesses gesehen, als Bewusstseinsform. Dann kam die Kybernetik und mit ihr der Informationsbegriff. Ich habe das dann auf die Journalistikwissenschaft übertragen. Das ist sicher die kürzeste Dissertation, die je verteidigt wurde.

Wie kurz?

100 Seiten.

Bei Karl Bücher war das zum Teil noch weniger.

Das war aber schon einige Jahre her. Dusiska wusste von dem Thema gar nichts. Er ist dann ganz schnell auf diesen Zug aufgesprungen. Für ihn war das eine Chance, die Schule Budzislawski abzulösen. Er hat erkannt, dass der Informationsbegriff ein theoretischer Weg war, den Journalismus als Sprachrohr der Partei zu optimieren. Alles, was dort nicht einfach als Widerspiegelung definiert werden kann, sondern mit Blick auf den Adressaten bearbeitet wurde. Diesen politischen Hintergrund habe ich damals gar nicht durchschaut.

Wie war Ihr Verhältnis zu Emil Dusiska?

Menschlich ganz gut. Wir waren ja beide Berliner. Bei der IAMCR-Tagung 1974 musste ich die sowjetische Delegation betreuen und bekam dafür seinen Dienstwagen. Eine unvorstellbare Auszeichnung.

Und sonst?

Seine parteierzieherische Art war mir immer suspekt. Ich weiß gar nicht, wie ich das bezeichnen soll. Er hat sich als Bevollmächtigter des ZK betrachtet. Er war ein scharfsinniger Mann. Auf ihn geht letztlich das Übungssystem zurück und die Idee, die journalistische Tätigkeit als einen logisch aufgebauten Prozess zu verstehen.

Bei Hans Poerschke kann man sagen: alles gut gegangen. Ein Wissenschaftler, der am Ende da gelandet ist, wo er hingehört. Nicht immer dürfte die Kaderpolitik so erfolgreich gewesen sein. Günter Raue, Jahrgang 1938, Chef von Jürgen Schlimper, als ich nach Leipzig kam, wurde nach der Promotion zum *Neuen Deutschland* delegiert und war dort Auslandskorrespondent (in Moskau) und Wissenschaftsredakteur, bevor er zwölf Jahre später als Dozent an die Uni zurückkam. Sein ›gelbes Buch‹

über die Anfänge der DDR-Presse erzählte eine glattgelutschte Erfolgsgeschichte, von ihm in der Vorlesung noch dazu ›vom Blatt‹ zelebriert und so in jeder Hinsicht unerträglich.[72] Noch ein zweites Beispiel: Franz Knipping, Jahrgang 1931, war Professor und kurz sogar Dekan der Fakultät (1965 bis 1967), als ihn die Partei zum *Neuen Deutschland* schickte. Er blieb in Leipzig zwar Gastdozent und hat sogar noch das Habilitationsverfahren zu Ende gebracht, kehrte aber nie mehr auf seine Professur zurück, obwohl er die Wissenschaft keineswegs abgeschrieben hatte und dort auch ziemlich erfolgreich war.[73] Auf die Folgen dieser verhinderten Uni-Karriere werde ich gleich zurückkommen.

Zunächst ist etwas anderes festzuhalten. Knipping, Raue, Poerschke, auch Karl-Heinz Röhr, dem ich den Katalog von Hans-Dieter Daniel verdanke und überhaupt die meisten Zeitzeugen-Kontakte: Die Leipziger Journalistik wurde von Arme-Leute-Kindern erfunden. Vater Knipping war Lokomotivheizer, Vater Raue Kraftfahrer, Vater Röhr Schlosser und Vater Poerschke erst Hausdiener bei Hertie in Berlin und dann Hilfsdrucker in der Reichsdruckerei. Die Mütter, in der gleichen Reihenfolge: Hausfrau, Verkäuferin, Näherin, Näherin. »Ganz ärmliche Verhältnisse«, sagt Karl-Heinz Röhr über sein Elternhaus. Der Aufstieg auf den Professorengipfel beginnt hier viel weiter unten als bei den gleichaltrigen Kolleginnen und Kollegen aus der Bundesrepublik und aus den USA, von Kaarle Nordenstreng, dem High-Society-Kind, ganz zu schweigen. Die akademischen Neulinge im Westen kamen aus Beamten- und Unternehmerhaushalten. Der Vater von Hanno Hardt, um gleich bei den Grenzgängern zwischen den Welten zu bleiben, war Großhandelskaufmann im Fleischgewerbe und der von Klaus Krippendorff Ingenieur bei Junkers. Die »arbeiterliche Gesellschaft« DDR[74] produzierte zumindest in der Journalistik Professoren, die aus der Arbeiterklasse kamen. Die sozialen Aufsteiger aus der Bundesrepublik, auf die sie 1990 trafen, hatten schon zu Beginn ihrer Laufbahn weit mehr Kapital.

Ich habe den Katalog von Hans-Dieter Daniel etwas geschüttelt und in einer Tabelle drei Professoren-Generationen voneinander abgegrenzt, um meine Behauptung zu belegen, dass die DDR-Journalistik von ihren ›Eigengewächsen‹ erfunden wurde. Man sieht so auf einen Blick, dass die ›Gründer‹ und die meisten ›Seiteneinsteiger‹ nicht wirklich für die

TABELLE 1

Journalistik-Professoren in der DDR

	Jahrgang	Diplom	Dr.	Habilitation	Professur
Gründer					
Hermann Budzislawski	1901		1923		1948-1967
Heinrich Bruhn	1913				1951-1978
Wilhelm Eildermann	1897				1952-1957
Emil Dusiska	1914		1965		1965-1978
Wieland Herzfelde	1896				1949-1958
Arnd Römhild	1914		1969		1975-1980
Basil Spiru	1898		1956		1955-1964
Hans Teubner	1902		(1972)		1957-1959
Hedwig Voegt	1903		1952		1953-1963
Seiteneinsteiger					
Fritz Beckert	1925		1958	1962	1975-1990
Gerhard Fuchs	1929	1975	1977		1974-1990
Werner Michaelis	1925		1964		1972-1986
Wolfgang Rödel	1924		1955		1962-1987
Rolf Schulze	1926		1964	1979	1981-1990
Wolfgang Wittenbecher	1926		1966		1969-1990
Eigengewächse					
Uwe Boldt	1928	1954	1963		1969-1990
Jürgen Grubitzsch	1937	1962	1971		1988-1990
Heinz Halbach	1930	1954	1965	1977	1977-1990
Arnold Hoffmann	1927	1959	1963		1972-1987
Franz Knipping	1931	1954	1961	1969	1965-1968
Hans Poerschke	1937	1959	1969	1982	1983-1990
Joachim Pötschke	1924	1951	1962	1977	1977-1989
Klaus Preisigke	1939	1965	1972	1980	1988-1990
Günter Raue	1938	1961	1965	1983	1986-1990
Karl-Heinz Röhr	1935	1960	1966	1979	1986-1990

Universität qualifiziert waren, und kann mit dem gleichen Blick zumindest erahnen, warum Hermann Budzislawski, der erste Dekan (1954 bis 1962), so wichtig war – der einzige Journalistikprofessor in der DDR, der noch in der ›guten, alten Zeit‹ promoviert hatte (in Nationalökonomie, 1923 in Tübingen) und der seinen professionellen Ruhm zugleich der bürgerlichen Presse verdankte. Vor 1933 schrieb er unter anderem für das *Berliner Tageblatt* und die *Weltbühne*, emigrierte zunächst nach Zürich, dann nach Prag und Paris, wo er *Die neue Weltbühne* leitete, sowie schließlich in die USA, wo er unter anderem Ghostwriter von Dorothy Thompson war.

Der Katalog von Hans-Dieter Daniel sagt: Von den anderen acht Leipziger ›Gründern‹ haben sechs in der kommunistischen Presse der Weimarer Republik und später dann teilweise auch im Ausland gearbeitet. Vier dieser Parteifunktionäre hatten nicht einmal einen Doktortitel (bei Hans Teubner steht das Jahr 1972 in Klammern, weil er die Fakultät lange verlassen hatte, als er zum Ehrendoktor ernannt wurde). Hedwig Voegt, Emil Dusiska und Basil Spiru promovierten, als die Partei sie zu Professoren machen wollte. Spiru, Sohn eines Landarztes und schon früh in der kommunistischen Bewegung aktiv, hätte allerdings schon früher einen Doktortitel gehabt, wenn er nicht 1926 kurz vor der Verteidigung der Dissertation aus seiner Heimat Österreich ausgewiesen worden wäre. Nummer acht, Arnd Römhild, Jahrgang 1914, war in der Nationaldemokratischen Partei, der einzige Professor ohne SED-Mitgliedschaft. Nach Kriegsdienst und kurzer britischer Gefangenschaft wurde Römhild 1945 stellvertretender Chefredakteur der *Thüringischen Landeszeitung* in Weimar und wanderte dann durch die Redaktionen der NDPD, bevor er 1969 als Dozent an die Sektion Journalistik wechselte und dort schließlich 1975 (mit über 60) außerordentlicher Professor für Pressejournalismus wurde. Diplom (1962) und Doktortitel (1969) erwarb Römhild im Fernstudium. Nennenswerte wissenschaftliche Arbeiten sind von ihm nicht überliefert. Für die Position an der Universität genügten seine Erfahrungen in der Praxis und eine Dissertation über die *Weimarer Abendpost*, für die er von 1946 bis 1951 gearbeitet hatte.[75]

Dass Hermann Budzislawski für die Generation der ›Eigengewächse‹ als wissenschaftliches Vorbild ausfiel, hat Hans Poerschke schon angedeutet. Auch Karl-Heinz Röhr hat sich das Thema für seine Dissertation selbst gesucht.[76] »Forschungspläne wie später gab es ja noch nicht. Auch nicht das, was man heute Projekte nennt«. Röhr sagt, er habe in einer Fachzeitschrift aus dem Westen gelesen, wie man dort über die Ausbreitung des Fernsehens diskutiert. »Die Ängste der Verleger. Ich dachte, das ist auch für den sozialistischen Journalismus interessant«. Bei Werner Michaelis lief es ganz ähnlich. Budzislawski war zwar offiziell sein Betreuer, als akademischen Lehrer mag er ihn aber trotzdem nicht bezeichnen. »Das wäre zu viel gesagt, obwohl ich ihn als gestandenen Journalisten verehrt habe. Als Doktorvater hat er sich nicht allzu viel mit mir abgegeben. Vielleicht gab es mal einen Literaturtipp«. Klaus Preisigke, der nach drei Jahren beim Fernsehen an die Universität zurückkehrte, reichte ein Kapitel seines Lehrbuchs über TV-Genres als Dissertation ein. »Das wurde mehrfach nachgedruckt und ist in Prag, Bratislava und Sofia übersetzt worden«. Sein eigentliches Thema (»Nachrichtenarbeit«) blieb dabei zwar auf der Strecke, »aber ich hatte meinen Termin gehalten«.

Das Tableau in der Tabelle bringt die Unterschiede zwischen den drei Generationen auf den Punkt. Diese Unterschiede betreffen keineswegs nur den Geburtsjahrgang und die damit verbundene Position in einer Nachkriegsgesellschaft, die von Kommunisten dominiert wurde. Die ›Gründer‹ waren sowohl in der Weimarer Arbeiterbewegung aktiv gewesen als auch im antifaschistischen Widerstand. Die Studierenden akzeptierten sie weniger als Akademiker, sondern als Persönlichkeiten mit einer bestimmten Lebensleistung. Die Vertreter dieser Generation hatten weder einen fachlich einschlägigen Hochschulabschluss noch eine Habilitation.

Auch den beiden wichtigsten ›Seiteneinsteigern‹ fehlte jeder akademische Hintergrund. Gerhard Fuchs, Jahrgang 1929, bekam zwar ein Diplom an der Sektion Journalistik – aber erst 1975, als er dort schon länger als ein Jahr Professor war. Vorher hatte er als Chefredakteur bei der SED-Bezirkszeitung *Das Volk* in Erfurt gearbeitet und war nach Leipzig vermutlich schon mit der Absicht geschickt worden, Sektionsdirektor Emil Dusiska zu beerben. Wolfgang Wittenbecher, Jahrgang 1926, ein zweiter akademischer Spätzünder, war stellvertretender Chefredakteur der *Jungen Welt*, als die SED ihn nach Leipzig delegierte und dort schnell zum stellvertretenden Direktor machte. Meine Zeitzeugen beschreiben Fuchs und Wittenbecher als Bürokraten, denen jeder Zugang zur wissenschaftlichen Arbeit gefehlt habe. Wolfgang Rödel dagegen, Jahrgang 1924, der ebenfalls aus einer Top-Position in der Praxis an die Universität wechselte (er war Abteilungsleiter beim Staatlichen Rundfunkkomitee), hatte ursprünglich Germanistik studiert und wurde vielleicht auch deshalb von den ›Eigengewächsen‹ als Radiofachmann respektiert. Dies gilt auch für die drei Professoren, die zum zweiten ›Seiteneinsteiger‹-Typ gehören: Die Germanisten Werner Michaelis und Rolf Schulze sowie der Psychologe Fritz Beckert wurden als Fachleute rekrutiert und nicht über die politische Schiene.

Die ›Eigengewächse‹ wie Karl-Heinz Röhr, Hans Poerschke, Franz Knipping oder Günter Raue, meist nach 1930 geboren und deshalb ohne Verstrickung in die NS-Verbrechen, gehören zur Aufbaugeneration der DDR – zu der Generation, die das Land bis zum Fall der Mauer trug. Selbst Werner Michaelis, Jahrgang 1925, kann man noch irgendwie dazuzählen, obwohl er im Krieg war, eingezogen im Mai 1943, ein halbes Jahr vor seinem 18. Geburtstag. Michaelis musste erst zum Arbeitsdienst in die Tschechoslowakei. Lidice einebnen. Schlimm, sagt er mir im Sommer 2015. »Wir erfuhren nach und nach, was da passiert war. Fast jeden Morgen lagen frische Blumen dort, wo sie die Männer erschossen hatten«. Im Oktober 1943 war Michaelis kurz zu Hause und wurde dann zur Infanterie einberufen. Nach der Grundausbildung wurden die Abiturienten gefragt, ob sie Reserveoffizier werden wollen. Michaelis: »Ich habe mich natürlich gemeldet.« Warum das? »Auf Rat meines Vaters. Er war Weltkriegssoldat und hatte gesagt: Melde dich, wenn es Lehrgänge gibt. Aber nicht zur SS. Dafür wurde dauernd geworben, und das nicht mit sehr feinen Methoden. Alle zusammenpferchen und fragen, wer hier ein Feigling sei«. Wie sind Sie aus dieser Nummer rausgekommen? »Ich hatte einen Reifevermerk und mich für Medizin eingeschrieben. So konnte ich immer sagen, dass ich Marineoffizier werde. Da haben sie mich in Ruhe gelassen«. Werner Michaelis wurde zweimal verwundet. »Ein Durchschuss im Unterschenkel und der Oberschenkel ziemlich zerfleischt von einer Handgranate. Alles zum Glück ohne lange Folgen«. Nur der Wunsch, Medizin zu studieren, war weg. Stattdessen hörte er an der Universität Leipzig Theodor Litt und Hans Mayer, und als Absolventen gesucht wurden, die Lehrer auf dem Land werden wollten, war er dabei. »Ich war schon verheiratet und durfte in der Nähe bleiben. In Podelwitz, nördlich von Leipzig. Dort gab es nur vier Klassen. Immer zwei Jahrgänge zusammen. Mit meinem Englisch konnte ich dort nichts anfangen. Ich habe aber immerhin einen Freiwilligenkurs angeboten, der auch sehr gut besucht war. Nach kurzer Zeit wurde das untersagt, und es kam ein Russischlehrer«.

Um zu verstehen, warum die SED für die akademische Journalistenausbildung auch auf Menschen wie Werner Michaelis setzte, die aus dem Krieg zurückkamen oder in der Hitlerjugend waren, genügt ein Blick auf die Personalreserven der Partei. Es waren viele Stellen zu besetzen, und viele der besten Kommunisten waren von den Faschisten ermordet worden. Der Aufbaugeneration erlaubte dies schnelle Karrieren, von denen ihre Eltern und sie selbst nie zu träumen gewagt hatten und die sie an die DDR banden. Werner Michaelis war schon mit Mitte 20 stellvertretender Schuldirektor, und Karl-Heinz Röhr wurde mit noch nicht einmal 18 beim *Neuen Deutschland* für den Nachtdienst in der Außenpolitik eingeteilt, als Politbüromitglied Fred Oelßner nach den Ereignissen vom 17. Juni 1953 in der Redaktion auftauchte.

Nichts gegen diese beiden und auch nichts gegen all die anderen, die im Fahrstuhl DDR nach oben fuhren und heute im Professorenkatalog von Hans-Dieter Daniel stehen. Es liegt allerdings auf der Hand, dass der Wunsch nach einer ›reinen‹ Herkunft (Arbeiterkind, keine Westverwandten) die Personalauswahl und damit die Möglichkeit von akademischen Spitzenleistungen genauso einschränkte wie der Zwang, sehr viele Spitzenpositionen in sehr kurzer Zeit füllen zu müssen. Ehrgeizige junge Leute, die von Genossen angeleitet wurden, die sich zwar in der Parteiarbeit, in der Agitation und im Kampf gegen den Faschismus bewährt hatten, aber wenig von dem mitbrachten, was an einer Universität eigentlich gebraucht wird: Diese Konstellation erklärt sowohl die Unzufriedenheit mancher Studenten, die Brigitte Klump in ihren Roman über das ›rote Kloster‹ gegossen hat,[77] als auch die vielen Diskussionen um das Ausbildungskonzept. »Das Studium war mit Pressegeschichte überfrachtet, was immerhin für die Allgemeinbildung ganz nützlich war«, sagt Klaus Preisigke, der sich 1961 für Journalistik einschrieb. »Was aber das eigentliche Fach angeht, die journalistische Methodik: Das war damals sehr dürftig«. Um 15 Jahre nach Gründung der Fakultät das Übungssystem installieren zu können, brauchte es Zeit, neue Dozenten (die ›Eigengewächse‹) und den starken Arm von Emil Dusiska.

Wenn ich die Professoren von früher besuche und mit ihnen über ihre Arbeit und ihr Leben rede, suche ich nicht nur nach der Vergangenheit, sondern auch nach mir selbst. Was haben andere aus den Freiheiten gemacht, die der Beruf mit sich bringt? Wie haben sie es geschafft, zufrieden zu sein, obwohl doch stets eine neue Publikationsidee lockt, und was hat dazu geführt, dass einige im Alter ruhig und gelassen sind, während andere mit allem hadern? Die Leipziger ›Eigengewächse‹ waren die ersten, die in der DDR formal für eine Journalistik-Professur qualifiziert waren (durch eine Habilitation). Die drei Ausnahmen: Jürgen Grubitzsch, der 26 Jahre in der Praxis war, sowie Arnold Hoffmann und Uwe Boldt, beide etwas älter und vermutlich deshalb schneller befördert. Was wollten die ›Eigengewächse‹ erreichen, wo haben sie Prioritäten gesetzt, was hat sie glücklich gemacht?

In den Gesprächen mit Werner Michaelis, Karl-Heinz Röhr, Hans Poerschke und Klaus Preisigke habe ich gelernt, wie wichtig die Umstände und der eigene Lebensweg sind. Die ›Gründer‹, ihre Lehrer, sind angetreten, um an der Leipziger Fakultät Journalisten für eine neue Gesellschaft auszubilden. Forschung war eher zweitrangig. Dieses Selbstverständnis wurde vererbt, weil politische Arbeit in der DDR stets zuerst kam und die Berufung auf eine Professur eine (eher zufällig wirkende) Folge von Talent und Personalbedarf war. Ja: Man hat eine Dissertation geschrieben und auch eine Habilitation, man war schließlich an einer Universität. Man hat aber die Abgabe oft hinausgeschoben, weil die Lehre wichtiger war. »Erzieher war ich gern«, sagt Karl-Heinz Röhr heute. »Ich habe gern unterrichtet. Fragen stellen, moderieren, Dinge erklären, auch wenn mir die praktische Erfahrung manchmal fehlte«. Röhr lobt sogar die APA-Seminare, aktuell-politisches Argumentieren, obwohl er fürchtet, dafür ›Ohrfeigen‹ zu bekommen, vielleicht sogar von mir. Röhr weiß nicht, dass ich dieses Seminar bei Werner Illinger hatte, Kettenraucher, möglicherweise »im Herzen ein Stalinist«, wie Janina Fleischer sagt, die damals mit mir im Raum saß und heute Karl-Heinz Röhr mit ihren Kolumnen in der *Leipziger Volkszeitung* beglückt.[78] Röhr weiß aber, wie sonst so an der Sektion geredet wurde. »Uns wurde immer unterstellt, dieses Seminar solle die Studenten auf Linie bringen. Wenn man bösartig ist, war es tatsächlich manchmal und bei manchen Kollegen ein kleines FDJ-Lehrjahr. Ich habe das nie so gesehen. Ich wollte, dass künftige Journalisten mitten drin sind in der aktuellen Politik. Ich habe das wie eine Fernsehdiskussion aufgezogen und mich immer aufgeregt, wenn die Studenten politisch nicht auf dem Laufenden waren, sich nicht für Kultur oder Sport interessierten und wichtige Namen nicht kannten«.

Ich kann mir vorstellen, das ganz ähnlich zu formulieren, wenn mich jemand als Pensionär interviewen sollte. Auch das, was mir Klaus Preisigke erzählt hat, gefällt mir gut. Die Besten fördern, über »eine Art Meisterprinzip«. Wie Karl-Heinz Röhr sagt auch Klaus Preisigke: »Ich war gern Hochschullehrer, mit Liebe und Engagement. Ich bin mehrfach ausgezeichnet worden für gute Nachwuchsförderung. Meine Leute wussten, dass ich sie zum Ziel führen werde«. Er ist immer noch stolz auf das Lehrbuch zur journalistischen Methodik, bei dem er das Autorenkollektiv geleitet hat.[79] »Sachlich-faktisch ist das auf einem guten Niveau. Das kann mit den Hallers mithalten. Das Ganze ist aber ideologisch überfrachtet«. Die ›Hallers‹: Das sind die Praxis-Lehrbücher, die in der Bundesrepublik in den 1980ern das Maß aller Dinge waren und mit Michael Haller, ihrem Verfasser, dann nach Leipzig kamen.[80] Ich selbst habe auch zwei Lehrbücher geschrieben[81] und mag es, vor Studenten zu stehen. Trotzdem finde ich mich auch bei Hans Poerschke wieder, der sich als Forscher gesehen hat: »Theorie des Journalismus war kaum das Lieblingsfach der Studenten. Dazu sind Journalisten viel zu praktisch orientiert. Ich habe mich schon als Wissenschaftler verstanden. Als jemand, der konzeptionell arbeitet«.

WIE JOURNALISTIK UND POLITIK ZUSAMMENGEHÖREN – IN OST UND WEST

Fast könnte man sagen: Die Geschichte der Kommunikationswissenschaft verlief überall auf der Welt ganz ähnlich und hat sich sogar wiederholt, wenn der ›natürliche‹ Lauf der Dinge unterbrochen wurde wie in Deutschland 1945. Zu diesem ›natürlichen‹ Lauf gehören prominente Journalisten, die als Gründer an die Universität geholt werden, dort das Eis brechen, das die traditionellen akademischen Disziplinen um sich herum aufschichten, und Schülerinnen und Schüler heranziehen, die aus dem Fach das machen, was die jeweiligen Umstände im wissenschaftlichen Feld verlangen und erlauben. Hans Amandus Münster, in Leipzig Lehrstuhlinhaber im Dritten Reich, war auch schon so ein ›Eigengewächs‹ und hat seine Ideen nach 1945 gewissermaßen unter der Hand an Walter Hagemann weitergegeben, dem Ansehen und Kontakte in Medien und Politik eine Professur und die Leitung des Instituts für Publizistik an der Westfälischen Wilhelms-Universität Münster verschafft hatten. Der Journalist Hagemann machte da weiter, wo der Wissenschaftler (nicht der NS-Funktionär) Hans Amandus Münster aufgehört hatte, wurde dann aber aus dem Gedächtnis des Fachs gelöscht, weil er sich öffentlich gegen Konrad Adenauer und Atomwaffen aussprach, dafür nachts neben Ulrike Meinhof mit einer Fackel vor dem Münsteraner Dom demonstrierte, später sogar an der Seite von Walter Ulbricht in Berlin auftauchte und kurz vor dem Mauerbau in die DDR floh, um sich einem Strafverfahren wegen Meineid und Unzucht mit Abhängigen zu entziehen (man hatte Liebesbriefe von Studentinnen in seinem Büro gesucht und gefunden).[82]

Der Fall von Walter Hagemann zeigt: Wie in den USA, wo die Medienforschung von Politik, Wirtschaft und Geheimdiensten geformt wurde, war die Kommunikationswissenschaft auch in der Bundesrepublik keineswegs von Anfang an autonom. Bis zum Mauerfall wurde häufig nach Parteibuch und politischer Loyalität berufen. Für Hanno Hardt, in den USA als ›Kommunist‹ verschrien, war das schwierig und auch für jemanden wie Horst Holzer, Jahrgang 1934, Mitglied der DKP, der zwar jung habilitiert war (mit 34, genau wie ich) und in vier Berufungsverfahren vorne lag (in Bremen, Oldenburg, Marburg und an der Pädagogischen Hochschule in Westberlin), aber von den Regierenden trotzdem nicht als Professor ernannt wurde.[83] Von solchen Signalen an alle ›Radikalen‹ abgesehen, die zum Beispiel dazu führten, dass die Frankfurter Schule in der Kommunikationswissenschaft keine Heimat hat, obwohl es bei Adorno, Horkheimer und Co. ausdrücklich um die Kulturindustrie geht und damit auch um Medien, von dieser ›Verdrängungsgeschichte‹[84] abgesehen, gab es immerhin zwei Lager, die in Frage kamen. Wer in einem Unions-Land nicht zum Zuge kam, bewarb sich halt dort, wo gerade die Sozialdemokraten regierten.

Die konservative Wende Anfang der 1980er-Jahre, verbunden mit dem Namen von Helmut Kohl, hat ganz folgerichtig auch in der Kommunikationswissenschaft die Gewichte verschoben. Die Regierung Albrecht (CDU) ließ in Niedersachsen den Standort Göttingen mit Jörg Aufermann, SPD-Mitglied und Adorno-Jünger, austrocknen und gründete 1985 in Hannover ein neues Institut, besetzt mit Anhängern der Mainzer Schule von Elisabeth Noelle-Neumann.[85] Die Senate Weizsäcker und Diepgen holten Noelle-Neumann gleich direkt in die beiden Gremien, die Anfang der 1980er-Jahre die Neuausrichtung des Instituts an der FU Berlin bestimmen sollten.[86] Und in Hohenheim wurde 1986 nicht Hans-Jürgen Weiß berufen, der die Professur vertrat, auf dem ersten Listenplatz stand, schon in Stuttgart lebte und auch Assistenten eingestellt hatte, sondern Michael Schenk aus Mainz. Weiß hat mir erzählt, dass ihm vorgeworfen worden sei, ein Gewerkschaftsfunktionär zu sein (was nicht stimmte), und dass Noelle-Neumann in das Verfahren eingegriffen habe. Sein Doktorvater war Horst Holzer, der DKP-Mann. Zitieren kann ich aus dem Interview mit Hans-Jürgen Weiß nicht, weil er es nicht autorisiert hat.

In meinem Medienblog gibt es einen Kommentar, in dem mir drei Kollegen Ignoranz vorwerfen und einen »oberflächlichen Blick«. Zitat: »Die Unterstellung, die Journalistik sei auch in Westdeutschland für die Durchsetzung weltanschaulicher und parteilicher Interessen instrumentalisiert worden, entbehrt jeglicher historischer Grundlagen – und es gibt dafür keine Evidenzen«.[87] Man muss dazu wissen, dass diese drei Kollegen in Eichstätt studiert haben und offenbar nicht wahrhaben wollen, dass sich der Ausbau der Journalistik in der Bundesrepublik leicht als Medialisierung interpretieren lässt – als Versuch von Politik, Wirtschaft und anderen Mächtigen, Medieninhalte so zu beeinflussen, dass sie den eigenen Interessen dienen oder diese Interessen zumindest nicht behindern. Die Bundesregierung hat in den ersten beiden Nachkriegsjahrzehnten immer wieder versucht, die ›Macht der Medien‹ zu beschneiden. Als das ›68‹ gescheitert war und sogar die Verbündeten in den Großverlagen unter Beschuss gerieten (›Enteignet Springer!‹), verlagerte sich die Debatte in Richtung Ausbildung. Die Berufsfeldstudien jener Jahre gaben diesem Ansatz Recht. Journalismus galt als Abbrecherberuf, als Sammelbecken für Arbeitsscheue und Weltverbesserer – für einen Menschenschlag, den man nun über Studiengänge domestizieren wollte, die einen Abschluss ohne allzu großen Aufwand versprachen. Der Wunsch nach Professionalisierung durch Wissenschaft passte außerdem in die Zeit – in das Reformklima der Ära Willy Brandt, zu den Hoffnungen, die in die Pädagogik gesetzt wurden, und in die Diskussion um die Zukunft der Universitäten, in der es auch um Praxisnähe ging.[88]

Die Kommunikationswissenschaft hat diesen Ball aufgenommen und über neue Institute und neue Studiengänge die eigene Basis an der Universität erheblich ausgebaut. Diese Disziplin, die damals in München noch Zeitungswissenschaft hieß und an anderen Orten Publizistik, war 1970 im Westen Deutschlands ein Winzling. Sieben Standorte mit jeweils einer einzigen Professur, dazu oft nicht einmal eine Handvoll Mitarbeiter. Kein Vergleich mit dem Riesen, den die SED in Leipzig geschaffen hatte. Ich mag mir gar nicht ausmalen, was in Göttingen, Mainz oder Nürnberg passiert wäre, wenn dort die IAMCR mit 250 Menschen aus aller Welt hätte tagen wollen. Beim Ausbau hat der Zeitgeist kräftig mitgeholfen. Es gab mehr Arbeitsplätze für Journalisten als vorher (mehr Sender, mehr Zeitschriften), vor allem aber gab es Interessengruppen, die sich vom Trend zu Inhalten für die breite Masse benachteiligt fühlten. Fernsehen und Zeitungen für alle, um keine Nutzerin zu verprellen und keinen Anzeigenkunden: Das war der Anfang vom Ende für Kirchen- und Gewerkschaftsblätter, für die Parteipresse. Die Konservativen sahen zudem vor allem im öffentlich-rechtlichen Fernsehen einen Journalismus am Werk, der dem gegnerischen Lager, den ›Roten‹, verfallen schien. Die Lösung: Journalistik. Die Medienleute von morgen so ausbilden, dass sie der eigenen Seite helfen. Hier trafen sich katholische Kirche (Eichstätt), CDU und CSU (Hohenheim, Hannover, Bamberg), SPD (Dortmund, Hamburg) und Helmut Kohls Freundin Elisabeth Noelle-Neumann (Mainz) – in München sogar an einem Ort, weil hier die SPD-Mitglieder Wolfgang R. Langenbucher und Peter Glotz mit Staatsminister Hans Maier (seit 1973 in der CSU) an einem Strang zogen und zusammen mit der Deutschen Journalistenschule einen Diplom-Studiengang aus der Taufe hoben.

Dass meine drei Kollegen auf diese Skizze so heftig reagiert haben, mag man mit dem Zerrbild entschuldigen, dass sie vom ›roten Kloster‹ an der Universität Leipzig haben. Die Logik des akademischen Feldes hat die politische Logik in Hamburg, Dortmund, Eichstätt oder München gebrochen und so dafür gesorgt, dass dort das passiert ist, was immer und überall passiert (auch in der DDR), wenn man Menschen dafür bezahlt, dauerhaft zu forschen und zu lehren. Diese Menschen haben einen Gegenstand entwickelt, Theorien und Methoden, sie haben sich dabei an dem orientiert, was schon da war (vor allem an der Publizistik- und Kommunikationswissenschaft), sie haben die Curricula laufend reformiert und Nachwuchs ausgebildet (unter anderem die drei Kommentierer). Uni-Business as usual. Das macht den politischen Impuls aber nicht ungeschehen, der all das erst ermöglicht hat.

Was in Leipzig anders war: Dekan und Direktor blieben politische Funktionen. Dieser Posten wurde nicht mit herausragenden Wissenschaftlern besetzt, sondern mit Parteiarbeitern, die sich in der Medienpraxis bewährt hatten. Wenn man das gute Jahr vom Mauerfall bis zur Abwicklung und damit die beiden Direktoren beiseitelässt, die vom Personal selbst gewählt wurden (Günter Raue und Hans Poerschke), dann hatten Fakultät und Sektion fünf Chefs: Hermann Budzislawski (1954 bis 1962), Wolfgang Rödel (1962 bis 1965), Franz Knipping (1965 bis 1967), Emil Dusiska (1967 bis 1978) und Gerhard Fuchs (1978 bis 1989). Eine akademische Karriere konnte dabei nur Kurzzeit-Dekan Knipping vorweisen: 1954 Diplom und wissenschaftlicher Assistent, 1961 Promotion und Oberassistent, 1962 Dozentur und 1965 schließlich Professor und Dekan. Trotz dieses Amtes gelang es ihm, seine Habilitation voranzutreiben – abgeschlossen im April 1969, als Knipping schon für das *Neue Deutschland* freigestellt war, das ihn 1978 als Korrespondent nach London schickte. Von seiner Professur wurde Knipping 1976 abberufen.

Ich habe dazu Yassen Zassoursky befragt, ab 1965 Dekan an der Fakultät für Journalistik an der Lomonossow-Universität, seinerzeit so etwas wie die graue Eminenz im Lager der sozialistischen Medienforscher und im November 2012 immer noch in seinem Büro, als ich ihn in Moskau besucht habe. Die Höhle, sagte die Kollegin, die mir den Termin vermittelt hat. Ein riesiger Raum, ein bisschen dunkel vielleicht, der Kreml in Wurfweite. Die meisten anderen Fakultäten sitzen im Stalinhochhaus auf den Leninbergen, die heute Sperlingsberge heißen. Die Journalistik hat das alte Uni-Gebäude bekommen, ganz nah bei der Macht. Jelzin und Putin haben weder daran etwas geändert noch an der Position des starken Mannes. Noch jetzt, wo ich diese Zeilen schreibe, im März 2020, ist Yassen Zassoursky Dreh- und Angelpunkt der Moskauer Journalistik. Als im vorigen Herbst sein 90. gefeiert wurde, konnte er sogar wieder stehen, nachdem er vorher jahrelang im Rollstuhl durch das Haus geschoben worden war. An Franz Knipping hat Yassen Zassoursky sich mit Wohlwollen erinnert. Very professional. A good educator. Die Ablösung dieses Dekans bedauert der Moskauer Amtskollege auch Jahrzehnte später noch: »Unfortunately, he was replaced by Emil Dusiska. That was not good for the school. It actually damaged it since the educational concept of Budzislawski got lost. Dusiska was very strict and negative to any opening attempt. His favorite saying was, ›In the West, the blind educates the naïve‹. Perhaps he was not an absolute hardliner but his liberalism was superficial«.[89]

Die schnellen Wechsel im Dekanat haben auch damit zu tun, dass Hermann Budzislawski nicht bis zur Rente im Amt bleiben wollte. Sein Assistent Karl-Heinz Röhr hat diese Weigerung mit »politischem Druck« begründet (»Er war ja eigentlich eher Sozialdemokrat. Die Entwicklung und auch die Atmosphäre wurden zunehmend dogmatisch, hier in Leipzig wahrscheinlich noch stärker als anderswo«) und mit der Entwicklung der Disziplin:

> »Willy Walther und ich haben ihm für seine Vorlesung etwas vorbereitet zum Thema journalistische Information, schon mit den modernen Ansatzpunkten zum philosophischen und kybernetischen Informationsbegriff.[90] 20 Seiten oder so. Er fing an, das vorzutragen, verwechselte die Blätter und brach einfach ab. Extemporieren konnte er nicht. Er stand einfach nicht mehr im Stoff«.

Schon in den späten 1950er-Jahren bat Budzislawski immer wieder, ihn von den Pflichten im Dekanat zu entbinden. 1962 wurde er schließlich von Wolfgang Rödel abgelöst, blieb aber bis 1967 als Professor.

Weder Emil Dusiska noch sein Nachfolger Gerhard Fuchs, die die Leipziger Einrichtung jeweils länger als ein Jahrzehnt leiteten, waren Akademiker. Schlimmer noch: Dusiska hielt nicht viel von der Wissenschaft. Glaubt man den Zeitzeugen, dann hatte diese Einstellung auch mit seinen schnellen Erfolgen an der Universität zu tun. Ohne große akademische Vorbildung wurde Dusiska sofort der Leuchtturm der Fakultät. »Emil Dusiska war ein Hardliner, aber ohne Holzhammer. Er war eloquent und konnte aus dem Stegreif eine Rede halten«, sagt Werner Michaelis. Für einen gelernten Funktionär war es wahrscheinlich nicht ungewöhnlich, eine ganze Abteilung für ein Jahr von der Lehre freizustellen, um das Übungssystem entwickeln zu können. Auch international glänzte Dusiska, obwohl er kein Englisch sprach. Generalsekretär der IAMCR, gewählt 1972 in Buenos Aires: Das war etwas in einem titel- und anerkennungssüchtigen Land wie der DDR.

Im Gegensatz zum »Diktator« Dusiska (Röhr), der in den späten 1970ern verabschiedet wurde und damit am Ende der ›guten Jahre‹ in der DDR, haben die Kollegen von einst über Gerhard Fuchs eher harsch geurteilt. »Er ist Dusiska vor die Nase gesetzt worden und war mit allem überfordert. Mit der wissenschaftlichen Arbeit, mit der Leitung der Sektion«, sagt Werner Michaelis. Und Karl-Heinz Röhr: »Gerhard Fuchs war ein Duckmäuser. Intern war er kritisch, aber kein Kämpfer. Er wollte nicht anecken und er hatte Angst, dass die Sektion in Ungnade fällt«. Röhr hat ihn später besucht, im Krankenhaus, lange nach dem Ende der DDR. Fuchs hat ihn nicht mehr erkannt und konnte sich auch sonst an nichts mehr erinnern, bestand aber darauf, jeden Tag einen Artikel geschrieben zu haben. Er wusste also, was von man einem Chefredakteur erwartet und vom Direktor einer wissenschaftlichen Sektion, und wusste auch, dass er dem nicht genügt hatte. Vielleicht wäre es für ihn besser gewesen, wenn solche Leitungsfunktionen als reine Managementpositionen ausgelegt worden wären. »Fuchs war ein guter Leiter«, sagt Klaus Preisigke. »Er hätte auch Kombinatsdirektor sein können«.

Für die herrschende Partei war politische Zuverlässigkeit an der Spitze von Fakultät und Sektion wichtiger als wissenschaftliche Brillanz. Dies gilt auch für Wolfgang Wittenbecher, einen der Stellvertreter von Fuchs. Ohne größere Publikationen wurde der *Junge-Welt*-Mann zu einem Strippenzieher mit guten Beziehungen zur Abteilung Agitation des ZK der SED, die für das Personal der Sektion formal genauso zuständig war wie für Forschungs- und Lehrpläne oder für den Einsatz der Absolventen. Als ich Jürgen Schlimper im Herbst 1988 gefragt habe, wie ich in die Parteileitung gekommen bin, hat er nur gelächelt und »Gisela« gesagt. Das war der Vorname von Frau Wittenbecher. Und Hans Poerschke 25 Jahre später: »Emil Dusiska hatte Wolfgang Wittenbecher, seinen Wissenschaftsbürokraten, der von Wissenschaft rein gar nichts verstand. Gisela Wittenbecher hat die Kader gemanagt. Damit war die Sektion in sicheren Händen«. Die Kluft zwischen Leitung und Personal hatte für den Arbeitsalltag Folgen. Karl-Heinz Röhr: »Die Partei hat von uns erwartet, marxistisch-politisch gebildete und besonders treue Parteijournalisten auszubilden. Zum Teil nahm das idiotische Züge an. Wolfgang Wittenbecher hat zum Beispiel gefordert, dass zu jedem Seminar Literatur von Marx und Lenin angegeben wurde. Die beiden hatten sich aber nicht zu jeder Frage geäußert. Zum Beispiel nicht dazu, wie man eine Nachricht schreibt oder wie man als Journalist recherchiert«.

Nicht durchgekommen ist Emil Dusiska mit der Idee, eine eigene Hochschule zu gründen, in Berlin, vielleicht sogar in Wurfweite des ZK und damit so nah an der Macht wie Yassen Zassoursky in Moskau. Wahrscheinlich war es schon damals nicht schwer, seine Motive zu sehen. Nicht mehr nach Leipzig pendeln. Dort sein, wo die Leitmedien gemacht werden. Und vor allem selbst bestimmen können, über Personal, Studienpläne, Prüfungskriterien, ohne die lästigen Rückfragen in der Universität, wo die politische Logik auch in der DDR von der akademischen Logik zumindest gebrochen wurde. In den Akten taucht die Idee sofort auf, nachdem Emil Dusiska in Leipzig Dekan geworden ist. Er wusste auch schon einen Ort: den Neubau des Berliner Verlages am Alexanderplatz. Zweieinhalb der 18 Etagen, zur Not auch nur zwei, schreibt Dusiska im Dezember 1967 an Rudolf Barbarino, den Verlagschef, nachdem er die Plan-Skizzen gesehen hat.[91]

Knapp drei Jahre, viele Papiere und noch mehr Sitzungen später gibt es dann eine Beschlussvorlage für das Sekretariat des ZK der SED, ausgearbeitet von Georg Förster (Abteilung Agitation) und unterschrieben von Werner Lamberz, dem zuständigen Sekretär des ZK. Eine ›Hochschule für Journalistik‹ in Berlin, mit Rektor und Promotionsrecht, zu gründen 1972. Nicht am Alexanderplatz, sondern in der Mauerstraße, ein paar hundert Meter neben dem Brandenburger Tor, im Redaktionsgebäude des ND, das bald leer wird, weil das Zentralorgan in die Nähe des Ostbahnhofs ziehen wird. Alles scheint angerichtet: Das Geld steht im Plan, der Berliner Magistrat wird angewiesen, Wohnraum für 40 Wissenschaftler zu suchen, und der Verweis auf Synergieeffekte scheint schwer zu toppen. Die Parteihochschule um die Ecke, genau wie alles andere, was die SED an Think Tanks zu bieten hat.[92] Die Akten verraten nicht, warum die Parteispitze die Vorlage an diesem Julitag 1970 nicht behandelt hat. In das alte ND-Gebäude ist 1974 der Verlag Junge Welt gezogen. Platz war knapp im Osten Berlins, gerade jetzt, wo die Anerkennungswelle zu rollen begann und viele Botschafter Residenzen suchten.

Hans Modrow, ab 1967 in der SED-Bezirksleitung Berlin für Medien zuständig und ab 1971 Leiter der Abteilung Agitation im ZK, hat Anke Fiedler und mir sehr viel später gestanden, dass er gegen den Umzug der Leipziger war, weil er den Studenten einen »richtigen Abschluss« wünschte und all das, was eine Uni sonst so ausmacht.[93] Die Akten berichten von einer ›Arbeitsgruppe‹, die Modrow an die Sektion Journalistik schickte und dort allerlei monieren ließ, die fehlende praktische Erfahrung der meisten Wissenschaftler zum Beispiel. Als Grund für die Schwächen wird der Schwebezustand zwischen Leipzig und Berlin ausgemacht. Fünf Jahre nach seinem Amtsantritt als Dekan ist dieser Plan von Emil Dusiska gestorben. Hans Modrow weiß, wie er auch die Genossen überzeugen kann, die zum Leipziger Direktor halten. Den Bericht seiner ›Arbeitsgruppe‹ lässt er mit einem Loblied auf die Ideologieausbildung beginnen. Viel mehr Marxismus-Leninismus als an allen anderen Sektionen, insgesamt ein Plus von über 200 Stunden. »Darüber hinaus bildet der Marxismus-Leninismus das entscheidende Fundament auch der journalistischen Fächer«.[94] Ergo: Besser würde Emil Dusiska das auch in Berlin nicht hinbekommen.

WIE DIE ICA DIE IAMCR ÜBERHOLEN KONNTE

Die internationale Fachgemeinschaft hat der Leipziger Chef trotzdem geprägt, wenn auch anders als gedacht. Der Aktenstapel, der all das dokumentiert, was rund um die Tagung der IAMCR 1974 gelaufen ist, liest sich wie ein Politkrimi, in dem es nur am Rande um Wissenschaft geht. Emil Dusiska macht alles zu einer Machtfrage: Wer darf einen Vortrag halten, wer moderiert die Sitzungen, wer sitzt überhaupt im Raum? In Leipzig wird für jedes Thema ein Verantwortlicher nominiert, der »so viele Beiträge aus sozialistischen Ländern und insbesondere aus der Sowjetunion und der DDR« organisieren soll, »dass das absolute Übergewicht unserer theoretischen Auffassungen gesichert ist«.[95]

Wie gesagt: Emil Dusiska geht es um Macht (Politik) und nicht um Wahrheit (Wissenschaft). Er will für den Marxismus-Leninismus werben und ein Forum für die Kapitalismuskritik bieten, auch im Konferenzband, wo er um jeden Beitrag aus der DDR feilscht.[96] Bevor Dusiska 1972 in Buenos Aires als Generalsekretär der IAMCR gewählt wird, gibt es zwei Treffen mit den Delegierten aus Osteuropa, in Leipzig und in Krakow.[97] Die Ziele: Kaarle Nordenstreng zum Präsidenten machen, den Posten von Mieczyslaw Kafel aus Warschau, seit 1964 Vizepräsident und 1971 gestorben, im eigenen Lager behalten und dann schließlich, als beides nicht klappt, weil Nordenstreng für den Briten James Halloran ist und selbst neuer Vize wird, wenigstens Dusiska als Generalsekretär durchbringen, damit das nicht ein Westdeutscher wird »oder gar ein reaktionärer Franzose oder ein Spanier«.[98] An der Sektion Journalistik wird im August 1974 mehrfach die Taktik für die Tagung diskutiert (»wir sind schon immer für den Austausch von Informationen«), und als die Resonanz bei den Genossen im Ausland zu wünschen übrig lässt, schickt Dusiska auf den letzten Drücker (nicht einmal drei Wochen vor Konferenzbeginn) Uwe Boldt nach Prag, zum Dekan der Journalismus-Fakultät und in das ZK der Partei, um von dort Verstärkung zu mobilisieren.[99]

Yassen Zassoursky, selbst von 1968 bis 1988 Vizepräsident der IAMCR, hat all das heruntergespielt, als ich ihn im November 2012 in seiner Höhle besucht habe. Diese Treffen, nun ja. Dort sei es eher um die Ausbildung gegangen und nicht um irgendwelche ideologischen Ziele. Er, Zassoursky, habe in der IAMCR sogar Freunde gehabt, die in der katholischen Kirche waren, und sich auf den Tagungen lieber mit einem US-Amerikaner wie Herbert Schiller abgegeben als mit den Leuten aus Polen oder der DDR. Wie bei Kaarle Nordenstreng ist der kalte Krieg aus den

Erinnerungen gelöscht. So breit und umfassend wie möglich: Darum sei es ihm in der IAMCR gegangen. Immerhin weiß Yassen Zassoursky noch, dass Hans Modrow hin und wieder dabei war, wenn vorher über die Tagungen gesprochen wurde. Ein offener Mann, ganz anders als Dusiska. Offenbar war für den Moskauer Dekan völlig normal, dass die Nummer zwei der SED-Medienhierarchie auch in der Journalistikwissenschaft etwas zu sagen hatte.

Wie schon bei Kaarle Nordenstreng mag ich auch mit Yassen Zassoursky nicht zu streng ins Gericht gehen. Zeitzeugen neigen dazu, die Vergangenheit im Licht der Gegenwart zu sehen. Heute wird Qualität in der Kommunikationswissenschaft nach rein akademischen Kriterien bewertet. Anonyme Gutachter, ausgewiesen im Thema, entscheiden, ob ein Aufsatz veröffentlicht wird oder nicht. Man kann darüber streiten, ob die Theorien und Methoden, die am Machtpol des Feldes akzeptiert werden, nicht die herrschenden Verhältnisse spiegeln und so alles, was Wissenschaft produziert, den Staus quo stützt, und man kann weit weniger umstritten behaupten, dass die Ökonomisierung der Hochschulen und der Druck, Drittmittel von Geldgebern aus Politik und Wirtschaft zu besorgen, den gleichen Effekt hat. Dass ein hochrangiger Politiker wie Hans Modrow mitbestimmt, wer Spitzenpositionen in einer wissenschaftlichen Fachgesellschaft besetzt und wie die Vorträge auf Konferenzen verteilt werden, scheint inzwischen allerdings ausgeschlossen. Selbst aus Berufungsverfahren haben sich die Ministerien in Deutschland weitgehend zurückgezogen.

In der Kommunikationswissenschaft beginnt der Siegeszug der akademischen Logik in den frühen 1970er-Jahren, zunächst in den USA und dann mit etwas Verzögerung auch in der Bundesrepublik. Ich hatte das Glück, mit den Beteiligten sprechen zu können, mit Mark Knapp zum Beispiel, einem Experten für nonverbale Kommunikation, der 1975 Präsident der ICA wurde und die Kolleginnen und Kollegen in seiner Fachgesellschaft zur Revolution aufrief. Schluss mit dem Mischmasch aus Politik, Wirtschaft und Wissenschaft. Lasst uns die Leute aus der Regierung und den Unternehmen fortschicken und auch die, die zwar an den Universitäten arbeiten, aber sich dort nur als Lehrer sehen. Lasst uns die ICA zu einem Hort der Wissenschaft machen. Mark Knapp hat mir erzählt, wie kontrovers das damals gewesen sei. Selbst seine besten

Freunde hätten an ihm gezweifelt und gegen eine solche Ausgrenzung plädiert.[100] Die Geschichte hat Mark Knapp Recht gegeben. Während die IAMCR schon deshalb bis zum Ende des kalten Krieges in der politischen Logik gefangen blieb, weil dort ein sowjetischer Funktionär wie Yassen Zassoursky oder ein Brückenbauer wie Kaarle Nordenstreng an der Spitze stand, hat die ICA ihre Tagungen nach streng akademischen Standards ausgerichtet und so nach und nach die Forscherinnen und Forscher angezogen, die diese Logik am besten bedienen konnten. Um heute bei einer Tagung der IAMCR sprechen zu können, genügt es immer noch, einen kurzen Text einzureichen (500 Wörter). Die Annahmequote liegt bei über 70 Prozent und damit gut doppelt so hoch wie bei der ICA, wo ein kompletter Aufsatz verlangt wird.

Emil Dusiska hat Anfang der 1970er-Jahre versucht, den Lauf der Geschichte anzuhalten und die akademische Logik in der internationalen Fachgemeinschaft auf lange Sicht auszuhebeln. Seine Idee wirkt auch im Rückblick bestechend: eine Fachzeitschrift, herausgegeben von der IAMCR, aber redigiert und produziert an der Sektion Journalistik in Leipzig. Lockmittel waren einmal mehr Personal und Geld. Die IAMCR hatte anderthalb Jahrzehnte experimentiert, aber nicht mehr als den guten, alten Rundbrief an alle Mitglieder zustande gebracht. Alle Zeitschriftenvorhaben waren von den sozialistischen Ländern gestoppt worden, die Angst hatten, Valuta für ein Forum bezahlen zu müssen, in dem bürgerliche Ideen verbreitet werden. Dusiska folgte nun der gleichen Strategie wie bei der Leipziger Tagung: Der IAMCR versprach er eine Lösung ohne Kosten, und den Funktionären daheim US-Dollar, da zu seinem Plan ein bibliografischer Teil gehörte, den die UNESCO bezahlen würde.[101]

Dass die SED-Spitze die Mittel noch gar nicht bewilligt hatte (und, so darf der Historiker hinzufügen, mit Blick auf die neue diplomatische Lage auch nie bewilligt hätte), verschwieg Dusiska den Kollegen – sicher auch, weil er ihnen zwei Kröten verkaufen wollte. Verantwortlich für die neue Zeitschrift sollte ein Kollegium sein, nominiert vom Präsidium der IAMCR und geleitet vom Generalsekretär, also von ihm selbst. Dieses Kollegium sollte im Konsens entscheiden, was publiziert wird und was nicht. Übersetzt: keine Veröffentlichung ohne ein Ja von Emil Dusiska, ohne ein Ja der DDR. Der zweite Punkt wurde in den vielen Sitzungen und in den Briefen, die zwischendurch geschrieben wurden, fast noch stärker diskutiert, obwohl er aus heutiger Sicht eher wie eine Konkretisierung von Punkt 1 wirkt. Dusiska wollte, dass es in den Aufsätzen keine Angriffe gegen Mitgliedsstaaten der UNESCO geben darf. Um nur Frans Kempers aus den Niederlanden zu zitieren, einen der vielen, die gegen diesen Plan waren: »Wer entscheidet, was ein Angriff auf ein Mitgliedsland ist? Jede ernsthafte wissenschaftliche Analyse stützt sich auf eine kritische Bestandsaufnahme der Realität und kann folglich von politischen Autoritäten als Angriff interpretiert werden, wann immer es ihnen in den Kram passt. In meinen Augen ist dieser Preis zu hoch. Einziges Kriterium für die Publikation darf das wissenschaftliche Niveau sein«.[102]

Die vierköpfige Arbeitsgruppe, die über den Vorschlag entscheiden sollte, hat sich 1974 in Leipzig Frans Kempers angeschlossen. Neben ihm und Emil Dusiska saßen Kaarle Nordenstreng und George Gerbner mit am Tisch. Gerbner hat im gleichen Jahr das *Journal of Communication* in eine rein akademische Zeitschrift umgewandelt und in kurzer Zeit zum Flaggschiff der Kommunikationswissenschaft gemacht. In meinem Aktenstapel sind zwei Briefe aus dem Jahr 1973, Einladungen an Emil Dusiska, Mitherausgeber zu werden. Gerbners Argument: Das Fach benötige eine starke, zentrale Publikation, an der Wissenschaftler aus allen Teilen der Welt mitarbeiten. Ob Dusiska geantwortet hat, weiß ich nicht. Die ICA gibt heute neben dem *Journal of Communication* fünf weitere Fachzeitschriften heraus, die den Takt der Fachgemeinschaft bestimmen.[103] Ihr Konkurrent IAMCR hat immer noch keinen eigenen Publikationsort.

WIE SICH DIE LEIPZIGER JOURNALISTIK INS ABSEITS MANÖVRIERT HAT

So viel Welt wie im Spätsommer 1974 war nie wieder zu Gast an der Sektion Journalistik in Leipzig. Schlimmer noch: Mit der Ablösung von Emil Dusiska ging das Reisezeitalter zu Ende. Ein Fußballer, der nicht jedes Jahr in der Champions League spielt, kann daheim genauso gut trainieren wie die anderen Spieler, wird aber doch nach und nach zurückfallen. Werner Michaelis winkt ab, als ich ihn frage, was bei den Tagungen der IAMCR für ihn rausgekommen ist. Meist nicht viel, sagt er. Aber Kontakte, das schon. Michaelis durfte 1978 auf der Konferenz in Warschau sprechen, weil er einer der wenigen Leipziger war, die man auch auf Englisch vortragen lassen konnte, und war in Belgrad und in Ljubljana. Sein Auftritt in Warschau wurde zu einem Politikum, davon habe ich schon berichtet, als es um seinen Besuch in Mainz ging und seine Beziehung zu Elisabeth Noelle-Neumann.[104] Hier ist jetzt Platz, Werner Michaelis die Geschichte selbst erzählen zu lassen:

> »Die Tagung ging ja schon gut los. Dass wir uns freundlich begrüßten, löste Verwunderung aus. Sowohl in ihrer Delegation als auch in meiner. Ich musste dann ein Referat zur Kulturpolitik halten, gegen Hamid Mowlana (ein Iraner, der in den USA lehrte und 1994 IAMCR-Präsident wurde). Ich war noch nicht bei der Hälfte, als mich der Vorsitzende aus Polen unterbrach und meinte, die Redezeit sei abgelaufen. Noelle-Neumann saß im Präsidium und hat das verhindert. Sie wurde ganz grundsätzlich. Professor Michaelis hat noch acht Minuten. Die Polen waren schon über Kreuz mit uns und mit der Sowjetunion«.

Natürlich streitet man heute über andere Probleme, der Nutzen solcher Konferenzen ist aber der gleiche geblieben. Hinaus aus der Komfortzone, hinein in einen Raum, in dem man längst nicht jeden kennt und schon gar nicht jeden versteht. Das hilft, die eigenen Ideen zu schärfen, und zwingt dazu, andere Perspektiven zur Kenntnis zu nehmen. Mein Plan, auf den Spuren von Kaarle Nordenstreng durch die USA zu fahren, entstand 2010 in Singapur, als ich das erste Mal eine komplette ICA-Tagung mitmachte (2006 in Dresden war ich nur für meinen Vortrag) und dort Menschen sah, die an ihren Namensschildern jede Menge bunte Aufkleber hatten (für jede Funktion und jede Auszeichnung eine andere Farbe) und so ihr symbolisches Kapital (ihre Reputation) für jeden sichtbar vor sich hertragen konnten. Ich wollte mehr darüber wissen und habe die Kolleginnen und Kollegen besucht, die die meisten Aufkleber hatten.

Die Professoren, die ich in Leipzig als Student erlebt habe, hatten weder Grund noch Anlass, ihre Komfortzonen zu verlassen. In der DDR gab es nur einen Ort für die akademische Ausbildung von Journalisten, und internationale Tagungen waren schon länger als ein Jahrzehnt passé. Wer von den vielen Wissenschaftlerinnen und Wissenschaftlern eine Professur bekommen würde, stand in den Kaderplänen. Ein Aufsatz im *Journal of Communication* hätte daran nichts geändert. Die meisten der Leipziger Publikationen erschienen im Selbstverlag und dienten vor allem der Ausbildung. Aus Sicht der SED ging es um Journalisten, die bereit und in der Lage waren, für die von Partei und Staat kontrollierten Medien zu arbeiten. Die entsprechenden Kurse kosteten viel Zeit, waren sehr praktisch angelegt und nicht geeignet, international herausragende Publikationen zu produzieren. Dafür hätte man zunächst auch lesen müssen, was in der Welt so geschrieben wurde. »Wir hatten nur begrenzten Zugang zur Westliteratur, auch sprachlich«, sagt Karl-Heinz Röhr. »Es konnte ja fast niemand Englisch oder Französisch«. Literatur aus den sozialistischen Bruderländern war kein Ersatz. Röhr: »Wir haben zwar Sachen aus dem Russischen übersetzen lassen, waren aber selbst viel weiter. In Tschechien oder Polen war noch weniger zu holen«. Während die westdeutsche Fachgemeinschaft spätestens ab Mitte der 1960er-Jahre begann, den internationalen Forschungsstand zunächst aufzunehmen und dann immer stärker selbst mitzubestimmen, blieben die Leipziger Professoren isoliert.

Geforscht wurde trotzdem. Am meisten diskutiert hat man nach 1990 über eine Inhaltsanalyse der SED-Regionalpresse, für die in den frühen 1980er-Jahre auch führende Redakteure befragt worden waren. Die Untersuchung zeigte (was schon damals niemanden überraschte), dass die DDR-Medien nicht die Realität spiegelten, sondern die Parteipolitik. Anstatt dies zu ändern (wie die Leipziger Forscher hofften), griff die Abteilung Agitation des ZK die vier Autoren und die Sektion an und ließ die Studie im Panzerschrank verschwinden.[105] Wulf Skaun, einer der vier Protagonisten, der sich in der Hauszeitschrift der Sektion Journalistik 1985 in zwei Aufsätzen für ein soziologisches Herangehen stark machte[106], hat mir erzählt, dass das damals »revolutionär« war und deshalb mit dem Label ›Wissenschaftsmethodik‹ getarnt wurde.[107] In der frühen DDR galten Umfragen und überhaupt die Soziologie als ›kapitalistische Methoden‹ und in der späten lähmte die Angst, dass die Ergebnisse in die falschen Hände geraten und dem Klassengegner nützen könnten.[108]

Zwei ostdeutsche Medienforscher brachten 1990 das mit, was in der Bundesrepublik gesucht wurde, und konnten deshalb um Professuren konkurrieren. Beide haben am Zentralinstitut für Jugendforschung in Leipzig gearbeitet, ganz ohne Vorlesungen und Seminare, aber immer unter dem wachsamen Auge der Partei. Bei Dieter Wiedemann begann das schon mit der Diplomarbeit, geschrieben 1971 an der Hochschule für Film und Fernsehen in Potsdam. Wiedemann bekam von Lothar Bisky Umfragedaten aus Leipzig und einen Schnellkurs in Datenanalyse. Was erwarten Jugendliche vom Kino? Spannend, natürlich, aber selbst Peter Wuss, Wiedemanns Betreuer, durfte die Arbeit nicht lesen. Vertrauliche Verschlusssache. Bisky schrieb ein Gutachten, und die Hochschule in Potsdam bekam nicht einmal ein Exemplar. In Leipzig war Dieter Wiedemann dann für Theater, Film und Kunst zuständig und hat all das gemacht, was methodisch gerade en vogue war. Nur: Gewusst hat das so gut wie niemand, jedenfalls nicht außerhalb der engen Forscherzirkel. »Wir haben ja für fünf Panzerschränke geschrieben. Einer stand im ZK, einer im Zentralrat der FDJ, einer im Amt für Jugendfragen und einer bei uns im Haus«. Und Nummer fünf? »Das wollten wir gar nicht so genau wissen, hatten aber alle unsere Vorstellungen. Man konnte Einfluss nehmen, wenn man methodisch gut war«. Dieter Wiedemann war so gut und auch im Westen so bekannt, dass er 1995 in Potsdam Professor wurde und die Filmhochschule dann fast zwei Jahrzehnte geleitet hat.[109] Wiedemanns Kollege Hans-Jörg Stiehler wurde 1993 Professor für empirische Kommunikations- und Medienforschung in Leipzig. Seine Studien haben Anke Fiedler und mir sehr geholfen bei unserem Buch über die *Junge Welt*.[110] Stiehler hat uns erzählt, wie er und seine Leute dafür gesorgt haben, aus DT64 ein Vollprogramm zu machen, das man hören konnte, und dass selbst die TV-Redaktionen in den 1980ern mit sich reden ließen.[111]

Und die Leipziger Journalistik? Wer die Publikationen heute anschaut, wird dort viele Bezüge zu den Debatten der DDR-Eliten finden. Für die späten 1960er-Jahre nennt Karl-Heinz Röhr die Kybernetik, die Soziologie und den modernen Marxismus-Leninismus als Inspirationsquellen.

> »Wir haben versucht, das alles um uns herum aufzugreifen. Auch die sogenannte Leitungswissenschaft.[112] Daraus wurde bei uns die Lehre vom journalistischen Schaffensprozess, angeregt von Dusiska. Wie geht der Journalist

vor: von der Idee und vom Thema über die Recherche und das Produzieren bis zur Rückkopplung. Das war eine sehr beglückende Zeit, auch wenn es Übertreibungen gab. Wir haben gute Sachen gemacht«.

Auch Hans Poerschke fand seine Ideen anderswo:

»Gegen Ende der 1980er Jahre gab es in Leipzig einen interdisziplinären Arbeitskreis. Wolfgang Luutz war dabei, ein Philosoph. Wir haben über Öffentlichkeit diskutiert und über das Projekt Moderner Sozialismus, von Michael Brie und Dieter Segert an der Humboldt-Universität.[113] An der Sektion war ich damit ein weißer Rabe«.

Für die Öffentlichkeitstheorie mag das zutreffen. Ganz so allein war Hans Poerschke mit seinem Wissenschaftlerhabitus aber nicht. Jürgen Schlimper und Frank Stader, die sich auf die frühe Arbeiterpresse stürzten, um ihren Impetus ganz ohne Eingriffe von woher auch immer ausleben zu können. Sigrid Hoyer, die Kreativität und Schöpfertum auf eine Formel bringen und an die Studenten weitergeben wollte. Wulf Skaun, der sofort mit einem Fragebogen im Hörsaal stand und uns in Leipziger Haushalte schickte, repräsentativ ausgewählt, als er dafür keine Genehmigungen mehr brauchte. Diese Liste ist unvollständig, weil sie sich bloß auf das stützt, was ich in meinen ersten viereinhalb Semestern erlebt habe. Ich will nur sagen: Es gab auch an der Sektion Journalistik talentierte und intrinsisch motivierte Forscherinnen und Forscher, die sicher noch viel besser gewesen wären, wenn sie sich an den Besten der Welt hätten reiben können und von ihrer Partei aus der Ausbildungsecke befreit worden wären.

Anmerkungen

1 Vgl. Michael Meyen: The IAMCR Story: Communication and Media Research in a Global Perspective. In: Peter Simonson, David W. Park (Hrsg.): *The International History of Communication Study*. New York, London: Routledge 2016, S. 90-106

2 Vgl. Michael Meyen: IAMCR on the East-West Battlefield: A Study on the GDR's Attempts to Use the Association for Diplomatic Purposes. In: *International Journal of Communication* 8. Jg. (2014), S. 2071-2089. – Der Kommentar von Nordenstreng ist genau wie meine Ant-

wort seit einer Umstrukturierung der Zeitschrift nicht mehr online. Ich zitiere hier aus den Kopien in meinem Privatarchiv.

3 In der IAMCR gibt es Sektionen (auf Dauer gestellt und meist ziemlich groß) sowie Arbeitsgruppen (klein, temporär). Die Gruppe, in der ich 2012 Co-Chair wurde, heißt seit 2020 »Communication in Post- and Neo-Authoritarian Societies Working Group« (vorher: »Post-Socialist and Post-Authoritarian Communication Working Group«).

4 Kaarle Nordenstreng: Promoting Democracy and Equality. In: Michael Meyen, Thomas Wiedemann (Hrsg.): *Biografisches Lexikon der Kommunikationswissenschaft*. Köln: Herbert von Halem 2018. http://blexkom.halemverlag.de/iamcr-nordenstreng/ (2. März 2020) – Alle folgenden Zitate von Nordenstreng aus diesem Interview.

5 Michael Meyen, Kaarle Nordenstreng, Carlos Barrera, Walery Pisarek: Media and the Cold War: The East/West Conflict. In: Klaus Arnold, Pascal Preston, Susanne Kinnebrock (Hrsg.): *The Handbook of European Communication History*. Hoboken, NJ: Wiley & Sons 2019, S. 205-220

6 Vgl. exemplarisch Stefanie Averbeck: *Kommunikation als Prozess. Soziologische Perspektiven in der Zeitungswissenschaft 1927-1934*. Münster: Lit 1999, Stefanie Averbeck: Die Emigration der Zeitungswissenschaft nach 1933 und der Verlust der sozialwissenschaftlichen Perspektiven in Deutschland. In: *Publizistik* 46. Jg. (2001), S. 1-19, Hans Bohrmann, Arnulf Kutsch: Der Fall Walther Heide. Zur Vorgeschichte der Publizistikwissenschaft. In: *Publizistik* 20. Jg. (1975), S. 805-808, Hans Bohrmann, Arnulf Kutsch: Pressegeschichte und Pressetheorie. Erich Everth (1878-1934). In: *Publizistik* 24. Jg. (1979), S. 386-403, Hans Bohrmann, Arnulf Kutsch: Karl d'Ester (1881–1960): Anmerkungen aus Anlaß seines 100. Geburtstages. In: *Publizistik* 26. Jg. (1981), S. 575-603, Arnulf Kutsch: Die Emigration der deutschen Zeitungswissenschaft ab 1933. Anmerkungen zu einem vergessenen Thema. In: *Medien & Zeit* 3. Jg. (1988), Nr. 1, S. 3-16

7 Vgl. Arnulf Kutsch (Hrsg.): *Zeitungswissenschaftler im Dritten Reich. Sieben biographische Studien*. Köln: Hayit 1984, Arnulf Kutsch, Horst Pöttker (Hrsg.): *Kommunikationswissenschaft – autobiographisch. Zur Entwicklung einer Wissenschaft in Deutschland*. Opladen: Westdeutscher Verlag 1997

8 Vgl. Hendrik Wagner: Hans Amandus Münster. In: Michael Meyen, Thomas Wiedemann (Hrsg.): *Biografisches Lexikon der Kommunikationswissenschaft*. Köln: Herbert von Halem 2013. http://blexkom.halemverlag.de/hans-amandus-munster/ (9. März 2020)

9 Hans Bohrmann, Institut für Zeitungsforschung der Stadt Dortmund, an Ekkehard Mochmann, Zentralarchiv für empirische Sozialforschung, Köln, 15. Juli 2002. In: *Privatarchiv Michael Meyen*

10 Vgl. Michael Meyen: Die Leipziger zeitungskundlichen Dissertationen. In: Erik Koenen, Michael Meyen (Hrsg.): *Karl Bücher. Leipziger Hochschulschriften 1892 bis 1930*. Leipzig: Universitätsverlag 2002, S. 135-200

11 Michael Meyen: Die Anfänge der empirischen Medien- und Meinungsforschung in Deutschland. In: *ZA-Information* 50 (Mai 2002), S. 59-80

12 Maria Löblich: *Das Menschenbild in der Kommunikationswissenschaft. Otto B. Roegele*. Münster: Lit 2004

13 Vgl. unter anderem Michael Meyen, Maria Löblich (Hrsg.): *80 Jahre Zeitungs- und Kommunikationswissenschaft in München. Bausteine zu einer Institutsgeschichte*. Köln: Herbert von Halem 2004, Michael Meyen, Maria Löblich: *Klassiker der Kommunikationswissenschaft. Theorie- und Fachgeschichte in Deutschland*. Konstanz: UVK 2006, Michael Meyen, Maria Löblich: *»Ich habe dieses Fach erfunden«. Wie die Kommunikationswissenschaft an die deutschsprachigen Universitäten kam. 19 biographische Interviews*. Köln: Herbert von Halem 2007

14 Vgl. Michael Meyen: *Leipzigs bürgerliche Presse in der Weimarer Republik. Wechselbeziehungen zwischen gesellschaftlichem Wandel und Presseentwicklung*. Leipzig: GNN-Verlag 1996 (Dissertation), Michael Meyen: *Hauptsache Unterhaltung. Mediennutzung und Medienbewertung in Deutschland in den 50er Jahren*. Münster: Lit 2001 (Habilitation)

15 Vgl. Michael Meyen: Quo vadis, Fachgeschichte? Feature. In: Michael Meyen, Thomas Wiedemann (Hrsg.): *Biografisches Lexikon der Kommunikationswissenschaft*. Köln: Herbert von Halem 2016. http://blexkom.halemverlag.de/quo-vadis-fachgeschichte/ (16. März 2020), Michael Meyen: Die Aktualität der Fachgeschichte. In: Michael Meyen (Hrsg.): *Medienrealität 2017*. https://medienblog.hypotheses.org/360 (16. März 2020)

16 Vgl. exemplarisch Shearon A. Lowery, Melvin L. DeFleur: *Milestones in Mass Communication Research. Media effects*. Third Edition. New York: Longman 1995, Elihu Katz, John Durham Peters, Tamar Liebes, Avril Orloff, Avril (Hrsg.): *Canonic Texts in Media Research. Are There Any? Should There Be? How About These?* Cambridge: Polity Press 2002, Meyen, Löblich: *Klassiker*

17 Information. Bericht über die 9. Generalversammlung der internationalen Vereinigung zum Studium und der Erforschung der Information (AIERI). Arbeitsprotokoll Nr. 125 des Ministerrates vom 5. Dezember 1972. In: Bundesarchiv Berlin (BA), DC 20 /I/4/84995, Nr. 2263, Bl. 65-72, hier 70. – In der DDR wurde die französische Abkürzung AIERI verwendet (Association Internationale des Etudes et Recherches sur l'Information et la Communication).

18 Klaus Krippendorff, geboren 1932 und 1984 ICA-Präsident, über diese Fachgesellschaft: »When I joined, it was more like a family affair. The scholars who gathered at annual conventions knew each other, and the program was printed on one page folded three ways. For me, one of the most interesting conferences was in Phoenix, Arizona, in 1971. ICA rented a motel with rooms around a swimming pool, and there were few parallel sessions. The climate was completely different«. In: *International Journal of Communication* 6. Jg. (2012), Feature, S. 1704

19 Emil Dusiska: Bericht über die internationale wissenschaftliche Konferenz an der Sektion Journalistik zum Thema »Der Anteil der Massenmedien bei der Herausbildung des Bewusstseins in der sich wandelnden Welt« und die IX. Generalversammlung der AIERI (17.-20.9.1974 in Leipzig). 22 Seiten. In: *Universitätsarchiv Leipzig* (UAL), Sektion Journalistik Nr. 12. – Hinweis: Ich habe die Akten zu dieser Tagung 2011 eingesehen. Damals lagen sie noch im Institut für Kommunikationswissenschaft und Medienforschung und hatten keine Paginierung.

20 Elisabeth Noelle-Neumann: The Spiral of Silence: A Theory of Public Opinion. In: *Journal of Communication* 24. Jg. (1974), S. 43-51

21 Vgl. Elisabeth Noelle-Neumann, Franz Ronneberger, Heinz-Werner Stuiber: *Streitpunkt lokales Pressemonopol. Untersuchungen zur Alleinstellung von Tageszeitungen*. Düsseldorf: Droste 1976, Elisabeth Noelle-Neumann: *Umfragen zur inneren Pressefreiheit. Das Verhältnis Verlag – Redaktion*. Düsseldorf: Droste 1977

22 Vgl. Andreas M. Scheu, Thomas Wiedemann: Kommunikationswissenschaft als Gesellschaftskritik. Die Ablehnung linker Theorien in der deutschen Kommunikationswissenschaft am Beispiel Horst Holzer. In: *Medien & Zeit* 23. Jg. (2008), Nr. 4, S. 9-17

23 Aktennotiz vom 4. September 1974, ohne Namen. In: UAL, Sektion Journalistik Nr. 13 (Schriftwechsel 1972-1974), nicht paginiert. – Im Abschlussbericht von Emil Dusiska steht Roegele als Beispiel für die »ausgesprochenen Antikommunisten«. Dusiska: *Bericht*, S. 22

24 Dienstberatung vom 30. August 1974 und Sitzung des Forschungsbeirats, ohne Datum. In: UAL, Sektion Journalistik Nr. 42, nicht paginiert

25 Karl-Heinz Röhr: Um journalistische Qualität geht es immer und überall. In: Michael Meyen, Thomas Wiedemann (Hrsg.): *Biografisches Lexikon der Kommunikationswissenschaft*. Köln: Herbert von Halem 2015. http://blexkom.halemverlag.de/karl-heinz-roehr/ (7. Februar 2020). – Alle folgenden Zitate von Röhr sind aus diesem Interview.

26 Hans Poerschke: Ich habe gesucht. In: Michael Meyen, Thomas Wiedemann (Hrsg.): *Biografisches Lexikon der Kommunikationswissenschaft*. Köln: Herbert von Halem 2015. http://blexkom.halemverlag.de/hans-poerschke/ (7. Februar 2020). – Alle folgenden Zitate von Poerschke sind aus diesem Interview.

27 Wulf Skaun: Es gibt keine unpolitische Wissenschaft. In: Michael Meyen, Thomas Wiedemann (Hrsg.): *Biografisches Lexikon der Kommunikationswissenschaft*. Köln: Herbert von Halem 2015. http://blexkom.halemverlag.de/wulf-skaun/ (3. März 2020)

28 Schriftwechsel von Emil Dovifat, 1972-1974. In: UAL, Sektion Journalistik Nr. 37, nicht paginiert. – Zum Beispiel schickt Georges H. Mond, Mitglied des IAMCR-Exekutivkomitees aus Frankreich, am 30. September 1974 Dusiska einen »strengen Protest gegen Ihr unkorrektes Verhalten« (Dusiska hatte ihn offenbar in der Debatte angegriffen).

29 Aktennotiz vom 4. September 1974, ohne Namen. In: UAL, Sektion Journalistik Nr. 13 (Schriftwechsel Emil Dusiska, 1972-1974), nicht paginiert.

30 Emil Dusiska: Bericht über die 9. Generalversammlung der Internationalen Vereinigung zum Studium und zur Erforschung der Information (AIERI), November 1972, S. 5. Ebd.

31 Nordenstreng an Dusiska, 28. September 1974. Ebd.

32 Dusiska: *Bericht 1972*, S. 3f.

33 Emil Dusiska: Bericht über eine Studien- und Vortragsreise zum Institut für Massenkommunikationsforschung an der Universität Tampere, Finnland, in der Zeit vom 4.12. bis 14.12.1973. 15. Januar 1974, S. 2f. in: UAL, Sektion Journalistik Nr. 13, nicht paginiert

34 Vgl. Osmo Wiio: I've been interested in all kinds of communication research. In: *International Journal of Communication* 6. Jg. (2012), Feature, S. 1866-1872

35 Vgl. Kaarle Nordenstreng: Institutional networking: The story of the International Association for Media and Communication Research (IAMCR). In: Dave W. Park, Jeff Pooley (Hrsg.): *The history of media and communication research: Contested memories.* New York: Peter Lang 2008, S. 225-248, hier 229

36 James Halloran: Presidential Letter, Sommer 1974. In: UAL, Sektion Journalistik Nr. 36, nicht paginiert

37 Halloran an Löffler, 1. Mai 1973. In: UAL, Sektion Journalistik Nr. 13, nicht paginiert

38 Vgl. Klaus Preisigke: Wir waren ein Hort des Opportunismus. In: Michael Meyen, Thomas Wiedemann (Hrsg.): *Biografisches Lexikon der Kommunikationswissenschaft*. Köln: Herbert von Halem 2015. http://blexkom.halemverlag.de/klaus-preisigke/ (18. März 2020). – Alle folgenden Zitate von Preisigke sind aus diesem Interview.

39 Zur Lage der AIERI, 17. September 1971. In: UAL, Sektion Journalistik Nr. 60 (Berichte 1970-1974), nicht paginiert. – In einem Brief an Hans-Joachim Böhme (Minister für Hoch- und Fachschulwesen) verspricht Dusiska am 7. November 1972 »nicht unerhebliche Dollareinnahmen« (UAL, Sektion Journalistik Nr. 37, nicht paginiert), um dann in einer Information für die Sitzung des Ministerrates am 5. Dezember 1972 eine konkrete Summe zu nennen (es laufe ein Antrag auf 2,5 Millionen Dollar, in: BA, DC 20/I/4/84995, Nr. 2263, Bl. 65-72, hier 69).

40 Vgl. die entsprechende Aktennotiz von Sander Drobela vom 21. April 1961. In: BA, DY 30/IV 2/9.02, Nr. 82, nicht paginiert

41 Axen handschriftlich an Paul Verner, 9. August 1972. In: Arbeitsprotokoll des Ministerrates Nr. 83 vom 16. August 1972. BA, DC 20/I/4/84995, Nr. 2213, Bl. 59

42 James Halloran: Presidential Letter, 7. März 1973. In: UAL, Sektion Journalistik Nr. 13, nicht paginiert

43 Vorläufige Gesamtübersicht über den Verbrauch finanzieller Mittel, ohne Datum. In: UAL, Sektion Journalistik Nr. 12, nicht paginiert. – Glaubt man dieser Übersicht, dann haben nur 14 Teilnehmer in Valuta gezahlt. Die Mehrkosten entstanden vor allem durch den Pendelverkehr und die Zusatzhotels sowie durch die Exkursionen.

44 Die drei Leipziger: Emil Dusiska, Werner Michaelis und Edmund Schulz. Dazu kamen vier Kollegen vom Journalistenverband und aus der angewandten Forschung. Vgl. Emil Dusiska: *Bericht über die Konferenz in Leicester*, ohne Datum, S. 2. In: UAL, Sektion Journalistik 30, nicht paginiert

45 Zur Lage der AIERI, 17. September 1971, S. 3. In: UAL, Sektion Journalistik Nr. 60, nicht paginiert

46 Michael Meyen: 57 Interviews with ICA Fellows. In: *International Journal of Communication* 6. Jg. (2012), Feature, S. 1460-1882

47 https://carljungdepthpsychologysite.blog/2019/08/10/carl-gustav-jung-interviewed-by-kaarle-nordenstreng/#.XmJU7z9KhaQ (7. Mai 2020)

48 Kaarle Nordenstreng: Communication Research in the United States: A Critical Perspective. In: *Gazette* 14. Jg. (1968), S. 207-216

49 Vgl. Meyen: *57 interviews*

50 Lawrence Grossberg: Communication gave me a home. In: *International Journal of Communication* 6. Jg. (2012), Feature, S. 1638-1647, hier 1644

51 Michael Meyen: Ein Promotionsthema im ersten Semester oder: Wie ich zu zwei Doktorvätern kam. In: Werner Fiedler, Eike Hebecker, Manuela Maschke (Hrsg.): *Geschichten aus 1001 Promotion. Ein Promotionslesebuch*. Bad Heilbrunn: Julius Klinkhardt 2006, S. 113-117

52 Vgl. Thomas Wiedemann, Michael Meyen, Ivan Lacasa-Mas: 100 Years Communication Study in Europe: Karl Bücher's Impact on the Discipline's Reflexive Project. In: *Studies in Communication | Media (SCM)* 7. Jg. (2018), S. 7-30

53 John Daly: Advocating for the discipline out there. In: *International Journal of Communication* 6. Jg. (2012), Feature, S. 1551-1557, hier 1555

54 Vgl. Erik Koenen: *Erich Everth – Wissenstransformationen zwischen journalistischer Praxis und Zeitungskunde. Biographische und fachhistorische Untersuchungen*. Münster: Lit 2019

55 Vgl. Wagner: *Münster und Thomas Wiedemann: Walter Hagemann. Aufstieg und Fall eines politisch ambitionierten Journalisten und Publizistikwissenschaftlers*. Köln: Herbert von Halem 2012

56 Kutsch, Pöttker: *Kommunikationswissenschaft*, S. 7f.

57 Vgl. Meyen, Löblich: *Fach erfunden*

58 Juliane Pfeiffer: Emil Dovifat. In: Michael Meyen, Thomas Wiedemann (Hrsg.): *Biografisches Lexikon der Kommunikationswissenschaft*. Köln: Herbert von Halem 2018. http://blexkom.halemverlag.de/emil-dovifat/ (11. März 2020)

59 Hanno Hardt: Ein Gegenpol zum Mainstream. In: Michael Meyen, Maria Löblich: *»Ich habe dieses Fach erfunden«. Wie die Kommunikationswissenschaft an die deutschsprachigen Universitäten kam. 19 biographische Interviews*. Köln: Herbert von Halem 2007, S. 101-115, hier 103. – Alle folgenden Zitate von Hardt sind aus diesem Interview.

60 Hanno Hardt: Am Vergessen scheitern. Essay zur historischen Identität der Publizistikwissenschaft, 1945-68. In: Wolfgang Duchkowitsch, Fritz Hausjell, Bernd Semrad (Hrsg.): *Die Spirale des Schweigens. Zum Umgang mit der nationalsozialistischen Zeitungswissenschaft*. Münster: Lit 2004, S. 153-159, hier 153, 155

61 Hanno Hardt: *Eloquent Walls. A Visual Rhetoric of Politics*. Paris: Klincksieck 2008

62 Vgl. zu diesem Paradigma Paul Felix Lazarsfeld: Remarks on Administrative and Critical Communication Research. In: *Studies in Philosophy & Social Sciences* 9. Jg. (1941), Nr. 1, S. 2-16, hier 2-3

63 Vgl. Jeff Pooley: The New History of Mass Communication Research. In: Dave W. Park, Jeff Pooley (Hrsg.): *The History of Media and Communication Research*. New York: Peter Lang 2008, S. 43-69, Jeff Pooley: Another Plea for the University Tradition: The Institutional Roots of Intellectual Compromise. In: *International Journal of Communication* 5. Jg. (2011), S. 1442-1457

64 Klaus Krippendorff: I Was Never a Real Mass Communication Person. In: *International Journal of Communication* 6. Jg. (2012), Feature, S. 1699-1707, hier 1702

65 Vgl. Michael Meyen, Thomas Wiedemann: Journalistik-Professoren in der DDR. Eine Kollektivbiografie. In: Erik Koenen (Hrsg.): *Die Entdeckung der Kommunikationswissenschaft. 100 Jahre kommunikationswissenschaftliche Fachtradition in Leipzig: Von der Zeitungskunde zur Kommunikations- und Medienwissenschaft*. Köln: Herbert von Halem 2016, S. 214-245

66 Werner Michaelis: Journalismus braucht Sprache. In: Michael Meyen, Thomas Wiedemann (Hrsg.): *Biografisches Lexikon der Kommunikationswissenschaft*. Köln: Herbert von Halem 2015. http://blexkom.halemverlag.de/werner-michaelis/ (12. März 2020). – Alle folgenden Zitate von Michaelis sind aus diesem Interview.

67 Wladimir A. Ruban: *Zu einigen Fragen der Sprache und des Stils publizistischer Werke*. Leipzig: Institut für Publizistik und Zeitungswissenschaft 1954, Elise Riedel: *Stilistik der deutschen Sprache*. Moskau: Verlag für fremdsprachige Literatur 1959

68 Klaus Preisigke: Berufsausbildung an der Universität. Wortlaut nachzulesen bei Michael Meyen: Der Ost-West-Gipfel vom Mai 1990. In: Michael Meyen/Thomas Wiedemann (Hrsg.): *Biografisches Lexikon der Kommunikationswissenschaft*. Köln: Herbert von Halem 2020. http://blexkom.halemverlag.de/ost-west-gipfel/ (7. Mai 2020)

69 Hans-Dieter Daniel: Catalogus Professorum Lipsiensum (1946-1989). Publizistik, Zeitungswissenschaft, Journalistik. Erweiterte Fassung (1916 bis 1990). Leipzig 2015. In: *Privatarchiv Michael Meyen*

70 Vgl. Meyen: *57 Interviews*, Meyen, Löblich: *Fach erfunden*

71 In der Pressegeschichte steht Edeltraud Peschel ganz oben, die damals gerade an ihrer Habilitation zur DDR-Zeit arbeitet. Dann folgt Frank Stader. – Vgl. Sektion Journalistik: Kaderentwicklungsprogramm für die Jahre 1986 bis 1990, 26. Juni 1985. In: BA, DR 3, Nr. 21640 (Sektion Journalistik ab 1968), nicht paginiert

72 Günter Raue: *Geschichte des Journalismus in der DDR (1945-1961)*. Leipzig: VEB Bibliographisches Institut 1986

73 Franz Knipping: Dusiska hat an meinem Stuhl gesägt. In: Michael Meyen, Thomas Wiedemann (Hrsg.): *Biografisches Lexikon der Kommunikationswissenschaft*. Köln: Herbert von Halem 2017. http://blexkom.halemverlag.de/knipping-interview/ (16. März 2020). – Vgl. Franz Knipping: *Jeder vierte zahlt an Axel Cäsar. Das Abenteuer des Hauses Springer*. Berlin: Rütten & Loening 1963

74 Vgl. Wolfgang Engler: *Die Ostdeutschen. Kunde von einem verlorenen Land*. Berlin: Aufbau 1999

75 Vgl. Arnd Römhild: *Zur Rolle und Funktion überparteilicher Zeitungen in der Periode der antifaschistisch-demokratischen Umgestaltung auf dem heutigen Territorium der DDR, untersucht am Beispiel der Weimarer »Abendpost«*. Promotion A. Karl-Marx-Universität Leipzig: Sektion Journalistik 1969

76 Karl-Heinz Röhr: *Zeitungsinformation und Bildschirm. Die sozialistische Presse unter den Bedingungen des Fernsehens*. Leipzig: Bibliographisches Institut 1968

77 Brigitte Klump: *Das rote Kloster. Als Zögling in der Kaderschmiede des Stasi*. Frankfurt/M., Berlin: Ullstein 1993

78 Vgl. das Kapitel »Wie ich Parteijournalist werden wollte«

79 Autorenkollektiv: *Einführung in die journalistische Methodik.* Leipzig: Bibliographisches Institut 1985

80 Vgl. Michael Haller: *Recherchieren. Ein Handbuch für Journalisten.* Basel: Lenos 1983, Michael Haller: *Die Reportage. Ein Handbuch für Journalisten.* Basel: Lenos 1987

81 Michael Meyen: *Mediennutzung. Mediaforschung, Medienfunktionen, Nutzungsmuster. Erweiterte und vollständig überarbeitete Neuauflage.* Konstanz: UVK 2004, Michael Meyen, Maria Löblich, Senta Pfaff-Rüdiger, Claudia Riesmeyer: *Qualitative Forschung in der Kommunikationswissenschaft. Eine praxisorientierte Einführung.* 2., aktualisierte und erweiterte Auflage. Wiesbaden: Springer VS 2019

82 Vgl. Wiedemann: *Hagemann*

83 Scheu, Wiedemann: *Gesellschaftskritik*

84 Vgl. Andreas Scheu: *Adornos Erben in der Kommunikationswissenschaft. Eine Verdrängungsgeschichte?* Köln: Herbert von Halem 2012

85 Den ersten Ruf auf eine der drei damals neuen Professuren für den Ergänzungsstudiengang Journalistik (Journalistik mit dem Schwerpunkt vergleichende Medienlehre) bekam 1985 Beate Schneider, die acht Jahre später am gleichen Ort auf einen Lehrstuhl für Medienwissenschaft berufen wurde und das Institut viele Jahre geleitet hat. Die Berufung Schneiders, die in Mainz neben Politikwissenschaft auch Publizistik studiert hatte und von der Universität der Bundeswehr nach Hannover kam, erregte öffentliches Aufsehen. *Der Spiegel* schrieb: »In Hannover arbeitet Ernst Albrecht an einem Lieblingsprojekt: einer Hochschule für Diplom-Journalisten von rechter Gesinnung« (1985, Nr. 34, S. 76). Die zweite Professur ging an Klaus Schönbach, einen Noelle-Neumann-Schüler.

86 Wissenschaftssenator Kewenig setzte 1982 ohne Rücksprache mit der Universität ein Expertengremium ein, das dann im März 1983 ein Gutachten zur Ausrichtung des Instituts erstellte. Neben Elisabeth Noelle-Neumann und ihrem Schüler Hans Mathias Kepplinger gehörten Otto. B. Roegele, Werner Schwaderlapp (ZDF) und Robert Held (FAZ) zu diesem Gremium. Noelle-Neumann war dann auch in der Blockberufungskommission, die alle Punkte aus dem Gutachten des Expertengremiums umgesetzt hat. Hinweis von Juliane Pfeiffer vom 9. Juni 2017. Vgl. Manfred Knoche: Kritik der Politischen Ökonomie der Medien. In: Michael Meyen, Thomas Wiedemann (Hrsg.): *Biografisches Lexikon der Kommunikationswissenschaft.* Köln: Herbert von Halem 2017. http://blexkom.halemverlag.de/knoche-interview/ (17. März 2020)

87 Vgl. Michael Meyen: Die Journalistikstudiengänge verlassen die Universität. In: Michael Meyen (Hrsg.): *Medienrealität 2017.* https://medienblog.hypotheses.org/91 (16. März 2020) – Der Kommentar kam von Ralf Hohlfeld, Klaus Meier und Christoph Neuberger.

88 Vgl. Michael Meyen, Barbara Höfler: Ende des Studiengangs, Ende der Debatte? Das »Münchener Modell« zur Ausbildung von Diplom-Journalisten. In: Michael Meyen, Manuel Wendelin (Hrsg.): *Journalistenausbildung, Empirie und Auftragsforschung. Neue Bausteine zu einer Geschichte des Instituts für Kommunikationswissenschaft. Mit einer Bibliographie der Dissertationen von 1925 bis 2007. Für Wolfgang R. Langenbucher zum 70. Geburtstag.* Köln: Herbert von Halem 2008, S. 28-84

89 Yassen Zassoursky: I Tried to Stop the Cold War Mentality. In: Michael Meyen, Thomas Wiedemann (Hrsg.): *Biografisches Lexikon der Kommunikationswissenschaft.* Köln: Herbert von Halem 2018. http://blexkom.halemverlag.de/iamcr-zassoursky/ (20. März 2020)

90 Vgl. Hans Poerschke: Journalistik als Bewusstseinsform. Zum Werdegang eines theoretischen Ansatzes. In: *Kultursoziologie* 2010, Nr. 2, S. 159-185

91 Brief vom 15. Dezember 1967. In: BA, DR 3, Nr. 25758, nicht paginiert

92 Vorlage an das Sekretariat des ZK der SED, betr. Verlegung der Sektion Journalistik der Karl-Marx-Universität Leipzig von Leipzig nach Berlin und ihre Umbildung in eine »Hochschule für Journalistik« der DDR, 15. Juli 1970. In: BA, DY 30, Nr. 5462, Bl. 203-207

93 Michael Meyen, Anke Fiedler: *Die Grenze im Kopf. Journalisten in der DDR*. Berlin: Panama Verlag 2011, S. 43

94 Hans Modrow an Hans-Joachim Böhme, Minister für Hoch- und Fachschulwesen, 14. November 1972. In der Anlage des Briefes: Bericht über die Ergebnisse der Arbeitsgruppe an der Sektion Journalistik, 23. Oktober 1972. In: BA, DR 3, Nr. 21640 (Sektion Journalistik ab 1968), nicht paginiert

95 Emil Dusiska: Entwurf für die Konzeption der Tagung, 17. August 1971, S. 2. In: UAL, Sektion Journalistik Nr. 12, nicht paginiert

96 Vgl. Emil Dusiska an James Halloran, 12. August 1974, S. 2. In: UAL, Sektion Journalistik Nr. 36, nicht paginiert. – Dusiska protestiert hier dagegen, dass nur 20 Prozent der Texte aus der DDR kommen sollen, und schlägt vor, die Zahl der Beiträge insgesamt von 32 auf 48 zu erhöhen, »damit die Autoren aus der DDR, die zuverlässig und pünktlich gearbeitet haben, nicht gegenüber säumigen Autoren diskriminiert werden«.

97 Konzeption für das Auftreten einer DDR-Delegation auf der Generalversammlung der AIERI in Buenos Aires, ohne Datum (1972), S. 1. In: UAL, Sektion Journalistik Nr. 60, nicht paginiert

98 Abteilung Agitation im ZK der SED, Sektor Presse (Georg Förster): Information für den Genossen Werner Lamberz, 9. Oktober 1972, S. 3. Ebd.

99 Uwe Boldt: Bericht über meine Reise nach Prag vom 29. bis 31. August 1974 zur Vorbereitung der AIERI-Konferenz, 1. September 1974. Ebd.

100 Mark Knapp: I always taught courses that I invented. In: *International Journal of Communication* 6. Jg. (2012), S. 1691-1698, hier 1695

101 Emil Dusiska: Politische und wissenschaftliche Konzeption für die Durchführung der Präsidiumstagung der AIERI vom 30.5. – 1.6.1973 in Leipzig, 28. Februar 1973, S. 2f. In: UAL, Sektion Journalistik Nr. 37, nicht paginiert

102 Kempers, Brief an die IAMCR-Führung, Mai 1973, S. 8. In: UAL, Sektion Journalistik Nr. 38, nicht paginiert

103 *Human Communication Research, Communication Theory, Journal of Computer-Mediated Communication, Communication, Culture, & Critique, Annals of the International Communication Association*

104 Vgl. das Kapitel »Warum die Vergangenheit nicht vergeht«

105 Vgl. Rainer Gummelt, Rüdiger Krone, Wulf Skaun, Wolfgang Tiedke: *Zur Funktionsweise der Bezirkszeitungen der SED als Instrument der Partei zur politischen Leitung sozialer Prozesse. Forschungsbericht.* Karl-Marx-Universität Leipzig: Sektion Journalistik 1982, Wolfgang Tiedke: Wir haben die richtigen Fragen gestellt. In: Michael Meyen, Anke Fiedler: *Die Grenze im Kopf. Journalisten in der DDR*. Berlin: Panama Verlag 2011, S. 75-86

106 Vgl. Wulf Skaun: Soziologie der Massenmedien – ein unentbehrliches Teilgebiet der Journalistik. In: *Theorie und Praxis des sozialistischen Journalismus* 13. Jg. (1985), S. 255-262, Wulf Skaun: *Methodologische und methodische Erfordernisse mediensoziologischer Forschung in der Journalistik*. Ebd., S. 342-350.

107 Wulf Skaun: Es gibt keine unpolitische Wissenschaft. In: Meyen, Michael, Thomas Wiedemann (Hrsg.): *Biografisches Lexikon der Kommunikationswissenschaft*. Köln: Herbert von Halem 2015. http://blexkom.halemverlag.de/wulf-skaun/ (17. März 2020)

108 Vgl. Meyen: *Unterhaltung*, S. 74-85, Heinz Niemann: *Hinterm Zaun. Politische Kultur und Meinungsforschung in der DDR – die geheimen Berichte an das Politbüro der SED*. Berlin: Edition Ost 1995

109 Vgl. Dieter Wiedemann: Forschen und leben in zwei Gesellschaften. In: Michael Meyen, Thomas Wiedemann (Hrsg.): *Biografisches Lexikon der Kommunikationswissenschaft.* Köln: Herbert von Halem 2019. http://blexkom.halemverlag.de/wiedemann-interview/ (18. März 2020)

110 Michael Meyen, Anke Fiedler: *Wer jung ist, liest die Junge Welt. Die Geschichte der auflagenstärksten DDR-Zeitung.* Berlin: Ch. Links 2013, S. 177-182

111 Vgl. Hans-Jörg Stiehler: Ich bin ein Teamarbeiter. In: Michael Meyen, Thomas Wiedemann (Hrsg.): *Biografisches Lexikon der Kommunikationswissenschaft.* Köln: Herbert von Halem 2014. http://blexkom.halemverlag.de/teamarbeiter/ (18. März 2020)

112 Vgl. Walter Thimm: Philosophische Aspekte der sozialistischen Leitungswissenschaft. In: *Deutsche Zeitschrift für Philosophie* 14. Jg. (1966), S. 654-665

113 Vgl. Hans Poerschke: Öffentlichkeit als Gegenstand gesellschaftswissenschaftlicher Diskussion in der DDR. In: Tobias Eberwein, Daniel Müller (Hrsg.): *Journalismus und Öffentlichkeit. Eine Profession und ihr gesellschaftlicher Auftrag. Festschrift für Horst Pöttker.* Wiesbaden: VS Verlag für Sozialwissenschaften 2010, S. 43-56

8. WIE ILSE, NIKOLAI UND TILO ZU IHREM DIPLOM GEKOMMEN SIND

Drei Studentenleben, stellvertretend für mehr als 5000 andere

Mit Nikolai und Tilo habe ich gesprochen, mit Ilse nicht. Ilse kam in einem Paket zu mir, im Sommer 2018, als sie schon nicht mehr am Leben war. Ihre Tochter, Informatik-Professorin an der TH Köln, hatte beim Aufräumen vergilbte Bücher, Mitschriften, Briefe und ein Fotoalbum gefunden. Die Bilder wollte sie wieder zurückhaben. Auf einem ist Hermann Duncker zu sehen, sitzend, auf einen Stock gestützt, umringt von mehr als einem Dutzend Jungs und Mädchen im FDJ-Hemd. Es muss ein schöner Tag gewesen sein. Die jungen Leute lachen, und der alte Mann hat einen milden Blick. Auf einem anderen Bild geht er durch einen Garten, eingehakt bei einer Studentin und einem Studenten, und dann sieht man ihn im kleinen Kreis, drei Zuhörer andächtig lauschend.

Ich weiß, dass diese Fotos von 1952 sind, vermutlich aus dem frühen Herbst, weil die Bäume voller Blätter sind und einige schon leichte Jacken tragen. Im Paket von Ilses Tochter lag ein Brief von Bernhard Jahnel, Jahrgang 1922, der nach dem Diplom an der Fakultät für Journalistik Assistent von Heinrich Bruhn war, dort Mentor und Ratgeber von Sigrid Hoyer wurde und von 1969 bis zur Rente im Dietz-Verlag gearbeitet hat. Jahnel erinnert sich in diesem Brief an den Besuch von Hermann Duncker. »Unser Gruppen-Namensgeber«.[1] Aus dem Paket weiß ich auch, dass eine andere Seminargruppe nach Friedrich Wolf benannt wurde, Vater von Markus und Konrad und selbst berühmt als Autor und Arzt, aber Hermann Duncker passt natürlich viel besser, nicht nur weil er zu den Gründern der KPD gehörte und in der Partei für Bildung stand, seit 1949 als Rektor der Gewerkschaftshochschule in Bernau. Duncker, Jahrgang 1874, war als Student in Leipzig Famulus von Karl Bücher. Hilfskraft, würde man heute sagen. Duncker hat 1903 bei Karl Bücher über »das mittelalterliche Dorfgewerbe« promoviert und ihn später als seinen wichtigsten Lehrer bezeichnet.[2] Damals hat vermutlich nicht einmal Bücher selbst davon geträumt, eines Tages Gründervater der akademischen Journalistenausbildung in Deutschland zu werden, aber die Linie von seinem Schüler Hermann Duncker in das Institut für Publizistik und Zeitungswissenschaft von 1952 ist einfach zu schön, um sie hier wegzulassen.

WAS EINE WESTDEUTSCHE KOMMUNISTIN IN LEIPZIG LERNEN KONNTE

Ilse Trusheim ist ein Jahr vorher nach Leipzig gekommen, geworben in Berlin, wenn ich das richtig verstanden habe, wo sie im August bei den Weltfestspielen der Jugend und Studenten war und noch gar nicht wusste, was im Herbst passieren würde. Sie ist noch einmal kurz nach Hause, nach Remscheid, wo sie ihr ganzes Leben war, bis auf die drei Jahre in Leipzig. Sicher ist, dass die große Reise dann auf dem Bahnhof Wuppertal-Elberfeld begann. Es gibt ein Foto, dass drei junge Frauen auf diesem Bahnhof zeigt, lachend, hinter einem riesigen Kofferberg. Das Bild wurde am 21. August 2001 im *Neuen Deutschland* gedruckt, auf der Leserbriefseite.[3] Ilse Trusheim, die jetzt Faeskorn hieß, war dabei, ein Jahrgangstreffen zu organisieren. Sie hat deshalb an das ND geschrieben, eine Anzeige in der UZ geschaltet, einer Wochenzeitung der DKP, und den ND-Text auch an *Leipzigs Neue* geschickt, ein ausdrücklich linkes Blatt, gegründet 1993. Die vielen Briefe, die in meinem Paket lagen, zeigen, dass Ilse wusste, wo sie ihre Kommilitonen von einst suchen musste.

Als es dann Anfang September 2001 tatsächlich zu diesem Treffen in Leipzig kommt, stehen viele alte Bekannte auf der Teilnehmerliste, Menschen, über die ich in diesem Buch schon geschrieben habe. Franz Knipping, später zwei Jahre Dekan an der Fakultät für Journalistik, die

Professoren Halbach, Boldt, Pötschke, dazu Günter Böhme, ab 1980 in der Agitationskommission Honeckers »Mann für das ND«[4] und im Herbst 1989 Pressereferent von Günter Schabowski. Bei der berühmten Pressekonferenz stand er hinter seinem Chef und zeigte auf den Zettel. Noch ein paar Namen aus diesem Poesiealbum des DDR-Journalismus: Klaus Höpcke ist dabei, erst beim *Neuen Deutschland* für Kultur zuständig, als es um Biermann ging und um das 11. Plenum,[5] und später ›Buch-Minister‹, Rolf Schablinski, der die 100 Meter in 11,1 Sekunden laufen konnte, in Leningrad zu Ende studiert hat, dann Chefredakteur in Erfurt wurde (*Das Volk*) und die letzten zwölf DDR-Jahre stellvertretender ADN-Generaldirektor war, und auch Klaus Raddatz, Jahrgang 1932, nach dem Studium von 1955 bis 1958 Dozent in Leipzig und später fast alles, was in der Medienlandschaft der DDR möglich war. Chefredakteur der *Jungen Welt*, stellvertretender Leiter der Abteilung Agitation im ZK der SED, stellvertretender Vorsitzender des Staatlichen Komitees für Fernsehen.

Klaus Raddatz habe ich 2009 interviewt, zusammen mit Anke Fiedler, im Restaurant *Frida Kahlo* im Prenzlauer Berg.[6] Es hat etwas Mühe gekostet, ihn dorthin zu bringen. Zu viele schlechte Erfahrungen mit Menschen, die ohnehin alles besser wissen, hat er gesagt. Über die Universität gibt es in diesem Interview nur ein paar Sätze. »Parteiarbeit«: Das sei damals seine Idee vom Beruf gewesen.

> »Ich wollte Parteijournalist werden. 1953 wurden aus meinem Jahrgang zehn Leute ausgewählt. Wir sollten als wissenschaftlicher Nachwuchs an der neuen Journalistik-Fakultät bleiben und wurden vorher für ein Jahr in die Praxis geschickt. Nach dem Diplom war ich dann drei Jahre Assistent mit vollem Programm und ehrenamtlich Parteisekretär.«

Später hat Klaus Raddatz bereut, mit uns gesprochen zu haben. Auf unser Buch über die *Junge Welt* hat er mit erbosten Briefen reagiert, an mich und an Christoph Links, den Verleger. In unserer Chronik steht, dass Raddatz im Oktober 1965 »eine Kampagne gegen westliche Gitarrencombos und Jungs mit langen Haaren« eröffnet hat. Überschrift des Artikels: »Auf Beat und Bier ist kein Verlass«.[7] Das Buch hätte er am liebsten verboten, aber die Zeiten waren inzwischen andere. Anke Fiedler hat nach einem Blick auf das Foto mit Hermann Duncker gesehen, dass der Student, auf den sich der hohe Besuch 1952 stützt, nur Klaus Raddatz sein kann.

Ilse Trusheim ist drei Jahre älter als Raddatz und in Remscheid aufgewachsen, in einem sozialistischen Elternhaus. Sie arbeitet nach dem Krieg zunächst für den DGB, verliert den Job aber, als ihre Partei, die KPD, sich gegen Kanzler Adenauer stellt und sie sich nicht davon distanzieren will. Niemand will die junge Kommunistin einstellen. Also geht sie mit ihren beiden Freundinnen in die DDR, »illegal« über »die grüne Grenze«, wie sie 50 Jahre später dem *Neuen Deutschland* schreibt. Eigentlich wollen die drei an die Arbeiter- und Bauern-Fakultät, um das Abitur im Land des Sozialismus zu machen, aber die Genossen sagen: Geht nach Leipzig und studiert Publizistik, zur Not eben ohne Abitur. In der Bundesrepublik braucht man »fortschrittliche Publizisten«.

Auch das ist die neue Zeit: Ilse Trusheim und mit ihr etwa 20 andere junge Männer und Frauen gehen von West nach Ost, um etwas zu machen, was daheim nie möglich gewesen wäre. Studieren. Diplom-Journalistin werden. Ilses Fotoalbum hat ein wenig vom Alltag festgehalten. Das Wohnheim in der Tieckstraße natürlich, wo dann 1952 Hermann Duncker auftaucht. Ein Garten, sehr idyllisch, wo auch im Bikini studiert wird oder mit Sonnenbrille und freiem Oberkörper. Ein Zimmer mit Bücherregal, Schreibtisch, Bett, das Zentralorgan der Partei griffbereit. Im Hörsaal neugierige Gesichter und ein Mädchen im FDJ-Hemd, das nur zuhört, während andere mitschreiben. Dann ein Bollerwagen mit Losungen, im Zentrum von Leipzig vermutlich. Gegen »Hetze«, »Lüge«, »Verleumdung«. Dazu ganz groß zwei Titelseiten, *Der Abend* und der *Telegraf*, zwei Blätter aus Westberlin. Daneben noch ein Demo-Bild, auf dem die jungen Leute als bedröppelte Greise verkleidet sind, vielleicht zum Fasching. Losung des Tages: »Frohes Jugendleben«. Ein paar Seiten weiter sieht man die Studenten nur von hinten, auf einer Dorfstraße, mit Gartengeräten bewaffnet. In einem der Briefe, die Ilse Faeskorn 2001 nach ihrem Aufruf in der Parteipresse erhielt, steht das Wort ›Rübenzupfen‹. Das könnte es gewesen sein. Auf den Pausenfotos gibt es Spaß und einen Picknick-Korb.

Der Leserbrief an das ND vermittelt allenfalls gedämpfte Euphorie. »Das Studium war am Anfang nicht ganz so einfach«, heißt es da. Keine Russischkenntnisse, die »Allgemeinbildung dürftig« und überhaupt so viel nachzuholen nach einer Schulzeit in den Hitlerjahren. Ilses Tochter hat mir alles geschickt, was von der Ausbildung ihrer Mutter übriggeblieben war, angefangen mit Notizen aus einem Steno-Kurs, 1947 in Remscheid. Die Leipziger Aufzeichnungen beginnen mit zwei dicken Ordnern zur »Geschichte der deutschen Presse« und zur »Geschichte der deutschen Literatur«, beide eröffnet Ende September 1951. Eine schöne Mädchenschrift. Die Lessing-Periode, der »Kampf um eine fortschrittliche Literatur, gegen Formalismus in Kunst und Literatur«, »kulturelle Erfolge in der DDR« und die »Lage in Westdeutschland«. Das zieht sich bis in das Frühjahr 1954, bis zu Goethe und Franz Mehring. Die »Bürgerliche Presse« und die »Bolschewistische Presse« haben eigene Ablagen. Es gibt einen nicht ganz so dicken Ordner mit dem Titel »Marxismus«, in dem es weiter hinten auch um die Räterepublik in Bayern geht und um das, was die »Partei der Bolschewiki« für die Industrialisierung der Sowjetunion geleistet hat. Die Vorlesung zur »Politischen Ökonomie des Kapitalismus und Sozialismus« hat 118 Vorlesungsstunden gekostet und noch einmal 58 im Seminarraum. Ilse Trusheim hat sich für Theater und Film interessiert und für Literatur- und Kunstkritik, auch das aber eher theoretisch.

Ihre Schreibversuche füllen in meinem Regal nur zwei Zentimeter. Vielleicht hat sie zwischendurch aufgeräumt und Dinge weggeworfen, vermutlich war da aber nicht viel mehr. In einem der Texte geht es um ein Gerücht, gestreut vom RIAS. Butter soll teurer werden in der DDR, das halbe Pfund für 7,50 Mark. Ilse Trusheim sagt, wer dieses Gerücht in Leipzig verbreitet (Herta Bürger, eine Verkäuferin beim Konsum) und was der Klassengegner »mit seinen Lügen« bezweckt. Ablenken von der »westlichen Kriegspolitik« und von »der Verschlechterung des Lebensstandards« dort drüben. Und: Das »Vertrauen der Bevölkerung der DDR in ihre Regierung schwächen«. Ilses Vorschlag für die Überschrift: »Konkretes mit Kämpferischem verbinden. HO-Butter-Lüge und was dahintersteckt«. Außerdem gab es ein Druckereipraktikum im Berliner Verlag, sechs Wochen lang, mit allem, was in jener Zeit dazugehört. Umbruch, Setzerei, Stereotypie, Korrektoren.

Ilse Trusheim hat bis zum Diplom durchgehalten. Wie die meisten der »studierenden DDR-Bürger« auf Zeit ist sie danach zurück in ihre Heimat. Sie heiratet Werner Faeskorn, einen FDJ-Funktionär aus dem Westen, der auf der Fahndungsliste der Polizei steht, weil die Jugendorganisation in der Bundesrepublik seit 1951 verboten ist. Zur Hochzeit kommt Werner deshalb in die DDR. Er hat Angst, auf dem Standesamt in Remscheid verhaftet zu werden. Zu Hause kann Ilse noch zwei Jahre das anwenden, was sie in Leipzig gelernt hat. Sie schreibt für kommunistische Zeitschriften und bringt ihre Tochter zur Welt. 1956 wird die KPD verboten. »Danach war ich beruflich auf dem kaufmännischen Sektor tätig«, schreibt sie im Juni 2001 an Günther Ballentin, einen Kommilitonen von früher, der nach dem Studium als Landwirtschaftsredakteur zum *Neuen Tag* nach Frankfurt (Oder) ging und dann im Auftrag der Partei Berufssoldat wurde, die meiste Zeit als Redakteur im Militärverlag. Ilse über ihr Leben: »Das war nun mal so im Westen. Trotzdem habe ich viel geschrieben, Artikel, Stadtteilzeitungen, Kinderzeitungen und zwei kleine Bücher«.

Im Internet gibt es einen Text von Christel Herrmann aus Remscheid mit der Überschrift »Wider das vergessen – Gedenken an Ilse Faeskorn«. Es geht dort um die ersten Ostermärsche ab 1960, um Demonstrationen gegen den Radikalenerlass und Berufsverbote, um die Frauenbewegung, um den Kampf gegen »Alt- und Neonazis«. Ilse Faeskorn war immer dabei. Sie hat einen Film über ihren Schwiegervater gedreht, der früh in die KPD eintrat und im Dritten Reich fast die ganze Zeit im Gefängnis und im KZ war, ist Anfang der 1980er-Jahre in Remscheid Vorsitzende der Vereinigung der Verfolgten des Naziregimes/Bund der Antifaschisten geworden und hat ihre Kontakte in die DDR genutzt, um sich aktuelle Literatur zum antifaschistischen Widerstand zu besorgen. Günter Hennig, einer ihrer Leipziger Dozenten, war seit 1962 Leiter des Dietz-Verlages in Berlin. Nach der Wiedervereinigung ist Ilse Feaskorn in die PDS eingetreten und hat im Jahr 2000 für den Landtag kandidiert.[8] Ihr Tod im Sommer 2006 hat die Genossinnen und Genossen daheim überrascht und auch die Leipziger Kommilitonen, die sie 2003 noch einmal in Berlin gesehen haben könnte und 2005 in Rostock. Es gab diese Treffen, aber ich weiß nicht, ob sie dort gewesen ist. Geblieben sind die Bilder von 2001. Ilse Faeskorn im Gewandhaus, vor dem *Coffe Baum*, im Garten ihres alten Wohnheims. Es ist September, ein paar Blätter sind schon von den Bäumen gefallen. Man sieht: Ilse ist gern nach Leipzig zurückgekommen.

WAS SAGT UNSER SOWJETISCHER FREUND DAZU?

Ich bin gar nicht sicher, ob ich hier berichten darf, was ich über Nikolai Jolkin im Archiv der Universität gefunden habe. Der Datenschutz. In den Akten, die festhalten, was die Studenten gemacht haben, die aus dem Ausland nach Leipzig kamen, gibt es Beurteilungen, Noten, Details über das Intimleben. Wer wohnt mit wem im Internat, wer räumt auf und wer nicht, wer hat Kontakt zu den Einheimischen, wer kommt regelmäßig ins Seminar und wie steht es um das ›politisch-ideologische Auftreten‹? Um das lesen zu können, habe ich unterschrieben, nur auf die Strukturen zu schauen, auf das große Ganze sozusagen, und keine Details zu veröffentlichen, schon gar nicht über einzelne Personen.

Nikolai Jolkin ist in dieser Hinsicht ein Glücksfall. Ein Musterstudent, über den Peter Hamann und Werner Michaelis, an der Sektion Journalistik damals für die Ausländer zuständig, nichts Negatives festgehalten haben. Nichts, was ich heute nicht guten Gewissens schreiben könnte. Nikolai Jolkin ist im Herbst 1969 nach Leipzig gekommen, in einer Fünfergruppe aus der Sowjetunion. Fünf Jahre später einigen sich das Moskauer Hochschulministerium und das Direktorat für internationale Beziehungen an der Karl-Marx-Universität auf eine Obergrenze von zwei bis drei Studenten pro Jahr. Die Bedingungen: gutes Deutsch und Vorwissen über die deutsch-deutschen Probleme, erworben am besten in der deutschsprachigen Redaktion von *Radio Moskau*.[9]

Die Akten erzählen, warum die Sektion Journalistik dort hart verhandelt hat. Ich meine damit gar nicht die »Studienversäumnisse und Disziplinverstöße einzelner sowjetischer Freunde«, die dort als »belastend« beschrieben werden, auch für das Bild vom ›großen Bruder‹ in der DDR insgesamt. Die Studenten aus Moskau und Leningrad bringen kein Volontariat mit und meist auch keinerlei Erfahrung im Beruf.[10] Die Sowjetunion hat eine andere Idee vom Journalismus und von der Journalistenausbildung. Dekan an der Lomonossow-Universität ist Yassen Zassoursky, der Mann in der Höhle, ja, ein Literaturwissenschaftler, der am Moskauer Fremdsprachinstitut studiert hat, zwei Doktortitel in Philologie führt und für die *Literaturnaja Gasjeta* gearbeitet hat, bevor er an der Journalismus-Fakultät Karriere machte. Zassoursky will sprachwissenschaftlich ausgebildete Redakteure in die Praxis schicken.[11] Ganz unabhängig davon haben alle Nicht-Muttersprachler Probleme mit dem Kern des Leipziger Studiums. Vor allem im Fach Stilistik sind die Anforderungen so hoch, dass die Seminarleiter lieber auf Noten verzichten.[12]

Als Nikolai Jolkin an der Sektion Journalistik ist, gibt es dort etwa zwei Dutzend Studenten aus dem Ausland. Ein paar aus Osteuropa (Bulgarien, ČSSR, Polen), ein paar aus Afrika (Äthiopien, Mali, Niger, Kongo) und aus dem Nahen Osten (Irak, Syrien) und sogar einen Österreicher (Michael Hametner, in Rostock geboren, aber der Vater hat einen österreichischen Pass) und einen Franzosen. Jean Michel Cavalli bleibt an der Sektion, wird dort Dozent für das Fotografieren und bringt mich 1989 fast zur Verzweiflung – im Labor, wo ich handwerklich an meine Grenzen komme, und bei meinen Bildern, weil er sofort merkt, dass ich den Auftrag ›Foto-Serie‹ einfach mit meiner Juliane umgesetzt habe, gerade zwei Jahre alt und sehr fotogen mit Eis und Kinderkarussell. »In welcher Beziehung stehst Du zu diesem Kind, Genosse?« Cavallis Tochter Ann-Catherine war in meinem Studienjahr und ist dann 1992 für ein Jahr nach Paris gegangen.

Nikolai Jolkin hatte keine Probleme mit den Leipziger Dozenten. Seine Noten werden immer besser. Im zweiten Studienjahr steht noch eine Drei in politischer Ökonomie, aber das ist eine Ausnahme. Nur ein Ausländer ist noch besser. Jolkin wird gelobt, weil er sich um die Wandzeitung kümmert und Aussprachen im Studentenklub leitet. Werner Michaelis macht ihn sogar zu einem »Vorbild auch für die DDR-Studenten«, vor allem wegen des Niveaus seiner »theoretischen Auseinandersetzung mit bürgerlichen und revisionistischen Argumenten«.[13]

Ich habe Nikolai Jolkin im Herbst 2016 kennengelernt. Ich war mit einer Studentengruppe in Moskau, und er wollte ein Interview zur Lage der Medien in Deutschland. Wie steht es um Pressefreiheit und Vielfalt, Herr Meyen? Wahrscheinlich hätte ich das damals nicht gemacht, weil er von *Sputniknews* kam und ich noch keine Meinung zu den russischen Staatsmedien hatte. Dann haben wir gemerkt, dass wir bei den gleichen Leuten studiert haben, und ein Tauschgeschäft ausgehandelt. Ein Interview für ein Interview, geführt dann am 15. April 2017 in einem Hotel am Arbat. Jolkin bringt einen Stapel Papier mit. Ein Buch von Franz

Knipping über Medien im Westen,[14] seine Diplomarbeit, für die er sich angeschaut hat, wie ›Führungspresse‹ (FAZ, *Die Zeit*) und ›Massenpresse‹ (*Bild, Stern, Hörzu*) in der Bundesrepublik über die Sowjetunion berichten, ein Lehrheft mit Materialien zur Rundfunkjournalistik von 1971 sowie das, was er als Student in Vorlesungen und Seminaren mitgeschrieben hat und was wahrscheinlich genau wie bei Ilse Faeskorn erst von seinen beiden Kindern entsorgt werden wird. Jolkin ist schon Rentner und sagt, dass es ihm gut geht durch das, was er bei *Sputniknews* dazuverdient. Außerdem kann er wie jeder Moskauer Rentner den Nahverkehr kostenlos nutzen. Am besten aber, ich lasse ihn selbst weitererzählen.

»Bei der Diplomarbeit bin ich von einem Praktiker betreut wurden, der bei *Radio* DDR *2* gearbeitet hat. Ein Historiker, der dort viel zur Geschichte gemacht hat. Er hat mich in Berlin in die Redaktion eingeführt. Später waren wir befreundet. Er war mehrmals in Moskau und hat mich hier besucht. Bei der Diplomarbeit hat er mir sehr geholfen. Zum Beispiel bei der Sprache. An einigen Stellen haben wir auch gestritten. Ich habe viel gelernt bei ihm. Er war ein streitbarer Journalist. Ich habe ihn zum Beispiel bei Interviews beobachtet. Mit ihm zusammen hatte ich auch meine erste Livereportage. Es muss an einem 7. oder 8. Mai gewesen sein, in Karlshorst, im Museum der Kapitulation, wie das damals hieß. Heute heißt es Deutsch-Russisches Museum. Als Journalist war ich später mehrmals dort und habe über Ausstellungen berichtet. Ich bin immer noch im Kontakt mit dem Museumsdirektor. Damals haben wir live zum Tag des Sieges berichtet. Egon Grübel hat mir plötzlich das Mikrofon gegeben und mich gebeten, meine Eindrücke zu schildern. Das Studium war ja viel Theorie. Bei Grübel und bei *Radio* DDR habe ich dann gelernt, praktisch zu arbeiten. Später habe ich dann auch in der Sowjetunion Dokumentationen und Features gemacht, genau wie dort. Auch das, was ich über Livesendungen gelernt habe, konnte ich in Moskau gut verwenden. Der Vorteil ist ja, dass man nie weiß, wie es endet. Man muss improvisieren.

Ich hatte eigentlich angefangen, in Moskau zu studieren. Ich wollte immer in den Auslandsjournalismus. In Moskau gab es eine kleine Gruppe, die sich mit Außenpolitik beschäftigt hat. Plötzlich gab es den Vorschlag, in der DDR zu studieren. Es gibt da eine Vorgeschichte. Das deutschsprachige Programm von *Radio Moskau* wurde vor allem von Ausländern gemacht, die während des Krieges in die Sowjetunion gekommen waren. Immigranten aus Deutschland, aber auch aus Österreich. Manche sind nach dem Krieg geblieben. Ende der 1960er-Jahre stand die Frage, wer diese Kader ersetzen kann. Man hat entschieden, Studenten in die sozialistischen Länder zu schicken, damit sie dort die Sprache lernen, die Mentalität, die Kultur, die Art, Journalismus zu betreiben. Die komplette Ausbildung bis hin zur journalistischen Methodik. Für mich war das damals eine Herausforderung. Meine Mutter war strikt dagegen. Zu den Deutschen! Das wird nicht passieren! Ich konnte sie überzeugen. Nicht dass ich ihre Zustimmung gebraucht hätte, aber ich hatte gute Argumente. Wer in die DDR ging, hatte einen festen Arbeitsplatz in Moskau sicher, wenn er zurückkam. Unsere Angst war ja immer, zum Beispiel zu einer Betriebszeitung geschickt zu werden oder weit weg ins Landesinnere. Das hat meine Mutter überzeugt.

Ich konnte vorher schon Schuldeutsch. Deutschland war und ist mein Lieblingsland. Ich habe dann vor der Reise viel gelesen. Im letzten Buch ging es um die deutsche Frage. Eine russische Analyse zur Geschichte der Teilung, mit allen Vorschlägen und mit der Idee, dass es vielleicht doch in naher Zukunft zu einer Vereinigung kommen könne, natürlich auf der Grundlage des Sozialismus. Es war ja ein sowjetisches Buch. In Leipzig habe ich meine Mitstudenten gefragt, wie sie das sehen. Gesamtdeutschland: Ist das möglich? Es gab damals gar keinen Begriff dafür. Keine Begriffe wie zum Beispiel Wiedervereinigung. Die Leipziger haben gesagt, dass das nie passieren wird. Dass sie ganz andere Deutsche seien. Die Studenten in der DDR waren schon sehr ideologisch, zumindest an der Fakultät für Journalistik. Für mich war das damals nicht ganz so klar, aber ich habe gedacht, vielleicht haben sie ja Recht.

In Leipzig gab es damals das Herder-Institut, an dem sich ausländische Studenten in Sprache und Kultur vorbereiten konnten. Ich konnte gleich anfangen zu studieren. Das hat mich zunächst gefreut, weil ich nicht so lange studieren wollte. Ich war ja schon etwas älter als die anderen, durch die Armeezeit. Ich hatte meine Frau zu Hause gelassen und wollte bald heiraten. Dann war es aber schon sehr, sehr schwierig, gleich anzufangen mit Vorlesungen und Seminaren, mit den Mitschriften. Zum

Glück haben die Kommilitonen mir geholfen. Ich habe Kopien bekommen, habe von ihnen abgeschrieben. Ich habe mich schon angestrengt und war nur wenig in den Kneipen, obwohl das auch zum Studentenleben gehört. Ich habe viel Zeit mit dem Studium verbracht. Gewohnt habe ich im Wohnheim, direkt neben dem Institut in der Tieckstraße. Das war sehr vorteilhaft. Ich war damals schon kein Frühaufsteher. Die Veranstaltungen gingen morgens immer sehr früh los.

Warum ich in Moskau ausgewählt wurde, weiß ich nicht. Ich war Parteimitglied, war im Komsomol, hatte gute Noten. In Leipzig war ich dann zum Beispiel Sekretär für alle Komsomolzen, die in der Stadt studiert haben. Ich hatte ja schon immer den Wunsch gehabt, ins Ausland zu gehen. Ich weiß aber nicht, wie viele Konkurrenten es gab. Einige sind auch nach Ungarn gegangen oder nach Bulgarien und Jugoslawien. Wir wurden ins Funkhaus gerufen und dort wurde uns erläutert, was uns jetzt bevorsteht. Im Zug nach Leipzig waren wir dann zu zweit. Wir waren ja die erste oder zweite Schicht, die in die DDR gegangen ist. Später kamen dann mehr, vielleicht vier oder fünf. Ich habe 1969 angefangen und war 1973 fertig. Schön war die Ankunft. Ich weiß das noch genau: Es war der 7. Oktober, der Feiertag zum 20. Jahrestag der DDR. Wir mussten in Berlin umsteigen und haben über die vielen DDR-Fahnen gestaunt. Und über die roten Fahnen, die an jedem Fenster hingen. Das war ein bisschen unerwartet. Auch in Leipzig hingen dann an jedem Fenster Fahnen. Ich fand das sehr schön. Bei uns gab es das auch, aber nur an den Gebäuden, die dem Staat gehören. Dass das die Leute auch an ihren Wohnungen machen, war ein Erlebnis.

In Moskau hatten wir im ersten Studienjahr sehr viele allgemeine Fächer. Vor allem Literatur. Westeuropäische Literatur, US-Literatur, russische Literatur. Ganz gründlich und tiefgehend. Auch die Geschichte der kommunistischen Presse ganz gründlich und tiefgehend. In der DDR ging es mehr um Journalismus. Um Theorie und Praxis des Journalismus. Parallel mussten wir natürlich auch *Das Kapital* lesen. Marx. Auf Deutsch habe ich das gar nicht geschafft. Ich habe mir eine russische Ausgabe besorgt. In der Seminargruppe war ich der einzige sowjetische Student. Es gab noch zwei Afrikaner. Ich galt dort als Musterbeispiel, weil ich aus der Sowjetunion kam. Ich musste immer wieder auch in die Diskussion eingreifen. Der Dozent fragte dann: Und, was sagt unser sowjetischer Freund dazu? Es gab aber keine scharfen Auseinandersetzungen mit den deutschen Studenten. Ich erinnere mich, dass wir in der Seminargruppe gut miteinander auskamen, befreundet waren. Manchen Kommilitonen habe ich Russisch beigebracht. In einer Art gegenseitiger Hilfe. Ich habe ihre Mitschriften bekommen und ihnen dafür geholfen, ihre Aufgaben in Russisch zu erledigen. Wir sind gemeinsam zum Beispiel in die Sächsische Schweiz gefahren. Manche Beziehungen haben nach dem Studienende angehalten. Wir haben uns gegenseitig besucht. Später hat das dann nachgelassen.

Einen Lieblingsprofessor hatte ich nicht. Emil Dusiska war für uns natürlich ein Held. Ich habe gespürt, dass er die Sowjetunion liebt. Einmal hat er uns sowjetische Studenten zu sich gebeten. Wahrscheinlich waren vorher nicht alle sehr fleißig gewesen. Er hat gesagt, dass wir Vorbild und Muster für die deutschen Studenten sein sollen. Dass wir den Unterricht deshalb nicht versäumen können. Er hat ganz ruhig und freundlich gesprochen. Sonst habe ich in Leipzig vor allen Dingen die Kultur genossen. Wir konnten zum Beispiel den *Spiegel* lesen oder die *Bild*-Zeitung wenn wir uns vorher angemeldet hatten. Ich habe Strauß im Fernsehen gesehen. Das war ein Erlebnis, diesen Mann live zu beobachten.

Leipzig war eine gute Grundlage für meine Arbeit in Moskau. Ich habe später ja selbst unterrichtet, zwei Semester lang, nach 1990, am deutsch-russischen Institut für Publizistik, dass Galina Woronenkowa gegründet hat. Ich habe dort journalistische Praxis unterrichtet, in einer Art Meisterklasse. Wie schreiben die Deutschen Nachrichten, Kommentare, Interviews. Da habe ich die Mitschriften verwenden können, die ich aus Leipzig noch hatte. Schauen Sie hier. Die Rolle des Gesprächsleiters im Rundfunk. Die Sprache im Rundfunk. Der Musikanteil. Anforderungen an den Satzbau. Die Argumentation. Welche Bedingungen braucht es für eine erfolgreiche Argumentation? Wissenschaftliche Korrektheit, Vollständigkeit. Oder hier. Meine Glossen zum Seminar Kommentieren. Manche Sachen mache ich bis heute. Ich hatte freitags immer eine Sendung, in der ich das Geschehen der Woche zusammengefasst habe. Dort gab es dann zum Beispiel auch Sprüche der Woche oder zum Schluss einen Witz der Woche. Das war sehr beliebt beim Hörer. Oder hier. Wie schreibe ich einen Erlebnisbericht. Manche Dinge kann man nur mitbekommen, wenn man selbst in Deutschland lebt. Die Dialekte zum Beispiel. Die *Berliner Zeitung* hatte auf der letzten Seite manchmal eine Humorspalte, im Berliner Dialekt. Das hat mir Spaß gemacht. Auch in Leipzig, der sächsische Dialekt.«

Als das Tonband aus ist, erzählt mir Nikolai Jolkin, dass seine Frau auf ihn gewartet hat und sie tatsächlich heiraten konnten. Sonst hätte er es nicht ausgehalten in Leipzig. Die Liebe zu Deutschland ist das, was die beiden vereint. Seine Frau hat am Institut für Fremdsprachen in Moskau studiert und lange Deutsch unterrichtet. Sie gibt bis heute Privatstunden, als Rentnerin. Jolkin lacht, als er sagt, er sei der »letzte Kämpfer des Kalten Krieges« gewesen, weil er für *Radio Moskau* gearbeitet hat, bis Gorbatschow kam. Jetzt bei *Sputniknews* liegt sein Rekord bei 50.000 Klicks. Normal seien 1500 und schon 4000 Klicks super.

WIE EIN ›BÜRGERBEWEGTER AUSSENSEITER‹ AUF DEN LETZTEN DRÜCKER NACH LEIPZIG KAM

Tilo Gräser hat auch für *Sputniknews* gearbeitet, in Berlin. Das fällt mir erst jetzt auf. Wahrscheinlich kennt er Nikolai Jolkin sogar. Auch unser Wiedersehen ist ganz ähnlich gelaufen. Tilo hat mich in München interviewt, zur DDR im kollektiven Gedächtnis oder zur Medienrealität in Deutschland (wir haben mehrere solcher Interviews gemacht), und ich habe gesehen, dass mir dort eine Geschichte gegenübersitzt, die mir für dieses Buch noch fehlt. Wir hatten uns in den frühen 1990er-Jahren ein paar Mal in Leipzig gesehen, im Umfeld von Jürgen Schlimper, meinem Mentor, dann aber aus den Augen verloren. Nach den vielen Entlassungen saß Jürgen so gut wie allein in seinem Großraumbüro im Weisheitszahn am Karl-Marx-Platz, der jetzt Augustusplatz hieß, und hatte die vielen Schreibtische mit Pflanzen besetzt. Am Eingang stand ein Aquarium, naturbelassen, wenn man es positiv formulieren möchte, und es gab immer Kaffee. Ein Dschungel als Oase in der neuen Uni-Welt.

Damals wusste ich von Tilo nicht viel. Er war zwei Jahre nach mir an die Sektion Journalistik gekommen, im Herbst 1990, und dafür ziemlich laut. Immer vorneweg, wenn es etwas zu diskutieren gab (und es gab oft etwas zu diskutieren). Seine Stimme ist früh in die Forschungsliteratur eingegangen. Im Buch *Die Weiterleiter*, in dem Stefan Pannen mit Hilfe von Romanen und Gesprächen schon 1992 ein Psychogramm der ostdeutschen Journalisten gezeichnet hat, taucht Tilo als Paradebeispiel für den »bürgerbewegten Außenseiter« auf – unzufrieden mit den Medien in der DDR, in der Opposition, mit dem Wunsch, »andere, bessere Zeitungen zu machen«, ein Traum, der 1989 »Realität« geworden sei, weil nun mancher Journalist wurde, der zuvor »daran gehindert worden war«.[15] Tilo Gräser. Ich frage ihn zuerst nach seiner Kindheit und nach seinem Elternhaus.

»Das ist eine total normale DDR-Biografie. Ich bin 1965 in Meiningen geboren. Vater Diplomingenieur, Mutter Frisöse. Eine schöne soziale Mischung. Gelebt haben wir in Gotha. In unserem Neubaublock hat der Apothekenchef aus dem NVA-Lazarett gewohnt, der Chef der Volkspolizei in Gotha, eine Verkäuferin, ein Rentner. Mein Vater war in der LDPD. Er wollte wohl erst nicht in die SED, hat das aber in den 1980er-Jahren doch noch versucht. Ich weiß gar nicht, ob das geklappt hat. Er hat jedenfalls gemerkt, dass er nur so weiter Karriere machen kann. Als technischer Direktor zum Beispiel.

Journalismus war mein erster Traum, als ich angefangen habe, bewusst über Berufe nachzudenken. Anlass war eine US-Fernsehserie über einen Journalisten. *Lou Grant*. Es ging dort um einen Lokalreporter in Washington. Das hat mich fasziniert. Diese Neugier. Etwas herausfinden wollen. Ich habe dann mitbekommen, wie das in der DDR läuft. Dass Du schon in der Schule anfängst zu schreiben, als Volkskorrespondent. Damit sie dich kennenlernen und dann nach dem Volontariat zum Studium schicken. Das ging für mich nicht. Ich habe in der Abiturzeit aktiv Sport getrieben und musste entscheiden, wofür ich meine Zeit einsetze. Ich war Geher und hatte mir in den Kopf gesetzt, es bis zum Sportklub nach Erfurt zu schaffen. Dazu kam ein zweiter Grund. Eine Tante hat mir von einem Journalisten erzählt, der beim *Volk* in den 1950ern einen Konflikt mit einem Funktionär hatte und dafür in den Knast nach Bautzen gekommen war. Er hatte sich wohl geweigert, das zu schreiben, was man von ihm verlangte. Da war mir klar, dass dieses Ideal aus der Fernsehserie in der DDR nicht zu realisieren ist. Ich habe diese Idee deshalb nicht weiterverfolgt, ohne sie aber ganz zu vergessen. Mir war immer klar, dass ich etwas mit Papier und Buchstaben machen will. Journalist, Schriftsteller. Ich wollte dann erst Lehrer für Deutsch und Geschichte werden, das klappte aber nicht, weil ich in der 11. Klasse eine Drei in Literatur hatte. Ich war zu faul, die Bücher zu lesen. Deshalb habe ich mich in Leipzig für Staatsbürgerkunde und Geschichte beworben«.

Nach Opposition klingt das alles noch nicht. Auch nicht nach Kritik an den DDR-Medien. Nah dem Abitur geht Tilo im Herbst 1984 zum Wachregiment *Feliks Dzierżyński*, eigentlich für drei Jahre. Er sagt heute, dass ihm damals vieles von dem nicht klar gewesen sei, was man heute über die Staatssicherheit weiß. Sein Lockvogel ist aber ohnehin nicht dieses Ministerium, sondern die Hauptstadt. »Ich wollte immer nach Berlin. Dort leben, dort arbeiten. Als ich bei der Musterung gefragt wurde, habe ich sofort Ja gesagt. Ich wusste: Im Ausgang kann ich ins Theater, ins Kino. Dort gibt es nicht nur die Dorfkneipe. 100 Mark mehr, eine bessere Uniform. Da musste ich nicht überlegen«. Es geht nicht gut mit Tilo und der Armee. Nach der Unteroffiziersschule wird er Gruppenführer und nimmt das so ernst, dass ihn seine Soldaten weghaben wollen. *Bossing*, sagt man heute. Den Chef mobben. Tilo wird im Sommer 1986 entlassen, nach 21 Monaten, aus gesundheitlichen Gründen. So etwas ist nicht vorgesehen in den durchgetakteten DDR-Lebensläufen. Kein Studienplatz, nirgends. Tilo schraubt am Fließband ein Jahr Autogestelle zusammen. Jetzt ist es nicht mehr weit bis zu einer Karriere als ›bürgerbewegter Außenseiter‹.

»1987 bin ich zum Rat der Stadt Gotha gewechselt und habe im Klubhaus der Jugend die Leitung übernommen, von null auf hundert. Die versprachen, mich zum Fernstudium zu delegieren. Nach einem Jahr habe ich gemerkt, dass der Chef das nicht mehr will. Ich habe ihm wahrscheinlich zu oft widersprochen. Ich ging zur FDJ-Kreisleitung. Ich bekam 100 Mark mehr und wieder das Versprechen, delegiert zu werden. Das war 1988. Ich war schon Mitglied der SED. Die Zeit bei der FDJ-Kreisleitung endete nach drei Monaten, weil ich in mehreren öffentlichen Veranstaltungen zu anderen Funktionären gesagt habe: Wenn ihr so weitermacht, dann geht das hier alles schief. Hier ist nichts mit Demokratie. Warum belügt ihr die Leute? Ich habe in der Kreisparteischule das Blabla gehört und parallel Volker Braun gelesen. *Es genügt nicht die einfache Wahrheit.* Ich habe kundgetan, was ich da an Widersprüchen empfunden habe. Es gab mehrere Warnungen von befreundeten Menschen und dann bin ich aus der Partei geflogen. Von heute auf morgen. Eine offizielle Rüge gab es vorher nicht. Nach den Vorwarnungen hatte ich ohnehin entschieden, so weiterzumachen, dass ich mich dabei gut fühlen kann.

Damals habe ich *5 Tage im Juni* gelesen, von Stefan Heym. Die Atmosphäre war genau die gleiche, die Folgen waren aber längst nicht mehr so drastisch, auch wenn es schon ein Einschnitt war. Kein Studium und nichts mehr von dem, was Du Dir mal vorgestellt hast. Ich wollte dann eigentlich eine Ausbildung machen. Die Ausbildung bekam ich aber nicht. Ich sollte mich erst in der Produktion bewähren. Ich bin dann zur Post, als Briefträger. Die suchten Leute und haben keine Bedingungen gestellt. Das war auch für die Familie gut. Ich hatte 1986 geheiratet und im Januar 1989 kam mein erster Sohn zur Welt. Bei der Post habe ich gut verdient. Der Dienst begann um halb sieben und ich war mittags zu Hause. Sechs-Tage-Woche.

Im Sommer 1989 bekam ich Besuch von der Staatssicherheit. Ich hatte einen Brief an die chinesische Botschaft geschrieben und sie darüber aufgeklärt, dass man den Sozialismus nicht mit Panzern aufbaut. Die Stasi-Leute haben mir gedroht. Sie würden sich nicht mit mir unterhalten, wenn ich nicht bei ihnen gedient hätte. Ich sollte unterschreiben, dass ich nie wieder die Repräsentanten befreundeter Staaten öffentlich verleumde. Ich habe gesagt, dass ich das nur mache, wenn da auch steht, dass ich weiter meine Rechte nach Verfassungsartikel 27 wahrnehmen werde. Freie Meinungsäußerung. Sie haben das dann handschriftlich ergänzt, und ich habe unterschrieben.

Dass die Sektion Journalistik in Leipzig den Zugang für alle öffnet, habe ich durch Zufall erfahren, über eine Anzeige. Das kann sogar im ND gewesen sein. Ich war ja immer noch Briefträger. Da stand: Es geht ohne Delegierung. Man kann sich frei bewerben. Da leuchtete mein Traum auf. Journalist werden. Die Verhältnisse waren Anfang 1990 schon ganz anders. Im Herbst hatte ich in Gotha mit einem Pfarrer ein

Bürgerkomitee gegründet. Wir wollten die verschiedenen Gruppen zusammenbringen, die sich inzwischen gebildet hatten. Dort gab es eine Arbeitsgruppe Zeitung. Wir wollten etwas Eigenes für Gotha machen, dann kamen aber sehr schnell die ersten Zeitungen aus dem Westen. Im Januar 1990, ein Anzeigenblatt aus Gießen. Die machten die *Gothaer Neue Zeitung*. Ich habe sofort angefangen, dort zu schreiben. Wir vom Bürgerkomitee hatten eigentlich eine eigene Zeitung angemeldet, beim Rat des Bezirks Erfurt. Es gab ein Papierkontingent. Diese Zeitung steht auch noch in irgendwelchen Verzeichnissen, sie ist aber nie erschienen. Die Westverlage waren schneller. Wir haben sofort gesehen, dass wir da keine Chance haben.

In Leipzig habe ich meine Texte aus der *Gothaer Neuen Zeitung* eingereicht. Man musste Arbeitsproben abgeben. Es gab ein Eignungsgespräch und eine Prüfung. Eigentlich wollte ich gar nicht weg von der Familie. Wir wollten endlich zusammen sein. Nun war aber alles ganz anders. Bestanden habe ich mit Hilfe meiner Mitbewerber. Sie haben zum Beispiel nach Korrekturzeichen gefragt. Das kannte ich gar nicht. Ich wusste, dass es das gibt, hatte aber keine Praxis in einer Redaktion. Meine Nachbarin hat mir geholfen. Beim Gespräch war Grit Friedrich dabei, als Studentenvertreterin. Die Professorin weiß ich nicht mehr.

Ich konnte dann erst gar nicht glauben, tatsächlich eine Zulassung zu haben. Ich habe den Umschlag noch zwei- oder dreimal geöffnet, bevor es dann im Oktober 1990 richtig losging. Ich konnte studieren und in meinen Traumberuf gehen. Ich habe mir keine großen Gedanken gemacht, ob Poerschke, Schmidt oder wie sie alle hießen noch das alte Zeug predigen. Für mich war klar: Die können gar nicht so weitermachen. Auch die Sektion Journalistik wird sich verändern. Ich wollte das Handwerk lernen. Bei aller Kritik an der Ausbildung in der DDR: Handwerklich war das gut. Das Methodikbuch wurde auch in Dortmund gekauft«.

Auch 30 Jahre später mag Tilo Gräser auf sein Studium nichts kommen lassen, obwohl die Studienpläne im Semestertakt wechselten, obwohl ihn die Abwicklung so sehr traf, dass er dagegen bis vor das Bundesverfassungsgericht gegangen ist. Er weiß noch genau, wie die Tür im Russischkurs aufging und ein Kommilitone sagte, was die sächsische

Regierung gerade verkündet hat. »Ich dachte, ich höre nicht richtig. Ich durfte in der DDR aus politischen Gründen nicht studieren. Jetzt habe ich endlich angefangen, und es heißt schon wieder, dass das aus politischen Gründen nicht mehr geht«.

Das ist schon ein Vorgriff auf das nächste Kapitel, auf die bewegten Monate zwischen Oktober 1989 und den ersten Arbeitstag von Karl Friedrich Reimers, Gründungsdekan aus München. Tilo Gräser hat 1996 ein Diplom bekommen, sich damit bei der *Wochenpost* beworben und erfahren, woher der Wind jetzt auch für einen ›bürgerbewegten Außenseiter‹ wie ihn weht. »Ein westdeutscher Journalist hat mich am Telefon gefragt: Entschuldigen Sie bitte, Herr Gräser. Diplom-Journalist. Wo wird man denn so etwas?« Er hat dann für die *Junge Welt* gearbeitet, für die Rosa-Luxemburg-Stiftung und für die Volkssolidarität, bevor er 2017 zu *Sputniknews* kam. »In Leipzig fand ich die Mischung aus praktischer und theoretischer Ausbildung gut. Das war damals noch so, in den frühen 1990er-Jahren. Kameratraining, Mikrofontraining, Stilistik. Dazu die Seminarreihen. Staats- und Verfassungsrecht, Erkenntnistheorie, Sozialphilosophie, Filmtheorie. Auch Persönlichkeitspsychologie, bei Klaus Peschel. Zum Teil habe ich die Hefter noch. Da ist Grundwissen vermittelt worden. Ich fand damals phänomenal, welche Möglichkeiten ich hatte. Ich war ja schon 25. Als ich anfing, war ich der Älteste. Ich habe keine Veranstaltung in Erinnerung, bei der ich gesagt habe: Das hättest Du Dir sparen können. Die Leute von der alten Sektion waren auf der Suche, und aus dem Westen kamen Leute wie Michael Haller oder Günter Bentele, der in Richtung PR ging. Ich habe einen Blockkurs bei Jürg Leipziger gemacht, damals einer der PR-Gurus in Deutschland. Davon habe ich Jahre gezehrt«.[16]

Seit dem 1. September 2020 schreibt Tilo Gräser für Rubikon, herausgegeben von der »Initiative zur Demokratisierung der Meinungsbildung«. Der Vertrag läuft zunächst ein Jahr, weil dieses »Magazin für die kritische Masse« von Spenden abhängt. Tilo ist sich sicher, dass er dort endlich der Journalist sein kann, der er immer werden wollte.

Anmerkungen

1 Bernhard Jahnel an Ilse Faeskorn, 29. August 2001. In: *Privatarchiv Michael Meyen*

2 Vgl. Arnulf Kutsch: Zur Einführung. Karl Bücher und seine akademischen Schüler. In: Erik Koenen, Michael Meyen (Hrsg.): *Karl Bücher. Leipziger Hochschulschriften 1892-1926*. Leipzig: Leipziger Universitätsverlag 2002, S. 11-48, hier 21f.

3 Ilse Faeskorn: Von den Weltfestspielen ins »Rote Kloster«. In: *Neues Deutschland* vom 21. August 2001, S. 14. – Alle weiteren nicht anders ausgewiesenen Zitate sind aus diesem Text.

4 Vgl. Kapitel 3: »Wie ich Parteijournalist werden wollte«

5 Vgl. Marina Schweizer: »Wir dulden keinen Schmutz, auch nicht in Versen«. Die Berichterstattung im Umfeld der Biermann-Affären. In: Anke Fiedler, Michael Meyen (Hrsg.): *Fiktionen für das Volk: DDR-Zeitungen als PR-Instrument. Fallstudien zu den Zentralorganen Neues Deutschland, Junge Welt, Neue Zeit und Der Morgen*. Münster: Lit 2011, S. 269-294

6 Vgl. Michael Meyen, Anke Fiedler: *Die Grenze im Kopf. Journalisten in der DDR*. Berlin: Panama Verlag 2011, S. 167-175

7 Michael Meyen, Anke Fiedler: *Wer jung ist, liest die Junge Welt. Die Geschichte der auflagenstärksten DDR-Zeitung*. Berlin: Ch. Links 2013, S. 234. – Vgl. Klaus Raddatz: Auf Beat und Bier ist kein Verlass. Für Verbrecher und Schweinehunde zur Belohnung Schlagzeilen. In: *Du und Deine Zeit. Wochenendbeilage der Jungen Welt* vom 16./17. Oktober 1965

8 Christel Hermann: Wider das vergessen – Gedenken an Ilse Faeskorn. In: *waterboelles.de. Kommunalpolitisches Forum für Remscheid.* https://www.waterboelles.de/archives/25155-Wider-das-Vergessen-Gedenken-an-Ilse-Faeskorn.html (19. März 2020)

9 Aktennotiz von Peter Hamann, 10. Juni 1974. In: Universitätsarchiv Leipzig (UAL), Sektion Journalistik Nr. 56, Bl. 2

10 Studienjahresanalyse 1972/73, Zuarbeit zu Problemen des Ausländerstudiums von Peter Hamann, 14. Juni 1973. Ebd., Bl. 16-18

11 Vgl. Yassen Zassoursky: I Tried to Stop the Cold War Mentality. In: Michael Meyen, Thomas Wiedemann (Hrsg.): *Biografisches Lexikon der Kommunikationswissenschaft*. Köln: Herbert von Halem 2018. http://blexkom.halemverlag.de/iamcr-zassoursky/ (20. März 2020)

12 Lehrkollektiv Fachstudium: Zu Problemen der Ausbildung von ausländischen Studenten im Bereich des Fachstudiums Journalistik, 22. Februar 1971. In: UAL, Sektion Journalistik Nr. 56, Bl. 38-47, hier 42

13 Michaelis an Horst Möhle, Stellvertreter des Rektors, 23. Oktober 1972: Einschätzung ausländische Studierende im Studienjahr 1971/72. Ebd., Bl. 19-26, hier 21

14 Franz Knipping: *Die formierte Meinung. Beiträge zur Funktion und zur Wirkungsweise der journalistischen Massenmedien in Westdeutschland*. Karl-Marx-Universität Leipzig: Fakultät für Journalistik 1968

15 Stefan Pannen: *Die Weiterleiter. Funktion und Selbstverständnis ostdeutscher Journalisten*. Köln: Verlag Wissenschaft und Politik 1992, S. 180

16 Interview mit Tilo Gräser am 9. Januar 2020 in Berlin

9. WAS EIN WESTDEUTSCHER PASTORENSOHN AUS DEM ›ROTEN KLOSTER‹ GEMACHT HAT

Ein Ost-West-Seminar, Studenten auf der Suche und ein Minister, der mit sich reden ließ

Das erste Gefühl ist Trauer. Ich weiß nicht, ob es anderen Historikern auch so geht, wenn sie Akten und vergilbte Briefe lesen oder Bilder in der Hand halten, die alles überlebt haben, was dort zu sehen ist. Normalerweise ist diese Trauer richtungslos. Sie breitet sich im Körper aus, wenn ich mir die Menschen vorstelle, die irgendetwas gewollt und dafür gekämpft haben, aber noch nicht wissen konnten, dass sie am Ende verlieren würden. Ich überlege dann, wie es mir gegangen ist, als ich so alt war, und kann mich damit manchmal trösten. Diesmal ist es anders. Diesmal geht es um mein Leben und um das, was ich heute tue. Es geht um das, was ich erleben durfte und doch nicht richtig mitbekommen habe. Die Trauer ist diesmal konkret. Ich sehe, was 1989 und 1990 möglich schien, und kann zugleich erklären, warum alles ganz anders gekommen ist. Ich weiß auch, dass ich die Trauer nicht gewinnen lassen darf, weil ich dann die Freude daran verliere, diese Geschichte aufschreiben zu dürfen, oder das verkläre, was ich selbst und die anderen gedacht und getan haben. Trauer hat die Macht, die Erinnerungen an die Gefühle von damals zu überschreiben, diese Mischung aus Euphorie, Angst und Schuld, die einen Tag nach dorthin kippen konnte und den nächsten nach dort und die vermutlich dazu geführt hat, dass ich vieles von dem verdrängt habe, was andere noch genau wissen oder was man wenigstens in den Archiven nachschlagen kann.

Dort liegt das, was entstanden ist im Sturm des Herbstes von 1989, der noch bis weit in den nächsten Sommer getragen hat. Was kann, was muss eine Universität Journalisten bieten, die in einer Welt arbeiten werden, die nicht mehr von einer einzigen Partei regiert wird? Kann Leipzig solchen Studenten etwas geben, was sie nicht auch woanders finden? Und überhaupt: Ist die Universität der richtige Ort für all das? Es ist erstaunlich, wie schnell die ersten Antworten da sind. Schon Ende Januar 1990 gibt es ein Papier ›von unten‹, von einer ›Alternativgruppe‹ (die tatsächlich so heißt), zu der meine Kommilitonen Andreas Rook und Uwe Madel gehören sowie Sigrid Hoyer und Tobias Liebert aus dem Mittelbau, aber keiner der Professoren. Die Überschrift sagt alles: »Akademische Einrichtung oder/und Journalistenschule«, das ist hier die Frage.[1] Man muss gar nicht sehr weit zurückblättern in den Akten, um die Zweifel zu spüren, die die Sektion Journalistik bei den Alteingesessenen immer noch auf sich zieht, auch nach knapp 40 Jahren noch. Das Konzil der Universität stellt, beflügelt offenbar vom Dreifach-Rücktritt Honecker-Herrmann-Mittag am 18. Oktober 1989, schon vor der Grenzöffnung die Existenzfrage, und der Rat der Sektion nimmt das mehr als ernst. Man weiß dort, was die anderen wissen, und man weiß, dass selbst die eigenen Studenten rebellieren, lange schon.[2]

Das Papier der ›Alternativgruppe‹ ist folglich kein Schnellschuss. Es gießt das in eine Form, was seit einer ganzen Weile gärt, und bringt es dorthin, wo eine Entscheidung reifen könnte – in den Rat der Sektion Journalistik. Da beginnt meine Trauer. Ich hatte vergessen, wie weit wir damals waren. Andreas Rook, Uwe Madel, Sigrid Hoyer und Tobias Liebert sehen den Umbruch als Chance und sprechen all das an, was knapp drei Jahrzehnte später wieder auf die Tagesordnung schwappen wird, erzwungen durch viel zu heiße Sommer, leere Brunnen und die übernächste Generation, die nicht mehr daran glaubt, einfach so alt werden zu dürfen. Schon damals, Ende Januar 1990, geht es um Mensch und Natur, um die »globale Suche« nach einer »neuen Entwicklungslogik« der Gesellschaft. Die ›Alternativgruppe‹ beruft sich dabei auf das, was sie kennt (auf Vordenker eines reformierten Sozialismus wie Michael Brie, Dieter Segert oder Rainer Land[3]), und bringt den Platz der Journalistik auf ein Schlagwort: »umfassende demokratische Öffentlichkeit«.

Ich werde später von einem Vortrag berichten, den Hans Poerschke Ende Mai 1990 in Leipzig vor der versammelten Fachprominenz aus der Bundesrepublik und aus Österreich gehalten hat. In diesem Vortrag habe ich nicht nur die Ideen der ›Alternativgruppe‹ wiedergefunden, sondern auch mich selbst – den Horizont, den ich 2018 mit Uwe Krüger, einem Kollegen aus Leipzig, für eine Medienforschung der Zukunft skizziert habe.[4] Das gilt so ähnlich auch für das, was Frank Stader, ein Pressehistoriker, und Klaus Preisigke, Professor für Fernsehjournalistik, beim gleichen Anlass zum Thema Forschung und Lehre gesagt haben.[5]

Das Papier der ›Alternativgruppe‹ bietet noch etwas anderes, erwachsen aus dem Geist der Revolution und heute, im Zeitalter der durchgetakteten Bologna-Studiengänge, vermutlich nicht einmal mehr denkbar. Ein Studium, das im Wortsinn ›frei‹ ist. Jeder sucht sich das, was ihn interessiert, ohne all die Schranken, die Fakultäts- und Institutsgrenzen setzen. Der Pflichtanteil? Minimal. Selbstorganisation statt Stundenplan. Und: Forschung statt Trichter. Vom ersten Tag an dort dabei sein, wo Wissen produziert wird, und nicht einfach auswendig lernen. Seit ich in München Professor bin, versuche ich das, wo immer es geht. Es geht sogar in Vorlesungen, ein bisschen zumindest, wenn man auf Fragebogen-Klausuren und Prüfungs-Slots pfeift und zum Beispiel zu Hause oder in der Bibliothek Essays schreiben lässt.

Die ›Alternativgruppe‹ möchte Ende Januar 1990 auch, dass die Studenten druckfähige Manuskripte produzieren und nicht mehr für den Papierkorb üben.[6] Das ist noch die Leipziger Journalistik, die immer darauf gesetzt hat, das Handwerk selbst vermitteln zu können, im geschützten Raum der Universität, unterfüttert mit allem, was man über Sprache, Textformen und Wirkung herausfinden kann, und noch nicht gebrochen durch die Verwertungswünsche von Medienunternehmern jeder Art. Dafür fehlen mir heute in München schlicht die Ressourcen – Menschen, die nicht nur forschen können, sondern auch wie Journalisten ticken. Vor allem aber habe ich lange nicht verstanden, was schlecht sein soll an dem Weg in den Beruf, den die Interessenverbände propagieren und den viele Journalisten internalisiert haben (auch weil sie ihn oft selbst gegangen sind). Dort heißt es: Fachstudium plus Training on the Job. Studiere etwas ›Richtiges‹, bitte (also: bloß nicht Journalistik), und überlasse alles andere den ›Alten‹. Die bringen dir schon bei, wie man recherchiert, schreibt, gestaltet. Das funktioniert. Man kann jeden Tag beobachten, wie Redaktionsfunktionäre sich selbst dienen, ihren Chefs, dem Status quo. Das liegt nicht nur an der Ausbildung, natürlich nicht. Ich glaube aber, dass sich das ändern könnte, wenn die Journalisten von morgen an einer Universität über das nachdenken dürften, was 1990 in Leipzig »umfassende demokratische Öffentlichkeit« hieß.

Trauer schaut in die Vergangenheit und beweint das, was für immer verloren ist. Dazu gehört bei mir, auf einer abstrakten Ebene, der Glaube, dass eine Idee nur gut sein muss und dass man belohnt wird, wenn man nur hart genug dafür arbeitet. Ich war Anfang 20, okay. Aber ganz unabhängig vom Alter konnte jeder sehen, was Menschen wie Hans Poerschke, Wulf Skaun oder Jürgen Schlimper (um nur drei zu nennen, die ich aus nächster Nähe beobachten konnte) investiert haben in ihren Traum von einer unabhängigen, kritischen, progressiven (so hieß das damals) Journalistik. Poerschke hat auch im Mai 1991 noch nicht aufgegeben, obwohl Karl Friedrich Reimers schon da ist, der Gründungsdekan aus München, und mit ihm der Plan, in Leipzig etwas zu schaffen, was es auch in der Bundesrepublik noch nicht gibt. Dieser Plan hat, wie gleich zu sehen sein wird, sehr viel mit Reimers zu tun und sehr wenig mit Leipzig. Hans Poerschke schreibt trotzdem ein Konzept für die Gründungskommission, das die Tradition, die geografische Position und die Stärken des Standorts bündelt. Der Kern: Kommunikationstheorie, Theoriegeschichte, Medien in Osteuropa.[7]

Da wird meine Trauer sehr konkret. Ich ahne, dass Karl Friedrich Reimers mir Undankbarkeit vorwerfen wird, und ich weiß, dass das nicht falsch ist. Aus seinem Plan ist ein Institut geworden, das mich promovieren und habilitieren ließ, und er selbst hat immer wieder gesagt, dass das sogar für jemanden wie mich möglich sein wird. Trotzdem muss ich seinen Gründungsmythos jetzt zerstören. Das Ende der Sektion Journalistik zeigt genau wie das, was auf ihren Trümmern entstanden ist, wie viel wir heute zu betrauern haben. Damit meine ich nicht nur all die Konzepte, die Papier geblieben sind, oder das Herzblut, das dafür vergossen wurde. Gefehlt hat damals das Gespräch – der Versuch, die Erfahrungen Ost und die Erfahrungen West zusammenzubringen und so etwas zu bauen, was allen gehört. Das Institut für Kommunikations- und Medienwissenschaft, das Karl Friedrich Reimers in Leipzig gegründet und mit Hochschullehrern nach seiner Fasson besetzt hat, gehört ihm allein und vielleicht noch Hans Joachim Meyer, dem Minister, der ihn gewähren ließ. Man kann so ein Haus alle Jubeljahre feiern, darf sich aber nicht darüber wundern, dass die Eingeborenen eher wie Zuschauer danebenstehen.

WARUM ICH AM 9. OKTOBER GERN IN DER NIKOLAIKIRCHE GEWESEN WÄRE

Diese Geschichte beginnt am 28. August 1989. Ein Montag, der zweite Geburtstag meiner Tochter Juliane. Ich sollte eigentlich bei ihr in Flöha sein, Kuchen essen, irgendetwas spielen. Stattdessen sitze ich in Leipzig, in einem Hörsaal. Auftakt zur Kreisparteischule, eine ganze Woche lang. Eine Auszeichnung, heißt es. Aus meinem Studienjahr sind nur die dabei, die eine Funktion haben, in der FDJ, in der SED. Diese ›Kreisschule des Marxismus-Leninismus‹ war der erste Schritt auf einem zweiten Bildungsweg, der auf die Gipfel der DDR führen sollte. Man kann sagen: Neben dem Studienbetrieb oder der Arbeitswelt gab es hier eine weitere Möglichkeit, die Kader von morgen zusammenzuschweißen und auf ihre Zuverlässigkeit zu prüfen. Ende August 1989 ist das schwierig. Dieser Sommer hat das Land verändert und die Menschen, die noch da sind. Jeder kennt jemanden, der nach Ungarn gefahren ist, und jeder fürchtet, dass morgen jemand weg ist, ohne den man sich das Leben nicht vorstellen kann. Und in den Medien kein Wort. Es geht heiß her in dieser Woche. Wenn ich mich richtig erinnere, sollte der Lehrgang dann ein ganzes Jahr dauern. Mein Zeugnis ist vom 20. November 1989. Teilgenommen und »mit Erfolg abgeschlossen«. Vermutlich hat niemand eine bessere Note bekommen.

Das zweite Erlebnis, dass ich in meiner Funktion in jenen Tagen hatte, hindert mich daran, unsere Kritik an Politik und Journalismus zu einer Revolte hochzuschreiben. Ja, wir Studenten haben diskutiert, und ja, wir waren wütend, nicht nur in der Kreisparteischule, sondern auch im Wohnheim und wo immer wir uns trafen, erst recht, nachdem das *Neue Deutschland* einen Koch gefunden hatte, der angeblich in Budapest von Agenten betäubt und in den Westen entführt worden war.[8] Für eine Revolte reicht das nicht. Die SED hatte 1989 beschlossen, ›die Parteidokumente‹ umzutauschen. Das hieß: Wer Mitglied bleiben wollte, musste einen neuen Ausweis beantragen und dafür zu einem Gespräch erscheinen. Das sah genau so aus, wie es sich hier liest. Als Leitungsmitglied habe ich mir angehört, wie großartig die meisten Genossinnen und Genossen dieses Land fanden, selbst die, die im kleinen Kreis auch ohne Bier laut dagegen waren und dann schon wenige Wochen nach der Grenzöffnung über die »fade Verlogenheit« im DDR-Journalismus schimpften.[9] Ich habe mich unwohl gefühlt bei diesen Gesprächen, wegen der Rolle, die ich zu spielen hatte und aus der mein Habitus kein Entrinnen fand, und wegen der Schauspieler, die vor uns saßen und brav einen Text aufsagten, der nicht von ihnen war.

Ich muss gestehen: Ich war damals noch nicht so weit wie viele andere. Das *Neue Forum* habe ich als Bedrohung gesehen. »In unserem Land ist die Kommunikation zwischen Staat und Gesellschaft offensichtlich gestört«: Dieser erste Satz im Gründungsaufruf vom 10. September 1989 zielte auch auf mich und auf das, was ich werden wollte. Ich sehe noch Kerstin vor mir, aus meiner Seminargruppe, mit der ich auf Konzerten und Lesungen war und die jetzt Unterstützer suchte für eine Resolution, die Toni Krahl, Tamara Danz und etliche andere von unseren Göttern unterschrieben hatten. Die Freiheit der Kunst, Michael. Ich dachte: Welche Freiheit? Haben die nicht alles, was sie brauchen? Uns, das Publikum, und einen Staat, ohne den es sie gar nicht geben würde? Auch bei Jürgen Schlimper, meinem Mentor, der durch sein ›Jugendobjekt‹ zur Pressegeschichte ein Magnet für viele kluge Köpfe war, ging es hoch her. Das *Neue Forum*, natürlich. Argumente sammeln, einen Gegentext schreiben. Diese Leute ›für uns‹ gewinnen.

Es ist schwer, sich selbst im Nebel der Zeit zu suchen. Wenn die Sicht ein wenig aufklart, sehe ich das Wochenende vor dem 9. Oktober. Ich bin in Flöha, diesmal tatsächlich da, wo ein Familienvater sein muss. Schön ist es trotzdem nicht. Hella, meine Schwiegermutter, ist in Bereitschaft, wie alle Funktionäre im Kreis. Im Fernsehen spielt die DDR gegen die Sowjetunion um Punkte in der WM-Qualifikation. Wir hätten auch nach Karl-Marx-Stadt ins Stadion fahren können. Machen wir nicht. Wollen wir nicht. Wir wollen eigentlich auch das Haus nicht verlassen. Das Telefon könnte klingeln. Und überhaupt. Draußen ist der Sturm schon zu spüren, der unser Leben durcheinanderwirbeln wird. Draußen sind wir nicht mehr sicher.

Michael Seidel und Uwe Madel, die mit mir studiert haben, waren an diesem Wochenende in Berlin, beim Fackelzug zum 40. DDR-Geburtstag, eingeladen über die FDJ an der Uni. »Wir haben diskutiert, ob das unter diesen Vorzeichen überhaupt noch geht«, sagt Uwe im Februar 2020 in Berlin. Das Ergebnis: Ja, es geht, aber nur mit einem Transparent. »Dialog jetzt«. Uwe und Michael nehmen dafür Bettlaken und malen gleich ein zweites Exemplar. Die Vorahnung wird in Berlin Gewissheit. Uwe: »Als wir das vor Honecker und Gorbi ausgerollt haben, kam sofort jemand, der das von der Seite wegriss«. Die Parteileitung der Sektion Journalistik reagiert zwar schnell, aber die Aussprache kommt nicht mehr zustande. »Dazwischen war der 9. Oktober«.[10]

Hätte ich das auch gemacht, wenn ich nach Berlin geschickt worden wäre? Hätte ich auch so ein Transparent gemalt und das riskiert, was anderen an diesem Wochenende dort passiert ist und was Michael Seidel heute das »Knüppelballett an der Gethsemanekirche« nennt? Uwe Madel ist zwei Jahre älter als ich und war in der Jugend nicht Akrobat, sondern Handballer, auf der Sportschule in Frankfurt (Oder). ›Sport I‹ statt ›Sport II‹.[11] Uwe hätte Olympiasieger werden können, ich nicht. Sonst sieht das alles ganz ähnlich aus. Beide Eltern in der Partei. Der Junge will Sportreporter werden und findet die DDR gut. »Das war mein Staat«. Ich hatte ganz vergessen, dass wir beide am 7. Mai 1989 im gleichen Wahllokal waren, und habe auch verdrängt, wie Wolfgang Tiedke mit uns hinterher in einer Parteiversammlung über das gesprochen hat, was wir dort erleben mussten. Zehn oder elf Prozent Gegenstimmen in Leipzig-Grünau, zehn oder elf Prozent Gegenstimmen eigentlich überall, wo einer unserer Leute war oder wir irgendjemanden kannten. Bei Egon Krenz aber knapp 99 Prozent dafür. »Leute wie Tiedke haben das aufgefangen«, sagt Uwe heute. »Nach dem Motto: Ja, aber könnt ihr das beweisen? Sonst lasst das besser«. Er hat auch eine Erklärung, warum das funktionieren konnte. Wir haben Wolfgang Tiedke akzeptiert, vielleicht sogar bewundert. Es ist kein Zufall, dass die Redaktion der *Leipziger Volkszeitung* ihn im November 1989 unbedingt als neuen Chef holen wollte. Vielleicht, sagt Uwe Madel, vielleicht wären wir schneller wach geworden, wenn vor uns ein Betonkopf gestanden hätte.

Im Sommer 1989 habe ich mit Juliane am Strand gesessen und Marienkäfer gezählt. Ich würde bei diesen Tieren nie von einer Plage sprechen, aber es ist schon anstrengend, wenn die Tochter erst zwei wird und bei jedem ›Marini‹ stehenbleibt. Uwe Madel erlebt in dieser Zeit die ersten Montagsdemos.

> »Wir hatten uns eine Abrisswohnung in der Jahn-Allee hergerichtet, mit Tauben und offenem Dach. Eigentlich gab es das Haus gar nicht mehr. Ich war dadurch schon im September in Leipzig und bin in die Nikolaikirche. Leute wie Preisigke hatten gesagt, dass das vom BND gesteuert und gefährlich sei, ich war aber Journalist und neugierig. Christian Führer war für mich eine Art Erweckungserlebnis. Ich dachte: Das ist doch einer von uns. Er hat gesagt, dass wir etwas verändern müssen, damit das Land wieder attraktiv wird und die Leute bleiben«.

Klaus Preisigke, Jahrgang 1939, hat ab 1986 den Lehrstuhl für Fernsehjournalistik geleitet und war damit für Uwe, der Volontär in Adlershof war, wichtig. Christian Führer muss ich hier nicht vorstellen. Uwe erzählt, wie es draußen aussah, vor Führers Kirche. Volkspolizei. Scharfe Hunde. »Ich musste mich dort durchschlängeln und merkte, dass da etwas schiefläuft. Wir haben Kontakt aufgenommen zur Jungen Gemeinde. Reden bei Tee und Keksen«.

Auch Michael Seidel war bei diesen Gesprächen dabei. Eine »Offenbarung«, sagt er. »Die Offenheit, bei aller Skepsis. Die haben uns logischerweise erstmal als Agenten betrachtet, aber mit uns trotzdem über die Zustände diskutiert«. Phantomagenten überall. Die einen sehen den BND am Werk und die anderen die Stasi. Wer wollte es ihnen verdenken. Das ›rote Kloster‹ war für die Junge Gemeinde eine Spielart des Teufels. Michael Seidel hat dann abgelehnt, am 9. Oktober »als Gegenagitator in die Nikolaikirche zu gehen«.[12] Uwe Madel war dort. »Es gab einen Aufruf der Universitätsparteileitung«, sagt er.

»Gewalt verhindern, die Stimmung beruhigen. Bänke besetzen. Wir haben das damals geglaubt, aber das war natürlich auch eine Form von Missbrauch. Es gab mittags eine Versammlung, wo wir diskutiert haben, ob wir das machen oder nicht. Mein Freund Jens Riehle hat damals dagegen gesprochen. Am Ende waren wir trotzdem da. Aus heutiger Sicht irre. Du warst in einem historischen Moment dabei«.

Ich beneide Uwe ein wenig. Ich habe ihn damals schon beneidet, weil mich niemand gefragt hat, ob ich mitgehen will. Das hieß: Andere wurden für besser, für zuverlässiger gehalten. Andere standen vor mir im Ranking. Ich habe an diesem Nachmittag in einem Hörsaal gesessen, nicht einmal zwei Minuten entfernt von der Nikolaikirche. Es war ein Montag wie immer, einerseits. Parteiversammlung. Andererseits war alles anders. Auch das muss ich hier nicht ausführlich beschreiben. Die Läden schon mittags geschlossen, in den Gassen Polizisten in voller Montur. Ich habe das alles gesehen und höre noch die Stille, die nur von den Laubblättern im Herbstwind gestört wird. Die Spannung löst sich ein bisschen, als jemand von den Leipziger Sechs berichtet. Keine Gewalt, unterschrieben von Kurt Masur, Bernd-Lutz Lange, Peter Zimmermann und drei Sekretären der SED-Bezirksleitung (Roland Wötzel, Jochen Pommert, Kurt Meyer). Vielleicht wird es ja doch nicht ganz so schlimm. Vielleicht kommt Uwe Madel gleich mit noch mehr guten Nachrichten aus der Kirche. Uwe weiß noch, was er im Hörsaal gesagt hat: »Dass ich gut fand, was dort passiert ist. Richtig und wichtig für die Gesellschaft. Die da protestieren, wollen etwas Gutes. Und: Wenn es schiefgelaufen wäre, wenn es Gewalt gegeben hätte, dann wäre das unsere Schuld gewesen. Von uns staatsnahen Leuten. Ich war da sehr aufgeregt«.

WIE DIE ELITE VON MORGEN MIT DER VON GESTERN AN DEN RAND GESCHOBEN WURDE

Uwe Madel ist schon vorher aufgefallen in unserem Studienjahr. Ich wusste damals vermutlich nicht, dass er ein »klassisches Kaderkind« war (wobei das wahrscheinlich auf viele zutraf), aber das aus ihm etwas werden könnte, hat jeder gesehen, nicht nur, weil Uwe ›unser Mann‹ in der Sektions-Parteileitung war. Ein Sonderstudienplan. Darum ging es. Mehr lernen als das, was Klaus Preisigke, Wolfgang Tiedke oder Jürgen Schlimper anzubieten hatten, und so mit einem Vorsprung in das Rennen um die besten Jobs gehen. Korrespondent im Ausland, eine TV-Sendung im Hauptprogramm. So etwas. Für Sportjournalisten gab es solche Sonderwege schon. Oliver Nix, Uwes Kumpel aus der Fernsehgruppe, hat von China geträumt und er selbst von Lateinamerika. Spanisch lernen, eine Hausarbeit über *Tele Marti*, vielleicht ein Jahr in Havanna studieren.

Der Auftritt in der Parteiversammlung am 9. Oktober war ein Erfolg. Uwe wurde noch im Herbst Studienjahressprecher, in einer offenen Wahl und nicht mehr auf Geheiß von oben, und war plötzlich mittendrin. Im Rat der Sektion, der Ende Januar beschließt, das Studium für alle zu öffnen, die Arbeitsproben haben und einen Test in Leipzig bestehen. In der ›Alternativgruppe‹, die einen Studienplan entwirft, in dem jeder selbst entscheiden kann, ob er lieber in die Sinologie-Vorlesung geht, an die DHfK oder nirgendwohin. Und in einer Kommission, die sich mit der Vergangenheit der Journalistik beschäftigen soll und sich das ganze Jahr 1990 immer wieder trifft. »Ein paar Schicksale kannte man nur vom Hörensagen«, sagt Uwe.

> »Exmatrikulationen zum Beispiel. Wir sind weit zurückgegangen. Ernst Röhl, Peter Sodann. Wir haben versucht zu verstehen, was da passiert ist, und überlegt, was man da macht. Bei Röhl und Sodann haben wir Briefe aufgesetzt. Ich weiß gar nicht, ob es dabei geblieben ist oder ob es auch ein Treffen gab. Ich weiß aber, dass mich das sehr bewegt hat. Auch Studenten, die noch in den 1980ern gehen mussten. Kann man das überhaupt wieder gutmachen, diese verpassten Karrierechancen?«

Ernst Röhl hat seine Geschichte später aufgeschrieben und dabei auch von der Fakultät für Journalistik berichtet, die ihn im Sommer 1961 mit einem Diplom in die Kulturredaktion der *Magdeburger Volksstimme* entlässt. Eigentlich geht es aber um den *Rat der Spötter* (»Das Kabarett des Peter Sodann«) und um das, was die Partei- und Kulturbürokratie mit sechs jungen Menschen gemacht hat, die sehr für den Sozialismus waren, aber nicht für jeden seiner Irrwege. Man muss das im Original lesen, eine Geschichte, die zwar schaurig ist, aber durch den Humor von Ernst Röhl ihren Schrecken verliert. Kostprobe:

»Die Überfüllung meiner Zelle hängt damit zusammen, dass der 13. August gerade erst vier Wochen zurückliegt und die fleißigen Festnahmegruppen mehr Staatsfeinde anschleppen, als die Gerichte verkraften können. Zeitlebens bin ich ein geselliger Mensch gewesen, diese fürchterliche Enge aber macht mir Herzbeschwerden, von den Geräuschen und Gerüchen, die meine Gefährten erzeugen, nicht zu reden«.[13]

Das muss man erst einmal so gelassen betrachten.

Die Kommission, zu der Uwe Madel gehört, schlägt am 23. Oktober 1990 vor, dass man an der Sektion Journalistik nur noch einen Posten bekommen kann, wenn man vorher schriftlich erklärt, kein Stasi-Mitarbeiter gewesen zu sein (egal, ob offiziell oder als IM). Weiter im Text: »Allen anderen Mitarbeitern ist es freigestellt, sich in ähnlicher Weise vor der Sektionsöffentlichkeit zu erklären«. Man muss diesen Satz nicht zweimal lesen, um zu verstehen, dass von Freiwilligkeit keine Rede sein kann. Hans Poerschke, der Rektor Leutert noch am gleichen Tag über diese Initiative informiert, hält es für nötig, einen doppelten »moralischen Appell« zu ergänzen. Bei der Stasi-Debatte müsse es um »strukturelle Verbindungen« gehen und nicht um »Verdächtigungen und anklägerische Gesten«. Und: Das Thema MfS dürfe den Blick auf »andere Probleme« nicht vernebeln. Auch »Wissenschaftler ohne Stasi-Kontakte sind von kritischer Selbstbefragung nicht befreit«.[14]

Vermutlich ahnt Hans Poerschke, dass es für diesen Appell zu spät ist. Nachdem das MfS in der Universität im ersten Halbjahr 1990 noch ein Thema unter vielen war, fährt der Zug seit dem Sommer in Richtung Ehrenerklärung, obwohl es noch keine Rechtsgrundlage für entsprechende Überprüfungen gibt.[15] Beschleunigt wird diese Fahrt durch Auftritte einzelner Hochschullehrer und durch die Leitmedien, die aus der Universität Leipzig eine Kaderschmiede der SED machen und dabei auch auf die Sektion Journalistik zielen.[16] Nur ein Beispiel: Die FAZ prangert am 25. August 1990 die »hier herrschende marxistisch-leninistische Zucht« an.[17] Auf das Datum kommt es dabei an. All das, was an der Sektion seit fast einem Jahr auch öffentlich diskutiert wird, ist völlig egal. Eine ›Zucht‹ im Zeichen der Götzen von früher, immer noch. Schluss, aus, Ende.

Noch hat Sachsen nicht gewählt, noch gibt es die DDR. Im Herbst wird die veröffentlichte Meinung für eine Abwicklung trommeln, in einer Kampagne, in der ein alter Leipziger den Schlusspunkt setzt, wieder in der FAZ. Thomas Rietzschel, Jahrgang 1951, der an der Universität promoviert hat und das Land dann verließ, liefert am 6. Dezember die öffentliche Legitimation für das, was die sächsische Regierung fünf Tage später beschließen wird. Schon die Überschrift sagt alles: »Die Kader denken nicht an Flucht«. Im Text geht es dann um die »intellektuelle Deformation« in den Geisteswissenschaften sowie um die »existenzielle Abhängigkeit von der Partei« und von alten Netzwerken, die zu einer geistigen Abhängigkeit geworden sei. Ergo: keine »Fähigkeit zur Selbstreinigung«, nirgends. »Hilfe von außen«, bitte, und zwar schnell.[18]

Ich muss gar nicht die großen Zeitungen aus dem Westen lesen, um zu spüren, wie der Wind sich dreht. Es reicht, in Leipzig auf die Straße zu gehen. *Neues Forum* statt *Neues Deutschland*. SED – passé. Stasi in den Tagebau. Deutschland einig Vaterland. Ich war schon im Tagebau, in Thierbach bei Borna, drei Monate im Winter 1986/87. Ein Eiswinter, sagen die Wetterforscher heute. Die Braunkohle klebt an den Bändern fest, und in der Republik gehen die Lichter aus, wenn das so bleibt. Heute würde man vermutlich sagen: ein Inlandseinsatz der Wachkompanie. Dass uns das MfS bezahlt, ist den Leuten im Kraftwerk egal. Wir schuften zusammen, wir trinken zusammen. Und plötzlich ist Frühling. Zweieinhalb Jahre später laufen viele Kumpel mit Deutschland-Rufen durch das Zentrum von Leipzig. Ich erinnere mich an einen kleinen Wettlauf, den ich gewinnen musste, um eine DDR-Fahne in die Mensa zu retten.

Der 18. März 1990 ist trotzdem ein Schock. Der schwarze Balken auf dem Bildschirm steigt um 18 Uhr und steigt und steigt. So viel Bier kann ich gar nicht im Kühlschrank haben. Donnerstag hat die *Freie Presse* auf der Lokalseite Flöha einen Kommentar von mir gedruckt, der völlig an dem vorbeischreibt, was die Wählermehrheit denkt.

Faules Ei

Die Wahlschlacht geht zu Ende, die Feldherren mobilisieren die letzten Reserven. Dass diese immer häufiger unterhalb der Gürtellinie des Gegners zum Einsatz kommen, ist nichts Neues. Was aber denkt sich jene Parteiallianz, die zwei zehnjährige Steppkes mit ihren Plakaten ins Rennen schickt? So geschehen am Sonntag in Flöha. Aber warum rege ich mich auf. Es macht den beiden Spaß. Und sie wissen auch, was auf den bunten Zetteln steht. Einzig der Osterhase könnte sauer sein. Denn wenn dies Beispiel Schule macht, wer sucht dann noch seine Eier? Gott sei dank ist der Spuk am Sonntag vorbei. Vier Wochen vor Ostern. Oder müssen die Jungs dann schon die Kastanien für die Kommunalwahlen aus dem Feuer holen?

Ich habe gegen all den Dreck angeschrieben, der nach Silvester vor dem Brandenburger Tor lag, gegen das Begrüßungsgeld, für das meine Landsleute sich in Bankschaltern und Rathäusern drängten, gegen das Aus für die obligatorischen Sportstunden an der Uni, gegen deutsche Namen für Städte in Polen und im Sudetenland, in der *Freien Presse*, in der *Jungen Welt*. Antje, die am 1. September meine Frau wurde, und ich haben sogar in eigener Sache gekämpft, wieder auf der Lokalseite.

Was in unsere Zeit passt

Es ist wahr: Die Tochter des Vorsitzenden der AWG ›1. Mai‹ in Flöha erhielt am 11. Oktober eine Wohnungszuweisung.

Es ist wahr: Die Tochter zog mit Verlobtem und Kind in diese Zweieinhalb-Zimmer-Wohnung.

Es ist wahr: Im AWG-Statut steht, dass derartiger Wohnraum nur von verheirateten Partnern beansprucht werden darf.

Nichts also leichter als der Schluss: Hier handelt es sich wieder einmal um Amtsmissbrauch, Ausnutzung einer Funktion! Wie man es derzeit doch überall in unseren Medien sehen, hören, lesen kann. Eine gängige Argumentation. Ich melde jedoch Einspruch an. Denn:

Auch wahr ist: Erwähnte Tochter wohnte knapp zweieinhalb Jahre mit Kind bei ihren Eltern und stand aufgrund ihres Wohnungsantrages in diesem Jahr auf dem Vergabeplan der AWG.

Auch wahr ist: Bei der Wohnungsvergabe lag der AWG die Bestätigung des Hochzeitstermins der neuen Mieter vor.

Auch wahr ist, dass es für die Gesellschaft längst keine Rolle mehr spielt, ob ein Paar verheiratet ist oder nicht.

Passt es da in unsere Zeit, einen Trauschein als Eintrittskarte für eine Wohnung zu verlangen? Zugespitzt gefragt: Passt dieser Punkt des AWG-Statuts in unsere Zeit? Was aber in unsere Zeit passt: miteinander über die Wahrheit reden. Eine Alternative zum Anheizen des Gerüchtekochtopfs. Ich finde, eine gute. Die Tochter des AWG-Vorsitzenden bin ich.
Antje Hildebrandt

Ich liebe diese Texte, immer noch. Das war eine andere Liga als die Übungen im Studium. Öffentlich für das streiten, was man dachte, und den eigenen Namen gedruckt sehen, auch in der *Anderen Zeitung* in Leipzig, für die ich etwas über das Fischsterben im Jasmunder Bodden gemacht habe, über den Bundestag, über Spätaussiedler. Die Uni hat uns im Frühjahr 1990 mit Fragebogen in die Stadt geschickt. »Wir möchten gern erfahren, welche Rolle Presse, Rundfunk und Fernsehen in Ihrem Alltag spielen«, steht auf der ersten Seite, unterschrieben von Günter Raue, seit November 1989 Direktor der Sektion Journalistik. Der Text stammt von Wulf Skaun. Er weiß, was jede Leipzigerin denkt, wenn ich bei ihr klingele: »Dass ein Student unserer Einrichtung gerade Sie anspricht, ist Zufall. Ihre Adresse haben wir durch ein Stichprobenverfahren ermittelt«.[19]

Das alles ist aufregend, kein Zweifel, genau wie all die Treffen und Versammlungen, bei denen der Monolith Sektion Journalistik in tausend Teile zerspringt. Dieser Aufbruch ist aber gebremst, bei mir zumindest, weil ich überall die Stoppzeichen sehe. Du nicht. Du gehörst zu denen. Diese Stoppzeichen werden immer größer, gedüngt von einem Mehrheitswillen, der an der Wahlurne nach Sicherheit ruft und so die beflügelt, die unter den alten Machtverhältnissen gelitten haben. Noch im Juni 1990 glaubt selbst der Studentenrat nicht, dass es Sinn macht, die »Professoren im gesellschaftswissenschaftlichen Bereich« einzeln zu überprüfen. Stura-Kopf Peer Pasternack spricht von einer »heiklen Angelegenheit«, verweist auf Naturwissenschaftler, die manchmal noch stärker verstrickt gewesen seien, und sagt: »Wer soll überprüfen? Man kann nur über etwas urteilen, wenn man darüber steht, aber alle, die in diesem Land gelebt haben, waren in diese Verhältnisse eingebunden und haben sie mitgetragen in irgendeiner Weise, durch Opportunismus oder durch aktives Mitmachen«.[20] Das Konzil der Universität beschließt dann am 2. Oktober, einen ›Vertrauensausschuss‹ zu bilden, in dem es vor allem um die Stasi gehen wird. Und am 13. November legt der Akademische Senat fest, dass auch ein Wehrdienst beim Wachregiment des MfS künftig jedes Amt an der Universität ausschließt.[21]

In meinen Unterlagen finden sich jede Menge Artikel, die sich um diese eine Frage drehen: Gilt das alles auch für mich, obwohl ich mich geweigert habe, dort ›für immer‹ zu unterschreiben oder gar irgendwelche Informationen über irgendwen zu liefern? Ist ein Wehrdienst bei der Wachkompanie in Rostock genauso ›schlimm‹ wie *Feliks Dzierżyński*? Ist das Wachregiment überhaupt ›schlimm‹? Es ist sehr früh klar, dass es gar nicht um die Vergangenheit geht, sondern um eine Gegenwart, in der um Macht und Stellen gekämpft wird, in der ein Elitentausch zu legitimieren ist und in der die Herbst-Revolutionäre wenigstens diesen kleinen Sieg brauchen, wenn alles andere schon vom reichen Nachbarn Bundesrepublik gefressen wird.[22] Es ist auch schnell klar, dass die Stasi nur ein Sündenbock ist – eine Institution, die nicht grundsätzlich anders war als vieles, was man der SED hätte anlasten können, und den Alltag der allermeisten Bürger überhaupt nicht tangierte.[23]

Nur: Dieses Wissen hilft mir nicht. Ich möchte in einen öffentlichen Beruf, zunächst in der Presse, später an der Universität, und habe Angst, dass die Stasikeule diesen Traum zerstört. Dass diese Keule auch sonst alles unmöglich macht, was ich mir vorstellen könnte. Heute weiß ich, dass ich mit dieser Angst nicht allein war. Ein Kommilitone, der bei ›Feliks‹ war, hat mir im Herbst 2019 erzählt, dass er sich sehr früh an Marianne Birthler gewandt hat. Antwort: kein Kavaliersdelikt, das nicht, aber eben auch etwas anderes als IM. Dieser Journalist hat alles brav angegeben und viele Gespräche in seinem Haus geführt, mindestens immer dann, wenn ein neuer Chef kam. Trotzdem stand sein Name eines Tages in der Zeitung: »Ich erinnere mich noch an den Anruf der *Bild*-Zeitung, mittags in der Redaktion. Ich sollte sofort zurückrufen, war aber mitten im Tagesgeschäft. Das war sehr unangenehm. Ich musste nebenbei diese Geschichte aufschreiben. Wenn Du mich bei Google eingibst, findest Du mich sofort unter Stasiskandal«.

Es ist schwer, so einen Moment in Worte zu fassen. Wer immer auf der sicheren Seite stand, geschützt vom hegemonialen Diskurs, wird das ohnehin kaum verstehen können. Vielleicht ist es wie bei einem Erdbeben. Man ›weiß‹ natürlich (theoretisch), dass der Boden nachgeben könnte. Und plötzlich passiert das tatsächlich. Für mich war das wie in San Francisco. Warten auf ›The Big One‹. Die Wachkompanie steht dabei nur pars pro toto. Ein anderer Kommilitone war in Strausberg, im Hauptstab des Ministeriums für Nationale Verteidigung, nicht einmal freiwillig. Man hatte ihn ›entdeckt‹, weil seine Blockschrift super aussah und der Hubschrauber, den er malen musste, sowieso. Er war auch im Ministerium gut, wie eigentlich immer im Leben. Es gab eine Medaille, später an der Uni ein Leistungsstipendium und noch später – Ängste, die ihn bis heute hindern, sich um eine feste Stelle zu bewerben oder all das zu testen, was in ihm steckt. »Das grummelt im Bauch, und man schläft schlecht«.

Mir hat Ulrich Hörlein diese Angst genommen. Hörlein war im bayerischen Wissenschaftsministerium für meine Berufung an die Universität München zuständig. Der Ruf lag Ende August 2001 in meinem Briefkasten. Normalerweise kann man dann den Sekt aufmachen, erst recht mit 34. Geschafft, so früh im Leben, ohne die Tippel-Tappel-Tour von einer Kurz-Anstellung zur nächsten. Ich wollte im September meinen ersten Arbeitsvertrag überhaupt unterschreiben, an der TU Dresden, als Vertretungsprofessor für den Winter, bevor es dann im Sommer nach Bayern gehen würde. Eingefädelt hatte das Wolfgang Donsbach, ein Schüler von Elisabeth Noelle-Neumann und Freund von Hans-Bernd Brosius, der ihm den Tipp gegeben hatte. Ich war dann tatsächlich ein Semester in Dresden, mit Vorlesung, Seminaren, Prüfungen, aber nur mit dem halben Gehalt und auch das nur, weil Donsbach wie ein Löwe gekämpft hat. Die Personalkommission wollte mich nicht. Jemand wie Sie, rief es an einem langen Tisch mit vielen ernsten Gesichtern, jemand wie Sie darf nie wieder vor jungen Menschen stehen. Leute wie Sie haben uns lange genug drangsaliert. Wir schreiben den September 2001. Ich werde nach der Sektion Journalistik gefragt und nach meinen Eltern, nach der Partei, nach der Wachkompanie und nach dem Fragebogen, auf dem ich das zwar angegeben habe, aber offenbar nicht klar genug. ›Gefragt‹ ist dabei gar nicht das richtige Wort. Das Urteil steht fest. Den

Pullover, den ich an diesem Tag anhatte, grün mit blauen und weißen Streifen, habe ich danach nie wieder angezogen.

Mit Ulrich Hörlein bin ich im März 2002 in München allein. Mit zwei Jahrzehnten Abstand fällt es mir schwer, die Dramatik aufleben zu lassen, die das für mich und meine Familie hatte. Eine Stunde und ein Mann. Und dann würden wir wissen, ob es sinnvoll war, dem Alltag mit zwei kleinen Kindern Dissertation und Habilitation abzutrotzen und all das, was sonst noch so dazugehört, um auf eine Professur berufen zu werden. Ich habe vorher auf dem Viktualienmarkt gesessen (das Ministerium ist am Salvatorplatz) und hinterher wieder, obwohl Hörlein nicht gesagt hatte, wie er entscheiden würde. Wir haben zusammen meine Akten angesehen. Viel ist das nicht. Ein paar Blätter, die nur sagen, dass ich drei Jahre in einer Wachkompanie gedient habe und in dieser Zeit als hauptamtlicher MfS-Mitarbeiter geführt worden bin. So hätte ich das auch in den Fragebogen in Dresden schreiben müssen. Hauptamtlicher MfS-Mitarbeiter auf Zeit. So habe ich mich selbst aber nie gesehen. Und so ganz allein, ohne jede Erklärung, hätte das 2001 in der Dresdner Personalkommission vielleicht nicht einmal ein persönliches Gespräch gegeben.

In München wollte Ulrich Hörlein wissen, was ich bei der Wachkompanie gemacht hatte. Er kannte das, von Freunden, die bei der Bundeswehr waren oder in irgendeinem Waffendepot der Amerikaner. Ich weiß, dass es für ihn leicht gewesen wäre, einfach Nein zu sagen. Ich weiß auch, dass Hans-Bernd Brosius, Dekan an der Universität, ihm geraten hat, das nicht zu tun. Die beiden haben mich mit der Bundesrepublik versöhnt.

WARUM DIE JOURNALISTIK AUF EINEN PHILOSOPHEN SETZTE

Im Sommer 1990 ist das nicht abzusehen. Das WM-Halbfinale gegen England erlebe ich in Flöha, in dieser Neubauwohnung, die uns nicht jeder gönnt. Es gibt ein Elfmeterschießen und nach dem letzten Tor von Olaf Thon ein Feuerwerk – auf der Wiese vor unserem Haus. Das sind meine Nachbarn, und ich habe nichts mehr mit ihnen zu tun. Meine Mannschaft ist gar nicht dabei bei diesem Turnier. Doll, Stübner, Sammer, Kirsten, Thom. Vorbei.

An der Sektion Journalistik fängt dieses Jahr chaotisch an. Am 3. Januar gibt es Vollversammlungen und einen Studienplan, aber nur für drei Tage. Ein Beobachter von der Uni-Leitung spricht am 5. Januar von »desolaten Zuständen«, vor allem für das erste Studienjahr – also für die, die im Herbst 1989 gekommen sind und fast umgehend wieder fortgeschickt wurden. Gerhard Fuchs, als Sektionsdirektor gerade abgewählt, begründet diesen Schritt am 23. November 1989 mit der »prekären Arbeitskräftesituation« im Land und mit dem Wunsch nach einer »grundlegenden konzeptionellen Überarbeitung«. Fuchs nennt die Fächer Geschichte der SED, Dialektischer und Historischer Materialismus, Militärpolitik und Geschichte des DDR-Journalismus,[24] das Gebiet, für das sein Nachfolger Günter Raue steht.[25] Wer sich mit Raues Buch gequält hat wie wir Studenten, der ahnt, dass das nicht der letzte Wechsel an der Spitze sein wird.

Heike Schüler, einst Volontärin bei der *Märkischen Volksstimme* und heute beim Fernsehen, sagt im November 2019, dass sie sich schon »zwei Tage vor dem Mauerfall« gemeldet hat, um »in die Volkswirtschaft zu gehen«. O-Ton Schüler: »Gerade aus Leipzig sind ja sehr viele Bürger in den Westen abgehauen. Es fehlten vor allem Krankenschwestern, Busfahrer, Straßenbahnfahrer. Es fehlten in vielen Bereichen Menschen. Man ist in die Unis betteln gegangen. Wollt ihr nicht vielleicht Dienst im Krankenhaus machen?« Heike Schüler hat bei den Verkehrsbetrieben unterschrieben.

> »Eigentlich hieß es, wir setzen das erste Semester aus, bis März 1990. Dann haben wir aber nach den Weihnachtsferien wieder angefangen zu studieren. Ich habe meinen Führerschein zu Ende gemacht und bin anderthalb Jahre Straßenbahn gefahren, habe aber weiter studiert.«[26]

Ihr Kommilitone Thomas Datt, ebenfalls beim Fernsehen, spricht heute von »einer fluchtartigen Absetzbewegung«: »Die Dozenten haben selbst überlegt, ob sie ihre Sachen weiter so anbieten können wie bisher. Die haben sich auch selbst in Frage gestellt. Deshalb wurde das Studium ausgesetzt«. Datt geht allerdings nicht in die Volkswirtschaft, sondern zur BZ *am Abend*, wo er vor dem Wehrdienst zwei Monate als Volontär war.[27] Er ist pünktlich zurück, als es im Januar 1990 weitergeht, und wird eine der wichtigsten studentischen Stimmen im Prozess des

Umbruchs. Schon vorher, noch im Dezember 1989, wird ein Studentenrat gewählt, das erste Gremium, das ohne Einfluss der Kaderplaner an der Sektion Journalistik entsteht.[28]

Günter Raue wehrt sich gegen den Eindruck, sein Laden sei kopflos, und zeigt dabei, wie schwierig jede Reform bei laufendem Betrieb ist. Am 11. Januar schreibt er Prorektor Dietmar Stübler, dass man nur von Woche zu Woche planen könne (auch wegen der Räume), dass neue Literatur fehle und dass ein Riss durch die Studentenschaft gehe – auf der einen Seite die, die »neu gewonnene Freiräume intensiv für die individuelle Gestaltung« des Studiums nutzen, und auf der anderen »eine skeptisch-passive Abwartehaltung«. Ich selbst stand wahrscheinlich mal hier und mal dort. Die Skepsis jedenfalls schwappt über die Klostermauern nach draußen, zunächst (im Januar 1990) über eine Studentenzeitschrift (*Kloster-Panik*), die die »stalinistische Geschichte der Lehrstätte« anprangert, dabei Namen nennt und dafür Klagedrohungen von einzelnen Dozenten erntet.[29] Die Studenten Jacqueline und Hagen Boßdorf berichten darüber am 18. April in der *taz*, nachdem mein Freund Falk Madeja schon am 19. März vom *Tagesspiegel* mit dem Satz zitiert wurde, »dass man an dieser Sektion ohnehin nur überleben konnte, wenn man täglich geheuchelt hat«. Boßdorf und Boßdorf: »Auf ihn mag das zutreffen, aber die pauschale Verallgemeinerung trifft besonders diejenigen, die schon früher gegen die Sektionsobrigkeit aufbegehrten«.[30] Hagen Boßdorf, Jahrgang 1964 und von 2002 bis 2007 ARD-Sportkoordinator, gehört zu der Kommission, in der auch Uwe Madel nach der Vergangenheit der DDR-Journalistik sucht. In der Gegenwart von 1990 spricht Direktor Raue von einem »großen Erwartungsdruck« und weiß, dass er vor allem in Sachen Theorie nachlegen muss.[31]

Der Rat der Sektion berät deshalb am 31. Januar unter dem Tagesordnungspunkt ›Berufungs- und Personalfragen‹ über eine »Anfrage« oder ein »Angebot« (im Protokoll stehen beide Begriffe) von Bernd Okun, Professor an der Sektion Marxismus-Leninismus, mit vier wissenschaftlichen Mitarbeitern den Theoriebereich zu stärken.[32] Eine Entscheidung ist nicht überliefert. Der Rat der Sektion kooptiert Bernd Okun allerdings am 27. März als Mitglied[33] und schlägt dem Rektor am 12. April vor, ihn an die Sektion Journalistik zu berufen. Als Denomination wird »Erkenntnistheoretische Grundlagen der sozialen Kommunikation« vorgeschlagen.[34] Die Begründung für diesen Schritt findet sich neben den Akten auch im kollektiven Gedächtnis der Absolventen. In einer Dienstberatung am 7. Februar berichtet Marianne Kramp, Leiterin meines Jahrgangs, über die Stimmung unter uns Studenten. Auf den Punkt gebracht: Das Aussetzen des Studiums sei ein Fehler gewesen, es fehle »die Wissenschaftlichkeit«, und Anklang finde vor allem das, was Bernd Okun mache.[35] Thomas Datt, stellvertretend für viele: »Ich fand ihn damals auch prägend. Ich kam von der Armee und fand faszinierend, dass man offen und kritisch diskutieren konnte, ohne gegen den Sozialismus zu sein«.

Mit dem Wunsch, in die Journalistik zu wechseln, kommt Bernd Okun der DDR-Regierung zuvor, die am 23. Mai 1990 beschließt, alle Hochschullehrer für Marxismus-Leninismus abzuberufen. Als Minister zuständig ist Hans Joachim Meyer, der im Dezember auch die Abwicklung der Sektion Journalistik verfügen wird, dann als Minister in Dresden. Die Proteste gegen den Beschluss vom Mai halten sich in Grenzen und drehen sich in Leipzig um einen Historiker (Klaus Kinner) und um Bernd Okun,[36] der an der Universität und in der Stadt in diesen Tagen so etwas wie ein Star ist. Wenn er auftritt, platzt der Saal aus allen Nähten.[37] Okun ist am 9. Oktober in der Nikolaikirche und morgens schon in der SED-Bezirksleitung, mit Kurt Starke, Manfred Neuhaus, Peter Held und Peter Hofmann, vier anderen Professoren. Ihr Auftrag: »die Strategie der Konterrevolution durchkreuzen«. Okun hat berichtet, wie dieses Meeting gekippt ist (»Wenn schon von Konterrevolution die Rede ist, dann ist sie an der Spitze von Partei und Regierung zu suchen«), wie 300 SED-Mitglieder mittags im Neuen Rathaus auf den Einsatz in der Kirche vorbereitet wurden und wie er sich dort zum ›Volksredner‹ aufgeschwungen hat. »Auch nach dem 9. Oktober hatte ich ein irres Gefühl, richtig zu liegen mit dem, was ich über Jahre kritisch beobachtet hatte«[38] – ausgesprochen bei uns im Hörsaal und auch auf größerer Bühne, etwa bei Philosophie-Kursen für Leipziger Hochschullehrer in Rohrbach.

Mit dem Wechsel an die Sektion Journalistik im Frühjahr 1990 (mit Professorentitel, aber auf der Stelle eines Oberassistenten) beginnt für Bernd Okun eine Hängepartie, die er heute nicht nur wegen der Halbjahresverträge als »demütigend« und »desillusionierend« beschreibt. In der Personalnotiz zu einem Text, der im November 1992 erschienen ist, steht: »im Wartestand für eine Professur am Fachbereich Kommunikations- und Medienwissenschaft in Gründung, die demnächst ausgeschrieben werden soll«.[39] Ich habe Bernd Okun im Januar 2020 besucht. Er ist inzwischen 75, aber das Wort ›Wartestand‹ passt immer noch nicht zu ihm. Okun erzählt, wie er Anfang der 1990er-Jahre auf eine ganz andere Quelle gestoßen ist, auf Elf Aquitaine, den Ölkonzern, der die DDR-Marke Minol übernahm und jemanden suchte, der all die Leute coacht, die aus Frankreich in den Osten kamen. Heute trainiert Okun Führungskräfte. Seine Agentur sitzt in feinen Räumen direkt neben der Thomaskirche, und das neue Haus, sagt er, sei sehr schnell abgezahlt gewesen. Vor der Vergangenheit hat er trotzdem oder gerade deshalb Angst, ein bisschen zumindest. Sollen wir den Titel der Habilschrift wirklich nennen? »Propaganda« und »Marxismus-Leninismus«.[40] Nichts, was ich bedenklich finde. Er sieht das anders. Heute versteht das keiner mehr, schreibt er mir. Wenn das so stehen bleibt, dann sehe er aus wie ein »Vasall des SED-Regimes«.[41]

WARUM DAS GESPRÄCH IN DER FACH-FAMILIE MISSLINGEN MUSSTE

Ende Mai 1990 ist Bernd Okun in Bonn und verpasst daheim etwas Historisches: Besuch aus der Bundesrepublik und aus Österreich. Hoher Besuch. Eigentlich ist jeder da, der ›drüben‹ irgendwas mit Journalistik macht. Wolfgang R. Langenbucher aus Wien, der in München zusammen mit der Deutschen Journalistenschule den Diplomstudiengang erfunden hat.[42] Heinz Pürer und Heinz-Werner Stuiber, die ihn dort beerbt haben. Günther Rager und Dieter Roß, die in Dortmund und Hamburg Journalistik lehren. Hannover, Mainz, Münster, Eichstätt, Westberlin, Gießen, Bamberg, Göttingen, Salzburg. Insgesamt 16 Leute. Dieses ›erste Leipziger Seminar zur akademischen Journalistenausbildung‹ ist offenbar sehr kurzfristig zustande gekommen. Langenbucher jedenfalls sagt in seinem Schlusswort, dass der Termin heikel gewesen sei, mitten im Semester, bei den »immer noch« schwierigen Bahnverbindungen in den Osten. Geholfen hat möglicherweise, dass die meisten vom 23. bis zum 25. Mai in Salzburg waren, bei der Jahrestagung der Fachgesellschaft DGPuK. Schon dort hat sich offenbar alles um die Frage gedreht, ob und wie es in Leipzig weitergehen wird. Darüber streiten selbst die, die den Weg auf sich nehmen. Günter Raue weiß das. Er bittet die »Familie« gleich zu Beginn um ein »offenes Gespräch«, spricht von einem »Versuch« und sagt, dass man diesen Versuch sich selbst und den Studenten schuldig sei.[43]

In den Akten muss man gar nicht zwischen den Zeilen suchen, um die Drohkulisse zu sehen. An der Sektion Journalistik wird schon jetzt das Personal reduziert (durch Vorruhestand und »Überleitungsverträge in die Praxis«). Es gibt eine »Karl-Bücher-Vortragsreihe« mit Fachprominenz aus dem Westen und eine Gastprofessur für Mediensoziologie, besetzt mit Wilfried Ferchhoff aus Bielefeld,[44] von dem ich damals nichts mitbekommen habe und später auch nicht. Man bittet die Hochschulleitung, wieder Fakultätsstatus zu bekommen (was im April abgelehnt wird[45]), schreibt im Juli drei Lehrstühle aus,[46] lässt jeden Bereich eine neue Konzeption entwickeln, die im Winter vorliegen soll, und versucht ansonsten, sich am eigenen Schopf aus dem Sumpf zu ziehen, wie weiland Münchhausen. Der Standort, die Tradition. Auf der Habenseite: Karl Bücher, der 1916 an der Universität das erste Institut für Zeitungskunde gegründet hat, und das ›sächsische Medienzentrum Leipzig‹, dessen Konturen allerdings erst am Horizont zu sehen sind. Für dieses Narrativ braucht Günter Raue das Ost-West-Seminar – als Beleg für den »kritischen Zuspruch« und die »Unterstützung bei unseren Kollegen im gesamten deutschsprachigen Raum«.[47]

Studenten sind bei diesem Seminar nicht dabei. Sie kommen auch sonst nicht mehr so oft wie früher, kritisieren die Westkontakte als »wild« und »unbesonnen« und sprechen von »Lückenfüllern« ohne erkennbare Linie.[48] Viele gehen in die Redaktionen, auch im Westen, und lassen das Studium auf Sparflamme weiterlaufen. Michael Seidel zum Beispiel, seit 2012 Chefredakteur der *Schweriner Volkszeitung*, ist schon im Februar auf Einladung des Deutschen Journalistenverbandes eine Woche in Haus Busch in Hagen und besucht dabei auch eine Lokalredaktion in Esslingen. »Später gab es dann eine Sommerakademie für ostdeutsche Nachwuchsjournalisten, auch wieder über den DJV, gemeinsam mit der

Uni Hohenheim. Vier Wochen. Was an der Sektion in dieser Zeit passiert ist, habe ich gar nicht so mitbekommen«.

Wer weiß, ob ich bis zum Diplom gekommen wäre, wenn ich das Ost-West-Seminar Ende Mai 1990 erlebt hätte. Günter Raue macht das als Moderator großartig, keine Frage. Selbst auf meinen Magnettonband-Kassetten hört man die gelassene Ironie, mit der er die Gäste empfängt. Ich kann mir allerdings kaum vorstellen, dass er tatsächlich so ruhig und gefasst war. Zu schwer wiegt die Hypothek, gegen die er ansprechen muss. Die Sektion Journalistik als »Stasizentrale« und Ort »stalinistischer Indoktrination«. Seht euch die Medien an, sagt Günter Raue. Überall kluge Absolventen, die mehr können als tolle Überschriften. Raue sagt auch: Ja, die Abteilung Agitation hat die Medienforschung rigoros unterdrückt, aber wir haben versäumt, den Aufstand zu proben. Wir sind angetreten für eine gesellschaftliche Alternative und haben all unsere Einsichten diesem Ziel untergeordnet. Was es an Reflexion gab, blieb intern und damit unsichtbar. Sein Maßstab für das ›Bleiben‹ ist ganz folgerichtig: die Bereitschaft und die Fähigkeit zur Selbstkritik. Hans Poerschke, der gleich nach Raue spricht, sagt, wie er sich das vorstellt: die ›Marx'sche Methode‹ endlich ernst nehmen und ihr einen gleichberechtigten Platz im Fach sichern.

Ich schreibe gleich noch mehr zu diesem Vortrag, der damals schweres Gegenfeuer auslöst, mir aber heute zeigt, wo ich herkomme. Am deutlichsten spricht Jürgen Wilke sein Unbehagen aus, ein Schüler von Elisabeth Noelle-Neumann, 1984 auf einen Journalistik-Lehrstuhl in Eichstätt berufen und seit 1988 als Nachfolger seiner Lehrerin in Mainz. Als er die Einladung von Günter Raue bekommen habe, sagt Wilke, sei sofort die Sorge da gewesen, an der Rettung eines Instituts beteiligt zu werden, das er schon immer für fragwürdig gehalten habe. In Leipzig könne es nur weitergehen, wenn man die Vergangenheit bewältige und zentrale Positionen revidiere. Karl Marx, natürlich. Auch Manfred Rühl aus Bamberg fordert Poerschke auf, nicht länger »im eigenen Saft« zu kochen und endlich abzuschwören. Hans Heinz Fabris aus Salzburg macht das knapper, ganz ohne Schmäh. Zurücktreten und der »Opposition« eine Chance geben, Punkt.

So sieht es also aus. Keine Ahnung von nichts. Woher soll eine »Opposition« kommen, wenn es genau eine Einrichtung im Land gibt, die

Journalistik lehrt? Auf Wissen kommt es aber nicht an. Mein Tonband lässt keinen Zweifel, wer die Macht hat. Die meisten DDR-Forscher kennen das, was im Westen veröffentlicht wird. Die Gäste? Neugierig, das schon. Viele Fragen zielen aber ins Nichts. Man weiß einfach nicht, woran die Leipziger arbeiten. Am Machtpol kann man ignorieren, was außerhalb des hegemonialen Diskurses veröffentlicht wird. Karl-Heinz Röhr hat mir 2015 erzählt, dass er regelmäßig die Fachzeitschrift *Publizistik* gelesen hat, obwohl dort zu ›seinem‹ Gebiet (journalistische Methodik) kaum etwas zu finden gewesen sei: »Bei uns konnte niemand eine Dissertation ohne Verweis auf die wichtigsten westlichen Quellen vorlegen. Es wurde verlangt, dass die Literatur zur Kenntnis genommen wird, und sei es nur wegen der sogenannten klassenmäßigen Auseinandersetzung. Wir konnten ja in die Deutsche Bücherei gehen. In den westdeutschen Hochschulen wurde dagegen nie gefragt, was in der DDR zu einem bestimmten Thema gemacht wurde, bis heute nicht«.[49] Der Herbst 1989, diese Abstimmung gegen die DDR, ihre Medien und damit auch gegen ihre Professoren, hat dieses Ungleichgewicht verstärkt. Siegfried Quandt, ein Historiker, der in Gießen Journalismus lehrt, sagt in Leipzig, dass die Rettung von Marx kein »glückliches Oberthema« sei, und belehrt Hans Poerschke, dass der Journalismus im Westen nicht im Dienst einer Ideologie stehe.

Es gibt Ausnahmen, auch in diesem Seminar. Klaus Schönbach, damals in Hannover, und Winfried B. Lerg aus Münster drängen darauf, Schuldfrage und Moral beiseite zu lassen und sich auf das zu konzentrieren, was alle im Raum interessiert: Wie bilde ich an einer Universität Journalisten aus? Wie schaffe ich es, mein theoretisches Wissen in didaktische Konzepte zu übersetzen? Noch allgemeiner: Wie arbeite ich als Journalistik- oder Kommunikationswissenschaftler? Die einfache Antwort: hier so und dort ganz anders. Etwas ausführlicher: Hier (in Leipzig) der Versuch, erstens Medien- und Gesellschaftstheorie zu verbinden und zweitens dem journalistischen ›Schaffensprozess‹ auf die Spur zu kommen, dabei vielleicht sogar Schöpfertum und Kreativität zunächst auf eine Formel zu bringen und dann in Trainingseinheiten zu vermitteln. Dort (im Westen) eine empirische Sozialwissenschaft, die ihre didaktische Konzeption (so es diese überhaupt gibt) auf Inhaltsanalysen und Befragungen stützt, in denen es zum Beispiel um das Selbstverständnis von Journalisten geht. Günter Raue und seine Kollegen wollen von den Gästen wissen, wie sie ihre Erkenntnisse in praktische Übungen überführen, und lernen, dass sich diese Frage aus westlicher Perspektive gar nicht stellt. Ermunterung gibt es immerhin von Winfried B. Lerg. Tenor: spannend, was Sie da machen. Arbeiten Sie weiter. Die Probleme bei der Umsetzung sind kein Gegenargument.

Ermunterung kommt in gewisser Weise auch von Wolfgang R. Langenbucher, der den Leipzigern wünscht, ihre »Ausstattung« durch das »Chaos der nächsten Jahre« zu bringen. Dann, sagt Langenbucher, könne er zu seinem Minister in Wien gehen und dort ebenfalls mehr Budget, mehr Räume und mehr Personal fordern. Dimensionen wie in Leipzig seien im Westen undenkbar, mit zwei »halben Ausnahmen«, Eichstätt und Dortmund. Schon das Betreuungsverhältnis in Dortmund habe er von München oder Wien aus immer als »obszön-skandalös« empfunden. In Dortmund gibt es sieben Professoren, aber sonst nicht annähernd so viel Personal wie an der Sektion Journalistik. Dieser Hinweis zieht sich durch das gesamte Seminar. Langenbucher nimmt das kurz vor Schluss noch einmal auf und träumt von einem Artikel im *Spiegel*, in zehn Jahren vielleicht. Leipzig als Nummer 1, als das ›Columbia‹ von Deutschland. Was sonst, bei dieser Mannschaftsstärke? Die Botschaft ist klar: Ihr werdet euch noch umgucken. So geht es nicht weiter, wenn in Sachsen erst gewählt worden ist und der Minister einen Etat bewilligen muss.

Ende Mai 1990 gibt es an der Sektion Journalistik 79 Wissenschaftlerinnen und Wissenschaftler: sechs Professoren, 15 Hochschuldozenten, 20 Oberassistenten, 20 unbefristete Assistenten und elf befristete, sechs Lehrer im Hochschuldienst und einen Lektor. Warum Günther Rager aus Dortmund schnell der Favorit dieses großen Kollektivs wird, als ein Neugründer aus dem Westen gesucht wird, ist aus dem Seminarmitschnitt leicht herauszuhören. Rager amüsiert sich zunächst über seine Kollegen und ihr Schwarz-Weiß-Denken. Pluralismus rufen, aber Karl Marx ausschließen. Der Marxismus, sagt Rager, sei in der Bundesrepublik mühsam ausgerottet worden.[50] Ihr, liebe Leipziger, glaubt doch nicht im Ernst, dass das jetzt »über den Umweg DDR« wieder eingeführt wird? Später sagt er, dass man in Leipzig viel mehr über die Gestaltung von Beiträgen weiß als in Dortmund oder Eichstätt, und lobt ausdrücklich, was es auch im Detail an Angeboten gebe, etwa in der Bildjournalistik, die mich zum Beispiel dazu gebracht hat, mein Bad in Flöha an vielen Abenden in ein Fotolabor zu verwandeln. Und als Wulf Skaun kurz vor Schluss um Hilfe bittet (bei der Methodenausbildung und bei einem Befragungsprojekt), reagiert nur Rager. Er habe so etwas schon in Dortmund gemacht. Kein Problem. Günther Rager beantragt für das Wintersemester beim DAAD eine Gastdozentur und kommt im Herbst 1990 tatsächlich nach Leipzig, obwohl dieser Antrag abgelehnt wird, vermutlich schon im Wissen um die Abwicklung. Rager bietet Hans Poerschke, inzwischen Direktor der Sektion Journalistik, an, auf jedes Honorar zu verzichten und sich auch an den Reisekosten zu beteiligen, wenn es dafür keinen Topf gebe.[51]

In den Zigarettenpausen und beim Bier am Abend gab es keine Mikrofone. Vielleicht sind sich Ost und West dort nähergekommen als im Seminarraum, wer weiß. Ich bin ganz froh, dass das Tonband bei mir liegt und niemand eine Kopie hat. So kann ich die Leipziger schützen, die sich vor den Gästen in den Staub werfen. Zum Glück gibt es auch selbstbewusste Auftritte. Klaus Peschel, Jahrgang 1950, Spezialist für Logik und Argumentieren,[52] spricht erst über analytische und politische Philosophie, macht dann klar, dass es das, was er will, im Westen nicht gibt (Propädeutik, Grundbegriffe, die Verbindung zu anderen Disziplinen), und bietet schließlich an, seine Veranstaltungen für den Westen zu öffnen, obwohl die Plätze knapp seien. Und Wulf Skaun, fünf Jahre älter als Peschel, nennt in seinem Programm für eine Soziologie der Massenkommunikation auch marxistische Autoren aus der Bundesrepublik wie Horst Holzer oder Wulf Dietmar Hund und verspricht: »Ich werde meinen linken Standpunkt einbringen«. Besser kann man nicht auf den Punkt bringen, wie der Rausch jener Tage nach und nach getrübt wird durch den Blick auf die westdeutsche Fachgemeinschaft und auf den Rahmen, den Einigungsvertrag und Machtstrukturen setzen werden. Wulf Skaun hat zum 30. April 1991 einen Aufhebungsvertrag unterschrieben. Knapp ein Jahr zuvor erntet er vor allem Höflichkeit. Wolfgang R. Langenbucher bedankt sich sogar ziemlich ausgelassen bei den Gastgebern und hofft auf eine Fortsetzung. Dass man sich künftig permanent auf nationalen und internationalen Tagungen sehe, sei ja »sowieso klar«. Ein zweites Leipziger Seminar zur akademischen Journalistenausbildung hat es nicht gegeben.

WAS MICH BIS HEUTE MIT DER LEIPZIGER JOURNALISTIK VERBINDET

Für einen Wissenschaftshistoriker wie mich ist dieser Seminarmitschnitt ein Geschenk. Ich kenne die meisten, die dort sprechen, habe viele zu ihrem Leben und ihrer Karriere befragt und weiß natürlich auch, wie es weitergegangen ist nach dem Mai 1990. Ich habe mir diese acht Stunden zu den Feiertagen gegönnt, Weihnachten 2019, Neujahr 2020, und dabei noch ein zweites Geschenk gefunden: die Essenz meines Studiums. Wenn ich zu Pathos neigen würde, könnte ich sagen: In den Vorträgen von Hans Poerschke, Klaus Preisigke und Frank Stader steckt vieles von dem, was mich heute als Hochschullehrer ausmacht.[53]

Einerseits ist das die normalste Sache der Welt. Im Studium wird der Samen gelegt für das, was später wachsen kann. Wie ich den Menschen sehe und wie die Gesellschaft, welchen Platz bei mir die Forschung hat und welchen die Lehre, wie ich mich der Wirklichkeit nähere und worum es bei alldem überhaupt geht: Warum sollte sich das fundamental von dem unterscheiden, was an der Sektion Journalistik für gut und richtig gehalten wurde? Andererseits hatte ich diese Wurzeln verdrängt. Die meisten Dozenten aus der DDR haben die Universität sehr schnell verlassen. Jürgen Schlimper, der zusammen mit Frank Stader für eine bestimmte Art der Geschichtsschreibung stand und mein Mentor war, bekam einen Vertrag als wissenschaftlicher Mitarbeiter, der bis Ende 1998 lief und dann nicht verlängert wurde, obwohl die Fachschaft fast 700 Unterschriften für ihn sammelte. In der Literatur gab und gibt es keine ›Leipziger Schule‹. Der hegemoniale Diskurs sagt, dass das gut ist, und in der Fachgemeinschaft bin ich heute der einzige, der an der Sektion Journalistik war. Wo hätte ich diese Erinnerung hernehmen sollen, wenn Hans Poerschke nicht mit den acht Kassetten gekommen wäre, die auf seinem Dachboden schon eingestaubt waren?

Der Vortrag von Frank Stader steht im Mai 1990 eigentlich gar nicht auf der Tagesordnung. Eine Wortmeldung, aber vorbereitet. Werbung in eigener Sache. Tenor: Wir haben etwas anzubieten. Was Frank Stader erzählt, habe ich selbst erlebt. Studenten in die Forschung einbinden, möglichst vom ersten Tag an. In meinen Unterlagen habe ich eine ›Fördervereinbarung‹, unterschrieben im September 1989 von Gerhard Fuchs, Marianne Kramp, Günter Raue, Tobias Liebert und mir. Sektionsdirektor, Leiterin des Studienjahres, Lehrstuhlleiter, FDJ-Chef, Student. Inhalt: Ich werde eine Jahresarbeit zur »Geschichte der großbürgerlichen Presse vor 1945« schreiben (es ging dann um die *Frankfurter Zeitung*) und für den *Chronologischen Leitfaden 1914-1933* Texte zur »Presse sozialdemokratischer Massenorganisationen« liefern. Im Gegenzug bekomme ich Hilfe. Lehre an der Sektion Geschichte und im ›Fach Literatur‹ (ich glaube, dazu ist es nie gekommen) und vielleicht sogar an der Friedrich-Schiller-Universität Jena, wo die Kollegen zu ›imperialistischen Herrschaftsmechanismen‹ arbeiten. »Ziel der Vereinbarung ist die Vorbereitung von Genossen Meyen auf ein eventuelles Forschungsstudium«. Eine Art Schnellstraße zur Promotion, auf der ich nun fahren darf.

In meiner Dissertation werde ich dann das machen, was Frank Stader den Gästen skizziert.[54] Das Problem fasziniert mich sofort: Ullstein kommt Anfang der 1920er-Jahre aus Berlin nach Leipzig, kauft dort vier kleinere Zeitungen und legt sie zu einer großen zusammen, die es mit den *Leipziger Neuesten Nachrichten* aufnehmen soll, dem Platzhirsch vor Ort, einer Zeitung, die sich stets an Kaisers Seite wähnte und dann sehr schnell gegen die Republik trommelte. Geht das? Kann man mit sehr viel Geld den Pressemarkt in einer Großstadt umkrempeln und vielleicht sogar die Wählerschaft? Das Thema passt in ein Forschungsprogramm, in dem es neben der ›proletarischen Presse‹ auch um die ›Massenpresse‹ geht und das auf regionale Studien setzt, vor allem in den Pressehochburgen Leipzig und Berlin. Frank Stader sagt, was wir eigentlich wissen wollen. Journalismus und sozialer Wandel, nicht einseitig als Medienwirkung gedacht, sondern sozialgeschichtlich. Wie ist zu erklären, dass Ullstein im ›roten Leipzig‹ (wir sprechen von der Zeit vor 1939) keine Chance hat gegen das nationalistische Blatt aus dem Verlag von Edgar Herfurth? Frank Stader sagt auch, wie er sich die ›empirische Arbeit‹ vorstellt. In meinen Worten: nicht philosophieren oder aus zwei Büchern ein drittes kompilieren, sondern zu den Originalen gehen. Zeitung lesen. Jede verdammte Nummer. Paul Harms und Emil Wasser, der eine Leitartikler der *Leipziger Neuesten Nachrichten* und der andere Lokalchef, waren für mich eine Zeit lang fast wichtiger als die Familie. Meine Frau dürfte sich daran erinnern.

Die Kommunikationswissenschaft schaut nicht mehr in die Vergangenheit. Es gibt im deutschsprachigen Raum nur noch eine Professur für Kommunikationsgeschichte – besetzt mit Maria Löblich, Jahrgang 1977, an der Freien Universität Berlin, die mehr als zehn Jahre meine Mitarbeiterin war. Dazu kommt eine Juniorprofessur in Leipzig. Patrick Merziger, der Stelleinhaber, ist Historiker und beschäftigt sich in seiner Habilitation mit einem Thema, das weit weg ist von Medien und Journalismus (es geht um humanitäre Hilfsaktionen). Wenn sein Vertrag ausläuft, wird die Stelle für ›Medienwandel‹ ausgeschrieben. Das kann etwas mit Geschichte zu tun haben, muss es aber nicht.

Eine Kommunikationswissenschaft ohne historische Perspektive: Das war lange undenkbar. Karl Bücher, der Leipziger Gründervater, gehörte zur historischen Schule der Nationalökonomie. Für Bücher war klar, dass alles von Zeit und Raum abhängt und Daten aus der Gegenwart nicht reichen, wenn man ein Phänomen analysieren und verstehen will.[55] Viele der Professoren, die ihm folgten, waren studierte Historiker. Selbst Elisabeth Noelle-Neumann, 1947 Gründerin des Instituts für Demoskopie in Allensbach, 1963 Professorin für Publizistik in Mainz und Gallionsfigur der sozialwissenschaftlichen Neuorientierung des Fachs,[56] hielt die Geschichte für so wichtig, dass sie dazu Vorlesungen anbot und einen ihrer Schüler (Jürgen Wilke) in diesem Bereich habilitieren ließ.[57] Wie alle ihre Kollegen damals war Noelle-Neumann eine Einzelkämpferin. Es gab in Mainz (und anderswo) nur eine Professur. Als das Fach ab Mitte der 1970er-Jahre wuchs, war die Geschichte immer dabei – neben der Medienpraxis und neben einer Wirkungsforschung, die auf Messen, Zählen und Rechnen setzt. Empirie, Journalistik und Geschichte: Das war die Formel für die Zukunft des Fachs, bis Geld und Daten die Herrschaft in den Universitäten übernommen haben. Wo es Zielvereinbarungen gibt und leistungsabhängige Gehälter, braucht man Indikatoren, die vergleichbar machen, was eigentlich nicht vergleichbar ist. Historische Forschung lohnt sich nicht mehr – nicht nur weil es dafür in der Kommunikationswissenschaft keine Professuren gibt. Historische Forschung kostet Zeit und interessiert Mäzene aus Politik und Wirtschaft eher mäßig. Wer ein paar Jahre in ein einziges Buch investiert, verliert den Kampf um Reputation und Stellen gegen Kolleginnen und Kollegen, die in Teams arbeiten und aus einem Datensatz drei Aufsätze zaubern können, die sogar in den USA zitiert werden.

Wenn ich Frank Stader zuhöre, dann weiß ich, warum ich diesen Trend nie akzeptieren wollte. Stader sagt, was die Journalismusgeschichte jungen Leuten geben kann. Ganz oben steht dabei das Wort ›Souveränität‹. Wissen, »dass der Status quo nicht ewig ist«. Alles, was von Menschen geschaffen wurde, war nicht immer da und wird sich wieder ändern. Konkret: Als Journalist muss ich mich nicht auf die Stufe von »Rädchen und Schräubchen« herabsetzen lassen (Lenins Platzanweisung für Literaten im »einheitlichen, großen sozialdemokratischen Mechanismus«[58]). Als Journalist, sagt Frank Stader, bin ich weder »Befehlsempfänger administrativer Institutionen« noch »lediglich marktorientierter Lohnarbeiter des Medienkapitals«. Seine Kernbegriffe: mündig, selbstbestimmt, kritisch.

Ich nehme an: Das würde heute jeder Leitartikler unterschreiben und vermutlich selbst jede Freiberuflerin, die dankbar ist für einen Slot im Schichtplan der Nachrichtenredaktion. ›Befehlsempfänger‹, ›Lohnarbeiter‹ und ›Medienkapital‹ gehören eher nicht zum Wortschatz dieser Berufsgruppe. Und doch senden und drucken Journalisten oft einfach das, was ihnen Behörden schicken (die Polizei, das Robert-Koch-Institut), was Think Tanks für richtig halten, die von der Regierung bezahlt werden (etwa die Stiftung Politik und Wissenschaft), oder was Klicks bringt. Nur nicht auffallen, mit dem ›Mainstream‹ schwimmen[59] und vielleicht sogar einen Preis gewinnen, gestiftet von jemandem, der billig positive Resonanz erzeugen will. Das hat nicht nur mit der Ausbildung zu tun, natürlich nicht. Es sind ganze Bücher geschrieben worden über die Leitmedien, die den Takt für alle anderen vorgeben, weil sie mehr Personal haben, näher an den Quellen sind und dort eher mit Exklusivem gefüttert werden. Die Redaktionen beobachten sich. Sie schreiben voneinander ab. Und sie sind viel zu homogen. Wer aus dem gleichen Milieu kommt wie die Herrschenden und einen ähnlichen Bildungsweg gegangen ist, kann die Welt kaum mit ganz anderen Augen sehen.

Die Journalistik kann diese Augen öffnen. Sie könnte das, wenn man sie so betreiben würde, wie das Hans Poerschke und Klaus Preisigke im Mai 1990 skizzieren. Preisigke habe ich im Frühling 2015 besucht, in einer Villa in Rostock. Er hat Glück gehabt mit seiner zweiten Frau, einer Marktforscherin, die gut im Geschäft war. Als Student hatte ich wenig mit ihm zu tun. Preisigke war für die Fernsehleute zuständig. Charismatisch, leicht distanziert, eloquent. Auch das hatte ich vergessen, aber es fällt auf, selbst auf meinem Tonband, gerade im Vergleich mit den Gästen aus dem Westen. »Was wir damals doch für Professoren hatten«, sagt meine Frau, als sie ein paar Minuten mithört. In Rostock hat mir Klaus Preisigke erzählt, dass er am liebsten mit den Talenten gearbeitet hat. Sein Ideal: »eine Art Meisterprinzip«, wie in der Kunst. Junge Leute an einen Mentor binden. Klaus Preisigke weiß, dass es in der DDR nicht viele ›Meister‹ gab. Die Universität hat er ohne Evaluierungsgespräch verlassen, weil er das Gefühl hatte, »die Studenten nicht mehr für den Job fit machen zu können. Eine Art Kompetenzverlust. Ich habe mir bei RTL von jungen Burschen erklären lassen müssen, wie Fernsehen geht. Das war gar nicht mehr mein Fernsehen. Außerdem hätte ich ja überall ans Brett genagelt werden können. Die Publikationen aus den letzten 20 Jahren, mit all der Apologetik«.[60]

Im Mai 1990 ist das noch nicht entschieden. Klaus Preisigke weiß längst, wie die Journalistik-Studiengänge in der Bundesrepublik funktionieren (so komplex ist das nicht), und sagt, wie er sich die Leipziger Zukunft vorstellt. Sachkompetenz, Kommunikationskompetenz, soziale Kompetenz. Übersetzt: Ein Journalist muss erstens das Gebiet kennen, über das er berichtet. Wer nach Lateinamerika möchte wie Uwe Madel, sollte Spanisch sprechen und über Land und Leute Bescheid wissen. Er muss zweitens das Handwerk lernen, am besten (das ist der Leipziger Ansatz) nicht in einer Schreibschule, sondern mit Wissenschaftlern, die das einbringen, was Psychologie, Logik oder Sprachforschung über den Aufbau und die Wirkung von Beiträgen wissen. Und drittens sollte sich der Journalist darüber im Klaren sein, was diese Beiträge anrichten, im Guten wie im Schlechten. Das klingt banal, ist es aber nicht. Man braucht keinen ›Führerschein‹ und nicht einmal einen ›Erste-Hilfe-Kurs‹, um in einer Redaktion zu arbeiten. In einem Volontariat ist für so etwas natürlich Platz, den Rahmen dort setzt aber das Unternehmen. Ob und wie dort über das diskutiert wird, was 1990 an der Sektion Journalistik ›umfassende demokratische Öffentlichkeit‹ heißt, hängt von den Leuten ab, die man dort trifft. Das gilt selbst an der Universität. »Nicht konsensfähig«, sagt Jürgen Wilke aus Mainz auf meinem Tonband zu der Idee, dass der Journalist einen Auftrag habe und die Gesellschaft gestalten solle. Frank Stader, der Pressehistoriker, bekommt gar keine Reaktion. Er hat gesagt: »Ohne eine Vision, ohne eine Utopie geht es unseres Erachtens nicht«.

Hans Poerschke liefert eine solche Utopie. Schluss mit der »unbekümmerten Ausbeutung natürlicher und gesellschaftlicher Ressourcen«. Schluss mit einem »Wachstum«, das »Nebenfolgen und Risiken« produziert, die wir nicht beherrschen. Schluss mit »unserer Art, in dieser Welt zu leben«. Dass die »kritische Grenze« für die Existenz der Menschheit schon überschritten ist, scheint im Mai 1990 Allgemeinwissen. Mit Uwe Krüger habe ich 28 Jahre später in der Fachzeitschrift *Publizistik* für eine Medienforschung geworben, die sich in den Dienst der ›Großen Transformation‹ stellt.[61] Für eine »klimaverträgliche Gesellschaft«, für Solidarität und für eine Suche nach Alternativen, die mit der herrschenden Ideologie anfängt und mit dem Platz, den die Medienrealität im Gefüge der Macht hat – eine Realität erster Ordnung, die heute dem Imperativ der Aufmerksamkeit folgt sowie den Akteuren, die diese Logik verinnerlicht haben und außerdem in der Lage sind, sie zu bedienen.[62] Wir haben es in diesem Aufsatz für nötig gehalten, mit zwei ›Zeitdiagnosen‹ einzusteigen, zur »Zerstörung der natürlichen Lebensgrundlagen« und zur »Bedrohung der Demokratie«. Uwe Krüger war sich sicher, dass diese Diskurse das Fach bis dahin allenfalls tangiert hatten. Bei Hans Poerschke ist diese »globale Dimension« im Mai 1990 der Dreh- und Angelpunkt: »Journalisten müssen sich als Mitgestalter der Welt sehen – einer verletzlichen und erhaltenswerten Welt. Dafür müssen wir sie ausrüsten«.

Hans Poerschke ist kein Journalist. Er kam 1955 gleich nach dem Abitur an die Fakultät für Journalistik, ohne vorher je für eine Zeitung geschrieben zu haben. Dass man als Arbeiterkind auch Musik studieren kann, wusste Poerschke nicht. Ein Lehrer sagte, dass er sich gut ausdrücken könne. Also Leipzig. Beim Studium fand er dann vor allem Theorien spannend.[63] Seinen Texten merkt man das bis heute an. Ich zitiere trotzdem ein paar Schlagworte und Halbsätze, weil ich das, was Hans Poerschke seinen Studenten mitgeben möchte, für zeitlos gültig halte. Punkt 1: Journalisten tragen »gesellschaftliche Verantwortung«. Also müssen wir ihnen helfen, »in selbstbewusster Gewissensentscheidung« eine Position zu finden. Punkt 2: Journalisten dürfen sich nicht in die Tasche lügen (das sind meine Worte) und glauben, dass ihr Tun keine Folgen hat. An der Universität können sie lernen, »sich diesen Dimensionen der Gesellschaftsgestaltung und Gesellschaftsentwicklung ganz bewusst« zu stellen. Mehr noch: Wo sonst sollen sie die Fähigkeit kultivieren, die »für die Menschheit gravierenden Probleme zu thematisieren« und zur »Verständigung über diese Probleme« beizutragen? Punkt 3: Mediale Kommunikation »ist selbst zum globalen Problem geworden«. Unsere Absolventen müssen deshalb wissen, wie das »Feld der sozialen Kommunikation« funktioniert, und »die Fähigkeit für konzeptionelles Wirken« in ihrem Beruf mitbringen.

Es gibt in Poerschkes Vortrag noch einen vierten Punkt, bei dem es um das Zusammenspiel von Theorie und Empirie geht. Ohne die »Erkundung der Wirklichkeit«, so lässt sich das zusammenfassen, bleibt jede »konzeptionelle Diskussion« Schall und Rauch. Vielleicht deute ich zu viel in diese Sätze hinein, aber mir scheint das ziemlich gut die Idee des Forschens mit Sozialtheorien und Kategorien zu beschreiben, die Maria Löblich und ich zusammen perfektioniert haben,[64] zumal Hans Poerschke ausdrücklich über »Gesellschaftstheorien« spricht (also über Theorien großer Reichweite) und eine solche Brille geradezu für essenziell hält, um die »Identitätskrise« zu überwinden, in der er als Professor damals genauso steckt wie ich als Student.

WIE GÜNTHER RAGER MEIN STUDIUM GERETTET HAT

Was Frank Stader, Klaus Preisigke und Hans Poerschke im Mai 1990 erzählen und bei mir lange unterhalb der Bewusstseinsschwelle gespeichert war, verändert mein Leben sehr schnell. Ab Herbst 1990 studiere ich ein zweites Fach, »Internationale Beziehungen und ausländisches Recht«. Dieser sperrige Name mag daher rühren, dass seine Erfinder aus einem akademischen Luxusleben kommen. Das Institut für internationale Studien an der Leipziger Universität hat die DDR-Außenpolitik beraten und war dafür von jeder Ausbildung befreit. Die Professoren haben etwas zu sagen. Wolfgang Kleinwächter zum Beispiel, Jahrgang 1947, dem man anhört, dass er aus Zwickau stammt, und der später einer der führenden Internetexperten wird, allerdings von Dänemark aus. Oder Walter Poeggel, ein Völkerrechtler, der stets mit Thermoskanne im Hörsaal erscheint und oft jemanden aus der Bundesrepublik mitbringt. Neben den Journalistik-Prüfungen liegen zwei Testate in meiner Mappe, die direkt aus dem Programm von Hans Poerschke stammen könnten: »Probleme des Umweltschutzes« und »Internationales Kommunikationsrecht«.

All diese Wechsel auf meine Zukunft werden am 11. Dezember 1990 auf einen Schlag entwertet. An diesem Tag beschließt die sächsische Regierung, an der Karl-Marx-Universität Leipzig 16 Einrichtungen abzuwickeln, darunter die Sektion Journalistik. In der Begründung heißt es, dass »dort das Lehrangebot nicht den Anforderungen entspricht, die eine freiheitliche Gesellschaft, ein demokratischer Rechtsstaat und eine soziale Marktwirtschaft an Lehre und Forschung stellen«. Vielleicht noch wichtiger ist der nächste Satz, der in die Vergangenheit zielt: »Bereiche, die ideologisch einseitig und auf die sozialistische Staats- und Gesellschaftsordnung festgelegt waren, soll es künftig nicht mehr geben«. Während die meisten anderen ›Bereiche‹ neu aufgebaut werden sollen (»mit veränderten Namen, Zielstellungen und Inhalten«), ist so etwas für die Journalistik nicht vorgesehen. Prüfungen für das »4. und 5. Studienjahr« (es gibt nur vier), mehr nicht.[65] Meine Frau und ich sind erst im dritten Jahr. In Flöha liegt Schnee an diesem Tag, vermischt mit Dreck, wie meist im Dezember, bevor es für immer wärmer wurde. Unsere Tochter sitzt auf ihrem Schlitten, und keiner hat Lust, sie den Hügel hochzuziehen.

Zwei Tage später bin ich in Dresden. Demo. Auf dem Bahnhof in Leipzig reichen die Waggons nicht.[66] Einige von uns haben schon einen

Presseausweis und gehen zwischendurch in den Landtag, um sich aufzuwärmen. In Leipzig ziehen wir ins Rektorat. Ich habe dort ein paar Nächte auf dem Boden gelegen, im Schlafsack. Mit Anfang 20 kann man das noch. Als Jürgen Schlimper, mein Mentor, Leute für einen Hungerstreik sucht, kneife ich und erzähle etwas von Weihnachten und Familie. Gegen das schlechte Gewissen hilft das nicht. Auch Thomas Datt, der später sogar eine Weile mit Jürgen in einer WG war, hat nicht mitgemacht, obwohl er die Abwicklung »ungerecht« fand. »Das war eine Entscheidung von oben und sehr pauschal. Es gab Leute, bei denen das echt Spaß gemacht hat. Poerschke. Bernd Okun. Die Abwicklung war für mich ein kolonialer Akt. Ich war der Meinung, dass man sich das nicht gefallen lassen darf«. Den Hungerstreik findet er trotzdem »unverhältnismäßig«, immer noch. »Es ging um einen Studiengang. Wir haben die Leute unterstützt, die das gemacht haben, und es war sehr effektvoll«. Hans Joachim Meyer, der Minister, besucht Jürgen Schlimper und seine elf Mitstreiter Heiligabend. Ich habe die Bilder in den Nachrichten gesehen. Die Journalistik geht weiter.

Entschieden wird das drei Tage vor Weihnachten. Ich würde gern schreiben, dass es die große Demo vor dem Landtag war, der Hungerstreik oder der Rabbatz, den wir Studenten sonst in der Öffentlichkeit machen, unterstützt von denen, die vor uns in Leipzig waren. Heike Schüler, immatrikuliert 1989, auf dem Krikowi-Podium im November 2019:

> »Wir waren alle fassungslos und konnten das nicht glauben, weil wir uns doch selbst erneuert haben. Von uns aus erneuert. Dann gab es den großen Streik. Ich habe auch im Rektoratsgebäude genächtigt. Das haben wir besetzt und gesagt: Wir machen das nicht mit. Wir konnten ja eine breite Öffentlichkeit herstellen. Wir kamen alle aus den Medien. Ich habe für die *Märkische Volksstimme*, die jetzt *Märkische Allgemeine* heißt, einen Artikel geschrieben über diesen Protest der Studenten in Leipzig. Das haben alle anderen auch gemacht. Die Volontäre von der *Jungen Welt*, die Radioleute. Wir haben Interviews gegeben. Wir haben das in die Welt hinausgetragen. Wir haben unsere Mündigkeit genutzt«.

Ich weiß nicht, ob das gereicht hätte, um den Minister umzustimmen. Hans Joachim Meyer war in Sachen Abwicklung zwar »nicht frei von Skrupeln«, er wusste aber, dass so eine Gelegenheit für »einen völligen Neuaufbau« an den Universitäten so schnell nicht wiederkommt und dass die »breite Öffentlichkeit« hinter ihm steht. Demos, Besetzung und Hungerstreik hat er einfach umgedeutet. In der Lesart des Ministers zielte das alles nicht auf die Reform an sich, sondern auf ihre Durchsetzung von oben.[67] Dazu passt ein Brief, den Hans Poerschke am 12. Dezember an Ministerpräsident Kurt Biedenkopf schickt und in dem das Wort ›undemokratisch‹ steht. Er, Poerschke, habe aus dem Radio erfahren, dass die Sektion Journalistik abgewickelt wird.[68] Für die Regierung in Dresden dürfte wichtiger sein, was aus dem Westen kommt. Im Universitätsarchiv liegen genau drei Schreiben: eins von der IG Medien direkt an Biedenkopf und zwei aus den Fachinstituten in Hannover und Dortmund, unterschrieben von allen Professoren, die dort lehren.[69] Zwei von ihnen, Klaus Schönbach und Beate Schneider, sagen dann kurzfristig ein Gespräch bei Hans Joachim Meyer ab, das für den 21. Dezember angesetzt wird. Der weite Weg, die schlechte Bahnverbindung, das Wetter. Da scheint es »wenig sinnvoll, auf gut Glück und ohne Konzept zu einem kurzen Treffen beim Minister zu erscheinen«.[70]

Günther Rager lässt sich davon nicht abhalten. Er weiß, wie es sich anfühlt, in der Minderheit zu sein. Rager, Jahrgang 1943, ist im Allgäu aufgewachsen, als jüngster von fünf Söhnen, in einer neuapostolischen Familie. Beide Eltern »sehr religiös« und »definitiv keine Nazis«. Es ist nicht schwer, sich so ein Dorf im Nachkriegs-Bayern vorzustellen. »In der Gemeinde wusste man, wo die zehn Nicht-CSU-Stimmen herkamen. Wir hatten eine gebührende Distanz zu den Profiteuren der Nazi-Zeit und auch zur Herrschaft«. Als Student in Tübingen ist Günther Rager mittendrin. Walter Jens, Ralf Dahrendorf, Seminare zur Frankfurter Schule. Später macht er Filme für die *Abendschau* im *Süddeutschen Rundfunk* und bekommt 1974 den Auftrag, in Hohenheim einen Journalistik-Studiengang zu entwerfen. Er baut dabei auch auf das, was er aus Leipzig hat. Die Professur bekommt trotzdem Manfred Rühl. Stolperstein ist ein Artikel im *Spiegel*, der die CDU in Stuttgart ärgert. Günther Rager sagt 2015, dass er nicht mehr weiß, wie es seine Studie nach Hamburg geschafft hat. Der Schlachtruf »Freiheit oder Sozialismus«, heißt es dort, mit dem Hans Filbinger 1976 in den Wahlkampf zieht, versetze die Bürger in »Angst und Schrecken«.[71] Rager muss zu Lothar Späth, damals Fraktionschef im Landtag, und erfährt, dass er in diesem Bundesland nicht mehr Professor wird. 1984 klappt es in Dortmund, wo die SPD regiert. »Aus der Ferne dachte man, Nordrhein-Westfalen sei anders als Baden-Württemberg, wo ich den Einfluss ja täglich und persönlich erlebt habe. Es war anders, aber doch gleich. Nicht nur am Institut«.[72]

Die Sektion Journalistik besucht Günther Rager ziemlich bald nach der Grenzöffnung, »ganz ohne Anmeldung«. Heute sagt er, dass Hans Poerschke schnell gemerkt habe, »dass ich nicht zu denen gehörte, die alles als Ideologie abtun, was dort gemacht worden war«. Dass er am 21. Dezember 1990 nach Dresden fährt, ist folglich kein Zufall. »Ich hatte eine Bedingung. Ich wollte angemeldet sein. Hans Joachim Meyer sollte wissen, dass ich mitkomme«. Wie das so ist bei Tagen, die man später historisch nennt: Sie brennen sich ein in das Gedächtnis. Günther Rager riecht noch den Trabbi von Hans Poerschke und erinnert sich an »zwei oder drei Studierende«, die dabei waren. Uwe Madel, einer dieser Begleiter:

> »In meiner Erinnerung waren wir drei Studenten und fanden das spannend. Wir hatten eine Vision für die Sektion. Neu gründen, etwas mit den Dortmundern machen. Wir hatten eine Struktur im Gepäck und wollten Rager als Gründungsdekan haben. Wir dachten, dass wir ohnehin keinen Ossi durchbekommen. Unsere Botschaft war: Bei allen politischen Debatten und bei aller Kritik an der alten Ausbildung wäre es töricht, den Medienstandort Leipzig aufzugeben, mit Karl Bücher, mit dem Funkhaus«.

In dem Gründungsmythos, den Karl Friedrich Reimers ab 1991 platziert und dann gepflegt hat, wo immer es ging, spielt dieser kalte Tag in Dresden allenfalls eine Nebenrolle. Schon am Tag nach seiner Zusage für Leipzig schreibt Reimers an Hans Poerschke, dass es sicher einen »Weg« gebe, die »Bemühungen« des Kollegen Rager um den »Teilbereich Journalistik angemessen zu würdigen«.[73] Bemühungen, Teilbereich. Das spricht für sich und muss deshalb hier deutlich zurechtgerückt werden: Ohne Günther Rager hätte ich mein Studium nicht beenden dürfen. Ohne Günther Rager wäre Karl Friedrich Reimers nicht zum Neugründer der Kommunikations- und Medienwissenschaft in Leipzig geworden. O-Ton Rager:

> »Meyer hat uns freundlich begrüßt, mir aber gleich unmissverständlich seine Meinung gesagt. Er freue sich, dass ich gekommen sei, und wir könnten

uns auch gern unterhalten, ich solle mir aber keine Illusionen machen. Die Staatsregierung habe beschlossen, Leipzig aufzulösen. Was dann passiert ist, habe ich weder vorher noch nachher so erlebt. Nach dem Gespräch schickte er Poerschke und die Studenten hinaus und sagte zu mir: Sie haben mich überzeugt. Ich weiß nicht, ob er mich meinte oder die ganze Gruppe. Das ist auch egal. Meyer wollte nichts versprechen, sich aber für uns einsetzen. Ein Minister, der nach anderthalb Stunden sagt, ich akzeptiere ihre Argumente, und dann das Nötige macht – das war eine Weihnachtsüberraschung. Er hatte aber auch eine Bedingung. Er wollte, dass ich die Gründungskommission übernehme«.

Die Akten zeigen, dass Günther Rager den Minister beim Wort genommen hat. Gleich nach den Feiertagen schlägt er Hans Joachim Meyer Kollegen vor, die helfen könnten, regt an, einen Beirat mit Praxisvertretern zu bilden, um den Neuanfang glaubwürdig zu machen und den Absolventen zugleich Kontakte ins Berufsfeld zu ermöglichen, und erwähnt außerdem, dass von der alten Professoren-Mannschaft nur Hans Poerschke Rückhalt bei den Studenten habe.[74] Das Berufungsangebot geht am 20. Februar 1991 trotzdem nach München. Günther Rager sah Leipzig als Standort für die akademische Ausbildung von Journalisten und war bereit, dafür sein Know-how einzubringen. Dass er nicht Gründungsdekan wurde, erklärt er mit der Geografie der politischen Landschaft.

»Das Ministerium hat mich dann nicht freigestellt. Sachsen gehörte zu Bayern und nicht zu Nordrhein-Westfalen. Nach Frankfurt (Oder) hätte ich gehen können. Das hatte zwar nichts mit meinem Fach zu tun, aber das war offenbar egal. Ich weiß natürlich nicht, ob ich das dann in Leipzig überhaupt geworden wäre. Als ich Meyer absagte, meinte er, ich müsse jetzt wenigstens Mitglied der Kommission sein«.

Die Gründungskommission war vermintes Gelände. »Ich war der Einzige, der Journalistik wollte. Karl Friedrich Reimers hatte ja eher einen breiten Ansatz. Journalistik höchstens als Teilgebiet«. Günther Rager hat sich nicht auf den entsprechenden Lehrstuhl beworben. Auch die Leipziger Berufungskommissionen arbeiten ohne ihn. »Ich bin nicht gefragt worden, obwohl ich die Journalistik-Szene gut kannte«.

WARUM LEIPZIG EIN HAUS MIT FÜNF SÄULEN BEKAM, ABER KEIN FUNDAMENT AUS DEM OSTEN

Karl Friedrich Reimers ist inzwischen 85 und immer noch groß. Ein Leuchtturm aus dem Norden, geboren in Dithmarschen als Sohn eines Pastors. Wenn er an einem Rednerpult steht, wundert man sich, dass so eine Predigt auch ohne Kirche funktioniert. Reimers hat alles, was man braucht, um eine Gemeinde für sich einzunehmen. Eine Stimme, die den Raum füllt, ein Lächeln, das Verständnis signalisiert und selbst dann da zu sein scheint, wenn es ernst wird, und ein Gedächtnis, mit dem er sein Gegenüber überraschen kann. Als meine Frau und ich ihn in Ismaning bei München besucht haben, nachdem ich Professor geworden war, wusste er, bei wem Antje ihre Diplomarbeit geschrieben hatte. Vielleicht hat er kurz vorher einfach nachgeschaut, aber das spielt eigentlich keine Rolle. Es war ihm nicht egal, mit wem er da Kaffee trank.

Der Hirte, der die Herde führt und sich um jedes seiner Schäfchen kümmert: Bei Karl Friedrich Reimers liegt das im Blut. Sohn Stefan, ein Jahr älter als ich, ist in Bayern inzwischen Ständiger Vertreter des Landesbischofs. Sein Vater hat zum Kirchenkampf im Dritten Reich promoviert.[75] So etwas prägt. Spätestens seit dieser Arbeit wusste Karl Friedrich Reimers, dass »evangelische und katholische Christen« mehr eint als trennt. Als Reimers 1975 Ordinarius an der Hochschule für Fernsehen und Film in München wird, gibt es schnell einen Draht zu Otto B. Roegele, einem Katholiken, der direkt aus der Chefredaktion der Wochenzeitung *Rheinischer Merkur* auf einen Lehrstuhl am Institut für Kommunikationswissenschaft (Zeitungswissenschaft) berufen worden war. Reimers und Roegele: Das ist die »christliche Basisfraktion« der Medienforscher in München.[76] Für den Protestanten Reimers ist es kein Problem, dass der Minister in Dresden katholisch ist. Die beiden sind fast gleich alt und können miteinander.

Ich glaube: Karl Friedrich Reimers kann mit jedem, der ihm seine pastorale Art nicht übel nimmt und es schätzt, mit jemandem zu reden, der gebildet ist und das immer wieder durchblicken lassen möchte. Die Zeitzeugen sind sich einig: Menschlich war dieser Mann ein Glücksfall für Leipzig. Sigrid Hoyer zum Beispiel, die im Februar 1991 mit Hans

Poerschke und Thomas Datt nach München fährt und genau wie später meine Frau staunt, dass Reimers nicht nur gut vorbereitet ist, sondern »auch nach persönlichen Dingen« fragt. Sigrid Hoyer wird dann von ihren Kolleginnen und Kollegen aus dem Mittelbau in die Gründungskommission geschickt.[77] »Ich habe mich immer gehört gefühlt«, sagt sie fast 30 Jahre später. »Reimers hat mich auch oft beiseite genommen und nachgefragt, ob ich Vorbehalte hätte oder es noch etwas zu bedenken gäbe«.[78] Sigrid Hoyer fällt es immer noch schwer, über diese Zeit zu sprechen oder zu schreiben. Jeder im Haus weiß, dass nur wenige bleiben werden, aber nicht jeder sieht, dass Sigrid Hoyer darauf eigentlich keinen Einfluss hat. Manche neiden ihr sogar die Nähe zu Karl Friedrich Reimers, die sich gar nicht vermeiden lässt, wenn man in die Gründungskommission gewählt wird. Sigrid Hoyer hat sich evaluieren lassen, die Universität dann aber trotzdem verlassen, für einen Abstecher in die ›Gesellschaft für Kultursoziologie‹. Einfach raus, einfach etwas anderes machen. Sie ist dann schnell zurückgekommen zu ›ihren‹ Studenten und hat auch im Ruhestand noch Journalistik gelehrt, gestützt auf Aufsätze und Material aus der DDR. Es war trotzdem nicht mehr das gleiche.

Karl Friedrich Reimers hat nie ein Hehl daraus gemacht, dass alles, was in Leipzig ab 1991 passiert ist, mit ihm zu tun hat. Das sei nun einmal so in Zeiten des Umbruchs. Da schlage die Stunde der Macher.[79] Reimers sagt, dass er die drei Kollegen für die Evaluierungsgespräche allein ausgesucht habe – »nach Charakter«. Kurt Koszyk, Manfred Rühl und Dieter Roß seien abwägende Köpfe gewesen, die ihm am ehesten geeignet schienen, im Gespräch DDR-Leistungen einzuschätzen.[80] Auch die Besetzung der Gründungskommission wirkt zumindest ungewöhnlich, wenn man die Kräfteverhältnisse im akademischen Feld der Bundesrepublik Ende der 1980er-Jahre kennt. Neben Günther Rager, der auf Wunsch des Ministers dabei ist, holt Reimers zwei Nobodys und nur ein Schwergewicht: Barbara Baerns, die gerade auf eine C3-Professur an der FU Berlin berufen worden war, Franz Stuke, ebenfalls ganz frisch auf einem Lehrstuhl für Medienpädagogik in Bochum, als Wissenschaftler kaum ausgewiesen und in der Erinnerung von Günther Rager eine Art ›Erfüllungsgehilfe‹ (»Was auch immer von Reimers kam: Stuke war dafür«[81]), sowie Winfried Schulz aus Nürnberg, der aus der

Mainzer Schule von Elisabeth Noelle-Neumann stammt und Anfang der 1980er-Jahre bei der Deutschen Forschungsgemeinschaft das allererste Schwerpunktprogramm für das Fach eingeworben hat. Ein Mann vom Machtpol, ja, aber ein anderes Kaliber als zum Beispiel Jürgen Wilke, der die Sektion Journalistik am liebsten schon beim Ost-West-Seminar im Mai 1990 geschlossen hätte. Man kann nachlesen, wie oft sich Winfried Schulz mit seiner Chefin Noelle-Neumann beharkt hat.[82]

Karl Friedrich Reimers kommt als ›Dekan‹ nach Leipzig. Das heißt: Er soll und will eine Fakultät gründen. So etwas hat die Kommunikations- und Medienwissenschaft noch nicht. Selbst in der etwas größeren Soziologie gibt es das bis heute nur einmal (in Bielefeld, wo der Soziologe Helmut Schelsky Gründungsrektor war). Die Fakultätsidee schrumpft dann zwar im klammen Sachsen auf ein Institut, aber was Reimers dort baut, hat es immer noch in sich: ein Haus mit fünf Säulen, das an eine ›christliche Basisfraktion‹ erinnert oder an einen ökumenischen Gottesdienst, jetzt nur bei den Medienforschern, die mindestens genauso zerstritten sind wie die verschiedenen Kirchen. Etwas verknappt: Theorie plus Geschichte als erste Säule, auch als Reminiszenz an Karl Bücher. Dazu Wirkungsforschung, Journalistik, Medienwissenschaft und PR. Von München aus gesehen, ist das der letzte Schrei. In diesem Haus soll endlich zusammenkommen, was in den 1970er- und 1980er-Jahren in der Bundesrepublik entstanden ist – dort allerdings getrennt voneinander. Die vielen neuen Radio- und Fernsehsender und all das, was plötzlich an Gedrucktem da ist: Dieser Boom lockt nach ›68‹ junge Menschen an die Universitäten, die ›irgendwas mit Medien‹ machen wollen. Wie immer, wenn die Nachfrage steigt, reagiert das Angebot. Man kann nun auch im Westen Journalistik studieren, die Kommunikationswissenschaft bekommt mehr Personal (vor allem Sozialwissenschaftler, die über Befragungen und Inhaltsanalysen herausfinden wollen, wie die Medien wirken), und es entsteht eine explizit geisteswissenschaftlich ausgerichtete Medienwissenschaft jenseits dieses Fachs, wenn man so will: für Germanisten, die jetzt nicht mehr Romane untersuchen, sondern Filme, und keine Deutschlehrer mehr ausbilden, sondern Redakteure.[83]

Den Bauplan für das neue Haus bringt Karl Friedrich Reimers aus München mit. Nach seinen ersten »fünf Vollpräsenztagen« in Leipzig vom 15. bis 19. April 1991 lobt er in einem Brief an die Gründungskommission die Resonanz auf die »fünf Baumustersäulen« und macht klar, dass er diesen Plan schon länger mit sich herumträgt. Wer ihn etwas besser kenne, schreibt Reimers und erwähnt dabei auch Kontakte zum Wissenschaftsrat in Bonn, der wisse das auch.[84] Andrea Brunnen, die in München das Fachblatt *Fernseh-Informationen* herausgibt, beschreibt die »Vision« des Gründungsdekans mit den »fünf Säulen« dort schon im März 1991 im Detail.[85] Man kann das so interpretieren: Was immer sich die Leipziger selbst überlegt haben in knapp anderthalb Jahren Selbstbefragung, ist jetzt Makulatur. All die Kommissionen, die vielen Sitzungen, der schmerzhafte Blick in die eigene Vergangenheit – genauso umsonst wie das Papier mit dem Titel *Journalistenausbildung in Leipzig*, in dem sich eine Gruppe um Thomas Datt am 14. April 1991, einen Tag, bevor Reimers erstmals für eine ganze Woche nach Leipzig kommt, zum Bewährten bekennt: »Die Leipziger Ausbildung steht – wie konsequent auch immer – in der Tradition, gute handwerkliche Ausbildung mit theoretischer zu verknüpfen«. Für dieses Konzept spreche der Erfolg vieler Absolventen im Beruf (gerade jetzt) und das Ausharren der meisten Studierenden, die längst »gegenüber Vereinnahmungsversuchen – ganz gleich ob aus Richtung Markt oder Politik – sensibilisiert« seien und so eine »besondere Chance« bieten würden, »in Zukunft systemkritisch und staatsfern zu forschen«.[86] Ja. Dreimal ja. Der Geist der Universitätsrevolution ist noch da, auch mehr als ein Jahr nach dem Aufschlag der ›Alternativgruppe‹ vom Januar 1990. Die Einheimischen haben aber nichts mehr zu sagen. Die *Gedanken für die Gründungskommission*, die Hans Poerschke im Mai 1991 formuliert, landen umstandslos im Archiv. Die drei Arbeitsfelder, die Poerschke hier nennt (Kommunikationstheorie, Theoriegeschichte sowie Medien in Osteuropa), bündeln zwar Erfahrungen, geografische Position und Leipziger Stärken, aber dafür lässt Karl Friedrich Reimers seinen Lehrstuhl in München nicht ruhen.

Den radikalen Bruch mit der DDR-Tradition hat der Gründungsdekan später damit begründet, dass alternative Modelle (etwa ›nur Journalistik‹) keine Chance gehabt hätten.[87] Im Subtext heißt das: Selbst wenn der Minister Günther Rager aus Dortmund berufen hätte oder einen Journalistikprofessor aus Bayern, wäre es mit dem alten Leipziger

Modell zu Ende gegangen. Der Zeitgeist, sozusagen, der Karl Friedrich Reimers direkt aus den Leitmedien entgegenweht. Im Oktober 1991 unterstellt zum Beispiel *Die Welt* dem Gründungsdekan, in Leipzig nach einem »dritten Weg« zwischen Sozialismus und Kapitalismus zu suchen.[88] Kurt Reumann, Schüler von Emil Dovifat und dann einige Jahre Mitarbeiter von Elisabeth Noelle-Neumann in Mainz, nimmt diesen Ball wenig später in der FAZ auf und fordert in einem dreispaltigen Artikel »mehr Bescheidenheit«. Genug an Ausschreibungen, genug mit dem Tamtam um Karl Bücher. Mach es drei Nummern kleiner, mein lieber Reimers. Fang endlich mit der »Trauerarbeit« an. Und vergiss mir dabei bitte nicht das MfS.[89]

Andreas Rook, einer der drei Studenten in der Gründungskommission, hat diese »feindliche« Atmosphäre in den Gremien der Leipziger Universität erlebt. »Für einige waren wir da nicht tragbar«. Karl Friedrich Reimers, sagt Rook heute, habe seinen Blickwinkel erweitert. »Wir waren an der Uni, um Journalisten werden. Er aber hatte eine Vision für die universitäre Ausbildung und kam mit Medienwissenschaft und mit Öffentlichkeitsarbeit. Und für seine Visionen hat er Strippen gezogen, wie es keiner von uns kannte und konnte«. Also alles gut? Nicht ganz. Obwohl Andreas Rook in vielen Sitzungen dabei ist, bleibt das »Berufungssystem« eine »Fremdsprache« für ihn.

> »Als Student denkt man ja nicht darüber nach, wie jemand Professor wird. Was ist eine C2-Professur? All diese Dinge. Ich habe mich unwohl gefühlt. Ich sollte eine Aufgabe übernehmen in einem Bereich, den ich überhaupt nicht beherrsche. Ich glaube, das ging den anderen nicht anders. Auch Leuten wie Sigrid Hoyer, obwohl sie immerhin im Mittelbau war. Ich habe sehr stark meine Grenzen gesehen. Reimers hat uns aber ermutigt. Klar: Er brauchte natürlich Studentenvertreter und er brauchte zwingend Leute von der Sektion, die möglichst unbelastet waren. Sonst wäre das ja eine reine Westveranstaltung gewesen«.[90]

Als Karl Friedrich Reimers 1991 nach Leipzig kommt, wissen wir das alles nicht. Wir wissen nicht, dass dieser Gründungsdekan im akademischen Feld eine Randfigur ist. Die HFF in München: Das klingt nach großer Kunst, nach Hollywood, nach Oscar. Dort studiert man nicht, wenn man sich für Kommunikationswissenschaft interessiert. Dort findet man auch als Professor niemanden, mit dem man die Höhen der Wissenschaft stürmen kann. Wie gesagt: Das alles wissen wir damals nicht. Wenn Reimers im Hörsaal Filme aus dem Dritten Reich zeigt und mit uns diskutiert, dann ist das zunächst – spannend. Bernd Okun, der Philosoph, der von der Sektion Marxismus-Leninismus zu den Journalisten kam, hat mir erzählt, dass sich seine Studenten schon damals darüber amüsiert haben. Sinngemäß: Was bei Reimers fünf Vorlesungen fülle, passe bei ihm, Okun, in eine halbe Stunde.[91] Vermutlich wirkt da auch die persönliche Enttäuschung nach, von der gleich noch zu reden sein wird.

Vorher muss man sich das alles noch einmal auf der Zunge zergehen lassen. In der DDR gibt es genau einen Ort, an dem man Journalistik studieren kann. Leipzig. Es gibt auch eine HFF, in Babelsberg, aber dort wird man noch eine Weile brauchen, um die Kunst mit der sozialwissenschaftlichen Forschung zu versöhnen, mindestens bis 1995, mindestens bis zur Berufung des ostdeutschen Medienforschers Dieter Wiedemann in das Rektorat.[92] In Leipzig glaubt die Politik nicht, dass es das Personal aus der DDR noch richten kann. Auch die meisten Studenten glauben das nicht. »Unser Ansatz war: Ohne Hilfe geht es nicht«, sagt Thomas Datt, der mit Sigrid Hoyer und Hans Poerschke im Februar 1991 bei Karl Friedrich Reimers in München war. »Da lag auch Konfliktstoff, weil das letztlich ein öffentlich vorgetragenes Misstrauensvotum gegen Poerschke war. Ich glaube zumindest, dass er das so verstanden hat, obwohl sich das gar nicht auf ihn persönlich bezog. Wir waren der Meinung: Nur Leute aus dem Westen können uns retten, weil die nicht unter Verdacht stehen und auch wissen, wie dieses Mediensystem funktioniert«. Und wer kommt? Eine »starke Persönlichkeit« (Sigrid Hoyer). Jemand, der sich durchsetzen kann gegen den Minister und all den Widerstand in der Stadt und an der Universität. Jemand, der ohne die Arroganz eines Siegers auftritt. Das ist alles viel wert. Trotzdem wäre eine solche Berufung heute nicht mehr vorstellbar. Heute würde man jemanden holen, der als Wissenschaftler international ›sichtbar‹ ist, wie das an der LMU in München so schön heißt, und nicht mehr nach politischen Kontakten fragen.

Für Karl Friedrich Reimers ist der Ruf aus Leipzig ein Geschenk des Himmels. Auch das muss man sich ganz in Ruhe zu Gemüte führen. Wann kommt ein Professor schon einmal dazu, ein Institut nach seinem Geschmack aufzubauen und zehn Kollegen auszuwählen, die dann auf Lehrstühlen und Professuren mit Leben füllen, was man sich ausgedacht hat? Reimers führt zusammen, was seiner Meinung nach schon immer zusammengehört – alle Disziplinen, die irgendwas mit Medien machen. Die Journalistik gehört dazu, natürlich, aber nur als kleines Teil in einem riesengroßen Puzzle. Medienpädagogik und Buchwissenschaft, Ethik und PR, Sozial- und Geisteswissenschaften. Größer könnte der Kontrast nicht sein zu den Instituten im Westen, die gerade lernen, dass Homogenität der Schlüssel zu wissenschaftlichem Kapital ist. Reimers weiß auch, wen und was er nicht in Leipzig haben will. Andreas Rook, der auch in vielen Berufungskommissionen war, erinnert sich, dass dort »benannt« wurde, wenn sich jemand aus dem Umfeld der Mainzer Schule von Elisabeth Noelle-Neumann bewarb. »Zugleich hat Reimers immer gesagt: Wir müssen verhindern, dass Veröffentlichungen bei den Ausschreibungen das wichtigste Kriterium sind. Das, was im Westen selbstverständlich ist, wenn man eine Professur haben möchte. Dann haben die DDR-Wissenschaftler keine Chance«.

Genau genommen gibt es gar keine DDR-Wissenschaftler, die eine echte Berufungschance haben, nicht einmal bei jemandem wie Karl Friedrich Reimers, der selbst nicht so viel veröffentlicht hat (schon gar nicht auf Englisch) und Vielschreiber wie Hans-Bernd Brosius aus Mainz draußen halten möchte. Wir Studenten haben damals drei Symbolfiguren: die Professoren Hans Poerschke und Bernd Okun sowie Jürgen Schlimper, der spätestens seit dem Hungerstreik auch jenseits seines ›Jugendobjekts‹ zur Pressegeschichte eine Nummer wird und dem zu verdanken ist, dass die Lehre weitergeht, als ein Dozent nach dem anderen vor der Unsicherheit flieht. Anfang Februar 1991 hat niemand eine bezahlte Perspektive, die über den 31. März hinausgeht.[93] Die Arbeitsverträge werden dann sehr spät und zunächst nur soweit verlängert, dass der Studienbetrieb nicht in Gefahr ist – am 20. März 1991 zum Beispiel bis zum 31. Juli 1991.[94] Und selbst wer einen Vertrag hat, bekommt weniger Urlaubsgeld. Hans Poerschke nennt in einem Schreiben an den Kanzler im Juli 1991 den »Warteschleifenfestbetrag von 70 Prozent«,[95] und Karl Friedrich Reimers lädt für den 16. Juli 1991 so zu einer Personalversammlung ein: »Die

Würde des Menschen wird in diesen Tagen verschiedenen Belastungen ausgesetzt, die auf unterschiedliche Art schmerzen«.[96] Jürgen Schlimper übernimmt eine Zeitlang einfach alle Seminare, die gerade vakant sind. So etwas bleibt im kollektiven Gedächtnis, selbst wenn die Studierenden wechseln. Sonst hätte die Fachschaft Ende 1998 nicht knapp 700 Unterschriften für ihn sammeln können.

Der Vorschlag, Bernd Okun in die Gründungskommission aufzunehmen, behagt Karl Friedrich Reimers schon nicht, bevor er nach Leipzig kommt. Im Universitätsarchiv liegt ein Brief an Hans Poerschke, geschrieben am 18. März 1991, der voller Fragezeichen ist. Ein Mann aus der Sektion Marxismus-Leninismus, die sich zunächst in Sektion Gesellschaftstheorien umbenannt habe und nun aufgelöst worden sei? Ein Hochschullehrer für Dialektischen und Historischen Materialismus, einer Disziplin, die man im »differenzierten Gesamtbezug einer neuen Fakultät Kommunikations- und Medienwissenschaft aber doch wohl nur begrenzt« gebrauchen könne?[97] Im Vorlesungsverzeichnis des Studienprogramms Journalistik für das Sommersemester steht Bernd Okun mit Veranstaltungen zu Erkenntnistheorie und Sozialphilosophie.[98] Thomas Datt: »Wir Studenten wollten Okun unbedingt behalten. Reimers hat uns das dann auch versprochen. Ich war sehr enttäuscht, als Okun gehen musste. Reimers war für mich damit erledigt. Keine Glaubwürdigkeit mehr«.

Ich habe schon erzählt, dass Karl Friedrich Reimers das verteidigt, was damals gelaufen ist.[99] Die Angriffe der *Bild*-Zeitung, das ›Sabbatical‹, das er für Bernd Okun und Hans Poerschke erkämpft hat. Hans Poerschke hat auf dem Krikowi-Podium vom November 2019 berichtet, warum ihm dieses Angebot nicht geholfen hat. Bernd Okun erinnert sich nur noch an die vielen Gespräche mit dem Studentenrat und sagt, dass er persönlich zu Reimers keinen Zugang gefunden und deshalb wenig Kontakt gesucht habe.[100] Einen Professor in die neue Zeit mitzunehmen, der an der Sektion Marxismus-Leninismus war oder auch ›nur‹ an der Sektion Journalistik: Ich glaube nicht, dass das für Karl Friedrich Reimers vorstellbar war. Im Archiv liegt ein Brief, den er im Herbst 1990 geschrieben hat, nach einem Gespräch mit Hans Poerschke. Minister Meyer wird erst zweieinhalb Wochen später in Dresden vereidigt. Die Abwicklung ist weit und an einen Gründungsdekan Reimers noch lange nicht zu denken. Der Brief aus München spricht trotzdem Klartext: »Jedenfalls wird es im Sinne einer Wissenschaft für die Allgemeinheit nicht zu verantworten sein, denke ich (mit viel Sinn für Wider-Sprüche), ein weitestgehend SED-Langzeit-fixiertes Kollegium ›einfach so‹ vor sich hin wurschteln zu lassen: Das ginge vor allem zu Lasten der heute Studierenden, die sich mit einem – fast ausschließlich – bei ›Parteiprofessoren‹ erworbenen (›Universitäts‹-)Diplom nirgendwo im fortgeschrittenen Europa sehen lassen könnten«. Letztlich, so Reimers weiter, sei das wie in einer Kirchengemeinde. Jeder Pfarrer, der dort unglaubwürdig werde, habe sein »Amt verspielt«.[101]

Immerhin: Ein DDR-Bürger findet Platz im neuen Fünf-Säulen-Haus. Hans-Jörg Stiehler, Jahrgang 1951, kommt vom Zentralinstitut für Jugendforschung in Leipzig und bringt wie sein Kollege Dieter Wiedemann, der später an der HFF in Babelsberg Langzeit-Präsident wird, alles mit, um sich aussichtsreich auf die Empirie-Professur bewerben und dann mit Hilfe des Kriterienkatalogs von Karl Friedrich Reimers auch Konkurrenten wie Hans-Bernd Brosius ausstechen zu können.[102]

Alle Berufungsakten aus dieser Zeit lagen eine Weile offen im Institutsarchiv. Ich glaube nicht, dass das jemand außer mir gesehen hat. Zitieren mag ich daraus trotzdem nicht. Trauer macht ungerecht. Ich hätte für dieses Buch gern Gerhard Piskol interviewt, der persönlicher Assistent von Karl Friedrich Reimers war und für mich später ein guter Freund wurde. Gerhard kann unglaubliche Geschichten erzählen, bei denen die Beteiligten nur selten gut wegkommen. Es ging um Universitätsstellen auf Lebenszeit. Was sagt man da nicht alles, wenn der Mann vor einem steht, der das Ohr des Gründungsdekans hat? Wahrscheinlich geht es Gerhard wie mir. Es ist eigentlich egal, wer in Leipzig wie auf eine Professur gekommen ist. Andreas Rook erinnert sich an die Berufung von Rüdiger Steinmetz, vorher 13 Jahre Mitarbeiter von Karl Friedrich Reimers an der HFF, und Thomas Datt weiß noch, dass er bei der ersten Vorlesung von Gertraud Linz-Abich »entsetzt« war. »Wir hatten ja hohe Erwartungen. Und jetzt war das ein deutlicher Niveauabfall gegenüber dem alten Personal, zumindest im Durchschnitt«. Gertraud Linz, Jahrgang 1936 und verheiratet mit Hans Abich, in den

1970er-Jahren ARD-Programmdirektor und eine Nummer in der evangelischen Kirche, bekommt 1992 den Journalistik-Lehrstuhl. Aus Leipziger Sicht: der Lehrstuhl schlechthin. Mit dem Fach hat sie bis dahin nichts zu tun. Mehr noch: Gertraud Linz ist eigentlich schon auf dem Rückzug ins Private, nachdem sie lange bei den Öffentlich-Rechtlichen für die Weiterbildung zuständig war. Thomas Datt sagt, dass der Gründungdekan hier offenbar »Dankesschulden« abgetragen habe.

Wie gesagt: Eigentlich ist das egal. Über jede Berufung wird gelästert. Das Problem ist das, was aus alldem folgt. Das Problem ist die Lehre, die die Ostdeutschen aus einer Geschichte ziehen müssen, die sie selbst erleben, aber nur so lange gestalten dürfen, bis der Westen übernimmt. Ich schaue auf die Sektion Journalistik und sehe die DDR. Anderthalb Jahre für die Katz. Karl Friedrich Reimers braucht nichts von dem, was Studenten und Dozenten (absichtlich in dieser Reihenfolge) seit dem Herbst 1989 gemacht haben und schon gar nichts von dem, was vorher da war. Auch seine Kolleginnen und Kollegen in der Kommunikationswissenschaft brauchen das nicht. Die meisten verstehen zwar nicht allzu viel davon, aber die Realität der Leitmedien sagt, was davon zu halten ist. Nichts. Also lasst uns weitermachen, als wäre nichts gewesen, und die Pfründe nutzen, die uns die Politik da schenkt. Ich weiß gar nicht, ob es das Wort ›Trauer‹ hier noch trifft.

Anmerkungen

1 Akademische Einrichtung oder/und »Journalistenschule«? Überlegungen der Alternativgruppe zu einer Sektionsreform, 25. Januar 1990. In: Universitätsarchiv Leipzig (UAL), Sektion Journalistik (SJ) 23 (Dienstberatungen 1989), Bl. 101-126

2 Vgl. Rat der Sektion Journalistik, 9. November 1989. In: UAL, SJ 23, Bl. 2-4. – Für die Debatten an der Sektion vgl. exemplarisch die Beratungen der Lehrstuhlleiter vom 12. Mai 1988, vom 20. Dezember 1988 und vom 15. Februar 1989. In: UAL, SJ 25 (Dienstberatungen beim Sektionsdirektor), Bl. 75f., Bl. 86f., Bl. 89-91. Ausführlicher und mit Zitaten Michael Meyen: Abwicklung und Neustart. In: Michael Meyen, Thomas Wiedemann (Hrsg.): *Biografisches Lexikon der Kommunikationswissenschaft*. Köln: Herbert von Halem 2020. http://blexkom.halemverlag.de/abwicklung/ (2. Juni 2020)

3 Vgl. Rainer Land (Hrsg.): *Das Umbau-Papier. Studie zur Gesellschaftsstrategie.* Berlin: Rotbuch 1990, Dieter Segert: *Transformation und politische Linke. Eine ostdeutsche Perspektive.* Hamburg: VSA: Verlag 2019

4 Vgl. Uwe Krüger, Michael Meyen: Auf dem Weg in die Postwachstumsgesellschaft. Plädoyer für eine transformative Kommunikationswissenschaft. In: *Publizistik* 63. Jg. (2018), S. 341-357

5 Vgl. Michael Meyen: Der Ost-West-Gipfel vom Mai 1990. In: Michael Meyen, Thomas Wiedemann (Hrsg.): *Biografisches Lexikon der Kommunikationswissenschaft.* Köln: Herbert von Halem 2020

6 Akademische Einrichtung oder/und »Journalistenschule«?

7 Vgl. Hans Poerschke: Gedanken für die Gründungskommission, Mai 1991. In: UAL, SJ 25, Bl. 71-75

8 Jochen Reinert, Olaf Standke: »Ich habe erlebt, wie BRD-Bürger ›gemacht‹ werden«. Hartmut Ferworn, Berlin, nach einer Ungarn-Reise gegenüber ND. In: *Neues Deutschland* vom 21. September 1989, S. 1, 3

9 Falk Madeja: Real existierende Risse kitten. In: *DJS München: Abschlusszeitung der Klasse* 27B vom 26. Januar 1990, S. 1

10 Interview mit Uwe Madel am 5. Februar 2020 in Berlin. – Alle weiteren Zitate von Uwe Madel aus diesem Interview.

11 Vgl. Manfred Ewald: *Ich war der Sport. Wahrheiten und Legenden aus dem Wunderland der Sieger.* Berlin: Elefanten Press 1994

12 Interview mit Michael Seidel am 20. November 2019 in Schwerin. – Alle weiteren Zitate von Michael Seidel aus diesem Interview.

13 Ernst Röhl: *Rat der Spötter. Das Kabarett des Peter Sodann.* Leipzig: Gustav Kiepenheuer 2002, S. 85

14 Poerschke an Leutert, 23. Oktober 1990. In: UAL, SJ 24, Bl. 11-14, hier 13

15 Vgl. Peer Pasternack: *Demokratische Erneuerung. Eine universitätsgeschichtliche Untersuchung des ostdeutschen Hochschulumbaus 1989-1995. Mit zwei Fallstudien: Universität Leipzig und Humboldt-Universität zu Berlin.* Weinheim: Beltz 1999, S. 162-171

16 Vgl. exemplarisch Panos Terz, Eberhard Zeidler: Erklärung. In: *Universitätszeitung Leipzig,* Sonderbeilage vom 13. August 1990, S. 6, Manfred Wurlitzer: »Ein demokratisches Mäntelchen ist schnell übergezogen«. Die neue Wortschöpfung an der Leipziger Universität lautet »Umberufung«. Ein Bericht zur Lage. In: *Frankfurter Rundschau* vom 18. Oktober 1990, S. 15; Gerrit Isenberg, Walter Jahn: Elend in Leipzig. Wird SED-Kaderschmiede demokratische Universität? In: *Die Zeit* vom 23. November 1990, S. 79

17 Bernhard Heinrich: Geschäftige Stille herrscht um die Talent-Sprungschanze. Schwerfälligkeit an der Universität Leipzig. In: *Frankfurter Allgemeine Zeitung* vom 25. August 1990, S. 3

18 Thomas Rietzschel: Die Kader denken nicht an Flucht. In: *Frankfurter Allgemeine Zeitung* vom 6. Dezember 1990, S. 33

19 Fragebogen vom Mai 1990, S. 1. In: *Privatarchiv Michael Meyen*

20 Anibal Ramirez: Der StuRa über das Konzil – Gespräch mit Peer Pasternak (sic!), Mitglied des Stura. In: *ISK-Info* Nr. 5 vom 13. Juni 1990

21 Pasternack: *Erneuerung,* S. 157, 169

22 Vgl. Dieter Segert: The State, the Stasi and the People: The Debate about the Past and Difficulties in Reforming Collective Identities. In: *The Journal of Communist Studies* 9. Jg. (1993), S. 202-215

23 Vgl. Daniela Dahn: *Der Schnee von gestern ist die Sintflut von heute. Die Einheit – eine Abrechnung.* Hamburg: Rowohlt Taschenbuch Verlag 2019, S. 95 f. – Für die Tageszeitung *Junge Welt*

haben Anke Fiedler und ich das im Detail recherchiert: *Wer jung ist, liest die Junge Welt. Die Geschichte der auflagenstärksten DDR-Zeitung*. Berlin: Ch. Links 2013, S. 85

24 Fuchs an Prorektor Stübler, 23. November 1989. In: UAL, Pror. Gewi 188, Bl. 25

25 Vgl. Günter Raue: *Geschichte des Journalismus in der DDR (1945-1961)*. Leipzig: VEB Bibliographisches Institut 1986

26 Michael Meyen: Leipzig nach der Wende: Landnahme, Verwestlichung oder Strukturwandel? In: Michael Meyen, Thomas Wiedemann (Hrsg.): *Biografisches Lexikon der Kommunikationswissenschaft*. Köln: Herbert von Halem 2020. http://blexkom.halemverlag.de/landnahme/ (2. Juni 2020)

27 Interview mit Thomas Datt am 16. Januar 2020 in Leipzig. – Alle weiteren Zitate von Datt aus diesem Interview.

28 Raue an Leutert, 13. Juli 1990. Im Anhang dieses Schreibens gibt es eine »Chronik der Schritte zur Erneuerung«. In: UAL, Pror. Gewi 188, Bl. 6-9

29 Rat der Sektion Journalistik, 31. Januar 1990. In: UAL, SJ 23, Bl. 10

30 Jacqueline Boßdorf, Hagen Boßdorf: Die Verbannung des kollektiven Agitators aus dem Roten Kloster. In: *taz* vom 18. April 1990, S. 15

31 Raue an Stübler, 11. Januar 1990. In: UAL, Pror. Gewi 188, Bl. 20f.

32 Rat der Sektion Journalistik, 31. Januar 1990. In: UAL, SJ 23, Bl. 13

33 Rat der Sektion Journalistik, 27. März 1990. Ebd., Bl. 22

34 Sektion Journalistik (vermutlich Günter Raue im Namen des Rates der Sektion) an Rektor Hennig, 12. April 1990. In: UAL, Pror. Gewi 188, Bl. 10-12

35 Dienstberatung am 7. Februar 1990. In: UAL, SJ 23, Bl. 17-19, hier 19

36 Vgl. Pasternack: *Erneuerung*, S. 140

37 Vgl. Ariane Barth: »Es rettet und kein Gott«. In: *Der Spiegel* Nr. 50/1989, S. 42-50, Thomas Beer, Holger Herzberg, Hajo Krämer: Viele bewegende Fragen im intensiven Streitgespräch. Freimütiger Dialog in der Moritzpartei. In: *Universitätszeitung* Nr. 39 vom 27. Oktober 1989, S. 1, Christina Matte: Prominenter Philosoph ohne Lehrstuhl. In: *Neues Deutschland* vom 23. November 1990, S. 1, Tom Seidler: Differenzieren statt Pauschalisieren. Abberufungsbeschluss in der Diskussion. In: *Leipziger Volkszeitung* vom 3. August 1990, S. 7

38 Bernd Okun: Ich habe immer Öffentlichkeit gewagt. In: Bernd Lindner, Ralph Grüneberger (Hrsg.): *Demonteure. Biographien des Leipziger Herbst*. Bielefeld: Aisthesis 1992, S. 147-166, hier 153f.

39 Bernd Okun: Thesen zur DT 64-Sendung »Veto« am 28.10.1992 in Zwickau: Sächsische Hochschulerneuerung und gesamtdeutsche Hochschulkrise. In: *Hochschule Ost*, November 1992, S. 32-34

40 Bernd Okun: *Allgemeine Merkmale weltanschaulicher Propaganda in ihrer Bedeutung für die Vermittlung des Marxismus-Leninismus. Eine erkenntnistheoretische Studie*. Dissertation B. Leipzig: Karl-Marx-Universität 1984

41 E-Mail vom 31. März 2020

42 Vgl. Michael Meyen, Barbara Höfler: Ende des Studiengangs, Ende der Debatte? Das »Münchener Modell« zur Ausbildung von Diplom-Journalisten. In: Michael Meyen, Manuel Wendelin (Hrsg.): *Journalistenausbildung, Empirie und Auftragsforschung. Neue Bausteine zu einer Geschichte des Instituts für Kommunikationswissenschaft. Mit einer Bibliographie der Dissertationen von 1925 bis 2007. Für Wolfgang R. Langenbucher zum 70. Geburtstag*. Köln: Herbert von Halem 2008, S. 28-84

43 Michael Meyen: Der Ost-West-Gipfel vom Mai 1990. In: Michael Meyen, Thomas Wiedemann (Hrsg.): *Biografisches Lexikon der Kommunikationswissenschaft*. Köln: Herbert von

Halem 2020. http://blexkom.halemverlag.de/ost-west-gipfel/ (2. Juni 2020 – Alle wörtlichen Zitate sind einem Tonbandmitschnitt entnommen, den ich in meinem Archiv habe.

44 Raue an Leutert, 13. Juli 1990. In: UAL, Pror. Gewi 188, Bl. 6-9

45 Sektion Journalistik (vermutlich Günter Raue im Namen des Rates der Sektion) an Rektor Hennig, 12. April 1990. In: UAL, Pror. Gewi 188, Bl. 10-12, hier 10

46 Psychologie der Massenkommunikation, journalistischer Sprachgebrauch und Soziologie der Massenkommunikation. Vgl. Raue an Leutert, 13. Juli 1990. In: UAL, Pror. Gewi 188, Bl. 6-9

47 Erklärung des Rates der Sektion Journalistik, 12. Juli 1990. Ebd., Pror. Gewi 188, Bl. 3-5, hier 5

48 Dienstberatung am 7. Februar 1990. In: UAL, SJ 23, Bl. 17

49 Karl-Heinz Röhr: Um Qualität geht es immer und überall. In: Michael Meyen, Thomas Wiedemann (Hrsg.): *Biografisches Lexikon der Kommunikationswissenschaft*. Köln: Herbert von Halem 2015. http://blexkom.halemverlag.de/karl-heinz-roehr/ (21. März 2020)

50 Vgl. Andreas Scheu: *Adornos Erben in der Kommunikationswissenschaft. Eine Verdrängungsgeschichte?* Köln: Herbert von Halem 2012

51 Rager an Poerschke, 28. September 1990. Ebd., Sektion Journalistik Nr. 26, Bl. 117

52 Vgl. Klaus Peschel: *Aussagenlogik und Argumentation*. Karl-Marx-Universität Leipzig: Sektion Journalistik 1987

53 Vgl. Meyen: *Ost-West-Gipfel*

54 Vgl. Michael Meyen: *Leipzigs bürgerliche Presse in der Weimarer Republik. Wechselbeziehungen zwischen gesellschaftlichem Wandel und Presseentwicklung*. Leipzig: GNN-Verlag 1996

55 Vgl. Thomas Wiedemann, Michael Meyen, Ivan Lacasa-Mas: 100 Years Communication Study in Europe: Karl Bücher's Impact on the Discipline's Reflexive Project. In: *Studies in Communication | Media* (SCM) 7. Jg. (2018), S. 7-30

56 Vgl. Maria Löblich: *Die empirisch-sozialwissenschaftliche Wende in der Publizistik- und Zeitungswissenschaft*. Köln: Herbert von Halem 2010

57 Vgl. Jürgen Wilke: *Nachrichten und Medienrealität in vier Jahrhunderten*. Berlin: de Gruyter 1984

58 Hans Poerschke: *Partei und Presse bei und unter Lenin 1899 bis 1924*. Köln: Herbert von Halem 2020

59 Vgl. Uwe Krüger: *Mainstream. Warum wir den Medien nicht mehr trauen*. München: C.H. Beck 2016

60 Klaus Preisigke: Wir waren ein Hort des Opportunismus. In: Michael Meyen, Thomas Wiedemann (Hrsg.): *Biografisches Lexikon der Kommunikationswissenschaft*. Köln: Herbert von Halem 2015. http://blexkom.halemverlag.de/klaus-preisigke/ (9. April 2020)

61 Vgl. Wissenschaftlicher Beirat der Bundesregierung Globale Umweltveränderungen: *Welt im Wandel. Gesellschaftsvertrag für eine Große Transformation*. Bonn: WBGU 2011

62 Krüger, Meyen, *Postwachstumsgesellschaft*

63 Vgl. Hans Poerschke: Ich habe gesucht. In: Michael Meyen, Thomas Wiedemann (Hrsg.): *Biografisches Lexikon der Kommunikationswissenschaft*. Köln: Herbert von Halem 2015. http://blexkom.halemverlag.de/hans-poerschke/ (9. April 2020)

64 Vgl. Maria Löblich: Theoriegeleitete Forschung in der Kommunikationswissenschaft. In: Stefanie Averbeck-Lietz, Michael Meyen (Hrsg.): *Handbuch nicht standardisierte Methoden in der Kommunikationswissenschaft*. Wiesbaden: VS 2016, S. 67-79

65 Pasternack: *Erneuerung*, S. 142f.

66 Vgl. Isabelle Lehn, Sascha Macht, Katja Stopka: *Schreiben lernen im Sozialismus. Das Institut für Literatur »Johannes R. Becher«*. Göttingen: Wallstein 2018, S. 541

67 Pasternack: *Erneuerung*, S. 143f.

68 Poerschke an Biedenkopf, 12. Dezember 1990. In: UAL, Pror. Gewi 188, Bl. 109f.

69 UAL, SJ 25, Bl. 98-100, 103-105

70 Schönbach an Poerschke, 20. Dezember 1990. Ebd., Bl. 102

71 »Da geht vielen das Messer auf«. In Baden-Württemberg führt CDU-Chef Filbinger Wahlkampf im Adenauer-Stil. In: *Der Spiegel*, Nr. 14/1976, S. 26-30, hier 26

72 Günther Rager: Journalisten brauchen Forschung und Statistik. In: Michael Meyen, Thomas Wiedemann (Hrsg.): *Biografisches Lexikon der Kommunikationswissenschaft.* Köln: Herbert von Halem 2015. http://blexkom.halemverlag.de/rager-interview/ (10. April 2020)

73 Reimers an Poerschke, 2. März 1991. In: UAL, SJ 25, Bl. 54

74 Ragers Kandidaten sind Klaus Schönbach, Reinhart Ricker, Günter Bentele, Jürgen Heinrich und Winfried Schulz. – Rager an Meyer, 7. Januar 1991. Ebd., Bl. 76-78

75 Karl Friedrich Reimers: *Lübeck im Kirchenkampf des Dritten Reiches. Nationalsozialistisches Führerprinzip und evangelisch-lutherische Landeskirche von 1933 bis 1945*. Göttingen: Vandenhoeck & Ruprecht 1965

76 Karl Friedrich Reimers: Das Zusammenleben war gewünscht. In: Michael Meyen, Maria Löblich (Hrsg.): *80 Jahre Zeitungs- und Kommunikationswissenschaft in München.* Köln: Herbert von Halem 2004, S. 241-249, hier 242

77 Neben Sigrid Hoyer arbeiten dort Ursula Wächter und Gerhard Piskol mit, der im April 1991 nachrückt, nachdem Barbara Lenhart ausgeschieden ist. – Vgl. Nachwahl zur Gründungskommission am 10. April 1991. In: UAL, SJ 25, Bl. 19

78 Sigrid Hoyer: Unser Handwerk ist brauchbar. In: Michael Meyen, Thomas Wiedemann (Hrsg.): *Biografisches Lexikon der Kommunikationswissenschaft.* Köln: Herbert von Halem 2020. http://blexkom.halemverlag.de/hoyer-interview/ (2. Juni 2020). – Alle weiteren Zitate von Sigrid Hoyer sind aus diesem Interview.

79 Vgl. Karl Friedrich Reimers: Turmbau zu Leipzig ... In: Jasper A. Friedrich, Arnulf Kutsch, Denise Sommer (Hrsg.): *Großbothener Vorträge zur Kommunikationswissenschaft XII*. Bremen: edition lumiere 2013, S. 71-124

80 Telefonat mit Karl Friedrich Reimers am 16. Dezember 2019, Gedächtnisprotokoll

81 Rager: *Journalisten brauchen Forschung*

82 Vgl. Winfried Schulz: Man spekuliert nicht, sondern orientiert sich an Fakten. In: Michael Meyen, Maria Löblich: *»Ich habe dieses Fach erfunden«. Wie die Kommunikationswissenschaft an die deutschsprachigen Universitäten kam. 19 biografische Interviews*. Köln: Herbert von Halem 2007, S. 227-245

83 Vgl. Michael Meyen: Von der Sozialistischen Journalistik zum Viel-Felder-Institut für Kommunikations- und Medienwissenschaft. In: Erik Koenen (Hrsg.): *Die Entdeckung der Kommunikationswissenschaft. 100 Jahre kommunikationswissenschaftliche Fachtradition in Leipzig: Von der Zeitungskunde zur Kommunikations- und Medienwissenschaft*. Köln: Herbert von Halem 2016, S. 246-274

84 Begrüßungsschreiben an die Mitglieder der Gründungskommission, die dann am 31. Mai 1991 erstmals tagt. Ohne Datum (Ende April 1991). In: UAL, SJ 25, Bl. 11-13, hier 12

85 Andreas Brunnen: Leipzig: Ein Karl-Bücher-Institut für Publizistik. In: *Fernseh-Informationen* Nr. 6 vom März 1991, S. 161-163

86 Studienprogrammkommission: Journalistenausbildung in Leipzig, 14. April 1991. In: UAL, SJ 25, Bl. 30-32, hier 30. – Schon am 17. März hatte Bernd Okun mit dem Studenten Steffen Przybyl, wie Andreas Rook Mitglied der Gründungskommission, ein ganz ähnliches Papier veröffentlicht. Ebd., Bl. 56-61

87 Karl Friedrich Reimers: *10 Jahre Institut für Kommunikations- und Medienwissenschaft. In: 10 Jahre Institut für Kommunikations- und Medienwissenschaft*. Leipzig: Universität Leipzig 2003, S. 4

88 Anja Reich: Der Ruf des Roten Klosters hallt heute noch nach. In: *Die Welt* vom 25. Oktober 1991

89 Kurt Reumann: Im Roten Kloster in Leipzig glaubt man seiner eigenen Leiche zu begegnen. In: *Frankfurter Allgemeine Zeitung* vom 9. Dezember 1991

90 Interview mit Andreas Rook am 7. November 2019 in Dresden

91 Interview mit Bernd Okun am 7. Januar 2020 in Leipzig. – Vgl. Bernd Okun: Reizt das doch aus, bevor ihr die Flinte ins Korn werft. In: Michael Meyen, Thomas Wiedemann (Hrsg.): *Biografisches Lexikon der Kommunikationswissenschaft*. Köln: Herbert von Halem 2020. http://blexkom.halemverlag.de/okun-interview/ (2. Juni 2020)

92 Vgl. Dieter Wiedemann: Forschen und leben in zwei Gesellschaften. In: Michael Meyen, Thomas Wiedemann (Hrsg.): *Biografisches Lexikon der Kommunikationswissenschaft*. Köln: Herbert von Halem 2019. http://blexkom.halemverlag.de/wiedemann-interview/ (10. April 2020)

93 Vgl. Tom Seidler: Sektion Journalistik: Das tote Kloster? In: *Leipziger Volkszeitung* vom 12. Februar 1991

94 Hans Poerschke: *Information*, 20. März 1991. In: UAL, SJ 25, Bl. 39

95 Poerschke an Gutjahr-Löser, 19. Juli 1991. Ebd., Bl. 1

96 Schreiben von Reimers, 2. Juli 1991. Ebd., Bl. 5

97 Reimers an Poerschke, 18. März 1991. Ebd., Bl. 43-46, hier 45

98 UAL, SJ 26, Bl. 1

99 Vgl. das Kapitel »Warum die Vergangenheit nicht vergeht«

100 Okun: *Reizt das doch aus*

101 Reimers an Poerschke, 22. Oktober 1990. In: UAL, SJ 25, Bl. 92-95, hier 93f.

102 Vgl. Hans-Jörg Stiehler: Ich bin ein Teamarbeiter. In: Michael Meyen, Thomas Wiedemann (Hrsg.): *Biografisches Lexikon der Kommunikationswissenschaft*. Köln: Herbert von Halem 2014. http://blexkom.halemverlag.de/teamarbeiter/ (11. April 2020)

10. WAS DER ABRISS DER LEIPZIGER JOURNALISTIK MIT DER KRISE DER GEGENWART ZU TUN HAT

Eine Erbengeneration, die ihren größten Schatz nicht zeigen kann

Manchmal beneide ich Numismatiker oder Philatelisten. In meiner Vorstellung sind das Menschen, die in die Vergangenheit eintauchen und dabei ihren Ruhepuls behalten. Vielleicht streitet man sich hier und da, ob die Zacke wirklich noch ganz ist und das gute Stück auch richtig behandelt wurde, aber was da vor einem liegt, ist tot. Man könnte das genauso gut für die DDR-Journalistik behaupten (manche tun das ungeniert), Ideen sind aber etwas anderes als Briefmarken und Münzen. Ideen entfalten ein Eigenleben. Ideen setzen sich in unseren Köpfen fest, wenn wir sie plausibel finden oder nur oft genug gehört haben, und wirken selbst dann weiter, wenn wir sie längst verdrängt haben oder öffentlich nicht darüber reden möchten, um unseren sozialen Körper vor der Wucht zu schützen, die jeder hegemoniale Diskurs in sich trägt.

Das Leipziger Paradigma zur akademischen Journalistenausbildung ist so eine Idee. Eigentlich spricht alles dafür, den Totenschein zu unterschreiben. Die letzten der wenigen Dozenten, die nach der Evaluierung bleiben durften, haben die Universität inzwischen in Richtung Ruhestand verlassen. Keiner der Nachfolger lehrt, forscht oder denkt mehr in ihrem Geist, auch in Leipzig nicht. Die Lehrhefte von einst liegen zwar in manchen Archiven und vermutlich noch etwas häufiger in privaten Räumen (zum Beispiel bei mir zu Hause), aber Studenten bekommen diese Texte nur noch zu Gesicht, wenn sie sich als Historikerinnen und Historiker versuchen. Recherchieren, Schreiben und Redigieren lernt man heute mit anderen Büchern. Wer dort blättert, wird vergeblich nach irgendeinem Überbleibsel aus der DDR fahnden. Kein Zitat, kein Verweis, nicht einmal eine Abgrenzung.

Wenn Horst Pöttker diese Zeilen lesen sollte, wird er protestieren. Einspruch, Herr Meyen. Ich, Horst Pöttker, habe dafür gesorgt, dass wenigstens die Stilistik-Lehre nicht verloren gegangen ist. Das stimmt und wird gleich noch gewürdigt, ändert aber wenig an der Diagnose. Der Patient DDR-Journalistik ist tot und lebt doch weiter – in den Menschen, die in Leipzig studiert haben und vielleicht sogar in den anderthalb Jahren dabei waren, in denen es für das Denken keine Grenzen mehr zu geben schien und damit auch nicht für das, was angehende Medienprofis an einer Universität diskutieren und dann in ihren Beruf mitnehmen können. All das ist begraben worden – von einer Landesregierung, die die Sektion Journalistik zunächst ersatzlos abwickeln wollte, von einem Gründungsdekan, der dann aus München sein ganz eigenes Modell mitbrachte, sowie von uns Studenten, die nach einer Westlösung gerufen haben und dabei auch von einem Meinungsklima getragen wurden, das bis heute alles, was mit der SED zu tun hatte, unter Diktaturverdacht stellt.

So eine Beerdigung lässt niemanden kalt, der zur Familie gehört. Die Absolventinnen und Absolventen konnten sehen, was die neuen Herren vom Leipziger Diplom hielten und von den Versuchen, das Wissen und die Erfahrungen aus der DDR fruchtbar zu machen für die neue Zeit, und haben ihre Herkunft fortan verschwiegen.[1] Selbst Zeitzeugengespräche waren lange schwierig. Anke Fiedler und ich haben noch vor zehn Jahren (immerhin zwei Jahrzehnte nach der Abwicklung) so gut wie keinen aktiven Journalisten gefunden, der mit uns über die Medien vor 1989 reden wollte.[2] Er möchte seinen Namen »nur ungern« neben »Modrow, Götting, Unterlauf und Huhn lesen«, schrieb mir damals einer meiner Ex-Chefs beim MDR, Anfang der 1960er-Jahre geboren, früher bei *Radio DDR* in Berlin. »Ich will mich nicht drücken und auch nicht ausblenden, was in der DDR war. Aber ich will mit diesen Leuten einfach nichts zu tun haben«.[3] Im Klartext: Ich habe hier einen tollen Job und möchte nicht, dass irgendjemand auf dumme Gedanken kommt.

Es kann gut sein, dass dieses Buch die schlafenden Hunde weckt, aber das müssen wir aushalten. Das ›Ost-Fenster‹ ist wieder auf (geöffnet auch von der AfD),[4] und niemand, der guten Journalismus für eine Grundfeste jeder Demokratie hält, kann es sich heute leisten, eine Idee nur deshalb auszublenden, weil sie von den falschen Leuten kommt. Die Leipziger Idee in drei Sätzen: 1. Journalisten gehören an eine Universität. 2. Sie können dort ihr Handwerk lernen – wenn die Forschung darauf zielt, die Ausbildung zu optimieren, und wenn es der Personalbestand zulässt, in kleinen Gruppen zu üben. 3. Vor allem aber bietet die Universität die Chance, einen Kompass für den Beruf zu finden, der sich nicht permanent um sich selbst dreht und auch nicht nur auf das Geld zeigt oder auf die Mächtigen in Politik, Verwaltung und Wirtschaft.

Dem Journalismus fehlt so ein Kompass. Vielleicht war das schon immer so, und wir haben es nur nicht gemerkt, weil es Deutschland gut ging und es wenig Gründe gab, an allem zu zweifeln. Für mich selbst kann ich sagen: Ich habe lange gebraucht, dieses Land zu verstehen und einen Platz in der neuen Heimat zu finden. Mein Damaskuserlebnis ist in der Einleitung angedeutet worden: eine Studie zur DDR im kollektiven Gedächtnis der Deutschen.[5] Danach wusste ich: Was uns Intendantinnen, Verleger und Chefredakteure am Sonntag versprechen, was die Lehrbücher predigen und was Gesetzestexte einfordern (etwa: Vielfalt, Neutralität oder Objektivität), hat mit der Medienrealität nicht viel zu tun. Diese Realität spiegelt den Status quo der Machtverhältnisse, weil sie von Akteuren bestimmt wird, die entweder direkt in die Redaktionen hineinregieren oder über die Ressourcen verfügen, um die Handlungslogik eines kommerziellen Mediensystems für sich nutzen zu können.[6] Die Ukraine,[7] die Flüchtlinge[8], Corona. Wer mit dem zufrieden ist, was uns vor allem die Leitmedien zu diesen Themen geboten haben, kann das Buch an dieser Stelle zuklappen.

Für alle anderen: Auf den Ruinen der DDR ist ein Journalismusideal gewachsen, das nah dran ist an dem, was Horst Pöttker »Öffentlichkeit als Auftrag« nennt. Pöttker, ein Hamburger Soziologe und Medienpraktiker, Jahrgang 1944, hat als junger Mann über Anarchismus geschrieben, Robert Mugabe und Pol Pot bewundert, bevor sie Despoten wurden, und dann in seiner Dissertation »untersucht, ob es nicht vielleicht doch möglich gewesen wäre, Axel Springer zu enteignen«. Das Fazit von 1978, formuliert 40 Jahre später: »Ich meine, ja. Artikel 14 und 15 des Grundgesetzes sagen, dass Enteignungen zulässig sein können, wenn es um das Allgemeinwohl geht«.[9] Horst Pöttker kam 1992 als Gastprofessor nach Leipzig, entschied sich dann aber doch für Dortmund. Schon damals fand er »ein gerüttelt Maß an innerer Unsicherheit bei den Journalisten und ihren Auftraggebern«. Was soll Journalismus tun und lassen? Was können wir von ihm erwarten und was nicht? Die Antwort von Horst Pöttker: Öffentlichkeit herstellen. Das heißt auch: Darauf verzichten, eine ›Marke‹ zu werden. Andere sprechen lassen, anstatt selbst ›Haltung‹ zu zeigen. Und tatsächlich über »alle« und »alles« berichten, weil wir sonst in unseren Blasen bleiben und annehmen müssen, dass unsere Sicht auf die Welt die einzig mögliche ist. Horst Pöttker sagt: Öffentlichkeit ist nicht einfach da. Deshalb brauchen wir den Journalismus.[10]

Der DDR hat ein solcher Journalismus gefehlt. Die herrschende Partei hat alles aus der Medienrealität ferngehalten, was ihr irgendwie gefährlich schien. Schwächen, die der Westen nutzen könnte, Stimmen, die die eigenen Leute womöglich verunsichern, Kritik am eigenen Lager, Lob für den Klassenfeind und am Ende sogar jedes Lob für den großen Bruder Gorbatschow.[11] Das Projekt DDR ist auch an dem Zerrbild gescheitert, dass die Medienrealität von der Wirklichkeit gezeichnet hat. Wer das erlebt hat und dieses Projekt mochte, der weiß das – auch und gerade, wenn er oder sie in Leipzig Journalistik studiert oder gelehrt hat. Nur: Wissen und öffentlich sprechen (können), sind zwei verschiedene Dinge. Der hegemoniale Diskurs hat die ostdeutschen Eliten gezwungen, in der »Erzählung über sich selbst« (bei Anthony Giddens ein Synonym für Identität[12]) alles umzudeuten oder zu unterdrücken, was mit der DDR zu tun hatte, wenn sie sich denn im neuen Deutschland nicht um Kopf und Kragen reden wollten.[13]

WARUM ES VON DER WENDE IN LEIPZIG NICHT WEIT IST BIS ZUM AUFTRAG ÖFFENTLICHKEIT

Seit das ›Ost-Fenster‹ wieder auf ist, weht ein anderer Wind. Der westdeutsche Journalist Moritz von Uslar hat schon bei seiner ersten *Deutschboden*-Recherche in Zehdenick, einer Kleinstadt in Brandenburg, Menschen getroffen, die das, was früher war, nicht schlecht reden oder einfach vergessen wollten. Als er 2019, zehn Jahre später, zurückkam, wurde das nicht mehr versteckt. Das »Ostbewusstsein«[14] in Zehdenick durch die Brille des Reporters Moritz von Uslar: »Antimaterialismus, Gemeinschaftsgefühl und Zusammenhalt, Loyalität, gute Nachbarschaft, eine herzliche Verbindlichkeit, Unverstelltheit, ein schroffer Humor, Sein-Herz-auf-der-Zunge-Tragen, eine gewisse Chuzpe, Unangepasstheit und Kampfeslust à la ›Wir lassen uns nicht den Mund verbieten‹, diese Dinge«.[15]

Was das mit dem Journalismus zu tun hat? »Mir ist das oft zu viel Selbstdarstellung«, sagt Thomas Datt, ein Freiberufler, der im Herbst 1989 aus dem Prenzlauer Berg nach Leipzig kam, an der Sektion Journalistik zu einem studentischen Aktivisten wurde und sehr viel später für seine Recherchen zum ›Sachsensumpf‹ mit seinem Kollegen Arndt Ginzel jahrelang vor Gericht stand. »Zu viel Meinung, zu wenig untersetzt. Auf Twitter wird das oft sehr persönlich. Ein Lagerdenken, das bis in die Berichterstattung hinüberschwappt, zum Beispiel jetzt nach Silvester zu Connewitz. Das geht sachlicher und ohne extremes Framing, das nur bestimmte Erwartungen bedient. Natürlich gibt es keine objektive Berichterstattung. Mein Job ist aber, mir erst einmal anzuschauen, was passiert sein könnte. Mich annähern mit den Sachen, die ich bekomme. Und dann versuche ich das darzustellen, ohne den Eindruck zu vermitteln, dass ich alles ganz sicher weiß. Vor allem verbinde ich das nicht mit meiner eigenen politischen Meinung«.[16]

Ich habe Thomas Datt im Januar 2020 besucht, in einem Journalistenbüro mit Blick auf das MDR-Gelände in Leipzig, wo seine wichtigsten Auftraggeber sitzen. Dieses Büro sieht so aus, wie Drehbuchschreiber sich das oft vorstellen, wenn sie Reporter in ihre Geschichten einbauen: Getränkekisten und viel Papier, das nach Ordnung ruft, ein Fahrrad mitten im Raum und Kaffeeflecken, die vielleicht schon vor der letzten Weihnachtsfeier da waren. Leipzig ist gerade wieder in den Schlagzeilen. Ein Jahresbeginn mit viel Polizei in voller Montur am Connewitzer Kreuz. An den DDR-Journalismus hat Thomas Datt kaum Erinnerungen. 1986 war er zwei Monate Volontär bei der BZ *am Abend*, aber das zählt nicht wirklich.

»Das war ja die einzige Zeitung, die auf der Straße verkauft wurde und an den S-Bahnhöfen. Ich habe die aber nicht gelesen. Dafür war ich viel zu überheblich als Abiturient. Bei der BZA musste man das Wichtige in aller Kürze sagen. Das war eine gute Lehre. Chefredakteur war Hans Hertelt, ein alter Kommunist. Der war sehr nett, aber an bestimmten Stellen im Großraumbüro hing auch eine Liste mit Wörtern, die man nicht verwenden sollte, um bestimmte Sachen nicht anzuticken«.

Wer eine solche Liste einmal gesehen hat, wird hellhörig, wenn Politik oder Wirtschaft einen Begriff puschen und das alle Redaktionen aufnehmen. Als Student ist Thomas Datt nach Berlin gependelt, um an der Humboldt-Uni Michael Brie und Dieter Klein zu erleben. »Berater der Reform-SED und für DDR-Wissenschaftler sehr progressiv. Sie galten als innovativ. Ideen für einen dritten Weg«. Er war ein Jahr in Jerusalem und weiß auch noch, worüber er in Leipzig mit Hans Poerschke und Bernd Okun diskutiert hat. »Das Idealbild des Journalismus. Dienst an der Öffentlichkeit«.

Thomas Datt sagt das spät in unserem Gespräch, nach vielleicht zwei Stunden, obwohl er dieses Credo im Beruf jeden Tag lebt. Wenn man so will, sind seine Berichte zum ›Sachsensumpf‹ (ein kriminelles Netzwerk mit den Knoten Justiz, Immobilien und Rotlicht) nur die Spitze des Eisbergs – das, was Schlagzeilen gemacht hat. Datt war auf Malta und hat über den *Lifeline*-Prozess berichtet und über die Regierungskrise. »Es ist unglaublich, wie korrupt dieses Land ist. Die Journalisten gehören entweder zu einer der beiden Parteien oder sie sind Aktivisten«. Er war bei Tino Chrupalla, einem Maler aus Bad Muskau, der 2017 in der Oberlausitz für die AfD das Bundestags-Direktmandat gewonnen hat, gegen Michael Kretschmer, der heute in Dresden regiert. »Wir waren die einzigen Journalisten dort. Ich hatte mir gedacht: Der holt das bestimmt. Ich hatte ihn auf einem Parteitag beobachtet, und der Wahlkampf in dieser vernachlässigten Gegend war sehr clever«. Als ich ihn kurz vor Weihnachten 2019 das erste Mal wieder anrufe, hängt Thomas gerade zwischen Bosnien und Kroatien fest. Grenzpolizei, bei einer Recherche über die Camps, in denen tausende Flüchtlinge bei eisiger Kälte gestrandet sind, weil die EU sie nicht einlassen mag. Wenn er ein Thema wichtig findet, sagt Thomas Datt, dann mache er das auch dann, »wenn nur die Unkosten reinkommen«.

Einer der Filme über Chemnitz, an denen er mitgearbeitet hat (*Ein Jahr danach*), wurde für den MDR im Spätsommer 2019 zum Aufreger. Darf ein öffentlich-rechtlicher Sender die AfD auf dem Podium haben? Muss man Leute aus Vereinen wie *Pro Chemnitz* überhaupt zeigen und zu Wort kommen lassen? Thomas Datt: »Ich dachte: Wie kann das sein? Das ist doch unser Job als Journalist. Wir haben das Glück und das Privileg, in alle Bereiche hineinzukommen, wenn wir das nur wollen. Ich finde faszinierend, sich diese unterschiedlichen Welten anzugucken. Rechte und Nazis gehören dazu. Man kann ja sagen, dass man nicht mit solchen Leuten reden will, aber wir als Journalisten können das nicht. Wir müssen mit allen reden«.

Wer hier einen verkappten Rechten wittert: Der Opa von Thomas Datt war im KZ.

> »Der Stiefvater meiner Mutter. Er hat nicht viel erzählt, aber ich ging immer davon aus, dass niemand Nazis gut finden könne. Nach der Maueröffnung habe ich am Schwanenteich in Leipzig gesehen, wie die Republikaner Werbung gemacht haben. Was verblüffend war: Die Leute haben denen nicht nur die Zettel aus der Hand gerissen, sondern sich auch mit ihnen unterhalten. Sie wirkten, als ob das schon immer ihr Thema war. Das war für mich der größte Schock in der ganzen Wendezeit. Man kann nicht davon ausgehen, dass alle gegen Nazis sind. Heute wirkt das natürlich grotesk naiv«.

Als junger Mann, sagt Thomas Datt, sei er für Gorbatschow gewesen und habe auf Glasnost gehofft, auf Perestroika und so weiter. »Den Grundansatz finde ich immer noch wichtig. Das würde ich nicht aufgeben wollen, auch nicht für Leute, die politisch auf meiner Seite sind. Worin sollen öffentliche Debatten bestehen, wenn sie sich entweder an Nebensächlichkeiten aufhängen oder der Korridor sofort eingeengt wird?«

Da ist er: der »Dienst an der Öffentlichkeit«, über den Thomas Datt als Student in Leipzig diskutiert hat. »Öffentlichkeit als gesellschaftlicher Auftrag«, sagt Horst Pöttker. Ein zweites Beispiel, wieder aus Sachsen, diesmal von der *Bild*-Zeitung, für die Wiebke Müller seit einer halben Ewigkeit Rathausreporterin in Dresden ist. Da das Buch schon ziemlich lang geworden ist, wiederhole ich das: Wiebke hat mit mir studiert. Leipzigerin, Vater aus Nigeria. Sie erzählt von den »berühmten Freitagsrunden« bei der *Jungen Welt*, Stichwort ›Trinkkultur‹ im DDR-Journalismus. »Das war aber auch ein Brainstorming, bei dem sich die Herzen öffneten. Dort konnte man auch als Volontärin reden, wie auf den Abteilungskonferenzen. Wehe, man hatte keine Idee. Das ist heute auch bei der *Bild*-Zeitung extrem wichtig. Für mich war das eine gute Schule«. Bei ihren Chefs hat die Schülerin Eindruck gemacht. Als sie sich bei der *Bild*-Zeitung bewirbt, trifft sie Klaus-Dieter Kimmel, einen der vielen wunderbaren Sportreporter der *Jungen Welt*. Kimmel leitet nun die Redaktion »Neue Bundesländer« in Leipzig und freut sich, dass er Wiebke nach Dresden schicken kann. Dort arbeitet sie zunächst als Gerichts- und Polizeireporterin. Das *Bild*-Klischee schlechthin. Klinkenputzen bei der Oma, um an ein Foto vom Enkel zu kommen. Heute braucht sie mehr als das, was der OB auf der Pressekonferenz erzählt.

> »Wir wollen sagen, was hinter den Kulissen passiert und was wirklich geplant wird. Man braucht Belege und muss sehr viel tiefer recherchieren als damals bei der *Jungen Welt*. Hier brauche ich Zahlen und Dokumente. Mit der Debatte um Fake News ist der Druck noch größer geworden. Es gibt ja auch den *Bildblog*. Dort wird sofort quergeschossen, wenn etwas nicht stimmt. Ich muss mit den Leuten reden. Und lästig sein, wie eine Klette«.[17]

Dann kamen die Flüchtlinge, und bei Wiebke Müller schrillten die »Alarmglocken«, wie sie das nennt.

> »Das ist vielleicht ein Unterschied zwischen Ost- und Westdeutschen. Wir kennen das. In Dresden baute sich das ab Ende 2014 auf. Es gab eine Vorlage im Rathaus. Asylbewerberheime, verteilt über die Stadt. Angeblich alternativlos. Wir hatten das exklusiv. Plötzlich tauchte bei uns in der Zeitung dieser Stempel auf. Refugees welcome. Wir helfen. Chefredakteursprinzip«.

Wieder eine »offizielle Linie«, jetzt nicht aus dem Zentralrat der FDJ oder aus dem ZK der SED, sondern aus dem eigenen Verlag, ausgehandelt mit den Regierenden. Wieder eine »Schere im Kopf«, wie beim Übungssystem im Studium, »bei dem man immer überlegt hat, was sie hören wollen. Und plötzlich ging es um Vorzeigeflüchtlinge, die toll integriert sein sollten, obwohl sie erst zwei Monate da waren. Das wollte ich so nicht. Ich hatte ja auch die Gegenmeinung«. Wiebke erzählt von den Vorlesungen bei Renate Damm, Springer-Justiziarin, die uns im Sommer 1991 für das westdeutsche Medienrecht begeistert hat. Binnenpluralismus. Immer auch die andere Seite hören. »Es kann sein, dass jemand pauschal ›Refugees welcome‹ sagt. Dann braucht es aber auch den anderen, der ›Vorsicht‹ ruft«.

Eine Reporterin wie Wiebke Müller kennt viele Polizisten. So jemand weiß, wenn in internen Berichten etwas anderes steht als in offiziellen Mitteilungen, und reagiert allergisch, wenn die Integrationsministerin die Presse in eine Turnhalle ruft, »ordentlich hergerichtet«, und man dort mit keinem Flüchtling reden darf. »Keine Vorbehalte in der Bevölkerung schüren. Das kannte ich. Das ging vielen Kollegen in meinem Alter so, die den Journalismus in der DDR noch bewusst erlebt haben«. Wiebke Müller hat sich bei der Chefredaktion beschwert. Tenor: Schluss mit dem »Wohlverhalten gegenüber der Obrigkeit«. Wir dürfen die Leser nicht im Stich lassen. Und sie hat »sofort laut nein gesagt«, als die »Medienkampagne« gegen Pegida begann.

Wenn ich das hier so aufschreibe, klingt das wie die natürlichste Sache der Welt. Eine Journalistin, die für ihr Berufsethos kämpft und für den Auftrag Öffentlichkeit. Der »Gegenwind« verliert sich zwischen den Zeilen. »Ich kam mir vor wie bei einem Tribunal. Das kam mir sehr bekannt vor. Du zweifelst doch nicht an der guten Sache?« Weiter in unserem Interview:

Was hast Du geantwortet?
Ich habe mich auf das Grundgesetz berufen. Meinungsfreiheit, Demonstrationsfreiheit. In Deutschland genehmigt man keine Demonstrationen. Man meldet das an, und niemand hat das ideologisch zu prüfen. Da musste ich in der Redaktion aber schon argumentieren. Gerade den Jüngeren war das nicht so bewusst. Die wollten Flagge zeigen. Haltung. Mathias Döpfner hat mich bestä-

tigt. Handwerk statt Haltung. Abstand halten. Distanz, gerade zu Weltverbesserern und Idealisten. Kann ich noch ein Beispiel erzählen?

Klar.

Ein leitender Journalist kam nach Dresden in die Redaktion und sagte, dass er jetzt zum Ministerpräsidenten gehe. Das ›gemeinsame Vorgehen gegen Pegida‹ besprechen. Wie in der DDR. Da stand die Richtung schon fest.

Wer die *Bild*-Zeitung liest, der weiß, wie die Sache ausgegangen ist. Der ›Krawallflüchtling‹ musste auch deshalb ins Blatt, weil die Auflage im Sinkflug war. Auf Julian Reichelt, seit Anfang 2019 Chefredakteur, lässt Wiebke trotzdem nichts kommen. »Er kommuniziert sehr gut. Als Redakteurin kann ich in der *Bildbox* meckern, anonym. Er verspricht, dass alles unter uns bleibt. Er hat eine Onlinekonferenz, wo er das dann alles vorliest«. Dass Julian Reichelt die *Bild*-Zeitung Ende April 2020 als erstes Leitmediun aus der Corona-Einheitsfront ausscheren ließ, kann man mit einem Richtungskampf in der Unionsfraktion erklären. Es dürfte aber auch mit Redakteuren zu tun haben, die den Anspruch Vielfalt ernstnehmen.[18]

Wiebke Müller spricht heute »wieder offener« über ihre Herkunft und ist stolz auf ihren »Einkaufskorb« – noch so ein Erbstück aus der Studienzeit. »Wir standen vor dem Nichts und haben uns gefragt, wie es weitergeht. Da kam Karl Friedrich Reimers und hat gesagt: Das Leben ist ein Supermarkt und jeder von uns hat einen Einkaufskorb. Bei den Westdeutschen glitzert das. Schick, vielleicht auch teuer. Bei euch sind Sachen dabei, die grau sind und nicht ganz so gut aussehen. Ihr werdet aber später merken, dass euer Korb interessanter ist«. Wiebke weiß noch, was sie gedacht hat, als der Leipziger Gründungsdekan auf sie zeigt (»Black is beautiful«) und auf einen Kommilitonen aus Haiti. »Dieser Wessi mit seinen Reden. Von wegen bunter Einkaufskorb. Wir stehen hier vor dem Nichts. Heute weiß ich, dass er Recht hatte. Krisen sind Chancen. Man kann sich neu definieren. Das sagt heute jeder Mentaltrainer. Die interessanten Leute sind die mit den Brüchen«.

WARUM DIE DDR-JOURNALISTIK 1990 AUS DEM REGAL ENTFERNT WURDE

Ob es das irgendwo ein zweites Mal gibt? Eine so radikale Auslöschung von allem, was eine gar nicht so kleine Gruppe von Wissenschaftlerinnen und Wissenschaftlern in gut 40 Jahren aufgebaut hat? Eine solche Verschwendung von Talent, Ehrgeiz und Kreativität? Wenn ich Numismatiker wäre oder Philatelist, dann hätte ich es leicht. Ich würde einfach auf die Wissenschaftssoziologie verweisen und auf Thomas S. Kuhn, der den Streit zwischen zwei akademischen Paradigmen mit der Politik verglichen und gesagt hat, dass es hier wie dort keinen ›logischen‹ Sieger geben könne und auch kein Amalgam, das die guten Stücke von beiden Seiten aufnimmt und etwas Besseres ist als das, was vorher nebeneinander existiert hat. Bei jedem Streit entscheiden die Regeln, wer gewinnt. Und diese Regeln kommen nicht vom Mars, sondern gehören zu den Paradigmen, um die es jeweils geht.[19]

Mit Thomas S. Kuhn lässt sich erklären, warum die DDR-Journalistik untergehen musste, als sie 1990 auf die westdeutsche Publizistik- und Kommunikationswissenschaft geprallt ist. Für das, was an der Sektion Journalistik als ›gute Forschung‹ galt, gab es in der Bundesrepublik kein Pendant. Und umgekehrt konnten die Leipziger die Qualitätskriterien nicht erfüllen, auf die sich die Nachbarn geeinigt hatten. Wer das nicht glauben mag, wird gerade durch die einzige Ausnahme bestätigt – ein Lehrbuch, das die Stilistik-Lehre aus der DDR in die Bundesrepublik überführen wollte oder wenigstens nach Dortmund, wo Horst Pöttker von 1995 bis 2013 Professor war. Heute sagt Pöttker über die drei Jahre, die er vorher in Leipzig gelehrt hat: »Ich wollte kooperieren mit den Menschen, die ich hier treffe«. Aus diesem Wunsch ist ein Ost-West-Buch geworden, mit einer neuen Ideologie und »westlichen Beispielen«,[20] aber mit einem Kern aus der DDR. 2010 gab es sogar eine zweite Auflage.[21] Ich weiß nicht, ob dieses Lehrbuch je außerhalb von Dortmund eingesetzt wurde. Horst Pöttker jedenfalls hat Ende 2019 seinen 75. Geburtstag gefeiert und das Katheder endgültig geräumt. In einer sozialwissenschaftlich ausgerichteten Fachgemeinschaft hat eine ›Stilistik für Journalisten‹ keinen natürlichen Ort und damit auch keine Leser.

Diese Fachgemeinschaft hat nicht nur die Inhalte abgelehnt, sondern auch die Menschen – Wolfgang Tiedke zum Beispiel, einen meiner Helden aus dem Studium, der Mitglied der Deutschen Gesellschaft für Publizistik- und Kommunikationswissenschaft (DGPuK) werden wollte und erleben durfte, wie sein Antrag in »Kommissionssitzungen hinter verschlossenen Türen« zerredet wurde.[22] Tiedke, Jahrgang 1951, mit 25 promoviert und mit 31 habilitiert, bekam an der Sektion Journalistik 1987 eine Dozentur für Medienpolitik und war auf dem Weg, irgendwann Sektionsdirektor zu werden. Als Studenten haben wir an seinen Lippen gehangen, wenn er begründete, warum der Journalismus zuallererst »Informationen zur Verfügung stellen« muss[23] – eine Aufgabe, die in der DDR für jeden sichtbar ignoriert wurde. Im November 1989 wechselte Wolfgang Tiedke zur *Leipziger Volkszeitung*, die ihn als neuen Chefredakteur für eine neue Zeit wollte.

Anfang 1991 saßen wir zu dritt in seinem Büro. Torsten Kleditzsch, seit 2009 Chefredakteur der *Freien Presse* in Chemnitz, meine Frau Antje und ich. Tiedke schien begeistert – vor allem über unsere Wohnorte. Großolbersdorf und Flöha. Das passte wie die Faust auf seinen Plan, einen *LVZ*-Ableger in Karl-Marx-Stadt zu etablieren, das seit einem halben Jahr wieder Chemnitz hieß. Eine *Süddeutsche* für den Osten. Wolfgang Tiedke sagt: »Ein Blatt mit starker lokaler Verankerung und überregionaler Ausstrahlung«. So eine Zeitung brauchte ein Büro vor Ort. Berichte aus Zwickau, aus dem Erzgebirge, aus dem Vogtland, obwohl das alles nicht zum Verbreitungsgebiet der *LVZ* gehörte. Wir haben den letzten Trabant vom Band rollen sehen, mit Bürgermeistern gesprochen und Menschen besucht, die eine Zukunft in Rosa malten. Hier eine Wurzelkläranlage oder ein Pferdehof mit Ausschank, dort ein Management-Buy-Out oder ein netter Investor aus der Schweiz. Die Termine wurden in der Telefonzelle ausgemacht. War am anderen Ende gerade besetzt, habe ich mich wieder angestellt. Das mit dem Büro schien nur eine Frage der Zeit und ist auch nicht so wichtig, wenn sich einem mit Mitte 20 überall die Türen öffnen. In Flöha zum Beispiel, damals noch Kreisstadt, träumte das Rathaus davon, die Baumwollspinnerei zu dem Zentrum zu machen, das es wegen des Fernverkehrs nie gegeben hatte. Heute liegt Melancholie über diesen Artikeln. Flöha hat immer noch kein Zentrum, und die Treuhand wollte keine *Süddeutsche* für den Osten. Madsack und Springer, die neuen LVZ-Besitzer, wollten das auch nicht. Keine Konkurrenz mit der *Freien Presse*, bitte. So haben wir es beim Kauf versprochen. Wolfgang Tiedke wurde im November 1991 abgelöst, auch weil er sich öffentlich gegen Springer positioniert hatte. »Ich habe zu sehr auf meine demokratische Legitimation vertraut. Dass eine Redaktion ihren Chefredakteur von außen holt, das gab es sonst ja nicht«.[24]

»Politiker« und »Ausbilder«: So sieht Wolfgang Tiedke heute seine Arbeit an der Sektion Journalistik, obwohl er in den Qualifikationsarbeiten genau das gemacht hat, was in der Bundesrepublik noch immer en vogue ist – eine Umfrage zur Mediennutzung in Lößnig, einem Stadtteil von Leipzig,[25] und eine Untersuchung der Parteipresse, für die auch Chefredakteure interviewt wurden.[26] Beide Studien, so sagt es sein Kollege Wulf Skaun, der andere Teil eines kongenialen Forscherduos, waren nur möglich, weil Wolfgang Tiedkes Vater Kurt jemand war in der Partei. 1967 ZK-Mitglied, 1979 Bezirkschef in Magdeburg, 1983 Rektor der Parteihochschule. Wulf Skaun: »Mit einem Fragebogen zu den Leuten gehen und über Mediennutzung sprechen: Das war nicht so einfach in der DDR«. Auch auf die Inhaltsanalyse ist Skaun immer noch stolz: »103.000 Artikel. Eine Ensembleanalyse. Wo stehen die Beiträge und wie sind sie mit anderen Beiträgen verknüpft, ›komponiert‹? Das gab es damals auch international noch nicht«.[27]

Ich erzähle diese Geschichte hier, weil sie zeigt, dass ›Qualität‹ auch und gerade in der Wissenschaft kein zeitloser Stempel ist, ein für alle Mal gültig, sondern von den Menschen abhängt, die gerade urteilen. Der Forschungsbericht zur Parteipresse, an dem Wolfgang Tiedke und Wulf Skaun 1982 mitgeschrieben haben, ist im Panzerschrank verschwunden. Heinz Geggel, Leiter der Abteilung Agitation im ZK der SED, wollte nicht schwarz auf weiß lesen müssen, dass die Bezirkszeitungen seiner Partei Wunsch- und Zerrbilder produzieren. Tiedke und Skaun haben ihre Dissertation B nach einigem Hickhack zwar verteidigt und 1992 vom Senat der Universität bestätigt bekommen, dass ihre Leistung auch nach den neuen Maßstäben habilitationsreif war,[28] persönlich aber haben sie gelitten. Tiedke verabschiedete sich nach der Verteidigung für drei Jahre in die Praxis, und Skaun wurde »psychisch krank und musste zur Kur«.[29]

Ich habe Wulf Skaun im Frühjahr 1990 kennengelernt, das habe ich schon erzählt. Wieder eine Umfrage zur Mediennutzung in Leipzig. Unser Dozent war geradezu elektrisiert. Endlich forschen, ohne den ganzen Stress mit irgendwelchen Funktionären. Ich habe diese Stimmung auf dem Tonband wiedergefunden, das mir Hans Poerschke im November 2019 geschenkt hat. Ein Wulf Skaun, der sich Ende Mai 1990 beim ersten großen Treffen mit den Kollegen aus dem Westen als Mediensoziologe mit einem »linken Standpunkt« präsentiert.[30] Selbstbewusst, offen für Neues. Ich habe auch schon erzählt, warum er seinen Vortrag vor der Evaluierungskommission gut ein Jahr später als Abschieds-Statement formuliert und dann doch nicht gehalten hat.[31] 15 Jahre Mitglied der SED-Kreisleitung. Egal wie gut Wulf Skaun und Wolfgang Tiedke als Wissenschaftler gewesen sein mögen und was sie auch unter den neuen Bedingungen hätten leisten können: Das andere zählte mehr.

Thomas S. Kuhn hat gezeigt, dass es bei einem Streit zwischen zwei Paradigmen gar nicht darum geht, wer oder was die ›bessere‹ Wissenschaft produziert. Wissenschaft: Das heißt zunächst nur, systematisch und für andere nachvollziehbar nach Erkenntnissen zu suchen, die über das hinausgehen, was jeder an der Oberfläche beobachten kann, und so das Leben zu erleichtern und vielleicht sogar vorhersagbar zu machen.[32] All das hat die DDR-Journalistik zweifellos geleistet. Genauso unstrittig ist, dass man im Rückblick ein ›zu wenig‹ beklagen kann. Die Sektion Journalistik als Denkfabrik? »Schön, wenn es so gewesen wäre«, sagt Wolfgang Tiedke. »Ein echtes rotes Kloster, das linksgestrickte Theorien anbietet. Das gab es nur punktuell und selbst dort nur in den letzten Jahren. Die Journalistik hinkte meilenweit hinter dem her, was in der Kultur längst diskutiert wurde. Dabei hätte man das Maul aufmachen können. Natürlich konnte es Ärger geben, aber der war viel kleiner, als man heute glaubt. Man konnte es schon versuchen«.[33]

Wer Entschuldigungen sucht und dabei über die ›Natur‹ des Menschen, seine Ängste und seine Anpassungsfähigkeit hinausgehen möchte, kann auf die Bedingungen verweisen, unter denen in Leipzig Wissenschaft betrieben wurde. Keine zweite Sektion Journalistik im Land und damit auch keine Konkurrenz. Selbst die Kollegen im sozialistischen Ausland eher fern als nah. Ein Dienstherr, der Mediensoldaten erziehen lassen möchte und an Forschung nur dann interessiert ist, wenn sie ihm nicht die eigene Illusion der Wirklichkeit zerkratzt. Arbeitsverträge, die nicht von Spitzenleistungen in der Forschung abhängen, sondern vom Personalbedarf hier und anderswo sowie vom Wohlverhalten und von der Loyalität zu den Herrschenden.[34] Karrieren, die nach dem gleichen Muster funktionieren und in Kaderplänen auf lange Sicht festgezurrt sind. In den Universitäten der Gegenwart ist umstritten, ob Befristungen eher puschen oder doch hemmen. Die Antwort hängt auch vom Menschenbild ab. Sind wir solidarische Wesen, die in der Gemeinschaft aufblühen und den Gipfel nur erreichen, wenn wir uns gegenseitig helfen, oder ist der Wettkampf unsere stärkste Triebfeder – der Wunsch, besser zu sein als alle anderen? Keine Frage: An der Sektion Journalistik gab es Wissenschaftlerinnen und Wissenschaftler, die in ihrem Forschungsgebiet aufgegangen sind. Jürgen Schlimper, mein Mentor und der Dozent, den ich am besten kenne, hat vom Aufwachen bis zum Einschlafen an nichts anderes gedacht. Es gab auch andere, aber die gibt es überall.

Um das festzuhalten: Dass die DDR-Journalistik untergegangen ist, sagt erstens nichts über ihre Qualität. Und zweitens ist jedes Zeugnis, das ihr die Kommunikationswissenschaft ›Made in USA‹[35] ausstellt, durch den Konkurrenzkampf vergiftet und durch Kriterien, die aus einem anderen Paradigma stammen und damit zwangsläufig zu einem negativen Urteil führen. Das westliche Pendant der DDR-Journalistik, ihr Konkurrent und Nachfolger, ist noch heute so gut wie unsichtbar. Vor 30 Jahren war das erst recht kein Gegner, vor dem man sich fürchten musste. Ein Paradigmenwechsel hat aber, das steht so schon bei Thomas S. Kuhn, in aller Regel ohnehin nichts mit der Qualität zu tun, sondern mit Gründen, die »außerhalb der normalen Wissenschaft liegen«.[36] Ich muss hier nicht wiederholen, wie rasant sich die Welt außerhalb der Klostermauern vom Herbst 1989 bis zum Frühjahr 1991 drehte und wie gut der neue Zeitgeist mit der antimarxistischen und vielleicht auch antikommunistischen Stimmung harmonierte, die in der DGPuK den Ton angab. Wulf Skaun hatte das Meinungsklima in Stadt, Land und Universität Ende 1990 jeden Tag vor Augen. »Am Rektoratsgebäude stand in großen Lettern: Mitglieder der SED-Kreisleitung in den Tagebau«.[37]

Aus dieser Momentaufnahme ist ein Dauerzustand geworden. Ein Hochdruckgebiet, das seit drei Jahrzehnte über Deutschland steht und alles verdorren lässt, was zu einem Gegenentwurf hätte werden können, zu einer Kampfansage an die herrschende Ordnung. Etwas weniger metaphorisch: Der hegemoniale Diskurs, der Wachstum, Beherrschbarkeit und individuelle Freiheit predigt und sich eben erst von einem Virus infizieren ließ (was daraus folgt, muss man sehen), hat viel zu lange jeden inhaltlichen und persönlichen Link zur DDR delegitimiert und sich damit selbst reproduziert.

Um diesen Schachtelsatz aufzulösen, muss ich etwas ausholen. Punkt 1: Wer an der Sektion Journalistik studiert hat, gehörte zur DDR-Elite. Das ist ein Unterschied zu den Redakteuren der Gegenwart, die von Entscheidungen in Wirtschaft, Politik und Verwaltung, Justiz und Militär abhängen, in aller Regel nicht genug Vermögen haben und selbst dann keine »machtvollen Organisationen« repräsentieren, wenn sie Leitartikel produzieren. Journalisten oder Professoren spielen heute in einer anderen Liga als »Personen, die qua Amt oder – wie vor allem in der Wirtschaft – qua Eigentum in der Lage sind, gesellschaftliche Entwicklungen maßgeblich zu beeinflussen«.[38] In der DDR war das anders. In der DDR gehörte das Gros des Volksvermögens theoretisch allen, aber praktisch bestimmt hat die Spitze der SED. Der Journalismus war nicht weit weg von diesem Gravitationszentrum. Ein politischer Beruf, der zwangsläufig Nähe zu den Entscheidern produzierte und ganz nach oben führen konnte. Günter Schabowski hat es vom Volontär bis zum Maueröffner gebracht und Joachim Herrmann vom Redaktionsboten zum Agitationschef der Partei. Wo der Verkauf der Ideologie so wichtig und der Kampf um öffentliche Legitimation so schwierig ist, machen außergewöhnliche Kommunikationstalente Karriere. Schabowski zum Beispiel hat sein »Vorzugsverhältnis« zu Erich Honecker und den Sprung in das Politbüro ausdrücklich auf seine »journalistische Qualifikation« zurückgeführt.[39]

Ein Studienplatz an der Sektion Journalistik: Das war wie ein kleiner Lottogewinn. Ein Wechsel auf das Ansehen und den Einfluss, den man später haben würde. Die vielen Prüfungen auf dem Weg nach Leipzig, all die guten Leute, die es nicht geschafft hatten, und die vielen Talente, die jetzt mit der gleichen Straßenbahn zum Wohnheim in der Johannes-R.-Becher-Straße fuhren. Das Bewusstsein, zu den Auserwählten zu gehören, war dabei oft schon viel älter – gewachsen an Sportschulen, in Russisch- und Lateinklassen oder wie bei mir im Matheklub. Der Berufswunsch Journalismus war für die reserviert, die zu Hause oder in der Schule das Signal bekamen, ganz selbstverständlich zu etwas Wichtigem in diesem kleinen Land berufen zu sein.

Dieser Satz weist über das Ende der DDR hinaus. Sabine Rennefanz, Jahrgang 1974, heute Redakteurin der *Berliner Zeitung* und Bestsellerautorin, hätte wahrscheinlich in Leipzig studiert, wenn nicht alles anders gekommen wäre – ein Mädchen vom Dorf, das früh auf eine Sprachschule nach Eisenhüttenstadt geschickt wird, in ein Internat, in dem sie Leistungsdenken und Wettbewerb genauso internalisiert wie das Gefühl, allem gewachsen zu sein. Auf die Öffnung der Grenze reagiert die 15-Jährige nicht mit Euphorie, sondern mit Unverständnis. »Wenn ich meine Landsleute ansehe, schäme ich mich«, schreibt sie nach einem Besuch in Westberlin. »Das sind also die Produkte des Sozialismus«.[40]

Die Geschichte von Sabine Rennefanz ist eine Geschichte von Absturz und Wiedergeburt und führt direkt zu Punkt 2, bei dem es um die Psychologie der deutschen Einheit geht und um die Folgen eines Prozesses, den Hans Poerschke im Herbst 2019 »Landnahme« genannt hat.[41] Wer das nicht erlebt hat, muss das Buch *Eisenkinder* lesen, Untertitel: *Die stille Wut der Wendegeneration*. 14, 15, 16 sein und plötzlich gilt nichts mehr von dem, was gestern noch richtig war. Plötzlich gibt es niemanden mehr, der einem sagen kann, was richtig ist. Zur Familie von Sabine Rennefanz gehört eine Tante, die aufhört zu lesen. »Sie wurde eine andere, unsere Gespräche schliefen ein«. Die Eltern? »Hilflos und gekränkt«. Verwandte, Bekannte, Lehrer? Niemand, der sich damals über die Wiedervereinigung freute, und niemand, der heute den 3. Oktober feiert. »Mit der DDR war auch meine eigene Vergangenheit verschwunden und entwertet«, schreibt Rennefanz ein Vierteljahrhundert später. Schlimmer noch: Sie schämte sich für ihre Herkunft. »Aus dem Osten kamen nur Nazis, Stasi-Leute und Arbeitslose«. Hier ist er – der DDR-Diskurs, der Ostdeutsche unter einen Generalverdacht stellt (Stasi) und bis heute all jene in Erklärungsnot bringt, die sich ganz wohl gefühlt haben in dieser deutschen Republik und im Herbst 1989 lieber daheim vor dem Fernseher saßen als auf der Straße zu demonstrieren.[42] Rennefanz weiß, was das mit den Familien gemacht hat und mit allen sonstigen Beziehungen. Bloß nicht nach der Vergangenheit fragen. Ein »unausgesprochenes Agreement«, eine »spezifisch ostdeutsche Angst«.[43]

Sabine Rennefanz hatte 1989 erst ein paar Trippelschritte auf dem langen Weg an die Sektion Journalistik geschafft. Es gab nichts, was man ihr persönlich vorwerfen konnte. Bei denen, die etwas älter sind, ist das anders – Punkt 3. Genau genommen handelt es sich sogar um zwei Punkte. Zuerst ist da der Knacks für das Ego, der schon deshalb unvermeidlich war, weil plötzlich neue Regeln galten für Beruf und Karriere. Loyalität zur SED und die Gunst von DDR-Funktionären? Bis eben noch conditio sine qua non. Jetzt? Schwierig. Nicht wenige aus meinem Studienjahr, Immatrikulation 1988, Diplom (Plan) 1992, haben entweder den erstbesten Redaktionsvertrag unterschrieben (wie meine Frau, die in die Pressestelle der AOK Leipzig ging), ein neues Studium angefangen (eins, das im Westen auf jeden Fall ›zählen‹ würde) oder den Beruf gewechselt. »Von der Volontariatsredaktion kam eine Kündigung«, sagt eine Freundin von früher, die ihren Namen nicht in diesem Buch lesen möchte. »Alle hatten mit sich zu tun. Meine Eltern hatten damit zu tun, ihre Arbeitsplätze zu behalten. Meine Mutter hat sich dann selbständig gemacht. Von da kam nichts, auch keine finanzielle Unterstützung. Ich habe mich dann entschieden, zur Deutschen Bank zu gehen, als Trainee. Die Deutsche Bank war für mich das Monument der Sicherheit«.[44]

Mit 30 Jahren Abstand kann man über die eigenen Sorgen schmunzeln, die »spezifisch ostdeutsche Angst« ablegen und erzählen, was man alles getan hat und vor allem wie lange es gedauert hat, um diesen Knacks zu heilen. Beispiel: Jörg Simon. Im Studium einer der Besten, dazu Parteisekretär in seiner Seminargruppe, der Vater ein Starjournalist. Anfang 1991 steht sein Name in der *Zeit*, unter einem Artikel über Abwicklung, Proteste und den »Vordenkerpool« an der Sektion Journalistik – die Motoren hinter dem Studienprogramm, mit dem der Betrieb am Laufen gehalten wird.[45] Mehr Sprungbrett geht eigentlich nicht.

Hat Dir trotzdem etwas gefehlt, um im Journalismus der Bundesrepublik zurechtzukommen?

»Es gab schon das Gefühl eines Defizits. Kann ich mit dem, was ich weiß und kann, in der Presselandschaft bestehen? Ich bin dann für ein Jahr nach Wales gegangen, zum Studium nach Cardiff. Dabei hat dieses Bauchgefühl eine Rolle gespielt. Der Abschluss in Leipzig und das, was ich dort mitbekommen habe: Irgendwie reicht das nicht für das, was der Beruf von mir verlangt. Kurz habe ich überlegt, ein freiwilliges soziales Jahr zu machen, auf irgendeiner Naturschutzstation. Kröten zählen, Vogelzäune errichten. Das hat ja auch etwas von Buße. Ins zweite Glied zurücktreten. Das Jahr in Cardiff hat mir dann das Selbstbewusstsein und die Energie für den Berufseinstieg vermittelt«.[46]

Die Geschichte dieses Neustarts würde ein eigenes Kapitel verdienen, weil sie von unendlich vielen Absagen handelt (»Von Wales aus habe ich eigentlich jeder Redaktion in Deutschland eine Bewerbung geschickt«) sowie von der ›Leipzig-Connection‹ beim ORB (»Ich bin auf der Rückbank im Teambus mit ehemaligen Kommilitonen zu einem Termin gefahren, um mir das anzuschauen«) und damit exemplarisch ist für das, was mir viele meiner Weggefährten aus dem Studium über die frühen 1990er-Jahre berichtet haben. Wiebke Müller zum Beispiel, die *Bild*-Reporterin, stand nach einem Jahr in Paris buchstäblich auf der Straße, als sie von Grazyna-Maria Peter angesprochen wurde, einer Dozentin, die weitermachen durfte und jetzt ein Promotionsstipendium anzubieten hatte.

Bei Punkt 3 geht es um etwas anderes. Der Knacks für das Ego ist zu einem veritablen Bruch geworden, weil sich die Vergangenheit nicht abschütteln ließ, bis heute nicht. »Das grummelt im Bauch, und man schläft schlecht«, sagt Jörg Simon, der nach einem Jahr in Wales beim öffentlich-rechtlichen Fernsehen unterkam, in einer Art Oase, weil beim ORB und dann auch beim MDR »viele Leute mit einer ganz ähnlichen Biografie« saßen. Trotzdem. Schräge Blicke, als ein DDR-General ins Studio kommt. Woher kennst Du den? Die Auflösung ist ganz einfach (vom Wehrdienst im Hauptstab der NVA in Strausberg) und doch schwer zu verkünden in einem Land, in dem der Gebühren-Rundfunk unter verschärfter Beobachtung steht und immer wieder Stasi-›Skandale‹ produziert.

»Beim ORB habe ich mich am Anfang notgedrungen auch mit Landespolitik beschäftigt. Dann habe ich es aber durchaus als wohltuend empfunden, mich da zurückziehen zu können. Gesundheit, Verbrauchertipps, Kriminalität. Alles halbwegs unverdächtig. Ich würde keine große Rolle im politischen Journalismus anstreben wollen«.

Für den Diskurs heißt das: eine Stimme weniger. Die Stimme von denen, die im Osten heute Elite wären. Man kann das gutheißen und auf die Schuld verweisen, die die Ziehväter dieser Generation auf sich geladen haben, darf dann aber nicht klagen, wenn viele Menschen ›zwischen Kap Arkona und Fichtelberg‹ sich nicht wiederfinden in dem, was ihnen Politik und Medien Tag für Tag servieren. Das meint gar nicht nur das Bild der DDR oder das, was über Vergangenheit und Gegenwart des deutschen Ostens sonst so berichtet wird. Der hegemoniale DDR-Diskurs, der die Eliten von einst und ihren Nachwuchs entweder zum Verstummen gebracht hat oder in Nischen verbannt (»Gesundheit, Verbrauchertipps, Kriminalität«), schränkt auch den Blick auf alle anderen Themen ein und lastet damit schwer auf der »Seele der Demokratie« (Peter Glotz[47]).

Damit das nicht nur an diesem einen TV-Mann aufgehängt wird: Andreas Rook, als Student im Senat der Universität und dann auch in der Gründungskommission von Karl Friedrich Reimers, hat sich nie um eine Festanstellung beworben und hadert heute ein wenig damit, es nicht in Hamburg und München versucht zu haben oder gar im Ausland. Die Familie, natürlich (»Ich wollte die Kinder aufwachsen sehen«), und sicher auch die Chancen, die der MDR bot. Reporter, Moderator und schließlich Redaktionsleiter eines Polittalks (*Fakt ist!*), für den er das Team zusammenstellen durfte. »Supergute Leute. Junge Leute. Ich kann Einfluss nehmen auf das Produkt, das ich moderiere«. Und wieder: trotzdem. Bei Andreas Rook sind es die drei Jahre, die er beim Wachregiment *Feliks Dzierżyński* war. »Ich schleppe das wie einen Makel mit mir herum. Ich weiß, dass es nur Wehrdienst war, doch bei einer Einheit, die dem MfS unterstellt war. Das reicht fürs Urteil«. 2015 dann wie zum Beweis eine vermeintliche ›Enthüllungs‹-Geschichte der *Bild*-Zeitung. »Ohne

Folgen, weil da nichts als Wehrdienst war« und Rook die drei Armeejahre immer transparent gemacht hatte. Aber ein Posten dort, wo die Entscheidungen fallen? Für ihn undenkbar.

Das schwächt zugleich ein Journalismusideal, das ich vorhin auf die Formeln »Öffentlichkeit als gesellschaftlicher Auftrag« (Horst Pöttker) und »Dienst an der Öffentlichkeit« (Wolfgang Tiedke) gebracht habe und was Anfang 1990 im Papier der ›Alternativgruppe‹ an der Sektion Journalistik »umfassende demokratische Öffentlichkeit« hieß.[48] Andreas Rook, damals Mitautor, lebt das heute, keine Frage, aber er ist nicht so weit aufgestiegen, dass er das als Norm durchsetzen könnte. Er hat zum Beispiel sehr früh Pegida angeschrieben (»solchen Einladungen sind sie eher nicht gefolgt«), dann Anfang 2015 eine Sendung mit dem Titel *Pegida – Die unerhörten Bürger?* gemacht und ein paar Monate später Kathrin Oertel ins Studio geholt, die im Januar kurz Sprecherin der Bewegung war. Der Umgang mit der AfD, sagt er im November 2019, sei immer noch problematisch. »In meiner Redaktion wurde diskutiert, dass wir als Journalisten Haltung zeigen müssen. Ich kann das verstehen, bin aber weiter dafür, Nachricht und Meinung zu trennen. Das gilt auch für den Umgang mit der AfD. Das ist jetzt so ähnlich wie mit der PDS, die immer als ›SED-Nachfolgeorganisation‹ bezeichnet wurde. Da ging es auch um Ideologie. Daran fühle ich mich jetzt erinnert. Es gibt Fakten und Meinungen, die ich dazu haben kann. Beides zu vermischen, halte ich für problematisch im Journalismus. Ich will keine Lex AfD haben. Wenn Du heute eine Sonderregelung konstruierst, dann gilt die auch in fünf Jahren noch, wenn hier möglicherweise Redakteure mit AfD-Parteibuch sitzen«.

Noch ein drittes Beispiel. Uwe Madel, im Herbst 1989 von meinem Jahrgang als Sprecher gewählt, hat es noch als Student auf den Bildschirm geschafft. *Täter-Opfer-Polizei*, alle vier Wochen im ORB. Für Uwe hieß das: dreieinhalb Wochen in Madrid, wo er mit Erasmus studierte und nebenher für die *Märkische Oderzeitung* und die *Neue Zeit* schrieb, und dann für die Sendung schnell nach Hause. »Das Honorar hat für die Flugkosten gereicht.« Als ich Uwe Anfang 2020 in Berlin besuche, moderiert er immer noch *Täter-Opfer-Polizei* und verdient auch sonst ganz gut, als Referent bei Fachtagungen, als Ghostwriter. Was hat gefehlt für den Sprung nach ganz oben, in die Liga der Chefkommentatoren und Redaktionsleiter? »Die Kontakte«, sagt Uwe. »Und das Wissen, wie es läuft. Wer Karriere gemacht hat in der ARD, hatte einen Mentor. So etwas hatte ich nach Volker Ott nicht mehr«. Volker Ott war für das DDR-Fernsehen im Ausland, in Polen, in Portugal, und hat zweimal den *Schwarzen Kanal* moderiert. Ein Spezialist für Lateinamerika. »Er lebte das auch, mit kleinen Espressotassen, mit brasilianischem Kaffee. Das war ein Hauch von weiter Welt«.

Uwe Madel hat mit Volker Ott über die *Aktuelle Kamera* gestritten und all das, was er aus dem Studium und solchen Gesprächen gezogen hat, ab 1993 in *Vor Ort* eingebracht, ein ORB-Format, von dem er noch heute schwärmt.

> »Wir waren einmal in der Woche mit dem Ü-Wagen unterwegs und haben mit den Leuten über Kommunalpolitik diskutiert. Das hat Mut gemacht. Wir haben gezeigt, dass sich Engagement lohnen kann. Umgehungsstraßen, Kiesabbau, innere Sicherheit. Wenn Du organisiert Widerstand leistest, kannst Du Dinge verändern. Das hat die Leute vernetzt, uns aber auch manchmal überfordert. Wir konnten ja keine Lösungen bieten, sondern nur Dinge anschieben. Diese sieben Jahre haben mich sehr geprägt. Dort habe ich verstanden, was Journalismus bewegen kann und wie nachhaltig das auch sein kann. Wir haben Öffentlichkeit hergestellt und Beteiligte zusammengebracht. So ein Format vermisse ich, gerade heute, wo manche das Gefühl haben, nicht mehr gesehen und gehört zu werden«.

Als Uwe Madel im Jahr 2000 bei *Vor Ort* ausgetauscht wurde, war er gerade 35. Uwe ist nicht der Typ, der auf irgendetwas im Zorn zurückblickt. »Ein sehr erfülltes Arbeitsleben«, sagt er, gerade wenn man ohne Mikro keinen Raum füllen könne. »Für das Fernsehen braucht es Stimme und Aussehen«. Und: Sein »Baby«, dieses Fahndungsformat, lebt immer noch, nach fast 30 Jahren. Keine Widerrede. Auch über diesem Berufsleben schwebt aber der Schatten der Staatssicherheit. Uwe Madel hat dort nichts unterschrieben, niemanden bespitzelt oder verraten und das bisschen, was es gab, jedem neuen Chef erzählt. Trotzdem hat er immer gewusst, dass in der Vergangenheit ein Ungeheuer lauert. Hier: Kontakt zur ›Verwaltung 2000‹, der MfS-Einheit für die Armee. Eine ganz normale Sache: Der Geheimdienst spricht einen Wehrpflichtigen an, der eines Tages für das Fernsehen ins Ausland gehen könnte. Die Idee: Erst helfen wir dir, und dann hilfst du uns. Uwe hat abgewiegelt. Ich fühle mich noch nicht reif. Was man so sagt als Soldat, wenn Vorgesetzte drängen. »Als ich zum Studium nach Leipzig kam, brannte die Telefonnummer in meinem Portemonnaie. Im Oktober 1988 bin ich in die Hauptpost, habe in Berlin angerufen und gesagt, dass ich nicht will. Das war eine Form innerer Befreiung«.

War die Sektion Journalistik also doch eine »Kaderschmiede der Stasi«,[49] nicht nur in den 1950ern, als Brigitte Klump an der Leipziger Fakultät studiert hat, sondern auch noch in den 1980er-Jahren, mit Andreas Rook, mit Uwe Madel, mit mir? Da sich der Historiker, der Zeitzeuge und der Beteiligte an dieser Stelle gefährlich nahekommen, kann ich keine Antwort geben, die Gegner, Nachgeborene und Unbeteiligte gleichermaßen befriedigt, sondern bleibe noch für einen Moment bei Uwe Madel und seinem »langen Weg« vom »klassischen Kaderkind«, das in der DDR schon qua Herkunft »für Größeres tauglich« gewesen wäre, zum freien Fernsehjournalisten.

> »Mit Beginn des Studiums hatte ich versucht, mich freizuschwimmen. Ich war dabei, eine Position zu entwickeln, und hoffe, dass ich nein gesagt hätte, wenn die Stasi gekommen wäre und mit einem Auslandseinsatz gewinkt hätte. Es bleibt dieses kleine Ziehen in der Brust, dass ich nie an den Punkt gekommen bin, wo ich mich hätte entscheiden müssen. Diese Charakterforderung wurde nie an mich gestellt. Ich werde also nie erfahren, wie ich reagiert hätte«.

Damit bin ich in diesem Abschnitt bei meinem letzten Punkt. Wer gezwungen ist, immer wieder in seine Vergangenheit einzutauchen und sich selbst zu erklären, tritt auch in einem öffentlichen Beruf anders auf als Menschen, die einen solchen Bruch nicht erlebt haben und ganz selbstverständlich annehmen dürfen, zu ›den Guten‹ zu gehören.[50] Wenn der französische Propagandatheoretiker Jacques Ellul Recht hat und die herrschende Ideologie tatsächlich vor allem von »erfolgreich sozialisierten Gesellschaftsmitgliedern«[51] verbreitet wird, von Menschen, die das gar nicht merken können, weil sie nichts anderes kennen,[52] dann sind die Biografien der Leipziger Diplomjournalisten so etwas wie ein Garant für einen Journalismus, der sensibel ist für jede Form von Meinungsmanipulation und sich dem entzieht, wo immer es geht. Noch einmal Uwe Madel:

> »Ich bin immer für eine kritische Reflexion, die auch nach der eigenen Verantwortung fragt. Was hätte man sehen können? Vielleicht wollte ich auch deshalb nicht der hart aufklärende, investigative Journalist sein, der der alles besser weiß und anderen ihre Fehler vorhält. Manche Kollegen tun ja so, als ob sie die besseren Menschen wären«.

Um nicht falsch verstanden zu werden: Es gibt viele großartige Journalistinnen und Journalisten, die nicht in der DDR aufgewachsen sind oder dort auf der anderen Seite der Barrikade standen. Bei den Leipziger Absolventen, und nur das will ich hier sagen, ist der »Dienst an der Öffentlichkeit« gewissermaßen eingebrannt. Wer einmal erlebt hat, wie das heute Selbstverständliche morgen nicht mehr gilt, hält nichts mehr für gegeben. Zur Wirklichkeit dieser Journalisten gehört allerdings ein DDR-Diskurs, der ihnen allenfalls einen Platz in der zweiten oder dritten Reihe zuweist oder gleich ganz bezweifelt, dass sie überhaupt öffentlich sprechen dürfen. Die Folge für die »Seele der Demokratie« habe ich beschrieben: eine Selbstbeschränkung, die sich genauso auf die beruflichen Ambitionen bezieht wie auf das Spektrum der Themen und Perspektiven, zu denen man sich äußert. Das »Gespräch« der Gesellschaft[53] ist so zu einem Selbstgespräch der Westdeutschen geworden.

WIE IDENTITÄT UND KARRIERE ZUSAMMENHÄNGEN

Wie das so ist bei einer Recherche: Nach den ersten Gesprächen formt sich ein Bild und man fängt an, nach ›Beweisen‹ für genau dieses Bild zu suchen, obwohl die ersten Gespräche nur durch einen Zufall am Anfang standen. Ich war im Herbst 2019 im öffentlich-rechtlichen Rundfunk unterwegs, nicht nur bei Andreas Rook, und habe mich wie nach einer langen Reise gefühlt. So viele bekannte Gesichter. Menschen, die mit mir studiert haben, und andere, nur wenig älter oder jünger, die ich Anfang der 1990er-Jahre bei der *Anderen Zeitung* in Leipzig getroffen hatte, in der Nachrichtenredaktion von MDR info oder beim Teletext, wo ich das Geld verdient habe, das man als Doktorand zum Leben braucht. Die Kantine im Funkhaus Halle: wie ein Ehemaligen-Treffen. Dieses Diplom aus Leipzig, das sah ich in den zufriedenen Gesichtern, hatte nicht zum Absturz geführt, sondern zu einem Job, der Spaß macht, der genau das verlangt, was man gelernt hat, und der einen schon qua Gehalt heraushebt aus einer Umgebung, die für manche Beobachter wahlweise immer noch ein Jammertal ist oder der Nährboden für einen neuen Faschismus.[54]

Im öffentlich-rechtlichen Universum gab es auch eine einfache Antwort auf die Frage, warum Maybrit Illner und Wolf-Dieter Jacobi (um nur zwei herauszugreifen) einen Platz nahe an der Sonne bekommen hatten und nicht (auch wieder nur exemplarisch) Andreas Rook, Uwe Madel oder Thomas Datt. Ganz jenseits aller persönlichen und fachlichen Qualitäten, die bei jedem aus diesem Quintett unbestreitbar sind: Die neuen Herren aus dem Westen brauchten Fußvolk aus dem Osten, möglichst fertig ausgebildet und unbelastet noch dazu. Ich sehe Wolf-Dieter Jacobi vor mir stehen, im Sommer 1990, in der Tasche das Diplom, im Herzen den Wunsch, endlich Fernsehen zu machen, und im Kopf die Ahnung, dass die Ära der Zentralsender vorbei ist. Jacobi hat das Studium vorzeitig abgeschlossen, mit einer Arbeit, für die er Sportreporter wie Wolfhard Kupfer befragt hat, nach drei Jahren Einzelunterricht mit einer Sprecherzieherin, die extra aus Berlin kam, und nach einem Zusatzprogramm, zu dem Kurse an der DHfK gehörten und Treffen mit Kurt Masur oder Lothar Bisky. Eine Autobahn nach Adlershof. Wie daraus eine Straße zum MDR-Gipfel werden konnte, lasse ich Jacobi am besten selbst erzählen:[55]

»Ich bin nach Brandenburg, Rostock und Dresden, zu den Landessendern. Die Türen waren weit offen. Ich hätte überall anfangen können. Für Sachsen hat dann der Fußball gesprochen. Dresden, Leipzig, Chemnitz. Ich habe die letzte Oberliga-Saison erlebt und die letzten Europapokalspiele von Dynamo. In Malmö, in Belgrad. Das war eine tolle Zeit. Ich war zunächst Einzelkämpfer und konnte die erste regionale Sportsendung entwickeln. Stück für Stück kamen dann Mitstreiter dazu, die ich zum Teil selbst gesucht und auch ausgebildet habe, wenn sie vom Radio kamen. Ich hatte schon ab dem frühen Herbst 1990 Verantwortung für ein Team. Viele Sachen hatte ich ohnehin im Kopf, die plötzlich möglich wurden. Vielfalt zum Beispiel. Sport in der DDR war ja eingeschränkt. Jetzt konnte man in die Breite gehen. Trendsportarten. Im Sommer 1990 habe ich den ersten Beitrag über Triathlon gemacht, am

Kulkwitzer See in Leipzig. Diese Sportart gab es in der DDR praktisch nicht. Allenfalls geduldet. Auch technisch wollte ich raus aus der Starre, anders erzählen. Ich hatte keinen Chef, und die Leute waren froh, dass ich die Sendung abgeliefert habe. Jeden Montag eine halbe Stunde live.

In Dresden haben wir in einer WG gewohnt, wie Kurt Biedenkopf mit seinen Ministern. Am Klingelschild stand tatsächlich ›Fernsehen‹. In einem Plattenbau in Dresden-Reick. Wir haben den Start des MDR vorbereitet. Für mich war das ein fließender Übergang. Ich habe die letzte Talkshow moderiert. *Die Sachsen 1991*, mit Kurt Biedenkopf, Museumsdirektor Matz Griebel, dem ersten Flugunternehmer in Sachsen und Stefanie Hertel, die damals zehn oder elf war. Mitternacht haben wir angestoßen, und es ging los mit dem MDR. Ein Schlüsselerlebnis war für mich der erste *Tag der Sachsen* in Freiberg. Wir haben stundenlang live übertragen, mit dem alten Team vom Landessender. Den Festumzug, das Programm auf der Showbühne. Ich habe Eberhard Cohrs ansagen dürfen. Jeder konnte sehen, dass wir das Handwerk beherrschen«.

Natürlich: Um Fernsehdirektor zu werden, reicht es nicht, gut zu sein und zur richtigen Zeit am richtigen Ort. Anders als Uwe Madel hat Wolf-Dieter Jacobi eine Mentorin gefunden – Ulrike Wolf, die als Direktorin des Landesfunkhauses aus Hamburg nach Dresden kam. Und, nicht unwichtig: Wie Maybrit Illner, Diplom 1988, hat Wolf-Dieter Jacobi im Sport angefangen und nicht bei der *Aktuellen Kamera* oder bei einem Politikmagazin wie *Objektiv*. Jacobi war Boxer und hat sich als Volontär geweigert, die Abteilung zu wechseln.

»Ich bin da ein bisschen blauäugig reingegangen. Ich war erschrocken, als ich nach Adlershof kam und dort das große Messingschild gesehen habe, auf dem ›Staatliches Komitee für Fernsehen beim Ministerrat der DDR‹ stand. Ich wollte eigentlich nur zum Fernsehen und nicht zu einem Komitee beim Ministerrat«.

Genau genommen erscheint Jacobi sogar zweimal in Adlershof, weil er seinen Wehrdienst aus gesundheitlichen Gründen abbricht (»ich habe mitgeholfen, dass es nicht besser wurde«) und sich im Glühlampenwerk Narva ›bewähren‹ muss, bevor er beim Fernsehen eine neue Chance bekommt. Ich weiß, dass es Neider gibt, die solche Dinge heute anders deuten, aber wenn ich in mich hineinhorche, dann bewundere ich Wolf-Dieter Jacobi für den Mumm, auf die Armee zu pfeifen (was ich nie gewagt hätte) und später dann all das zu nutzen, was ihm die Umstände in die Hände spielten.

Meine ersten Gespräche in Halle, Leipzig und Berlin waren wie Opium. Alles schien gut. Die Sektion Journalistik hatte Absolventen produziert, die auch unter ganz anderen Bedingungen in einer Redaktion arbeiten konnten, es manchmal, wenn Umstände und Talent zusammenspielten, sogar in Toppositionen schaffen konnten, und insgesamt so oder so nicht unglücklich wirkten. Auch das Studium wirkte nach, zumindest unterschwellig. Kaum ein Interview, bei dem es nicht um das »Sprachempfinden« ging,[56] um den »Umgang mit Texten, die Arbeit am Satz«,[57] überhaupt um die Basics im Journalismus und damit um das, worum es an der Universität gegangen war. Vorher überlegen, worüber man schreiben und was man erreichen will. »Thema und Absicht«, hieß das an der Sektion Journalistik.[58] Als Student habe ich diese Formel verflucht. Jetzt habe ich mich gefreut, sie überall wiederzufinden. Das einzig Irritierende bei dieser Heimkehr war eine Botschaft aus einem der zufriedenen Gesichter in der Hallenser Funkhaus-Kantine: Weißt Du, Michael, mich drängt es nicht, etwas zu den politischen Fragen zu sagen. Im Westen, da hast du Chefs, die sich als publizistische Köpfe sehen. Die kommentieren wollen. Das würde dem Haus hier guttun. Unsere Leute siehst Du aber nicht in den *Tagesthemen*. Wir sind nicht wie Sigmund Gottlieb.

Man könnte das für einen Stärke halten (wer will schon wie Sigmund Gottlieb sein), wenn da nicht dieser Link zur Vergangenheit wäre. Nur nicht auffallen. Sich nicht exponieren und damit auch nichts produzieren, was Gegner auf die Idee bringen könnte, die DDR-SED-Propaganda-Kommunismus-Keule zu schwingen. Normalerweise interessiert sich das Publikum nicht für die Menschen hinter den Texten und Sendungen. Normalerweise kennt das Publikum nicht einmal die Namen der Reporter und Redakteure, wenn sie nicht jeden Tag auf dem Bildschirm erscheinen. Das ändert aber nichts an der Angst, plötzlich ›enttarnt‹ zu werden, doch noch abzustürzen und alles zu verlieren.

Nach diesen Gesprächen stand für mich fest: Der Diktaturdiskurs bringt alle zum Schweigen, die etwas anderes über die DDR erzählen könnten, und reproduziert sich damit selbst. Mehr noch: Der Diktaturdiskurs unterdrückt auch bei allen anderen Themen jede Perspektive, die dem neoliberalen Wertekanon widerspricht. Vielleicht würde ich einen Jacobi-Effekt einbauen müssen, sozusagen als subversives Element. Der Fernsehdirektor hatte von seinen Sternstunden als Sportreporter erzählt, von einem Projekt über Osttrainer wie Rainer Mund oder Hans Meyer und von einer Reportage über Eishockey, eine Sportart, die in der DDR Kult war, aber nur zwei Oberliga-Mannschaften hatte, die immerzu gegeneinander spielen mussten (Dynamo Berlin und Dynamo Weißwasser). Der Sport im MDR, okay. Gut immerhin, dass es da offenbar nicht nur um Doping ging. Gut auch Jacobis Hinweis auf ein »Ostempfinden«, das verhindert habe, bei jeder Meldung über die AfD das Adjektiv ›rechtspopulistisch‹ mitzusprechen. »Früher hat es mich genervt«, sagt Jacobi, »wenn zu jeder Aussage die Wertung mitgeliefert wurde. Selbst im Wording. Das wollen die Leute hier nicht mehr«. Der MDR ist in der ARD aber ein Leichtgewicht. Zwei Tage vor unserem Interview ist Sigmund Jähn gestorben. Das *Morgenmagazin* hat aus dem Kosmonauten ein ›Propagandamaskottchen‹ gemacht. Im Rundfunkrat gibt es Beschwerden. Wir haben es nicht leicht, sagt der Fernsehdirektor. Mit allem aus dem Osten. Der ARD-Korrespondent in Prag kommt vom MDR. Ins *Erste* schafft er es so gut wie nie.[59]

Das Gute an so einer Recherche ist: Man muss nicht aufhören, wenn das Ergebnis festzustehen scheint. Der Jacobi-Effekt, das war schnell zu sehen, hat mehr als einen Namen. Fahr zur *Freien Presse* nach Chemnitz, sagt der Kollege, der in Cardiff war und heute froh ist, in einem Gebiet zu arbeiten, das »halbwegs unverdächtig« ist. Fahr zu Torsten Kleditzsch. »Er ist nicht nur Manager, sondern auch Publizist. Ein schreibender Chefredakteur«. Ich habe dann noch mehr lebende Gegenbeweise gefunden. Leipziger Diplomjournalisten in Leitungsjobs, die in der Öffentlichkeit mit ihren Namen und damit auch mit ihrer Biografie für das einstehen, was sie denken. Michael Seidel bei der *Schweriner Volkszeitung*, Claus Stäcker bei der *Deutschen Welle*. Bei diesen Gesprächen habe ich gelernt, dass der hegemoniale Diskurs nicht allmächtig ist. Es kommt vielmehr auf die Identität an – auf die Fähigkeit, das Studium an der Sektion Journalistik so in die dominante Erzählung über die DDR einzubauen, dass Image und Selbstwert keinen Schaden nehmen. Dass man keine Angst haben muss, wenn es um ›früher‹ geht, weil man glaubhaft machen kann, nicht zu denen gehört zu haben, auf die der Volkszorn damals zielte – wie der Boxer und Sportfan Jacobi, der beim Wehrdienst leidet und im DDR-Fernsehen nur eine Nische sucht, die Spaß macht. Menschen ›haben‹ keine Biografie, sondern leben eine Biografie, die sie selbst organisieren. Zugespitzt: Es zählt nicht das, was war, sondern das, was ich mir und anderen erzählen kann, ohne dass der Spiegel zerspringt.[60]

Für Claus Stäcker ist das nicht so schwer. Er war nicht in der SED und nicht länger als nötig bei der NVA. Die Stasi hat ihn schon beobachtet, als er 15 war. »Nichts Gefährliches«, sagt er heute. Ein Brief an die portugiesische Botschaft, weil es in Warnemünde einen Lokalhelden gab und Claus für einen Schulaufsatz wissen will, ob dieser Stephan Jantzen auch dort bekannt ist, wo die Seeleute herkamen, die er einst gerettet hat. Flammende Friedensbriefe an die Tante, Pfarrerin in Flensburg. Der Anstecker ›Schwerter zu Flugscharen‹, ein Friedensgottesdienst bei Joachim Gauck. Claus stammt aus einer Seglerfamilie. Der Vater Trainer. Ein Mann, der sich mit Funktionären anlegt und aus der Partei geworfen wird. Zwei Brüder Leistungssportler, der eine beim Armeesportklub und der andere beim SC Empor. Auch hier ein Rauswurf, »wieder wegen einer Lappalie«. Claus: »Ich habe immer gern geschrieben, aber eher von einer Poetenkarriere geträumt. Ich habe schon sehr deutlich gespürt, dass man in dem Land nicht Journalist werden kann«.[61]

Geändert haben das drei Menschen. Zwei arbeiten beim ADN und schwärmen von Sprachen, von Internationalität, von einem anderen Journalismus. Der dritte heißt Gorbatschow und scheint zu garantieren, dass all das möglich wird. Claus bewirbt sich bei der Agentur. »Das war eine sehr bewusste Entscheidung. Im Freundeskreis hatten wir ständig Abschiedsfeiern. Ausreise. Das war eine furchtbare Zeit. Ich wollte Veränderungen hier. Und das war mein Weg, mit viel Naivität«. Das Jahr im Volontariat ist in jeder Hinsicht ernüchternd. Claus leidet unter der »Doppelzüngigkeit« im Büro. »Intern wurde offen geredet, aber nichts davon zu Papier gebracht. Das fand ich unglaublich«. Und er verliert Freunde. »In Berlin habe ich bei Leuten im Prenzlauer Berg gewohnt, die zur Gethsemane-Kirche marschiert sind. Und ich ging zum ADN, in die Mollstraße 1, und habe mir die Tagesdirektive abgeholt. Manche haben sich von mir distanziert und gesagt: Du bist jetzt auf der anderen Seite. Das waren bittere Erfahrungen, aber ich habe geglaubt, dass das noch wird. In der Praxis gab es Leute, die das ähnlich sahen. An der Uni Leipzig dagegen fand ich das dann schon sehr deprimierend. Ich hätte nicht gedacht, dass da so viele Betonköpfe am Werk sind, vor allen Dingen in der Journalistik. Die Impulse kamen aus anderen Sektionen. Wissenschaftlicher Kommunismus. Wir haben dort ganz offen über Konversionstheorien diskutiert. Wie können sich die Systeme angleichen, wie könnte ein dritter Weg aussehen?«

Claus Stäcker leitet seit 2013 die Afrika-Programme der *Deutschen Welle*. Ein Riesenladen, mit 400 Mitarbeitern, einem Wirrwarr an verschiedenen Programmen und jeder Menge Trubel. »Es passiert jede Woche irgendetwas. Verhaftungen, schwarze Listen, Entführungen, Razzien, Todesfälle«. Als Claus nach Bonn kam, hat er erfahren, dass es im Haus eine Shortlist gab. »Wen können sich die Leute auf dem Posten vorstellen? Da stand ich schon sehr weit oben. Ich wusste gar nicht, dass hier über mich geredet wird«. Auch bei der *Deutschen Welle* hatte man gesehen, wie er seit 2008 aus Johannesburg berichtet hat. Als Korrespondent in Afrika, geschickt vom *Südwestfunk*. Ein Traum. Ich glaube nicht, dass es in meinem Studienjahr eine Parallele zu diesem Erfolg im Westen gibt.

Selbst hier war aber eine Bremse eingebaut, die gar nichts mit Claus Stäcker persönlich zu tun hat, sondern mit seinen Prägungen und seiner Herkunft. Beim MDR blieb Claus ein »Redakteur zweiter Klasse«, obwohl er in den 1990er-Jahren ein Stipendium nach dem anderen gewann und sich dann mit Cathrin, seiner Frau, immer wieder Auszeiten nahm, um durch Afrika zu touren und Geschichten für den Sender mitzubringen. »Wir waren zu lange damit beschäftigt, uns anzupassen«, sagt Claus heute. »Wir haben zu wenig gefordert, auch wenn alles neu war und wir viel zu lernen hatten. Man hatte das Vertrauen oder die Hoffnung, entdeckt zu werden. Wenn man Talent hat, wird das irgendwann gesehen«. Er erzählt, wie er einmal einen seiner Chefs interviewen musste, einen Westdeutschen, gleichaltrig, für ein Format in eigener Sache. Ein Studienabbrecher, kaum rumgekommen und jetzt trotzdem CvD und damit einer der Menschen, bei denen Claus Rapport erstatten musste und um Aufträge betteln. »Ich habe gedacht, okay, Du musst selbstbewusster auftreten. Es ist kein Zufall, dass die Westkollegen an Dir vorbeirauschen«.

Vermutlich liegt der Alltagsphilosoph Zlatan Ibrahimovic auch hier richtig.[62] Du kannst einen Ostdeutschen nach Afrika schicken und sogar nach Bonn, den Osten in ihm aber wirst Du damit nicht zerstören. Übersetzt von Alexander Osang: Der Osten ist keine Dauerwelle, die einfach rauswächst.[63] Auch fast 20 Jahre später weiß Claus Stäcker noch, wie seine erste Bewerbung für den Posten in Johannesburg gelaufen ist.

> »Es war klar, dass ich den Job nicht bekomme, weil er intern vergeben war. Ich habe mich aber pro forma beworben. Einer aus der Jury hat hinterher gelobt, dass ich so selbstkritisch und so nachdenklich war. Ich hatte gesagt, dass ich erstmal sehen muss, ob ich mir das alles auch zutrauen kann. Das hat mir bei dem einen Redaktionsleiter vielleicht Sympathiepunkte gebracht, aber bei den anderen vermutlich einen verheerenden Eindruck hinterlassen. Alle anderen gehen da rein und sagen: Ich kann das. Ich fange morgen an«.

Ich habe das an mir selbst beobachten können. Es war einmal ein junger Mann, der vom Wehrdienst an die Sektion Journalistik nach Leipzig kam und sich sicher war, dass er nun die Welt erobern und verändern würde – zumindest die Welt des DDR-Journalismus. Wohin dieser Student auch schaute: Alle Signale standen auf grün. Das mag mit seiner Jugend zu entschuldigen sein und mit der Naivität, die dieses Alter auszeichnet, aber es gab Lob von allen, die etwas zu sagen hatten, und lauter Menschen, die das gleiche wollten. Dieser Stachel wurde mir im Herbst 1989 gezogen und dann nach und nach endgültig ausgetrieben. Wie soll Selbstbewusstsein wachsen, wenn fast alles, worauf sich die »Erzählung über sich selbst« beziehen könnte, unter Dauerbeschuss steht? Und, ganz unabhängig von DDR-Bashing und Diktaturdiskurs: Es fehlten mir auch ganz objektiv Dinge, die man in diesem neuen Deutschland brauchte. Kontakte und Mentoren, hat Uwe Madel gesagt. Englisch, sagen Michael Seidel und Torsten Kleditzsch, die beide Chefredakteure sind. Sie können das beide, wissen aber, dass man dabei merkt, woher sie kommen. Ohne perfektes Englisch, so sieht das Torsten Kleditzsch, fällt es schwerer, sich woanders zu bewerben.

Für die *Freie Presse* in Chemnitz ist es gut, dass er geblieben ist und so ein Einheimischer im Chefbüro sitzt. »Wenn Lesern klar wird, dass ich im Erzgebirge groß geworden bin«, sagt Torsten Kleditzsch, »dann blühen sie noch einmal auf. Dann wächst das Vertrauen«. Dabei könnte man einen wie ihn auch im Westen gut gebrauchen, nicht nur als Osterklärer im *Presseclub*, was hin und wieder vorkommt, sondern überhaupt. Weiter in unserem Interview:

»Wer erlebt, wie ein System zusammenbricht und wie Menschen sich dabei verhalten, der hat einen anderen Blick auf gesellschaftliche Situationen. Ostdeutsche wissen, dass man auch ein System verändern kann, das sich für unendlich hält. Das muss man in seine Analysen einfließen lassen. Außerdem ist hier die Fähigkeit größer, krisenhafte Erscheinungen im System der Bundesrepublik zu erkennen«.

Das ist nicht einfach so dahingesagt. Im Spätsommer 2018 war Chemnitz das Epizentrum der Republik und Torsten Kleditzsch mit seiner *Freien Presse* mittendrin. Wir mussten moderieren, sagt er. Mit einfachen Menschen sprechen und ihnen das Gefühl geben, dass sie wichtig sind.

»Da steckte viel Wendeerfahrung drin und viel Auseinandersetzung mit sich selbst. Wir haben Flüchtlingskritiker eingeladen, sowohl zu *Chemnitz diskutiert* als auch zu dem Format mit der Kanzlerin. Die meisten Plätze wurden verlost, aber einige haben wir ganz bewusst vergeben, um sicherzustellen, dass von allen Seiten jemand dabei ist. Wir sind gezielt auf Leute zugegangen, auch auf solche, die in Einsiedel die Straßen blockiert haben«.

Torsten Kleditzsch sagt, dass er noch nie Angst gehabt habe, als Journalist seine Meinung zu äußern. Er weiß, dass das bei einem Provinzblatt leichter ist als in der großen Presse oder beim MDR, der schon wegen der Rundfunkbeiträge unter besonderer Beobachtung sendet. Und er weiß, dass keine Jugendsünde darauf wartet, ihn irgendwann einzuholen.

»Das Thema Stasi ist zum Glück an mir vorbeigegangen. Ich wusste, dass da nichts kommen kann. Mit allem anderen bin ich offen umgegangen. Meine Großmutter hat immer gesagt: Junge, bleib anständig. Es kann auch wieder andersherum kommen. Damals wusste ich nicht, was sie meinen könnte, den Satz habe ich mir aber trotzdem gemerkt. Vielleicht hat mir das geholfen«.

An dieser Stelle könnte ich eigentlich einen Punkt machen, aber da ist noch Michael Seidel, Chefredakteur der *Schweriner Volkszeitung* – ein Mann, der Selbstbewusstsein heißen könnte. Wer das schon vergessen hat: Michael Seidel hat sein Abitur in Schulpforte gemacht, in der berühmten

Fürstenschule an der Saale, und ist dann schon bei der Aufnahmeprüfung für die Sektion Journalistik in Bad Saarow mit einem losen Mundwerk aufgefallen. So jemand ändert sich nicht, nur weil sich die Zeiten ändern. Angst vor der neuen Konkurrenz aus dem Westen? Nein. Schon gar nicht nach dem ersten Kontakt im Februar 1990, nach einem Lehrgang in Haus Busch. »Die haben höchstens mit Wasser gekocht und das sogar manchmal noch anbrennen lassen«, sagt Michael im November 2019 in Schwerin.

> »Bei der *Esslinger Zeitung* hat uns der Lokalchef viel über Sachzwänge erzählt. Das hat mich irgendwann genervt. Ich wollte von ihm wissen, was der Unterschied ist zu der Schere im Kopf, die uns immer vorgeworfen wurde. Er hat mich mit aufgerissenen Augen angesehen und bekam Schnappatmung. Es war offensichtlich, dass es hier die ideologischen Zwänge gab und dort die verlegerischen. Mein Ehrgeiz war ab jetzt, besser zu sein als der beste Wessi«.

Für diesen Karriereplan ist Michael Seidel herabgestiegen vom Thron des Fernsehmannes in die Niederungen von Radio und Zeitung. Er hat nie ein Blatt vor den Mund genommen, wenn ihm Chefs aus dem Westen erklären wollten, was guter Journalismus ist, und es als Freiberufler geschafft, im NDR die Landespolitik in Meck-Pomm zu kommentieren – eine Bastion, die bis dahin den Festangestellten vorbehalten war. Das ging, weil er geliefert hat. Exklusives und Aufklärung bei heißen Themen. Sicherheitspolitik, Asyl, Rechtsextremismus. Den ganz großen Schritt nach ›drüben‹ hat er trotzdem nicht gewagt, obwohl die Kollegen dort gedrängelt haben. Bewirb dich bei uns, Michael. Komm zum *Spiegel*, komm zum *Stern*. »Ich kam mir aber klein vor«, sagt Michael Seidel, »bei all den Doktoren und was weiß ich nicht noch. Ich hatte Sorgen, dort nicht bestehen zu können«. Für seine Leiche im Keller der Vergangenheit kann Michael nichts. Er hat fünf Jahre studiert, aber kein Diplom, weil er in Leipzig an Rüdiger Steinmetz geriet, einen der neuen Professoren aus dem Westen, der später geradezu berüchtigt wurde für seinen nonchalanten Umgang mit der Flut an Examenskandidaten.

Kein Zweifel: Es ist gut, dass jemand wie Michael Seidel Chefredakteur der *Schweriner Volkszeitung* ist. Die »verlegerischen Zwänge«, die er Anfang 1990 als den Zwilling der Ideologie enttarnte, die den Journalismus in der DDR deformierte, sind heute sein täglich Brot. Er erzählt von großen Anzeigenkunden, die glauben, dass ihnen das Blatt gehört, von Behörden, für die Pressefreiheit ein Fremdwort ist, und von der Bussi-Bussi-Kultur zwischen Medien und Politik. Von da, meint Michael Seidel, ist es nicht mehr weit bis zur Lügenpresse.

> »Viele Wutbürger nehmen ihre Zeitung über das Lokale wahr. Da sehen sie, dass der Lokalchef mit dem Bürgermeister kungelt oder mit dem Landrat. Im Lokalen wird Dir nichts verziehen. Dort müssten eigentlich die qualifiziertesten Redakteure sitzen. Wir wissen beide, dass das nicht so ist. Viele sind in ihre Funktionen geschubst worden ohne eine vernünftige Grundschulung, schon gar nicht im Presserecht«.

Und, als ob das nicht schon schlimm genug wäre: Folgt man Michael Seidel, wissen auch Politiker und Unternehmer oft nicht, »dass es ein Landespressegesetz gibt, von der öffentlichen Aufgabe der Presse ganz zu schweigen. Die Erwartung ist: Ihr müsst das doch machen. Und wenn Du es nicht so machst, dann bist Du Lügenpresse. Da stehe ich inzwischen drüber«. Solche Chefredakteure braucht das Land – und zwar das ganze.

WARUM ICH DAS SCHLUSSKAPITEL GESTRICHEN HABE

Ursprünglich sollte dieses Buch ein Kapitel mehr haben. Ein Fazit oder eine Zusammenfassung mit der Überschrift »Was von dieser Geschichte bleibt«. Das Wichtigste to go sozusagen. Jetzt, wo alles aufgeschrieben ist, denke ich: Das ist nicht mehr nötig. Meine Botschaft sollte angekommen sein. Mit der Abwicklung der Sektion Journalistik hat sich die Bundesrepublik eine Option genommen, auf die sie in der Krise der Gegenwart bauen könnte. Was für eine Vision: eine akademische Journalistenschule in Leipzig, an der das Bündnis mit dem Teufel Politik noch allgegenwärtig ist und in die der lange Arm der Wirtschaft trotzdem nicht hineinregieren kann. Ein Ort, an dem Redakteure und Reporter ausgebildet werden, die wissen, was sie tun, die den ›Auftrag Öffentlichkeit‹ gewissermaßen mit der Muttermilch aufnehmen und im Beruf nie wieder vergessen.

Es gibt solche Journalisten. Frauen und Männer, die Ende der 1980er-Jahre an die Leipziger Universität gekommen sind und dort über ein ganz neues Curriculum nachgedacht haben, über ein freies Studium, das erlaubt, die eigenen Interessen auszuleben, und über einen anderen Journalismus. Etliche habe ich in diesem Buch vorgestellt. Selbst die Erfolgreichsten von ihnen gehen in der gesamtdeutschen Medienrealität unter, obwohl sie die Medizin gegen das Misstrauen des Publikums kennen: Pluralismus. Lasst alle Perspektiven zu. Liefert Informationen und lasst die Menschen selbst urteilen. Fahrt ihnen nicht über den Mund.

Die Verbannung Ostdeutscher aus redaktionellen Führungspositionen, die weit über die Generation hinausreicht, die in diesem Buch porträtiert worden ist, schränkt die Medienvielfalt ein. Es fehlen nicht nur die Geschichten aus der Vergangenheit, die den Alltag jenseits von Stasi, Mauer und Parteiallmacht behandeln und damit das, was im kommunikativen Gedächtnis der meisten Ostdeutschen überdauert hat. Es fehlen auch die Stimmen derer, die wissen, dass ein System auch dann endlich ist, wenn es im Moment unerschütterlich zu sein scheint. Und es fehlt eine journalistische Tugend: der gesunde Zweifel gegenüber allem, was ›von oben‹ kommt.

Der hegemoniale Diktaturdiskurs hat die Lebenschancen all jener Menschen beschnitten, die 1989 schon alt genug waren, um in der DDR etwas werden zu wollen. Dieser Diskurs hat sich in die Betroffenen eingeschrieben, weil sie gezwungen waren, ihr eigenes Tun mit einem Maßstab zu messen, der von außen kam, und dieses Innerste immer wieder nach außen tragen mussten – bei jeder Bewerbung, bei jedem Wechsel auf dem Chefsessel, bei jeder neuen Beziehung.

Diese Nötigung zur Selbstreflexion und zur ständigen Rechtfertigung hat die Erinnerung an den Zauber verblassen lassen, der in jedem Anfang steckt. Die Euphorie, endlich frei von allen Scheuklappen und Behelligungen zu sein, ist erstickt worden von der Erkenntnis, dass das Land ostdeutsche Erfahrungen und Perspektiven nicht wirklich braucht und dass Demokratie nur das ist, was man im Westen dafür hält. Ich habe dieses Buch mit Didier Eribon begonnen. Zitat:

> »Ich werde den Osten Deutschlands erklären. Ich werde erzählen, warum die Menschen dort ›drüben‹ unzufrieden sind. Warum sie all das nicht zu genießen scheinen, was die Einheit ihnen beschert hat, Autobahnen, hübsche Fassaden, Kreuzfahrten in die weite Welt, und stattdessen so wählen, dass die großen Medienhäuser in München, Hamburg, Frankfurt immer wieder Reporter ausschwärmen lassen müssen«.

Ich hoffe, dass das gelungen ist.

Anmerkungen

1 Vgl. Dominic Boyer: *Spirit and System. Media, Intellectuals, and the Dialectic in Modern German Culture*. Chicago: The University of Chicago Press 2005

2 Vgl. Michael Meyen, Anke Fiedler: *Die Grenze im Kopf. Journalisten in der DDR*. Berlin: Panama Verlag 2011. – Die vier Ausnahmen sprechen für sich: Irmtraud Gutschke, Jahrgang 1950, und Hans-Dieter Schütt, zwei Jahre älter (beide zum Zeitpunkt des Interviews beim *Neuen Deutschland*), Ingrid Kirschey-Feix, Jahrgang 1950 (damals freiberufliche Lektorin), sowie Sportreporter Gottfried Weise, Jahrgang 1944 (seinerzeit bei *Eurosport* und kurz vor der Verrentung).

3 Ebd., S. 21. – Die genannten Personen sind Hans Modrow (1971 bis 1973 Leiter der Abteilung Agitation im ZK der SED), Gerald Götting (1949 zunächst Generalsekretär der CDU und von 1966 bis November 1989 Parteivorsitzender), Angelika Unterlauf (1976 bis 1990 Sprecherin der *Aktuellen Kamera*) und Klaus Ullrich Huhn (1952 bis 1990 ND-Sportchef und damit wichtigster Sportjournalist der DDR).

4 Jana Hensel sagt im Gespräch mit Valerie Schönian, dass dieses Fenster zwischen 2004 und 2015 geschlossen war: »Der Westen dachte: Na ja, jetzt habt ihr doch eure ostdeutsche Bundeskanzlerin und sanierte Straßen. Was wollt ihr denn noch?«. – Vgl. Valerie Schönian: *Ostbewusstsein. Warum Nachwendekinder für den Osten streiten und was das für die deutsche Einheit bedeutet*. München: Piper 2020, S. 58

5 Vgl. Michael Meyen: *»Wir haben freier gelebt«. Die DDR im kollektiven Gedächtnis der Deutschen*. Bielefeld: transcript 2013

6 Vgl. Michael Meyen: *Breaking News. Die Welt im Ausnahmezustand. Wie uns die Medien regieren*. Frankfurt/M.: Westend 2018

7 Vgl. Felix Firme, Uwe Krüger: Westliche Einflussnahme in der Ukraine: Ein blinder Fleck in deutschen Leitmedien? In: Hektor Haarkötter, Jörg-Uwe Nieland (Hrsg.): *Nachrichten und Aufklärung. Medien- und Journalismuskritik heute: 20 Jahre Initiative Nachrichtenaufklärung*. Wiesbaden: Springer VS 2018, S. 187-206

8 Vgl. Michael Haller: *Die »Flüchtlingskrise« in den Medien. Tagesaktueller Journalismus zwischen Meinung und Information*. Frankfurt/M.: Otto-Brenner-Stiftung 2017

9 Horst Pöttker: Man muss konfliktbereit sein. In: Michael Meyen, Thomas Wiedemann (Hrsg.): *Biografisches Lexikon der Kommunikationswissenschaft*. Köln: Herbert von Halem 2018. http://blexkom.halemverlag.de/poettker-interview/ (27. April 2020)

10 Horst Pöttker (Hrsg.): *Öffentlichkeit als gesellschaftlicher Auftrag. Klassiker der Sozialwissenschaft über Journalismus und Medien*. Konstanz: UVK 2001, S. 20, 24, 26f.

11 Vgl. Anke Fiedler: »Die schärfste Waffe der Partei« im Spiegel der politischen Großwetterlage. In: Anke Fiedler, Michael Meyen (Hrsg.): *Fiktionen für das Volk*. Münster 2011, S. 135-163

12 Anthony Giddens: *Modernity and Self-Identity. Self and Society in the Late Modern Age*. Cambridge, UK: Polity Press 1991, S. 52-54

13 Meyen, *Freier gelebt*

14 Schönian, *Ostbewusstsein*

15 Moritz von Uslar: *Nochmal Deutschboden. Meine Rückkehr in die brandenburgische Provinz*. Köln: Kiepenheuer & Witsch 2020, S. 49

16 Interview mit Thomas Datt am 16. Januar 2020 in Leipzig. – Alle weiteren Zitate von Thomas Datt sind aus diesem Interview.

17 Interview mit Wiebke Müller am 1. November 2019 in Dresden. – Alle weiteren Zitate von Wiebke Müller sind aus diesem Interview.

18 Vgl. Julian Reichelt: Schluss mit dem Starrsinn in der Corona-Politik! In: *Bildzeitung* vom 27. April 2020

19 Thomas S. Kuhn: *Die Struktur wissenschaftlicher Revolutionen*. 2. Auflage mit dem Postscriptum von 1969 (1. Auflage 1973). Frankfurt/M.: Suhrkamp 1976

20 Horst Pöttker am 22. November 2019 in Leipzig. Vgl. Michael Meyen: Leipzig nach der Wende: Landnahme, Verwestlichung oder Strukturwandel? In: Michael Meyen, Thomas Wiedemann (Hrsg.): *Biografisches Lexikon der Kommunikationswissenschaft*. Köln: Herbert von Halem 2020. http://blexkom.halemverlag.de/landnahme/ (17. April 2020)

21 Vgl. Josef Kurz, Daniel Müller, Joachim Pötschke, Horst Pöttker, Joachim Gehr: *Stilistik für Journalisten*. Wiesbaden: vs Verlag für Sozialwissenschaften 2010

22 Meyen, *Leipzig nach der Wende*

23 Wolfgang Tiedke: Wir haben die richtigen Fragen gestellt. In: Michael Meyen, Anke Fiedler: *Die Grenze im Kopf. Journalisten in der DDR*. Berlin: Panama Verlag 2011, S. 75-86, hier 79-81

24 Ebd., S. 86

25 Wulf Skaun, Wolfgang Tiedke: *Erfordernisse und Möglichkeiten der Nutzung medienspezifischer Wirkvorzüge für eine differenziertere und wirksamere aktuell-politische Berichterstattung durch Tagespresse, Rundfunk und Fernsehen*. Dissertation. Karl-Marx-Universität Leipzig: Sektion Journalistik 1976

26 Rainer Gummelt, Rüdiger Krone, Wulf Skaun, Wolfgang Tiedke: *Zur Funktionsweise der Bezirkszeitungen der SED als Instrument der Partei zur politischen Leitung sozialer Prozesse*. Forschungsbericht. Karl-Marx-Universität Leipzig: Sektion Journalistik 1982

27 Wulf Skaun: Es gibt keine unpolitische Wissenschaft. In: Michael Meyen, Thomas Wiedemann (Hrsg.): *Biografisches Lexikon der Kommunikationswissenschaft*. Köln: Herbert von Halem 2015. http://blexkom.halemverlag.de/wulf-skaun/ (27. April 2020)

28 Tiedke, *Fragen*, S. 79

29 Skaun, *Wissenschaft*

30 Michael Meyen: Der Ost-West-Gipfel vom Mai 1990. In: Michael Meyen, Thomas Wiedemann (Hrsg.): *Biografisches Lexikon der Kommunikationswissenschaft*. Köln: Herbert von Halem 2020. http://blexkom.halemverlag.de/ost-west-gipfel/ (27. April 2020)

31 Vgl. das Kapitel »Warum die Vergangenheit nicht vergeht« sowie Skaun, *Wissenschaft*

32 Kuhn, *Revolutionen*, S. 16f. – Vgl. Michael Meyen, Maria Löblich: *Klassiker der Kommunikationswissenschaft. Fach- und Theoriegeschichte in Deutschland*. Konstanz: UVK 2006, S. 23-26

33 Tiedke, *Fragen*, S. 81

34 Es gibt einen autobiografisch geprägten Roman über eine Kündigungsgeschichte aus den 1970ern. Vgl. Hans-Joachim Wiesner: *Rosa und Grau*. Jena: Verlag Neue Literatur 2001

35 Vgl. das Kapitel »Wie die Leipziger Journalistik der Nabel der Welt werden konnte«

36 Kuhn, *Revolutionen*, S. 122

37 Skaun, *Wissenschaft*

38 Michael Hartmann: *Die Abgehobenen. Wie die Eliten die Demokratie gefährden*. Frankfurt/M., New York: Campus 2018, S. 33, 42f.

39 Meyen/Fiedler, *Grenze*, S. 351

40 Sabine Rennefanz: *Eisenkinder. Die stille Wut der Wendegeneration*. Erweiterte Neuausgabe. München: btb 2014, S. 66.

41 Meyen, *Leipzig nach der Wende*

42 Steffen Mau, ein Soziologe, Jahrgang 1966, der in Rostock aufgewachsen ist, spricht vom Verlust der »Herkunftskultur« als »Quelle der Anerkennung«: *Lütten Klein. Leben in der ostdeutschen Transformationsgesellschaft*. Berlin: Suhrkamp 2019, S. 205

43 Rennefanz, *Eisenkinder*, S. 7, 23, 70f., 76, 112

44 Interview am 5. November 2019 (hier anonymisiert)

45 Jörg Simon: Rotes-totes Kloster. In: *Die Zeit* Nr. 16 vom 12. April 1991

46 Interview mit Jörg Simon am 6. November 2019

47 Peter Glotz: *Das Gespräch ist die Seele der Demokratie. Beiträge zur Kommunikations-, Medien- und Kulturpolitik. Mit einer Einführung von Michael Meyen.* Herausgegeben von Wolfgang R. Langenbucher und Hans Wagner. Baden-Baden: Nomos 2014

48 Vgl. das Kapitel »Was ein westdeutscher Pastorensohn aus dem ›roten Kloster‹ gemacht hat«

49 So der zeitgemäße Untertitel in der Neuauflage des Buchs von Brigitte Klump: *Das rote Kloster. Als Zögling in der Kaderschmiede der Stasi.* Frankfurt/M.: Ullstein 1991. In der Erstauflage von 1978 stand dort noch »Eine deutsche Erziehung«.

50 Vgl. Mathias Bröckers, Paul Schreyer: *Wir sind die Guten. Ansichten eines Putinverstehers oder wie uns die Medien manipulieren.* Frankfurt/M.: Westend 2018

51 Uwe Krüger: *Meinungsmacht. Der Einfluss von Eliten auf Leitmedien und Alpha-Journalisten – eine kritische Netzwerkanalyse.* 2. Auflage. Köln: Herbert von Halem 2019, S. 211

52 Jacques Ellul: *Propaganda. The Formation of Men's Attitudes.* New York: Vintage 1973, S. 64

53 Glotz, *Gespräch*

54 Vgl. exemplarisch von Uslar: *Nochmal Deutschboden*

55 Interview am 23. September 2019 in Leipzig (gemeinsam mit Mandy Tröger). – Alle weiteren Zitate von Wolf-Dieter Jacobi sind aus diesem Interview. Jacobi hat den MDR zum 1. Juli 2020 verlassen. Er hatte eigentlich versprochen, das Protokoll im Juni zu autorisieren, ist dann aber offenbar nicht mehr dazu gekommen. Die in diesem Buch verwendeten Passagen stützen sich auf den Tonbandmitschnitt des Gesprächs.

56 Interview mit Marlis Tautz (*Nordkurier*, Neubrandenburg) am 20. November 2019 in Schwerin

57 Interview mit Torsten Kleditzsch (*Freie Presse*, Chemnitz) am 16. Januar 2020 in Chemnitz. – Alle weiteren Zitate von Torsten Kleditzsch sind aus diesem Interview.

58 Autorenkollektiv: *Einführung in die journalistische Methodik.* 2. Auflage. Leipzig: Bibliographisches Institut 1988, S. 18

59 Die Sitzung des MDR-Rundfunkrats vom 23. September 2019 war öffentlich – eine Premiere, bei der neben mir etwas mehr als ein Dutzend Bürgerinnen und Bürger in einer Nische des Raumes lauschen durften. Jacobi hat dort gesagt, dass der MDR nicht für den Jähn-Beitrag verantwortlich war und an einer eigenen Geschichte mit deutlich anderen Akzenten arbeite.

60 Identität wird hier mit Anthony Giddens als die Fähigkeit verstanden, eine bestimmte Erzählung über sich selbst am Laufen zu halten und dort kontinuierlich all das integrieren, was in der Welt passiert. Die reflexive Organisation der eigenen Biografie erfolgt dabei vor dem Hintergrund eines Flusses an sozialen und psychologischen Informationen über mögliche Lebensformen. Vgl. Giddens, *Modernity*, S. 14

61 Interview mit Claus Stäcker am 13. November 2019 in Bonn. – Alle weiteren Zitate von Claus Stäcker sind aus diesem Interview.

62 Bei Ibrahimovic heißt es: »Du kannst einen Typen aus dem Ghetto holen, aber du holst niemals das Ghetto aus einem Typen«. *Ich bin Zlatan Ibrahimovic. Meine Geschichte erzählt von David Lagercrantz.* 8. Auflage. München: Malik 2014, S. 57

63 Alexander Osang: Die Erziehung des Ostens. In: *Ziemlich beste Deutsche.* Spiegel Spezial Oktober/November 2019, S. 18-25, hier 22

PERSONENREGISTER

C

D

E

I

J

K

L

M

N

O

P

R

S

T

Theorie und Geschichte der Kommunikationswissenschaft

MARIA LÖBLICH (Hrsg.)
»Regierungszeit des Mittelbaus«. Das Berliner Institut für Publizistik und die Folgen der Studentenbewegung. Annäherung an eine Institutsgeschichte
Theorie und Geschichte der Komwiss, 15
2020
ISBN 978-3-86962-488-4

ERIK KOENEN (Hrsg.)
Die Entdeckung der Kommunikationswissenschaft. 100 Jahre kommunikationswissenschaftliche Fachtradition in Leipzig: Von der Zeitungskunde zur Kommunikations- und Medienwissenschaft
Theorie und Geschichte der Komwiss, 14
2016, 290 S., 42 Abb., 2 Tab.
ISBN 978-3-86962-236-1

THOMAS WIEDEMANN / MICHAEL MEYEN (Hrsg.)
Pierre Bourdieu und die Kommunikationswissenschaft. Internationale Perspektiven
Theorie und Geschichte der Komwiss, 13
2013, 296 S.,
ISBN 978-3-86962-086-2

CLAUDIA RIESMEYER / NATHALIE HUBER
Karriereziel Professorin. Wege und Strategien in der Kommunikationswissenschaft
Theorie und Geschichte der Komwiss, 9
2012, 328 S., 19 Abb.,
ISBN 978-3-86962-030-5

MANUEL WENDELIN
Medialisierung der Öffentlichkeit. Kontinuität und Wandel einer normativen Kategorie der Moderne
Theorie und Geschichte der Komwiss, 10
2011, 336 S.
ISBN 978-3-86962-052-7

JÜRGEN WILKE
Personen, Institutionen, Prozesse. Fachgeschichtliche Beiträge zur Kommunikationswissenschaft und Medienforschung
Theorie und Geschichte der Komwiss, 6
2010, 256 S., 12 Abb., 2 Tab.
ISBN 978-3-86962-005-3

M. MEYEN / M. WENDELIN (Hrsg.)
Journalistenausbildung, Empirie und Auftragsforschung. Neue Bausteine zu einer Geschichte des Münchener Instituts für Kommunikationswissenschaft.
Theorie und Geschichte der Komwiss, 5
2008, 296 S., 44 Abb.
ISBN 978-3-938258-85-9

HERBERT VON HALEM VERLAG
Schanzenstr. 22 · 51063 Köln
http://www.halem-verlag.de
info@halem-verlag.de